Jürgen Wahl (Hrsg.)

Sozialpolitik in der ökonomischen Diskussion

Zu den Autoren und Autorinnen

Busch, Dr. Ulrich, Humboldt-Universität zu Berlin, Fachbereich Wirtschaftswissenschaften, Institut für Wirtschaftspolitik.

Feldmann, Prof. Dr. Siegfried, Fachhochschule Anhalt, Köthen, Fachbereich LOEL.

Genosko, Prof. Dr. Joachim, Katholische Universität Eichstätt, Wirtschaftswissenschaftliche Fakultät Ingolstadt, Lehrstuhl für VWL, insbesondere Wirtschafts- und Sozialpolitik.

Haslinger, Prof. Dr. Franz, Universität Hannover, Fachbereich Wirtschaftswissenschaften, Lehrstuhl für Wachstum und Verteilung.

Hauff, Prof. Dr. Michael von, Universität Kaiserslautern, Lehrstuhl für VWL, insbesondere Wirtschaftspolitik.

Hinterberger, Dr. Friedrich, Wuppertal-Institut für Klima, Umwelt und Energie.

Hübner, Dr. Bernhard, Universität Hohenheim, Institut für VWL.

Kuhn, Dr. Britta, Universität Mannheim, Institut für Wirtschafts- und Sozialpolitik.

Reheis, Dr. Fritz, Gymnasiallehrer für Sozialkunde, Geschichte, Philosophie, Fachhochschule Coburg, Fachbereich Allgemeinwissenschaft, Sozialwesen.

Schwarz, Dr. Gerhard, Wirtschaftsredakteur der Neuen Zürcher Zeitung, Lehrbeauftragter an der Universität Zürich.

Vogel, Dita, Universität Bremen, Zentrum für Sozialpolitik.

Wahl, Dr. Jürgen, Bernburg, Universität Magdeburg, Fachbereich Wirtschaftswissenschaften.

Widmaier, Prof. Dr. Hans Peter, Universität Regensburg, Institut für Volkswirtschaftslehre.

Sozialpolitik in der ökonomischen Diskussion

Herausgegeben von Jürgen Wahl

Metropolis-Verlag
Marburg 1994

Die Deutsche Bibliothek – CIP-Einheitsaufnahme

Sozialpolitik in der ökonomischen Diskussion / Jürgen Wahl (Hrsg.) – Marburg : Metropolis-Verl., 1994
ISBN 3-926570-92-X
NE: Wahl, Jürgen [Hrsg.]

Metropolis-Verlag für Ökonomie, Gesellschaft und Politik GmbH
Postfach 1748, D-35007 Marburg

Druck: Difo-Druck, Bamberg

ISBN 3-926570-92-X

Inhalt

Vorwort

Die Bernburger Tagung des Arbeitskreises für Politische Ökonomie[1] suchte nach Anregungen für eine zukunftsträchtige Sozialpolitik. Die Ausschreibung der Tagung unter dem Titel »Sozialpolitik über das Jahr 2000 hinaus« ließ Vorträge über das gesamte Spektrum der in Frage kommenden Aspekte erwarten, wiewohl klar war, daß schließlich eben nicht alle Teilgebiete der Sozialpolitik präsent sein würden.

Der Band beginnt mit Beiträgen zur Theorie der Sozialpolitik allgemein. Im zweiten Teil finden sich dann neben Beiträgen zu häufiger thematisierten Institutionen der Sozialpolitik (wie Alterssicherung oder Tarifpartnerschaft) eine Reihe von Arbeiten zu seltener beachteten, sozialpolitisch wirksamen Institutionen (Europäischer Gerichtshof) und Phänomenen (Migration). Der Band schließt mit einem Blick auf die sozialpolitische Komponente der Transformationsprozesse in Osteuropa und die besonderen Ansprüche an eine wirksame Sozialpolitik in Entwicklungsländern.

Widmaier widmet sich in seinem Beitrag der Entwicklung einer Theorie der Sozialpolitik im Wohlfahrtstaat. Diese Theorie – so Widmaier – hat sowohl die Entwicklung der sozialen Bedürfnisse zu erklären als auch, warum welche Bedürfnisse in einer Gesellschaft befriedigt werden und warum andere nicht.

Soziale Bedürfnisse entstehen im Produktionsprozeß. Die Bereitstellung einer adäquaten Sozialpolitik als Antwort darauf bildet wiederum eine Voraussetzung für die weitere wirtschaftliche Entwicklung und stabilisiert das politische System. Im einzelnen werden u.a. Marktversagen bei der Reproduktion und Entwicklung von Humankapital, Zyklizität des Wirtschaftsablaufs, Umweltprobleme und Agglomeration als Bestimmungsgründe sozialer Bedürfnisse behandelt. Weniger ausführlich spricht Widmaier Herrschaftsverhältnisse als Quelle sozialer Bedürfnisse an.

Die Bereitstellung des öffentlichen Gutes Sozialpolitik geschieht im wesentlichen im Gefolge von Verhandlungsprozessen zwischen

---

1 21.-23. Mai 1993, Hochschule »Thomas Müntzer«, Bernburg.

gesellschaftlichen Gruppen und nicht am Markt. Das dabei virulente Trittbrettfahrerdilemma kann wenigstens ein Stück weit überwunden werden, wenn die Partizipation an der Bereitstellung als Wert an sich begriffen wird.

Im nächsten Beitrag widerspricht *Schwarz* der »Mär von der sozialen Kälte des Liberalismus«. Die Evolution sozialer Bedürfnisse (Widmaier) sieht Schwarz zu einem Gutteil politökonomisch begründet: Der moderne Sozialstaat scheut sich, das Wieviel auf ein Mindestmaß zu beschränken, die Bedürftigen von den nicht Bedürftigen zu trennen und das Wie auch unter Einschaltung von Marktmechanismen effizient zu gestalten und stärker auf die Subsidiarität zu bauen. Der Preis dafür drückt sich u.a. in einer geringeren Wertschöpfung, weniger Freiheit, vor allem weniger Freiheit zur Selbstverantwortung aus.

Während Hübner (s.u.) ein neues Maß an öffentlicher Sicherungspolitik mit Effizienzüberlegungen begründet, problematisiert Schwarz den Weg in die »Vollkasko-Gesellschaft« als ineffizient. Schwarz argumentiert u.a. mit den bekannten negativen Anreizwirkungen von Umverteilungsmaßnahmen, der Ineffizienz des Gießkannenprinzips vieler Sozialpolitiken, der Ineffizienz von – oft vordergründig meritorisch begründeten – Realtransfers anstelle monetärer Transfer und schließlich mit der These, daß viele Schutzrechte den Bedürftigen eher schadeten als nützten.

Reheis stellt an den Anfang seiner Betrachtungen die Hypothese, daß die gesellschaftliche Entwicklung dazu tendiert, vermehrt Handlungen mit unkalkulierbaren Risiken zu begehen. Die Individuen sitzen entweder dem Irrglauben auf, die Nutzen solcher Handlungen internalisieren, die Risiken aber sozialisieren zu können oder sie leben damit, die Lasten ihres Tuns auf zukünftige Generationen vorzuwälzen. Reheis unterscheidet bei seinen empirischen Beispielen die Ebene des Individuums (Gesundheitsrisiken wie bspw. Allergien, psychische Deformationen etc. werden unberechenbar), der Gesellschaft (Desintegration, Gewalt) und der Ökologie (biologisches Überleben wird auf's Spiel gesetzt – siehe bspw. Ozonloch). Gemäß seiner Interpretation bildet der wachsende Konflikt zwischen der verfügbaren Zeit[2] und der für die schadlose individuelle Anpassung an Umweltänderungen notwendigen Zeit das entschei-

2 Im kapitalistischen System die dem Individuum zugebilligte Zeit.

dende Übel. Konsequenterweise besteht die vordringliche Aufgabe zukunftsorientierter Sozialpolitik darin, diese Kluft durch adäquate Marktregulierung zu schließen.

Wie Schwarz sich der neoklassischen Theorie bedienend, analysiert *Hübner* nun den Teil der Sozialpolitik, dessen Ziel es ist, angesichts unvollkommener Voraussicht und risikoaverser Individuen, Marktversagen bei der Allokation und dem Transfer von Risiko zu beheben. Diese Form der Sozialpolitik bedient sich insbesondere ordnungspolitischer Mittel und steht neben der einfachen Redistributionspolitik bzw. bildet auch eine notwendige Voraussetzung für effiziente Umverteilung.

Hübner zeigt im ersten Teil seines Beitrages einige Institutionen auf, die der effizienten Risikoallokation dienen (Insolvenzregelungen für Finanzintermediäre, Kreditsubventionierung, den Versicherungscharakter redistributiver Einkommensteuern ergänzende (Zwangs-)versicherung bestimmter Einkommensrisiken).

Im zweiten Teil rekapituliert Hübner die Principal-Agent-Beziehung auf dem Arbeitsmarkt und weist auf, daß die in diesem Zusammenhang bedeutsame Firmenreputation stabilisierender Institutionen bedarf (Mitbestimmung, Tarifvereinbarungen etc.), um selbst Pareto-optimale Umweltanpassungen vollziehen zu können.

Dann führt Hübner Preissuchkosten ein. Die individuell optimalen Suchstrategien führen systematisch zu asymmetrischer Markttransparenz, die – so ist zu erwarten – ausgebeutet werden wird. In diesem Kontext kommt es zu einem ineffizienten, paradoxen Risikotransfer: die Marktseite mit der schlechteren Marktübersicht und schlechteren Möglichkeit des Risikoausgleichs trägt zuviel Risiko. Öffentlich erzwungener Kündigungsschutz bspw. für Arbeitnehmer oder Mieter kann dann eine optimale Antwort auf derartiges Marktversagen sein.

Hinterberger unterwirft sich der Mühe, einen konzeptionellen Rahmen aufzubauen, der als Instrument dient, eigene Vorstellungen gerechter Sozial- und Verteilungspolitiken praktikabel zu konkretisieren, komplexe reale Systeme zu erfassen und vergleichbar zu machen sowie Soll-Ist-Vergleiche durchzuführen, wozu nicht zuletzt gehört, Aussagen positiver Verteilungstheorien oder normative Gerechtigkeitsvorstellungen zuerst auf gemeinsame Dimensionen umzuformulieren, bevor aus ihrem Vergleich Schlüsse für Sozial- und Verteilungspolitiken sinnvoll zu ziehen sind.

Hinterberger füllt sein Raster beispielhaft mit den Details des österreichischen Sozialsystems auf. Wie sich zeigt, folgen die auf den ersten Blick unsystematischen Teile durchaus einer gemeinsamen Ordnung. Abweichend von Schwarz betont Hinterberger, daß reale Sozialsysteme im Wohlfahrtstaat nicht überwiegend dem Gießkannenprinzip gehorchen, sondern nach Bedürftigkeit, eigener Anstrengung, eigener Leistung, subsidiärer Hilfemöglichkeiten etc. stark differenzieren. Der Verzicht auf die Vorteile dieser Differenzierung, wenn das bisherige System wie verschiedentlich gefordert von einer negativen Einkommensteuer abgelöst werden soll, ist dann der Preis für die davon erhofften Vorteile (Anreizkompatibilität, Transaktionskosten etc.).

Heinemann zeigt in einem Modell endogenen Wachstums vom Arrow-Romer-Typ mit überlappenden Generationen, daß im Vergleich zu einer Alterssicherung mittels Kapitaldeckungsverfahren die Wachstumsraten bei einer umlagenfinanzierten Alterssicherung geringer sind. Nach Einführung der Umlagefinanzierung existiert immer ein Zeitpunkt, von dem an sich alle folgenden Generationen im Vergleich zur Alternativsituation schlechter stellen. Dieses Ergebnis soll kein endgültiges Urteil gegen eine vorhandene umlagenfinanzierte Alterssicherung sein. So bleibt zumindest noch die Frage, inwieweit ein Übergang von einem Umlage- zu einem Kapitaldeckungsverfahren als echte Pareto-Verbeserung implementiert werden könnte.

Im Anschluß an Heinemannn zeigen *Dietrich und Haslinger*, daß eine Änderung der Bemessungsgrundlage für die Finanzierung der Rentenversicherung, konkret, Finanzierung mittels einer allgemeinen Verbrauchsteuer anstelle einer proportionalen Lohnsteuer, eine Pareto-Verbesserung erlaubt. Nicht die Umlagenfinanzierung an sich ist demnach möglicherweise dem Kapitaldeckungsverfahren unterlegen. Die bekannte Kritik an der Umlagenfinanzierung basiert auf der gebräuchlichen Bemessungsgrundlage Lohn und übersieht die spezifische Wirkung der Bemessungsgrundlage.

Angeregt durch die philosophische Diskussion, ob es gerecht sei, freiwilligen Müßiggängern eine Grundrente zu gewähren, diskutiert *Haslinger* im Kontext eines Wachstumsmodells die Überlegung, ob es nicht aus Effizienzgründen gesellschaftlich empfehlenswert sein könnte, Mitbürger mit hohem Arbeitsleid durch Gewährung einer Grundrente vom Arbeitsmarkt fern zu halten. Der Kerngedanke

Haslingers besteht in der Vermutung, solche Bürger (»Surfer«) würden die Produktivität von Beschäftigten auch außerhalb der eigenen Unternehmung beeinträchtigen. Der Arbeitgeber internalisiert diese negative Externalität nicht. Eine echte Pareto-Verbesserung ist möglich, wenn die Surfer eine Grundrente dafür erhalten, daß sie dem Arbeitsmarkt fernbleiben.

Genosko informiert im ersten Teil seines Beitrages über die institutionelle Ausgestaltung der Sozialpartnerschaft in der BRD. Er versteht Sozialpartnerschaft über die reine Vertragspartnerschaft hinaus als das Erfüllen einer Ordnungsfunktion durch Gewerkschaften und Arbeitgeberverbände. Im zweiten Teil stellt Genosko die entscheidenden Probleme der Sozialpartnerschaft vor: Möglicherweise Strukturwandel hemmend und möglicherweise nur eine »Schönwetterveranstaltung«, d.h. in einer anhaltenden Krise schlägt die kooperative Konfliktlösung wieder in offenen Verteilungskampf um. Sozialpartnerschaft neigt dazu, Lasten auf Dritte (Erwerbslose, Verbraucher etc.) abzuwälzen. Schließlich ist eine Repräsentationslücke festzustellen: spezielle Arbeitsmarktinteressen werden relativ gut vertreten, während andere, bspw. ökologische Ziele oder Verbraucherschutz, schwächer bis überhaupt nicht organisiert artikuliert werden.

Vogel möchte mit ihrem Beitrag Anregungen für eine ökonomisch und sozial tragbare Zuwanderungspolitik geben. Nach einem Überblick über die möglichen Handlungsparameter formuliert sie drei Idealtypen von Integrationspfaden und bemißt daran die Zuwanderungspolitik der BRD. Anschließend stellt sie als Fazit ihrer Überlegungen Integrationspfade für Arbeitsemigranten, politische Flüchtlinge, Aussiedler und EG-Bürger vor, die unter einem Inländerprimat auf dem Arbeitsmarkt eine schrittweise Integration – zunächst noch rückkehrorientiert – bis zur vollen Staatsbürgerschaft vorsehen.

Ökonomisch tragbar – und den Inländern sozial zumutbar – ist der Vorschlag vor allem durch die obligatorische Selbstfinanzierung der Zuwanderer. Sozial akzeptabel aus der Sicht der Zuwanderer ist der Vorschlag aufgrund der Rechtssicherheit und der realen Chance einer phasenweisen Ausdehnung ihrer Rechte.

Eine exemplarische empirische Untersuchung der Wohnraumsituation in kleinen Dörfern Sachsen-Anhalts vor dem Hintergrund einer »sinnvollen Integration des ländlichen Wohnungswesens in das

Gesamtgefüge der Sozialpolitik« ist Gegenstand des Berichtes von *Feldmann*. Die relativ günstigen Ausgangsbedingungen auf den Dörfern (Wohnungsbestand überwiegend privat) begründen den Nettobevölkerungszuwachs nach der »Wende«. Die Zuzüge aus den Städten überwogen die Abwanderung in den Westen. Der zögerliche soziale Wohnungsbau hemmt allerdings die weitere dörfliche Entwicklung.

In einer polit-ökonomischen Analyse behandelt *Kuhn* die aktuelle Frage, inwieweit der Europäische Gerichtshof zu einer Zentralisierung der Sozialpolitik beitrug – d.h. selbst aktiv Sozialpolitik gestaltet. Sie bejaht diese Frage und veranschaulicht diese Sicht anhand von Beispielen. Die schwache EG-Legislative und Mängel im EG-Vertrag erlauben dem EuGH, seine Autorität über Entscheidungen sozialpolitischer Rechtsstreite zu erhöhen. Abschließend erläutert Kuhn einige Reformen, die den diskretionären Spielraum des EuGH eingrenzen könnten.

Busch gibt einen kurzen Einblick in die Probleme, die im Zuge der Transformation der Sozialpolitik osteuropäischer Länder auftreten. Zunächst diskutiert er die soziale Dimension der beiden grundsätzlichen Transformationsstrategien »Kaltes Wasserbad« und »Gradualismus«. Danach betrachtet er die besonderen Schwierigkeiten der Sozialpolitik im Transformationsprozeß. Selbst ein im Vergleich zu westlichen Wohlfahrtstaaten bescheidener Forderungskatalog scheint von den Transformationsländern nicht erfüllbar zu sein. In einer Zeit steigender Nachfrage nach Sozialpolitik sinken die hierfür benötigten Einnahmen drastisch. Die Betroffenen vergleichen die gewährten Minimalleistungen mit der früheren Grundversorgung, ohne daran zu denken, daß diese zuletzt nur durch einen Substanzverzehr aufrechtgehalten worden war. Busch sieht die Gefahr, daß der gradualistische Weg länger dauert als es die Geduld der Betroffenen erträgt, dennoch, so Busch, ist das »kalte Wasserbad« nicht die bessere Alternative.

Von Hauff wendet sich mit seinem Beitrag der Sozialpolitik in Entwicklungsländern zu. Internationale entwicklungspolitische Institutionen und Regierungen betroffener Länder scheinen seit einiger Zeit anzuerkennen, daß eine funktionierende Absicherung von sozialen Risiken eine Bedingung für Entwicklung bildet. Am Beispiel Indiens weist von Hauff auf das besondere Problem in Entwicklungsländern hin, für die nicht im formalen Sektor verankerten

Bürger erfolgreiche Formen sozialer Sicherung zu finden und anzuwenden. Erste Versuche in dieser Richtung in Indien zeigen noch nicht den wünschenswerten Erfolg.

Bernburg, Januar 1994 Jürgen Wahl

Demokratische Sozialpolitik[1]

Hans Peter Widmaier

Die demokratischen Revolutionen in Amerika und in Europa ersetzten die unantastbare göttliche Ordnung des Mittelalters. Politik im wirtschaftlichen, sozialen und gesellschaftlichen Bereich besetzte die Stelle der Macht, die durch die Säkularisierung leer geworden war.

Am Anfang der zivilen Welt – so schrieb John Locke in seinen Two Treatises of Government – stand Amerika: mit seinem Mayflower-Pakt, der Unabhängigkeitserklärung vom 4. Juli 1776 und schließlich der Bundesverfassung des Jahres 1787.

Als ein Volk von Gleichen (»all men are created equal«) und auf der Basis wechselseitiger Anerkennung als gleichberechtigte Bürger (»we mutually pledge to each other our lives, our fortunes and our sacred honor«) schafft der vom Absolutismus und der Kirche sich lösende revolutionäre Souverän die »Novus Ordo Saeculorum« durch Selbstregierung. Die plurale Auseinandersetzung zwischen konkurrierenden und divergierenden Meinungen im öffentlichen Raum soll eine öffentliche Handlungssphäre, eine Späre säkularisierter Politik sich herausbilden lassen.

Die freiwilligen Zusammenschlüsse der Bürger in Assoziationen, Genossenschaften und Gewerkschaften, ihre öffentlichen Diskussionen und Disputationen sowie ihre sonstigen politischen Auseinandersetzungen gehen über die zivilen Tauschbeziehungen der sich entfaltenden Marktgesellschaften hinaus: Sie folgen einer politischen Logik – ich nenne sie politische Dialogik. Jenseits des ökonomischen Marktgeschehens entwickelt sich eine Zivilgesellschaft im Sinne eines kultivierten, weil gewaltlosen Umgangs der Menschen miteinander in demokratischen und pluralen Verfahren.

---

1 Dieser Artikel ist im Zusammenhang zu sehen mit meinem Buch Demokratische Sozialpolitik (erscheint 1994).

Im 19. Jahrhundert erhält diese politische Dialogik besondere Bedeutung aus dem Versagen des Arbeitsmarktes: Die Arbeiterfrage ist die soziale Frage des 19. Jahrhunderts.

In der politischen Praxis treten die Arbeiter aus ihrer Privatexistenz als individuelle Verkäufer ihrer Ware Arbeitskraft heraus und bilden Selbsthilfegruppen zur Durchsetzung ihrer gemeinsamen Ziele: kollektive Verträge für politische Löhne.

Die politische Anerkennung von Parteien, Interessengruppen und Verbänden als Antwort auf die soziale Frage des 19. Jahrhunderts schuf zugleich die Neue Soziale Frage des 20. Jahrhunderts: Sie ist die demokratische Frage. Sie stellt sich nicht nur in Form von Armut im Reichtum als Neue Soziale Frage, sondern auch im Sinne einer extensiven und intensiven Radikalisierung des Demokratieprinzips durch neue soziale Bewegungen, neue Demonstrations- und Protestformen, Bürgerinitiativen und die breite Wirksamkeit von Selbsthilfegruppen.

Der Radikalisierung des demokratischen Prinzips entgegen steht die Einbindung der demokratischen Gesellschaftsformen in einklagbare verfassungsrechtliche Normen und gesetzliche Regelungen und Verfahren. Das Repräsentativsystem gerinnt in der Praxis und auch in der ökonomischen Theorie der Demokratie (etwa bei Schumpeter und bei Downs) zur Methode der Wahl und Abwahl herrschender Eliten. Der Wettbewerb zwischen Politikern und zwischen den politischen Parteien wird analog zum Markt gesehen. Tatsächlich wird dieser Wettbewerb – wie beim Wettbewerb des ökonomischen Marktes – dominiert von den Oligopolen der großen Parteien und gefährdet durch ihre oligarchische Struktur.

Der Mangel der demokratischen Praxis und auch des theoretischen Arguments einer ökonomischen Theorie der Politik (»Neue Politische Ökonomie«) liegt dort, wo Politik nicht der Logik des Marktes folgt. Politik ist keine Ware, gehandelt auf dem Stimmenmarkt. Politik aggregiert nicht einfach individuelle Präferenzen (was logisch eh' nicht möglich ist), sondern gemäß einem Referenzmodell der partizipativen Demokratie bilden sich endogen und interaktiv demokratische Muster und Verhaltensweisen. Demokratie ist eine Lebensform (democracy is a way of life), und Demokratie ist Regierung durch Diskussion (democracy is government by discussion).

Die Entwicklung einer politischen Moral und Entfaltung einer demokratischen Kultur setzt voraus, daß Demokraten die Chance erhalten, an der dialogischen Auseinandersetzung um politische Werte und Probleme teilzunehmen und an ihrer Verwirklichung und Lösung gemeinsam und solidarisch zu partizipieren. Das heißt, daß das Problem der sozialen und gesamtgesellschaftlichen Wohlfahrt nicht aggregativ, sondern interaktiv zu bestimmen ist. Mit anderen Worten, die Koordination von individuellen Handlungen in der Demokratie ist kein Problem einer aggregativen Logik – sie ist schon formal nicht lösbar –, sondern einer Dialogik im Medium öffentlicher Auseinandersetzungen und Diskurse sowie der Austragung von Konflikten.

In zwei Metaphern zusammengefaßt: Die ökonomische Logik demokratischen Handelns besteht darin, daß die Masse der konditionierten Stimmbürger ein Maximum an Output in Form von politischen Entscheidungen von den herrschenden Eliten mit einem Minimum an Input in Form politischer Teilhabe durch die Stimmbürger erhält.

Die Charakteristika des partizipatorischen Modells der Demokratie andererseits bezeichnen einen Vorgang, in dem der teilnehmende und teilhabende Stimmbürger und Demokrat ein Maximum an Partizipation als Input erbringt für einen Output, der nicht nur gerechte politische Entscheidungen in Form politischer Güter erbringen mag, sondern zugleich die Entwicklung sozialer und politischer Tugenden für die teilnehmenden und teilhabenden Demokraten gewährleisten könnte.

Dialogik kooperativen Handelns

Im solidarischen Gruppenhandeln, bei der Verwirklichung des Prinzips, Hilfe zur Selbsthilfe zu gewähren, treten die Individuen aus ihrer Privatexistenz heraus in einen sozialen Zusammenhang. Die gemeinsame Lösung sozialer Konflikte wird zum Ausgangspunkt einer neuen Vergesellschaftung. So führte die Arbeiterbewegung des 19. Jahrhunderts zu einer Institutionalisierung des Klassenkonflikts zwischen Arbeit und Kapital: Ein prominentes Beispiel für eine heute zivile Auseinandersetzung in einem Grundkonflikt unserer Gesellschaftsordnung.

Diese und vergleichbare kooperative Systeme werden heute als eigenständige und den ökonomisch dominierten Märkten übergeordnete Allokations- und Entscheidungssysteme gesehen. Sie werden als konstitutive Allokationsmechanismen neokorporatistischer Ordnungen bezeichnet: Kooperative Verhandlungen sind die Aufhebung des Marktes zugunsten von Selbstgestaltung und Selbstregierung.

Bei den Verhandlungen entsteht durch immer wieder neu zu suchende und zu findende Übereinkunft eine dem Marktmodell überlegene Moral (morals by agreement), werden soziale Konflikte einer Lösung zugeführt, Marktergebnisse korrigiert, können nach dem ökonomischen Rationalmodell denkbare Dilemmata und Rationalitätsfallen kooperativ angegangen werden. Zur Selbstgestaltung und Selbstregierung gehört der Einbezug sozialer Ziele in den Diskurs ebenso wie die Verhandlung über die Veränderung der institutionellen Nebenbedingungen (Reform).

Das Ziel eines der Dialogik folgenden kooperativen Systems ist eine auf Dauer gestellte Form der kooperativen Entscheidungsfindung mit politischen Gütern als Resultaten: dem politischen Lohn, einer Reform der Gesundheitspolitik, neuen Formen der Umweltpolitik, Kampf gegen die Armut. Kooperation folgt der Dialogik des runden Tisches. Ein runder Tisch gehört in jedes Haus.

Das Doppelgesicht der Bürokratie

Die historische Rekonstruktion unterschiedlicher Entwicklungstypen von Herrschaft bei Max Weber zeigt deutlich den im Vergleich zu traditionellen und charismatischen Organisationsformen von Herrschaft rationalen Charakter der modernen Bürokratie: Sie ist ein sich säkular herausbildendes effizientes System der Allokation. »Die Bürokratie ist 'rationalen' Charakters: Regel, Zweck, Mittel, 'sachliche' Unpersönlichkeit beherrschen ihr Gebaren. Ihre Entstehung und Ausbreitung hat daher überall in jenem besonderen, noch zu besprechenden Sinne 'revolutionär' gewirkt, wie dies der Vormarsch des Rationalismus überhaupt auf allen Gebieten zu tun pflegt. Sie vernichtete dabei Strukturformen der Herrschaft, welche einen, in diesem speziellen Sinn, rationalen Charakter nicht hatten.« (Weber 1956, S. 586f. Hervorhebung im Original).

Bürokratie als rationale Form von Herrschaft, als die säkularisierende Ablösung feudalistischer Formen der Herrschaft, normiert, regelt, ordnet private und staatliche Allokationsprozesse. Die Implementation immer größer werdender Systeme mit ihren economies of scale bedarf dieser auf Dauer gestellten Regelhaftigkeit, Normierung und Verläßlichkeit. Diseconomies mögen durch Selbstverwaltung und/oder demokratische Kontrolle reduziert werden. Dies muß zunächst jenseits einer herrschenden Bürokratiekritik festgehalten werden.

Formale Regeln sind ein wichtiges Strukturelement von Bürokratien. Sie ersetzen den fehlenden Markt als Kontrollmaßstab für den Output. Vergleichbares gilt für die innere Hierarchie. Regelhaftigkeit und Hierarchie ermöglichen eine effiziente Koordination komplexer Aktivitäten, sie gewährleisten die Gleichbehandlung vor dem Gesetz.

Das Doppelgesicht der Bürokratie zeigt sich in ihrem Herrschaftscharakter – und dies im Industriebetrieb ebenso wie im staatlichen und parastaatlichen Sektor. Ohne demokratische Kontrolle der Bürokratie wächst ihre Eigenständigkeit und ihre Anonymität. Bürokratie ist unentbehrlich geworden, zeigt uns aber auch ihr häßliches Gesicht: in der Borniertheit der Institutionen und Bürokratien, ihrer bürokratischen Sabotage, ja in ihrer Gefährdung der Demokratie.

Sozialpolitik im Wohlfahrtsstaat[2] – revisited

In einer ökonomischen Theorie der Sozialpolitik habe ich in den 70er Jahren versucht, durch die Zusammenführung verschiedener ökonomischer Ansätze zur Politik

- ökonomische Theorie der Demokratie
- ökonomische Theorie des kollektiven Handelns
- ökonomische Theorie der Bürokratie

die Konsequenzen aufzuzeigen, die sich aus einem »Imperialismus der Ökonomie« (vgl. Boulding 1973, S. 118) für die sozialpolitische Realität ergeben würden. Zur Bewußtwerdung dieser Argumentation stelle ich meiner neugewonnenen theoretischen Position eine

2 Vgl. Widmaier (Hrsg.) 1974; Widmaier 1976; Widmaier 1994 und die dort verarbeitete neuere Literatur.

knappe Zusammenfassung meiner damaligen Sichtweise voran (vgl. dazu auch das nachfolgende Schaubild »Eine Theorie der Sozialpolitik«).

Die zentralen Punkte der Argumentation waren:

- Soziale Bedürfnisse als Input der politischen Prozesse
- Interdependenz der Teilordnungen Markt, Demokratie, kollektives Handeln und Bürokratie
- Ökonomisch rationales Handeln der Individuen als Folgen ökonomischer Konditionierung
- Kumulative Prozesse der Verursachung zwischen den Teilordnungen (Myrdal-Prozesse)

Zur Theorie der Evolution sozialer Bedürfnisse – revisited

Die Entwicklung einer Theorie der Sozialpolitik des Wohlfahrtsstaates bleibt ein Problem, das es zu lösen gilt. Gelingt dies im Rahmen der orthodoxen Nationalökonomie, oder bedarf es der Grenzüberschreitung in ein anderes Paradigma?

Erste Ansatzpunkte für unsere Fragestellung sollen die theoretischen Reflexionen über ökonomische Herrschaftsverhältnisse und ihre Wirkung auf individuelles und kollektives Handeln liefern. Zum einen bedarf es einer Theorie der Evolution sozialer Bedürfnisse[3] im Zuge der langfristigen Entwicklung kapitalistischer Gesellschaftsformationen. Zum anderen muß über die Möglichkeiten der Befriedigung dieser Bedürfnisse unter den restriktiven Bedingungen der kapitalistischen Produktionsweise und des politisch-administra-

---

3 Soziale Bedürfnisse als gesellschaftlich bedingte sollen bewußt abgegrenzt sein vom inhaltsleeren Bedürfnisbegriff der Neoklassik (»wants are given«), aber auch von psychologisierenden Bedürfnisbegriffen der Sozialpsychologie und der zu kurz greifenden Begrifflichkeit »sozialer Prägungen« der Konsumsoziologie. Soziale Bedürfnisse entstehen unter den spezifischen Bedingungen kapitalistischen Wirtschaftens im Bereich der Arbeit, des Konsums und der Freizeit aus einer produktionspolitischen Notwendigkeit ebenso wie aus einer sozialpolitischen Forderung. Sie werden in der Regel in der Form politischer Güter aus dem politisch-administrativen System befriedigt.

Eine Theorie der Sozialpolitik

Ökonomischer Sektor	Input	Produktion von Sozialpolitik		Output
	Soziale Bedürfnisse als	Politisches System		
Konkurrenz Arbeitsteilung Differenzierung Lohnarbeit Sicherung der internationalen Wettbewerbsfähigkeit (mit Gewinnorientierung) Sozial- und Einkommensschichtung	(1) Voraussetzung und im Gefolge der wirtschaftlichen Entwicklung (2) Folge der langfristigen Wirkungen der demokratischen Herrschaftsverhältnisse (3) Folge externer Einflüsse (Kriege Naturkatastrophen, Wandel von Wirtschaftssystemen etc.)	Dialogik kollektiven Handelns Dialogik demokratischen Handelns – Parteien – Verbände – Parlament	Produktionsorientierte Bürokratie Sozialpolitisch orientierte Bürokratie – Konkurrenz – Konflikt – Zentralisierung – Bürokratisierung – Monetarisierung	Politische Güter Einkommenspolitik Investitionspolitik Planung des technischen Fortschritts Bildung Gesundheit Fürsorgeprogramme Umweltschutz Politik der sozialen Sicherung Tarifpolitik »political bads«

Aus: Widmaier 1994 (in Vorbereitung).

tiven Systems durch die Produktion von Sozialpolitik[4] reflektiert werden.

Soziale Bedürfnisse als Voraussetzung wirtschaftlicher Entwicklung

Eine Theorie der Evolution sozialer Bedürfnisse im Kontext der Entfaltung der bürgerlichen Gesellschaft von der sozialstaatlich verfaßten Industriegesellschaft über die sozialstaatlich verfaßte Verteilungsgesellschaft hin zum Wohlfahrtsstaat muß unter zwei Perspektiven gesehen werden:

Einmal als die Entstehung produktionspolitisch bedingter sozialer Bedürfnisse im Zuge der Schaffung der Voraussetzungen wirtschaftlicher Entwicklung und im Zusammenhang mit der Lösung der Folgeprobleme wirtschaftlicher Entwicklung und ihrer Zyklizität.

Zum anderen als die Entwicklung sozialpolitisch artikulierter sozialer Bedürfnisse, die als politische Forderung an die Verbände, den Staat und die Kirchen, als den Vermittlern zwischen Individuen und Gesellschaft, gelangen.

Beide Bedürfnisperspektiven verdeutlichen den gesellschaftlich bedingten Entstehungszusammenhang sozialer Bedürfnisse: Soziale Bedürfnisse entstehen im Produktionsprozeß selbst und als seine Folge, werden aber auch im politisch-administrativen System als politische Forderung artikuliert.

In beiden Formen bilden sie das Rohmaterial für die Produktion von Sozialpolitik, das heißt die Produktion sozialer Sicherheit.

Das soziale Bedürfnis nach Schutz und Regelhaftigkeit sozialer Beziehungen verbindet sich mit dem sozialen Bedürfnis produk-

---

4 Die Beantwortung der produktionstheoretischen Frage, was, wie und für wen politische Güter im Wohlfahrtsstaat produziert werden, bestimmt nicht ein System von Märkten, Preisen, Gewinnen und Verlusten, sondern eine Reihe nichtmarktwirtschaftlicher Faktoren, so die politische Artikulationsfähigkeit sozialer Bedürfnisse, die Durchsetzbarkeit und Vermittlung der politisch artikulierten sozialen Bedürfnisse in den nicht marktwirtschaftlich organisierten Teilbereichen unserer Gesellschaft, also über den Prozeß organisierten Gruppenhandelns, demokratischer Wahlentscheidungen und staatlichen sowie parastaatlichen Handelns.

tionspolitischer Provenienz nach Schutz vor dem Raubbau uneingeschränkter Konkurrenz der Kapitaleigner untereinander um den Produktionsfaktor Arbeit.

Frühzeitig wurde bereits im 19. Jahrhundert im Zuge der Verrechtlichung sozialer Fragen im Sinne eines ordnungspolitischen Eingriffs die Berücksichtigung sozialer Bedürfnisse erzwungen.

Auch die systematische Qualifikation und Ausbildung der Arbeiter und Angestellten für ihre Rollen im Konkurrenzsystem der Marktwirtschaft gehörte zu dieser produktionspolitischen Notwendigkeit. Bildung von Humankapital gehörte zu den zentralen sozialen Bedürfnissen, die die Voraussetzung wirtschaftlicher Entwicklung formten.

Während der Akkumulationsprozeß des Kapitals dessen Reproduktion vergleichsweise gut gewährleistet, gilt dies für die Reproduktion des Faktors Arbeit nicht in gleicher Weise. Daraus entsteht ein eminent wichtiges soziales Bedürfnis: nämlich die Sicherstellung der Reproduktion des Faktors Arbeit durch sozialpolitische Maßnahmen. Dies hat konkret etwa in Deutschland in der langfristigen Entwicklung der Krankenversicherung und Gesundheitsvorsorge seinen Niederschlag gefunden.

Wichtige Voraussetzung kontinuierlicher wirtschaftlicher Entwicklung in kapitalistischen Staaten wurde auch die Kanalisierung sozialer Bedürfnisse in der politisch vorangetriebenen Institutionalisierung des Gegensatzes zwischen Kapitaleignern und Arbeitnehmern. Damit wurde nicht nur dem sich aus den Herrschaftsverhältnissen ergebenden sozialen Bedürfnis nach Bildung einer Gegenmacht des Faktors Arbeit Rechnung getragen, sondern durch die Schaffung von Rechtspositionen wie der Tarifautonomie, dem Schlichtungswesen, der Koalitionsfreiheit wurde die »Institutionalisierung des Klassengegensatzes« auch ordnungspolitisch verankert.

Damit gelingt uns zugleich eine wichtige Neubewertung gewerkschaftlicher Politik: nicht Störfaktor der Wettbewerbsordnung, wie es die orthodoxe Theorie unterstellt, sondern Sicherung der Funktionstüchtigkeit eben jener Wettbewerbsordnung durch gewerkschaftliche Politik.

Im Zuge wirtschafts- und sozialpolitischer Überlegungen zu einer Verbesserung der Zukunftschancen der wirtschaftlichen Entwicklung wurde das Konzept einer aktiven Sozialpolitik und insbesondere einer aktiven Arbeitsmarktpolitik entwickelt. Erstere will der neuen Qualität der sozialen Frage Rechnung tragen: Es geht dabei um eine Gewichtsverlagerung von der traditionellen Sozialleistungspolitik hin zu einer verstärkten Sozialinvestitionspolitik. Eine aktive Arbeitsmarktpolitik ihrerseits sieht den Vorrang vorbeugender arbeitsmarktpolitischer Maßnahmen.

Soziale Bedürfnisse im Gefolge der wirtschaftlichen Entwicklung

Die Zyklizität wirtschaftlicher Entwicklung und die damit verbundenen Turbulenzen im Mengen- und Preissystem erzeugen wichtige soziale Bedürfnisse als Folgeprobleme wirtschaftlicher Evolution.

Soziale Bedürfnisse als Folgeprobleme wirtschaftlicher Entwicklung treten heute aber auch in weiten Bereichen des Umweltproblems als Schutz- und Sicherheitsbedürfnis auf. Horizontale und vertikale Disparitäten entstehen im Zuge eines forcierten, auf quantitative Expansion beschränkten Wirtschaftswachstums. Die urbane Krise, als Folgeerscheinung der das rapide Wachstum begleitenden Tendenzen zur räumlichen Konzentration und Agglomeration, erzeugt kumulative Prozesse der Verursachung und soziale Bedürfnisse in Bereichen neuer Art: millionenfache Armut im Reichtum des Wohlfahrtsstaates, Slums, Drogenszene, Ghettoisierung, Jugendkriminalität und Terror.

Die tiefen, weltweiten Konjunktureinbrüche des letzten Jahrzehnts haben in diesem Zusammenhang deutlich werden lassen, wie durchlässig das Netz der sozialen Sicherheit in Krisenzeiten ist. Nur massive staatliche Zuschüsse zur Unterstützung der Arbeitslosenversicherung konnten die Auszahlungen der »Schönwetterversicherung« garantieren. Vielfach kam es sogar zur Rücknahme sozialer Leistungen. Andererseits zeigte sich gerade in der Monetarisierung sozialer Leistungen (Arbeitslosengeld usw.) ein durchaus wichtiger stabilisierender Faktor in der Erhaltung von Massenkaufkraft.

Soziale Bedürfnisse als Folge der langfristigen Wirkungen der Herrschaftsverhältnisse

Soziale Bedürfnisse als Folge der langfristigen Wirkungen der Herrschaftsverhältnisse in kapitalistischen Gesellschaftsformationen bilden einen Kern der sozialpolitischen Bedürfnistheorie. Wir sind der

Fragestellung unter dem Aspekt einer Analyse von Machtverteilung im Sozialstaat (Böckels/Scharf/Widmaier 1976) nachgegangen.

Der Konflikt zwischen Selbstbestimmung und Fremdbestimmung bezeichnet das Spannungsfeld, in dem das hier zu diskutierende Bedürfnisfeld anzusiedeln ist. Gemäß den Rationalitätsbedingungen des kapitalistischen Produktionsprozesses werden diese sozialen Bedürfnisse, die in dem Spannungsfeld zwischen Selbst- und Fremdbestimmung angesiedelt sind, im Zusammenhang zwischen Arbeitsteilung, marktwirtschaftlicher Ordnung und einer säkularen ökonomischen Konditionierung bereits gefiltert und eingegrenzt. Dabei wird der gesellschaftliche Charakter dieses Prozesses vom einzelnen nicht erkannt, sondern als gleichsam »naturhaft« oder »technologisch« sich durchsetzend interpretiert und hingenommen.

Zur ökonomischen Theorie politischer Prozesse

Die Idee der Interdependenz der Ordnungen steht am Anfang und Schluß. Die systematische Präsentation der Theorieansätze, die für einzelne Teilbereiche der Politik entwickelt wurden, erfolgt in der Absicht, die Interdependenz zwischen Marktwirtschaft und Politik, die Fusion beider Prozesse einer Analyse zu unterziehen und damit zur Rekonstruktion der Wirkungsweise des Wohlfahrtsstaates beizutragen. Wir meinen, daß eine verbindende Analyse dieser Art einen umfassenden Aufschluß über die Probleme des Wohlfahrtsstaates und seiner Güterallokation ergibt.

Dabei muß die Frage aufgeworfen werden, ob das marktwirtschaftliche System derart verändert wurde, daß es sich nicht mehr gemäß den bisher vermuteten ökonomischen Gesetzmäßigkeiten und Tendenzen entwickelt. Es wird weiter die gängige These aufgegriffen und verworfen, daß die verschiedenen politisch-ökonomischen Verfahren einander ergänzen in dem Sinne, daß die Nachteile des einen Verfahrens durch das andere wieder wettgemacht werden. Mit anderen Worten ist zu fragen: Wirken politische Prozesse dahingehend, daß ökonomisches Kalkül und ökonomische Organisationsformen im politisch-administrativen System reproduziert werden, statt daß die negativen Effekte der ökonomischen Prozesse beseitigt werden – mit der fatalen Konsequenz, daß volkswirtschaftliche Kosten auch im politisch-administrativen System verursacht werden?

Die ökonomischen Ansätze politischer Entscheidungssysteme werden als realistische Beschreibung der Einzelbereiche Demokratie, Gruppenhandeln und Bürokratie angeboten. Die Verknüpfung der isoliert entwickelten Ansätze ermöglicht eine – im Sinne der Interdependenz der Ordnungen – Diskussion der ordnungspolitischen Probleme. Das zwischen den Teilbereichen vermittelnde und in den Teilbereichen wirkende Element bildet dabei die enge Konzeption ökonomischer Rationalität. Während die ökonomische Rationalität in den theoretischen Ansätzen der ökonomischen Theorien der Politik axiomatisch vorausgesetzt wird, lautet unsere lerntheoretische These dahingehend, daß durch einen säkularen Prozeß der ökonomischen Konditionierung der Individuen im Zuge der kapitalistischen Entwicklung diese eng begrenzte ökonomische Rationalität tendenziell alle ökonomischen und politischen Institutionsbereiche erfaßt. Sie wird somit zum Bindeglied der Ordnungen, mit den noch zu beschreibenden zerstörerischen Tendenzen für den Wohlfahrtsstaat.

Die folgende knappe Skizze zum Problem der im demokratischen, gruppenspezifischen und bürokratischen Entscheidungsprozeß sich herauskristallisierenden Machtstrukturen im Wohlfahrtsstaat und die sich daran anschließende Skizze des Problems der ökonomischen Rationalität als Herrschaft, einschließlich des Exkurses über ökonomische Konditionierung zum homo oeconomicus, soll diesen Gedankengang exemplarisch illustrieren.

Machtstrukturen im Wohlfahrtsstaat

Die Offenheit der Sozialstaatsklausel des Grundgesetzes (Art. 20) bedingt es, daß die inhaltliche Ausfüllung des Sozialstaates bzw. Wohlfahrtsstaates im Zuge der marktwirtschaftlichen und politischen Entscheidungsprozesse erfolgt. In bezug auf das, was wir als wirtschaftspolitische Grundsatzentscheidung bezeichnen würden, sagt das Bundesverfassungsgericht: »Das Grundgesetz ist wirtschaftspolitisch neutral.« Die wohlfahrtsstaatliche und sozialstaatliche Wirklichkeit ist also abhängig von den sich in den Entscheidungsprozessen des Wohlfahrtsstaates herausbildenden Machtstrukturen.

Es stellt sich die Frage: Wirken politische Prozesse dahingehend, daß ökonomisches Kalkül und ökonomische Organisationsformen und Verhaltensweisen reproduziert werden, statt die negativen

Effekte der ökonomischen Prozesse zu beseitigen (Kompensation) – mit der fatalen Konsequenz, daß volkswirtschaftliche Kosten auch im politisch-administrativen System verursacht werden und unter Umständen zu kumulativen Prozessen der Verursachung (im Sinne Gunnar Myrdals) führen?

Zur ökonomischen Theorie der Demokratie

Im Mittelpunkt einer ordnungspolitischen Diskussion steht die Interdependenz der Ordnungen in Wirtschaft und Politik: Wirtschaftliche Strukturelemente wirken im politischen Bereich fort und umgekehrt. Es liegt nahe, entsprechend auch die Methoden des Wirtschaftssystems zur Analyse des politischen Systems heranzuziehen, um einen hohen Erklärungswert zu erreichen.

- Dem Wettbewerb um Kunden im Wirtschaftssystem entspricht der Konkurrenzkampf um Stimmen im politischen System;
- dem profitorientierten Unternehmer entspricht der politische Entrepreneur, der innovationsfreudig und risikobereit im politischen Konkurrenzkampf wirkt;
- dem Konsumenten entspricht der Stimmbürger;
- der mangelhaften Markttransparenz im ökonomischen Sektor entspricht die unvollständige Information und die Existenz von Informationskosten im politischen Bereich.

Damit sind auch schon die wichtigsten Strukturelemente der ökonomischen Theorie der Demokratie aufgelistet.

1. Demokratie ist eine Methode zur Wahl einer herrschenden Elite.
2. Die Eliten stehen untereinander im Konkurrenzkampf um die Stimmen der Stimmbürger.
3. Der Stimmbürger handelt ökonomisch rational als Konsument der Politik.[5]

5 Jeder der Beteiligten (Stimmbürger, Politiker, Lobbyisten) handelt ökonomisch rational, d.h. er verfolgt seine Ziele mit einem Minimum an knappen Mitteln und unternimmt nur solche Handlungen, für die der Grenzertrag die Grenzkosten übersteigt. Dabei wird der Begriff rational synonym mit ökonomisch effizient verwandt.

4. Der Politiker handelt ökonomisch rational als innovationsfreudiger und risikobereiter politischer Entrepreneur und Stimmenmaximierer.
5. Ungewißheit, unvollständige Information und die Existenz von Informationskosten beeinflussen das Handeln der Stimmbürger und Politiker.
6. Im politischen Bereich existieren Ideologien und erfolgt eine Manipulation der Stimmbürger und Politiker.
7. Die Politiker agieren innerhalb von Parteien, um das mit der Regierung jeweils verbundene Amt, Macht und Prestige zu gewinnen.
8. Die Parteien sind Oligarchien vergleichbar, in denen der Intraparteienkonflikt ausgeschaltet ist (Homogenitätshypothese).
9. Die Konkurrenz hat oligopolistischen Charakter: Wenige Parteien konkurrieren um atomistische Stimmbürger, die nur eine, ungewichtete Stimme haben.

Das Eigennutzaxiom ist konstitutiv für die Handlungsweise aller offiziellen und offiziösen Akteure im demokratischen Entscheidungssystem. Die Arbeitsteilung zwischen Stimmbürgern, Politikern und Lobbyisten gibt zwar jedem eine unterschiedliche soziale Funktion, die aber nur über die Vermittlung der privaten Motivation, nämlich Einkommen, Macht und Prestige zu maximieren bzw. die Informationskosten kleinzuhalten, nebenher befriedigt wird (Nebenproduktstheorie). Das Eigennutzaxiom findet eine Begrenzung lediglich in den Verfassungsregeln, den geltenden Gesetzen sowie durch die Annahme, daß der Intraparteienkonflikt ausgeschaltet ist.

Welche wichtigen Konsequenzen können wir aus dem deskriptiven Modell des Teilsystems Demokratie für die Verhaltensweise der Stimmbürger, der Politiker und anderer Akteure des Systems ableiten?

Zunächst zum Verhalten der Stimmbürger. In der Demokratie mit unvollkommener Information, Unsicherheit und der Existenz von Informationskosten kann der Stimmbürger bei gegebener Verhaltensannahme es sich nicht leisten, alle Informationen, die mit seiner Wahlentscheidung im Zusammenhang stehen, zu kennen. Er muß aus der Fülle von Informationen auswählen. Einen Teil der Informationen erhält er praktisch durch das Sammeln von Informationen über die Massenkommunikationsmittel. Er erhält also eine gewisse Grundinformation in Abhängigkeit von der Genauigkeit und dem Umfang dieser Informationen, wie sie über die Massenkommunikationsmittel zur Verfügung gestellt werden und seine Möglichkeit, diese Informationen zu verarbeiten (Informationsverarbeitungskapazität). Zum anderen hat er als einzelner Stimmbürger nur eine Stimme, d.h. das Gewicht seiner Stimme ist gering. Im Prinzip hat er also keinen Anreiz, sich zusätzliche Informationen zu beschaffen, um »richtig« zu wählen. Es wäre gemäß der Verhaltenshypothese vielmehr irrational, d.h. ineffizient für die Stimmbürger, sich Informationen zu Wahlzwecken zu kaufen. Andererseits lohnt es sich jedoch für Interessengruppen und politische Parteien, gezielte Informationen zu Wahlzwecken frei anzubieten. Wir finden also beim Stimmbürger das, was Downs »rationale Informationsbeschränkung« (»rational ignorance«) nennt. (Vgl. Downs 1968)

Die rationale Informationsbeschränkung öffnet zugleich die Möglichkeit für offene und versteckte Manipulation der Stimmbürger. Nicht alle Stimmbürger haben ja gleich viel Informationen und/oder ökonomische Ressourcen zur Verfügung. Entsprechend werden interessenspezifische Informationsflüsse sowohl in Richtung Stimmbürger als auch in Richtung Regierung bzw. Opposition fließen. Dies insbesondere dann, wenn diese Informationen zum Beispiel als Nebenprodukt einer wirtschaftlichen Tätigkeit (Großunternehmen, Wirtschaftsverbände, Gewerkschaften) fließen. Im Zuge der Arbeitsteilung schalten sich Vermittler bzw. Intermediäre in das Geschäft mit Informationen ein. Da auch sie eigennützig handeln, dürfte es zu weiteren Informationsverzerrungen kommen.

Rationale Informationsbeschränkung bei den Stimmbürgern, interessenspezifische Informationsverarbeitung und -weitergabe durch Interessengruppen, der Bedarf an Informationen durch die Regierung und die politischen Parteien führt zu einem Prozeß, den man bildhaft als »Informationsverschmutzung« bezeichnen könnte. Dies hat eine beträchtliche Ungleichheit politischer Einflußmöglichkeiten zur Konsequenz. Neben die ungleiche Verteilung von Einkommen, sozialer Stellung, Macht und Eigentum tritt die Ungleichheit unter den Stimmbürgern.

Eine spezielle Ausformung der Informationsproblematik erfolgt durch das Angebot von Ideologien als Informationsersatz für den Stimmbürger. Da der rational seine Information beschränkende und kostenscheuende Stimmbürger nicht alle alternativen Strategien und Ergebnisse der Regierung und Opposition kennt und kennenlernen will (und kann), und Regierung und Opposition selbst in der gleichen Position sind, bieten letztere dem Stimmbürger einen Ersatz für Informationen, nämlich Ideologien. Politik dieser Art ist nach Downs nicht das Resultat unpatriotischer Apathie, sondern eine rationale (effiziente) Antwort des Stimmbürgers auf die Fakten des politischen Lebens in einer großen Demokratie. Die Disparitäten zwischen der Downsschen Schlußfolgerung und den traditionalen Vorstellungen guter Staatsbürgerschaft sind zwar verblüffend, leiten sich aber aus seiner Grundhypothese über effizientes (ökonomisch rationales) Verhalten her. Außerdem: Die Erträge, die eine Mehrheit der Stimmbürger aus einer Gesellschaft mit einer informierten Wählerschaft ziehen kann, sind unteilbar. Damit können wir eine Brücke schlagen zur Theorie der öffentlichen Güter: Sind die Erträge eines Gutes unteilbar, dann wird jeder einzelne versuchen, die Kosten für ihre Produktion zu vermeiden.

Alles ist rational: Der Stimmbürger und Konsument versucht nur, die Information zu gewinnen, deren Ertrag größer ist als ihre Kosten. Hier kumuliert sich die Einflußlosigkeit des einzelnen Stimmbürgers (keinen Einfluß auf die Regierungspolitik durch seine Stimme) mit der Einflußlosigkeit des Konsumenten (»Mythos der Konsumentensouveränität«). Durch seine »rationale Informationsbeschränkung« setzt er sich zwar extensiver Ausbeutung durch die Produzenten aus, aber es wäre irrational (unökonomisch), anders zu handeln.

Für den Stimmbürger mit rationaler Informationsbeschränkung zeigt Downs deutlich das Dilemma, das wir im folgenden aufgreifen wollen: Aus Sicht der Gemeinschaft ist es wohl rational, Informationen als Kollektivgut zu beschaffen. Aber aus der Sicht des Individuums ist es irrational (unökonomisch), und falls es keinen Mechanismus gibt, der kollektives (gruppenspezifisches) Handeln sichert, wird die individuelle Rationalität weiter bestehen.

Uns stellt sich also im folgenden die Frage: Gibt es einen solchen Mechanismus, der gruppenspezifisches Handeln garantiert?

Zur Logik gruppenspezifischen Handelns

Bereits im Ansatz von Downs wurde die vermittelnde Rolle der organisierten Gruppen (Lobbies) zwischen Stimmbürgern, Parteien und Regierung herausgearbeitet. Es ist nun zu prüfen, wie die organisierten Gruppen entstehen und durch welche Motive ihr Handeln geleitet wird. Hierfür bieten Die Logik kollektiven Handelns von Mancur Olson jr. (vgl. Olson 1968; vgl. auch Bader 1991; Schubert (Hrsg.) 1992) und die Überlegungen von C. Offe (vgl. Offe 1969 (wiederabgedruckt in: Widmaier (Hrsg.) 1974) eine wichtige Ergänzung der Downsschen Überlegungen.

Die Arbeit von Olson ist zunächst als zentrale Gegenthese zu drei herrschenden Ansätzen zu verstehen:

(1) als Gegenthese zur Theorie der Ubiquität sozialer Gruppen,
(2) als Gegenthese zu K. Galbraiths These, daß Macht jeweils Gegenmacht erzeugt (countervailing power),
(3) schließlich als Gegenthese zur Pluralismustheorie.

Olson verneint die Existenz eines Mechanismus zur freiwilligen Erzeugung kollektiven Handelns auch oder gerade bei Dominanz ökonomischer Rationalität. Wenn als zentrale Funktion einer sozialen Gruppe die Produktion bzw. Beschaffung öffentlicher Güter angenommen wird, dann ergibt sich diese Funktion als Nebenprodukt der Realisierung dieser Funktion aus der ökonomischen Motivation der Gruppenmitglieder (Olson) und/oder durch die Organisationsfähigkeit von Gruppen bzw. die Möglichkeit, soziale Konflikte zu artikulieren (Offe).

Es besteht also tendenziell keine Möglichkeit, daß sich Gruppen freiwillig organisieren, und damit auch nur eine geringe Möglichkeit, auf freiwilligem Wege öffentliche Güter zu erlangen. Es braucht vielmehr Zwang, Organisations- und Konfliktfähigkeit und/oder positive selektive Anreize ökonomischer Art, damit soziale Gruppen sich organisieren, um ihre sozialen Bedürfnisse durchzusetzen. Hinzu kommt, daß in diesem Zusammenhang die Frage der Organisationskosten eine entscheidende Rolle spielt. Macht und Einfluß einer Gruppe könnten danach primär davon abhängig werden, ob sie den Eigennutz der Mitglieder befriedigen.

Als ein erstes Resultat dieser Überlegungen wäre festzuhalten, daß bereits durch die Organisationsentstehung eine generelle Tendenz zur Unterversorgung mit öffentlichen Gütern festzuhalten wäre. Andererseits ist es zugleich denkbar, daß eine strukturelle Tendenz zur Überversorgung mit öffentlichen Gütern in Teilbereichen der Gesellschaft ebenfalls möglich erscheint.

Die Bereitstellung öffentlicher Güter über Gruppenorganisationen ist primär von der Gruppengröße abhängig. Aus der Differenzierung der Möglichkeit der Interessenartikulation können auch interessante Überlegungen zu Ausbeutungsprozessen abgeleitet werden.

(1) Olson verweist selbst auf die Möglichkeit, daß innerhalb kleiner Gruppen eine Tendenz dahingehend besteht, daß kleine Mitglieder große Mitglieder ausbeuten, in dem Sinne, daß sie einen unterproportionalen Anteil an der Last zur Erstellung des Kollektivgutes leisten.
(2) Die Ausbeutungsthese gilt aber auch in der Richtung, daß kleine, privilegierte Gruppen aufgrund der besseren Chancen zur Durchsetzung ihrer Sonderinteressen die mittelgroßen Gruppen ausbeuten.

Weit gravierender jedoch scheint uns die Ausbeutungstendenz dort zu sein, wo organisierte Gruppen der Olsonschen Typen den latenten, nichtorganisierten Gruppen einer Gesellschaft gegenüberstehen. Diese »vergessenen oder nicht vertretenen« Gruppen sind mit dem Hauptargument des Olsonschen Buches nicht nur vereinbar, sondern liefern zugleich den Beweis für die Richtigkeit der Argumentation.

Zur Theorie der staatlichen Bürokratie im Wohlfahrtsstaat

Nach der Darstellung weiterer kumulativer Prozesse der Defizienz zentraler politischer Entscheidungsprozesse bleibt zu fragen, ob das noch zu analysierende politische Entscheidungssystem der staatlichen Bürokratie aus diesem Zirkel herausführt. Sprach nicht Max Weber vom »Vormarsch des Rationalismus« durch die Bürokratie? Nannte er ihr Erscheinen als Instrument der Herrschaft nicht »revolutionär« im Sinne der Ablösung traditionaler Herrschaftsformen? Sicher wurde die Bürokratie in der Zeit der Ablösung feudaler Herrschaftsformen zunächst zu einem »liberalen« Instrument der Herrschaft, welches durch Regelgebundenheit, sachliche Unpersönlichkeit, Kompetenzregelungen und Kontrollketten ausgezeichnet war.

In der Neuen Politischen Ökonomie knüpft Downs ausdrücklich an Weber an, entwickelt aber einen alternativen Ansatz: Hinter dem entscheidungsorientierten Ansatz steht das neoklassische Paradigma vom nutzenmaximierenden Individuum (wie bei Tullock 1965) – hier als Bürokrat. Zum zweiten ist der Zweck des Büros nicht mehr Herrschaft, sondern Dienstleistung als Reaktion auf bestimmte Bedürfnisse und zur Wahrnehmung bestimmter sozialer Funktionen.

Die Merkmale der Bürokratien sind für Downs im großen und ganzen die gleichen wie für Max Weber. Der Output der Büros sei allerdings nicht auf Märkten bewertet. Damit fehlt die Möglichkeit, Kosten und Ertrag unmittelbar vergleichen zu können.

Warum sind Bürokratien notwendig? Gemäß dem Referenzsystem der Neoklassik wegen der Existenz von externen und öffentlichen Gütern. Für die Sicherung ihrer Produktion und die Lösung ihrer Finanzierung seien nicht am Markt orientierte Organisationen erforderlich, die Zwang ausüben. Ohne ausdrücklich benannt zu werden, kommen hier wieder Elemente der Herrschaft ins Spiel.

Als weitere Funktionen, für die Bürokratien erforderlich sind, werden benannt: Die Redistribution von Einkommen entsprechend den Präferenzen der Individuen, die Regulation bzw. Substitution von Monopolen, der Schutz der Konsumenten vor ihrer eigenen Unwissenheit, die Stabilisierung der Marktwirtschaft, die Steuerung des technischen Wandels bei Marktunvollkommenheiten, die Schaffung eines Rahmens von (gleichem) Recht und Ordnung, schließlich die Aufrechterhaltung der Regierung selbst.

Zur Erfüllung ihrer Funktionen müssen Bürokratien – über Max Weber hinaus – vier Merkmale aufweisen: Größe, Vollzeitberufsarbeit, Rekrutierung und Beförderung ihrer Mitglieder entsprechend der Rollenerfüllung, schließlich das Fehlen der Produktion für einen externen Markt. Aus Interessendifferenzen, asymmetrischen Informationen folgt das Gesetz der Hierarchie: Die Koordination von Aktivitäten ohne Märkte erfordert eine hierarchische Autoritätsstruktur.

Wie bei Max Weber sind formale Regeln ein weiteres wichtiges Strukturelement von Bürokratien: Sie ersetzen den fehlenden Markt für den Output als Kontrollmaßstab, sie ermöglichen eine effiziente Koordination komplexer Aktivitäten, und die Gleichbehandlung vor dem Gesetz; sie dienen schließlich der Ausgabenbeschränkung.

Stetige Quelle von Ineffizienzen, aber auch von Belohnung ist die informelle Struktur des Büros. Hinzu kommen abweichendes Verhalten gemäß einer Typologie der Beamtenschaft bei Downs, Verzerrung der Kommunikation, Abweichungen von Zielen, multiplikative Vermehrung der Bürokratien (Multiplikatoreffekt) und damit Wachstum der Bürokratien, bei Verknöcherung und Erstarrung.

Noch ein weiteres Element der Ökonomisierung im Binnenverhältnis der Staatsverwaltung ist festzuhalten: die dominierend ökonomische Motivation des Beamtenstabs. Schließlich bestimmt ja die Verhaltensweise der Beamten innerhalb der Bürokratie auch ihr Konkurrenzverhältnis in der Horizontalen und Vertikalen. Downs benutzt in seinem Bürokratiemodell (vgl. Downs 1965; Downs 1974) die Annahme einer dominierend ökonomischen Motivation der Beamten – nämlich Macht, Einkommen, Prestige, Sicherheit, Bequemlichkeit etc. zu erlangen – zur Erklärung der modernen Herrschaftsform der Bürokratie.

In einer Typologie der Beamtenschaft differenziert Downs zunächst zwischen rein im Eigeninteresse Handelnden und Personen mit einer gemischten Motivationsstruktur. Zur ersten Kategorie zählt er die Karrieristen und die Bewahrer. Die Karrieristen versuchen, ihre Macht, ihr Einkommen und ihr Prestige zu maximieren. Die Bewahrer versuchen, ihre eigene Sicherheit und ihr Wohlergehen zu maximieren. Sie sperren sich gegen Innovationen und Wandel jeglicher Art. Zur zweiten Kategorie – den Beamten mit einer gemischten Motivationsstruktur – zählt Downs die Eiferer, die Advokaten und schließlich die Staatsmänner. Gemeinsam ist den Beamten mit gemischter Motivationsstruktur die Verbindung von Eigeninteresse und altruistischer Loyalität gegenüber höheren Werten. Freilich unterscheiden sich die einzelnen Typen durch ihr Maß an Loyalität. Während sich die Loyalität der Eiferer auf relativ kleine Vorhaben bezieht, erstreckt sie sich bei den Advokaten auf weitere politische Bereiche. Im Staatsmann haben wir schließlich den Textbuch-Beamten vor uns, der loyal gegenüber der ganzen

Nation sein mag. Aber auch er verfolgt eigennützige Ziele, da auch er sich an Macht, Einkommen und Prestige erfreut. Die partielle Loyalität der Beamten mit gemischter Motivationsstruktur wird jedoch im Konflikt der Bürokratie mit der Außenwelt tendenziell abgebaut. Als Grundtendenz bleibt die überwiegend ökonomische Handlungsweise der Beamten mit entsprechend negativen Auswirkungen auf die soziale Funktion der Bürokratie, die wiederum nur als Nebenprodukt erfüllt wird.

Die Beiträge von Downs und Tullock sind in direktem Zusammenhang zu sehen mit dem konsequent durchformulierten ökonomischen Bürokratiemodell von Niskanen. (Vgl. Niskanen 1971) Auch Niskanen betrachtet Bürokratien als Produzenten nicht über den Markt gehandelter Dienste und Leistungen. Auch er vernachlässigt den Herrschaftsaspekt und fragt statt dessen nach der allokativen und der Produktionseffizienz von Büros: »Welches Budgetierungs- und Outputverhalten soll von Büros unter verschiedenen Bedingungen zu erwarten sein?«

Ökonomische Rationalität als Herrschaft?

Ökonomische Rationalität in ihrer materialen Begrenzung ist nicht nur das Leitmotiv der theoretischen Untersuchungen des Wohlfahrtsstaats, sondern ihr entspricht zugleich eine dominierend ökonomische Verhaltensweise im Wohlfahrtsstaat, die wir in Anlehnung an lerntheoretische Kategorien ökonomische Konditionierung des Bürgers im Wohlfahrtsstaat nennen. Dies ist zugleich der Stützpfeiler dafür, die ökonomischen Theorien der Politik als realistische Beschreibung des Ist-Systems Wohlfahrtsstaat herbeizuziehen. Denn wo und in welchem Ausmaß werden im Wohlfahrtsstaat systematisch und für breite Schichten der Bevölkerung verbindlich andere Verhaltensweisen wie Solidarität, Kooperation, soziale Initiative u.a.m. eingeübt? Dabei übersehen wir nicht, daß dies stellenweise tatsächlich geschieht, nur nicht dominierend und systematisch.

Ökonomische Rationalität im Wohlfahrtsstaat ist bürgerliche Rationalität. Was, wieviel, wie und für wen produziert wird, ist material eingeschränkt durch die privatwirtschaftliche Organisation des Wirtschaftsablaufs und seiner Profitorientierung. Dadurch wird zugleich die Bedürfnisbefriedigung der Menschen dieser historischen

Organisationsform untergeordnet. Als materiales Anreizsystem ermöglichte es eine Steigerung der Produktivität, eine Erweiterung des Warenangebots und Ausdehnung des Produktionsapparates von bisher nicht gekanntem Ausmaß. Die gleiche Organisationsform in ihrer Reduktion von Qualität auf meßbare Quantitäten (H. Marcuse) ermöglichte zugleich eine immer bedrohlicher werdende Tendenz, die beispielhaft durch die Probleme der Umweltzerstörung, des Bildungsnotstandes der 60er Jahre, des Verkehrschaos, der urbanen Krise u.a.m. angedeutet sei. Die sich in allen zentralen Allokationssystemen tendenziell durchsetzende ökonomische Rationalität führt zu kumulativen Prozessen (G. Myrdal) zerstörender Art, unter deren Eindruck Erfolgsmeldungen über Wachstum und Produktivitätssteigerung inzwischen weit zurücktreten.

Sozialisierung zum homo oeconomicus?

Wir hatten eingangs erwähnt, daß dem Leitmotiv ökonomischer Rationalität eine dominierende Verhaltensweise entspricht, die wir ökonomische Konditionierung der Individuen im Wohlfahrtsstaat genannt haben. Wie ist diese Verhaltensweise – die ja in einem eklatanten Maße dem Menschenbild unserer Gesellschaftsordnung widerspricht – geprägt worden?

»Wo bleibt«, fragt O. Kirchheimer, »bei dieser Privatisierung der Existenz, die mit der Fixierung an den Konsumgütermarkt einhergeht, die Chance der ausführenden Klasse, mit den allgemeinen Zielen und Zwecken der Gesellschaft in Berührung zu kommen?« (1967, S. 109.)

Zusammenfassend sei festgehalten, daß der zunehmenden Interdependenz der übergreifenden Institutionsbereiche eine zunehmende Vereinzelung und Privatisierung der Mitglieder der ausführenden Klasse gegenübersteht. Die Formen der ökonomischen Konditionierung setzen sich fort in anderen gesellschaftlichen Bereichen, wie der Schule, der Konsumwelt und der Politik. Berücksichtigt man die ökonomischen Theorien der Politik und die Ergebnisse der Sozialisationsforschung, so besteht im Wohlfahrtsstaat eine auffallende Diskrepanz zwischen verbriefter Verfassung und Realität. Offengelegte Wachstumserfolge erweisen sich mehr und mehr als illusorisch, wenn man sie der kumulativen Zunahme volkswirtschaftlicher Kosten gegenüberstellt, die in allen genannten Entscheidungssystemen produziert werden.

Die interdependente Betrachtungsweise ökonomischer und politischer Entscheidungssysteme zeigt also: Zu lange haben die getrennte Analyse von Marktsystemen und politischem Entscheidungssystem, das Starren auf die unaufhaltsame Zunahme des öffentlichen Sektors die Tatsache verschleiert, daß der Wohlfahrtsstaat weitgehend durch ökonomische Macht und ökonomische Konditionierung der einzelnen beherrscht wird.

Ökonomische versus politische Logik der Demokratie

Die neoklassische Modellierung einer demokratischen Institutionenlehre baut auf der Grundannahme des homo oeconomicus auf und differenziert dann in der üblichen neoklassischen Vorgehensweise. Als Modelltheorie ist sie in mehrfacher Weise mißverstanden worden:

(a) als positive Erklärung politischer Institutionen und Akteure in der Demokratie (»realistische Demokratietheorie«);
(b) als Kritik an demokratischen Institutionen in bezug auf ihre Ineffizienz (Politikversagen analog zum Marktversagen gesehen);
(c) als Übertragung ökonomischen Modelldenkens auf den Bereich der Politik (Datenkranztheorie; ökonomischer Imperialismus);
(d) schließlich sei mit der Anwendung ökonomischer Denkmodelle auf alle Bereiche der Gesellschaft diese »auf den Begriff zu bringen«: auf den der ökonomischen Rationalität als bürgerlicher Ratio.

Im Widerspruch zu dieser »Eindimensionalität« steht die Vielfalt der Institutionen in der Demokratie (vgl. Pateman 1970 und 1979; vgl. auch Held 1987) und der Einfallsreichtum der Gesellschaft, aber auch die Einbindung der demokratischen Gesellschaftsformen in einklagbare verfassungsrechtliche Normen und gesetzliche Regelungen und Verfahren. (Vgl. Kübler (Hrsg.) 1984)

Dezentralisierung der Entscheidungen über alternative Verwendung der gesellschaftlich verfügbaren knappen Ressourcen erfolgt auch über demokratische Abstimmungen und Wahlen. Der Wettbewerb zwischen Politikern und politischen Parteien um den partizipierenden Stimmbürger wird historisch und zeitgeschichtlich gesehen zur positiven Ergänzung der Markt- und Verbandsallokation, zum Einbezug aller Bürger – auch der Unorganisierten – in ein System freier und geheimer Wahlen. Dies hieß ja gerade in der Entwicklung kapitalistischer Ordnungen den Einbezug bisher nicht an Politik beteiligter Klassen und Schichten.

Wirtschafts-, sozial- und beschäftigungspolitische Ziele werden in die demokratischen Prozesse einbezogen. Jenseits einer von der Theorie unterstellten rationalen Ignoranz der Stimmbürger führen persönliche Betroffenheit und/oder Interesse beim Stimmbürger dazu, seine Präferenzen in Wahlen und Abstimmungen, aber auch in Initiativen und durch »exit and voice«, durch Abwanderung und Widerspruch, zu formulieren. Dies um so mehr, wenn der Stimmbürger dazu auf lokaler, regionaler wie auch überregionaler Ebene in einem Bundesstaat mehrfach und regelmäßig die Chance hat.

Demokratische Politik muß – gerade im Bereich der Wirtschafts- und Sozialpolitik – erfolgreich sein, kann doch jeder Stimmbürger diese als primäre Erfahrung in seine Wahlentscheidung einbeziehen. Eine gegen die Interessen der Arbeitenden – als der Mehrheit der Stimmbürger – getroffene Entscheidung wäre irrational. Auch wenn mit einiger Plausibilität eine Interessenidentität der politischen Klasse mit den Kapitaleignern vermutet wird, (vgl. Vogt 1986) so würde dem die Artikulationsfähigkeit der Stimmbürger gerade bei persönlicher Betroffenheit widersprechen.

Verwiesen sei auch auf das Interessenclearing in den lokalen, regionalen und überregionalen Parlamenten und darauf, daß demokratische Prozesse auf Dauer angelegt sind. Dies ermöglicht die Entwicklung eines Vertrauenskapitals der Parteien bei den Stimmbürgern, und die Regierungs- und Oppositionsparteien müssen in ihren Politikformulierungen und -durchführungen damit umgehen können.

Vertrauensverlust kann auf Kosten der großen Parteien gehen und fördert die kleinen Parteien oder läßt kleine Parteien entstehen. Dies belebt die Parteienlandschaft, führt zu neuen Koalitionsmöglichkeiten und zur Aufnahme neuer Ziele und Perspektiven in die politische Auseinandersetzung. (Vgl. Widmaier/Freyer 1979; Freyer/Widmaier 1980; vgl. auch Galeotti/Breton 1986)

Dialogik der Kooperation

Vielfältige Logiken kollektiven Handelns sind denkbar, und das vielbeschworene Olson-Dilemma, das aus den Grundannahmen seines ökonomischen Rationalmodells (Handlung aller Akteure als homines oeconomici) resultiert, wird eher zum Spezialfall einer neoklassischen Modelldarstellung mit nur partieller Entsprechung in der Realität.

Schon bei Adam Smith wird Solidarität als superiores moralisches Prinzip eingestuft: Superior der inferioren ökonomischen Handlungsmoral, einer Handlungsmoral, die schließlich im neoklassischen Modell völlig ohne Moral auskommt und a-moralisch, funktionalistisch gedeutet wird.

Solidarität gehört historisch zu den handlungsbestimmenden Entstehungsgründen von Gewerkschaften, muß im dialogischen Charakter ihrer Organisationsstruktur freilich immer erneut erzeugt werden.

Zwang, positive und negative selektive Anreize und Organisationskosten bilden mit der Konfliktfähigkeit von Gruppen und einer solidarischen Handlungsmotivation der Gruppenmitglieder wichtige Bedingungen bei der Formierung von Gruppen als der Basis von kooperativen Systemen.

Diese kooperativen Systeme werden heute als eigenständige und Märkten übergeordnete Allokations- und Entscheidungssysteme gesehen, ja, sie werden als konstitutiver Allokationsmechanismus neokorporatistischer Ordnungen bezeichnet. (Vgl. zum Beispiel Gäfgen 1988) Kooperative Verhandlungen werden als Aufhebung des Marktes zugunsten von Selbstgestaltung bezeichnet. Bei den Verhandlungen entsteht durch Übereinkunft eine dem Marktmodell überlegene Moral (Morals by Agreement), werden soziale Konflikte einer Lösung zugeführt, Marktergebnisse korrigiert (Verteilungskampf), können nach dem Rationalmodell denkbare Dilemmata und Rationalitätsfallen kooperativ angegangen werden. Zur Selbstgestaltung gehört der Einbezug sozialer nichtmarktlicher Ziele ebenso wie die Verhandlung über die Veränderung der institutionellen Nebenbedingungen. Das Ziel des kooperativen Systems ist eine institutionalisierte, auf Dauer gestellte Form der kooperativen Entscheidungsfindung mit politischen Gütern als Resultaten.

Kooperativ erzielte Ergebnisse der Wirtschafts- und Sozialpolitik mögen gemäß ihrer Geltungsdauer, aufgrund der mit den Abkommen verbundenen Regulierungen und Standardisierungen von Allokationsprozessen und entlang der Berücksichtigung möglichst vieler organisierter Interessen der an den Verhandlungen Beteiligten durchaus positiv bewertet werden. Die aus Rationalmodellen abgeleiteten negativen Effekte (Trittbrettfahrer, moral hazard, strategisches Verhalten) finden in der Realität oft keine außerordentliche Entsprechung.

Vielmehr zeigen zeitgeschichtliche konkrete Analysen praktischer Politiken[6] viele positive Gesichtspunkte für die neue kooperative Wirtschafts- und Sozialpolitik auf.

Moral durch Übereinkunft und Verhandlungen, das ist die philosophische Position David Gauthiers, seine Botschaft, die aus den Rationalitätsfallen und Dilemmata der kapitalistischen Gesellschaft und aus der »moralfreien Zone« des anonymen Marktes herausführt zu positiven gesellschaftlichen Positionen und Erträgen. (Vgl. Gauthier 1989)

Ähnlich deutbar sind die Ergebnisse der Weiterführung von Neumann/Morgensterns Spieltheorie durch die Axelrod-Generation; demgegenüber eher skeptisch die Einschätzungen durch Gäfgen oder Streit, mündend in der Sicht einer Bedrohung durch Neo-Korporatismus oder durch eine Bargaining-Society – wie sie Leif Johanson in Skandinavien sich entfalten sieht.

Das Doppelgesicht der Bürokratie

Die Diskussion über Bürokratie im Kontext der neoklassischen Ansätze vermag nicht zu überzeugen. Die konsequente Ignorierung von Elementen der Herrschaft führt zu verschiedenen Widersprüchen in der Argumentation. Darum erscheinen auch die Vorschläge, die zur Behebung von Ineffizienzen gemacht werden, weitgehend als verfehlt. Wo Herrschaft wichtig ist, kann die Einführung von Konkurrenz kein angemessener Vorschlag sein.

---

6 Vgl. für Einkommenspolitik: Scharpf 1987; für Konzertierte Aktion im Gesundheitswesen: Henke 1988.

In entsprechender Weise ist die vorgeblich den Weg zu einer exakten (weil modelltheoretisch reformulierbaren) Argumentation weisende Einführung von Nutzenfunktionen eine Sackgasse, weil die jeweiligen Elemente, die den Nutzen steigern oder vermindern, kontingent sind, das Ergebnis des jeweils entwickelten Modells aber stark davon abhängt. Man merkt das Bemühen, eine dem Profit entsprechende Variable zu finden, die dann das zu maximierende Ziel des Bürokraten darstellt und eine Behandlung des Problems analog der Theorie der Firma in der Mikroökonomie zuläßt. Da jedoch eine Vielzahl von solchen Zielen gehandelt wird, ist kein entsprechendes Ergebnis möglich.

Weil eine Theorie fehlt, aus der die Ziele des Bürokraten abgeleitet werden könnten, müssen diese ad hoc eingeführt werden. Dies geschieht entweder in tautologischer Manier, indem ein bestimmtes Verhalten in ein Charaktermerkmal des Bürokraten verwandelt wird, das dann umgekehrt das Verhalten erklären soll. Oder es bleibt Geschmacksache des Wissenschaftlers, welches Ziel er wählt, wobei er allenfalls noch einige Plausibilitätsüberlegungen heranzieht.

Hier zeigen sich die Probleme einer reduktionistisch verfahrenden neoklassischen Argumentation besonders deutlich: Sie will die Institutionen aus den individuellen Präferenzen erklären und muß darum entweder die Prägung der Präferenzen durch die Institutionen ignorieren oder sich in logische Inkonsistenzen verwickeln.

Ein Zwischenfazit

Die zunehmende Bedeutung demokratischer, korporativer und bürokratischer politischer Prozesse (vgl. auch das nachfolgende Schaubild zur Typologie der Allokationsmechanismen) bedarf eines anderen Referenzmodells als das der neoklassischen Gleichgewichtstheorie. Das Problem der sozialen Wohlfahrt und der gesamtgesellschaftlichen Wohlfahrt ist nicht aggregativ, sondern interaktiv zu bestimmen. Mit anderen Worten, die Koordination von individuellen Handlungen ist kein Problem aggregativer Logik – das nicht lösbar ist –, sondern interaktiver Logik im Medium öffentlicher Diskussion und Beeinflussung im Sinne des pragmatistischen Modells der Politik. Der Mangel der vorherrschenden Neuen Politi-

Typologie wichtiger gesellschaftlicher Allokationssysteme

Typ der Allokationsmethode*	politische Allokation	kooperative Allokation	legale Allokation	positionale Allokation	kompetitive Allokation	informelle Allokation
Allokationsmedium	Wahlen Abstimmungen	Vereinbarungen Verhandlungen	Recht Bürokratie	schichtenspezifische Sozialisation	Preise	Solidarität
Subsysteme	gesetzgebende parlamentarische Gebilde	intermediäre Gebilde des Gruppenhandels formell-professioneller Akteure	Rechtsbildung und Rechtsprechung sowie Verwaltung	Bildungssektor Familie etc.	Märkte	Selbsthilfegruppen, Selbstorganisationen nicht-professioneller Art
Handlungseinheiten	Bund, Länder Gemeinden	Verbände, Parafisci, Unternehmen ohne Erwerbscharakter	Verfassungsgerichtsbarkeit Sozial- und Arbeitsrechtsprechung, Öffentliche Verwaltung	(sozial)pädagogische Profession, Haushalte	erwerbswirtschaftliche Unternehmen Haushalte	Individuen, Haushalt

* Die Klassifizierung ist nur analytisch/idealtypisch zu verstehen. Zum Beispiel wirkt auch Bürokratie (als Allokationsmedium der legalen Allokationsmethode ausgewiesen) innerhalb der Unternehmen als Handlungseinheit der Märkte; bei politischer Allokation hat Recht (als Allokationsmedium der legalen Allokation) Steuerungsfunktion usw.

schen Ökonomie im Behaftetsein an einem utilitaristischen Modell liberal-repräsentativer Demokratie liegt dort, daß Politik nicht der Logik des Marktes folgt. Politik ist keine Ware, gehandelt auf dem Stimmenmarkt, und zwar deshalb, weil Politik nicht einfach individuelle Präferenzen aggregiert, sondern gemäß einem Referenzmodell der politischen Partizipation und einer Logik des runden Tisches Leitbildern und Utopien folgt, die nicht notwendigerweise dem kleinsten moralischen Nenner (Paretooptimum) folgen.

Politik ist nicht nur Tausch, sondern auch normative Integration und legitimer Zwang. Es gibt eine systematische Interaktion zwischen Bürgerpräferenzen und Politik: Nachfrage und Angebot bedürfen daher einer evolutionären Perspektive, in der sich Präferenzen auch endogen bilden, Nachfragemuster verschieben (vgl. auch das nachfolgende Schaubild zum Paradigmenvergleich). Politische Partizipation ist eine Lebensform und an sich nützlich und nicht nur mit Transaktionskosten verbunden.

Der homo oeconomicus in der Sozialpolitik? – revisited

Die Durchdringung der Sozialpolitik mit Hilfe der Axiomatik der Neoklassik besonders auf der Mikroebene ist weit verbreitet, die Beratungstätigkeit eifriger neoklassischer Ökonomen wohlbekannt. Politische Entscheidungen werden oft auf der Basis solcher Beratungen erstellt, mit verheerenden Folgen für die Wohlfahrt der Bürger eines Landes; beruhen die neoklassisch vorgetragenen Beratungen doch auf der Methode des methodologischen Individualismus, der eine widerspruchsfreie Aggregation individueller Präferenzen unterschiedlicher Intensität zu einer allgemeinen Wohlfahrt impliziert. Aber gerade dies ist grundsätzlich unmöglich (Arrow-Unmöglichkeitstheorem). Interpersonelle Nutzenvergleiche sind ausgeschlossen und die Formulierung dessen, was unter einem Wohlfahrtsstaat zu verstehen wäre, ist auf der Basis des methodologischen Individualismus somit ausgeschlossen.

Nun habe ich selbst einen Ausweg aus diesem Dilemma dadurch gesucht, daß ich im Rückgriff auf Ergebnisse der Sozialisationsforschung von einer Konditionierung des Menschen zum homo oeconomicus im Zuge seiner Sozialisationsprozesse im Rahmen kapitalistischer Gesellschaftsformationen gesprochen habe. (Vgl. Widmaier

1976) Ich habe diese Vereinzelung des Menschen, ihre Entfremdung und Verdinglichung unter kapitalistischen Bedingungen als empirische Basis verstanden, vor deren Hintergrund eine kritische Deutung politischer und ökonomischer Prozesse im Wohlfahrtsstaat möglich wurde: Die ökonomische Analyse politischer Prozesse erlaubte ihre Kritik, und zwar vor der Palette normativer Politikvorstellungen.

Dieses Verfahren ist im Bereich der Jurisprudenz als Vergleich zwischen Verfassungsrecht und Verfassungswirklichkeit bekannt. Damit werden zugleich empirische Kenntnisse über die Wünschbarkeit des Sozialen, wie sie in der Verfassung, besonders aber im Arbeits- und Sozialrecht festgelegt sind, vermittelt. (Vgl. dazu Böckels/Scharf/Widmaier 1976; vgl. Lampert 1990)

Verfassungs- und Rechtsnormen definieren die Bereiche der sozialen Aktivität des Staates, seine Agenda im Sinne der ökonomischen Klassik.[7] Sie sind aber zugleich einer ständigen Neuinterpretation und systematischen Veränderung im Laufe sozialer Wandlungsprozesse ausgesetzt. Die Entstehung dieser Verfassungs- und Rechtsnormen ist ein eigener Bereich der Forschung. Hier nur soviel: Sie sind begründet vor allem in einer Ethik des Marktes, wie sie die klassische Ökonomie noch kannte. Die Marktethik der klassischen Nationalökonomie verlangte eine Zähmung und Eingrenzung des Eigeninteresses der Individuen als Norm der Handlung der Individuen. Aus der Verletzung dieser ethischen Normen, nicht aber aus Marktversagen wie in der Neoklassik[8], wird die Staatstätigkeit im sozial- und wirtschaftspolitischen Bereich begründet. Sozial- und Wirtschaftspolitik wird ethisch begründet für Bereiche, die außerhalb, neben und über dem Marktgeschehen angesiedelt sind. Eine der zentralen Normen dieser Art ist Gerechtigkeit; Gerechtigkeit ist außerhalb der effizienztheoretischen Begründung

7 Solange die notwendigen Bestandteile des freien Marktes, nämlich freie Konkurrenz und wirtschaftliche Ungleichheit, bestehen, hat der Staat eine Agenda, gemäß der er durch Recht und Ordnung die Systematik des Wirtschaftens ermöglicht und zugleich eigene Aufgaben wahrnimmt.

8 Demgegenüber werden die Normen der neoklassischen Ökonomie effizienztheoretisch begründet. Marktversagen begründet Staatseingriffe (Meritorik). – Vgl. Riese 1991; Stiglitz 1989.

angesiedelt als fundamentale Grundnorm einer sozialen Demokratie. (Vgl. Lampert 1990; Riese 1991)

Diese Grundnorm freilich ist wiederum eingebettet in den Zusammenhang einer liberalen Ökonomie, deren Funktionsbedingungen der Staatstätigkeit und ihren Bereichen Grenzen setzen: Bei der Verwendung öffentlicher Ressourcen und der Verwirklichung sozialer Ziele muß sehr wohl auf Regeln geachtet werden, wie sie Marktwirtschaft begründen. Aber es macht einen zentralen Unterschied in der Methodologie aus, ob ich sozialpolitische Ziele nomologisch aus der Ethik des Marktes begründe oder effizienztheoretisch aus Marktversagen. Der Staat kann wohlbegründet auch dann und dort eingreifen, wenn kein Marktversagen, das die Effizienz verletzt, vorliegt, z.B. in allen Bereichen, die die Agenda der klassischen Ökonomie bereits kannte, heute aber auch im Bereich der Ökologie und der Wohlfahrtskultur insgesamt. Die Agenda einer sozialen Demokratie geht weit über die durch das paretianische Werturteil begründbare Tätigkeit eines Regimes hinaus. Die soziale Demokratie ist damit durch ein Spannungsverhältnis zur Marktwirtschaft gekennzeichnet. Diese soziale Demokratie wird nun ihrerseits neoklassisch modelliert in einer Neuen Politischen Ökonomie, (vgl. dazu kritisch Widmaier bereits 1974), die – ausgehend vom methodologischen Individualismus – »stilisierte Fakten« über das Verhalten der homines politici als homines oeconomici agierend produziert. Vom Stimmbürger über den Lobbyisten zum Politiker und Verwaltungsbeamten werden die Menschen einer imaginären sozialen Demokratie zu rational ignoranten Stimmbürgern, zu minimax. Politikern und zu korrupten Bürokraten, die Mülltonnen (garbage cans) verwalten oder die Knechtschaft optimieren. (Vgl. dazu March 1984) Auf einer sogenannten rationalen Ebene sind sie alle Menschen, die unterschiedliche Präferenzen haben, über die sie rational entscheiden: Rational heißt dabei, die Präferenzen sind logisch konsistent geordnet und werden unter gegebenen Nebenbedingungen maximiert. Dies kann auch geschehen durch ein »repräsentatives« Individuum, das in etwa dem durchschnittlichen Bürger entspricht oder dem medialen Wähler im Bereich der Politik vergleichbar ist. Ähnlich wäre der massenhaft konditionierte Bürger einzuordnen. Die Axiomatik des homo oeconomicus (vgl. das nachfolgende Schaubild zur Mikrofundierung: »Homo oeconomicus – homo sociologicus«) versucht, vielfältige persönliche Präferenzen

HOMO OECONOMICUS (fortgeschrittenes Modell)	HOMO SOCIOLOGICUS
Handlungsmodell: gegebene Präferenzen, die allenfalls pareto-kompatibel interdependent sind (z.B. freiwilliger Altruismus mit Grenznutzen-Grenzkosten-Kalkulation) Maximierungskalkül hinsichtlich Nutzenfunktion (die offen sein kann) constraints als Nebenbedingungen, systematisch unabhängig mit Präferenzen (so werden Normen als constraints, nicht als präferenzbildend konzipiert) Institutionen werden in ihrer Funktion als Transaktionskostenminimierung diskutiert gesellschaftliche Interaktion durch strategische Akteure (Spiele); Normgenerierung als längerfristige Klugheitslehre Gesellschaft (Makrowelt) wird mikrofundiert ohne Emergenzphänomen Aufgabe der Ökonomie ist Allokationstheorie, also Effizienzfragen; Soziologie etc. als Datenbeschaffer oder Hilfswissenschaft ohne Einfluß auf Selbstverständnis der Ökonomie Rationalitätsverständnis ist als zweckrational konzipiert;	Handlungsmodell: Individuum wird vergesellschaftet durch Normen (Rollenerwartungen); Zwänge werden personal transformiert durch Norminternalisierung; Handeln ist daher nicht nur zweckrational, sondern immer zugleich auch wertrational und traditional (psychologisch erweitert: auch affektuell) Gesellschaft wird durchaus z.T. als Emergenzphänomen begriffen; sozialer Wandel und soziale Konflikte sind thematisierbar, da Rollenkonflikte und Rollenhandlungsspielräume bestehen. Ökonomie würde mehr als Wirtschaftssoziologie verstanden; weniger entscheidungslogische, präskriptive oder gar rein-normative Theorien, mehr explikative Theorien; Ökonomik wäre nicht nur Theorie effizienter Allokation, sondern – uno actu – Theorie der Bedarfsentstehung bzw. Bedarfsformung durch Allokation und Produktion; Verteilungsfragen werden integriert Kritik: neuere Ergebnisse kognitionspsychologischer Art werden hier – wie auch beim homo oeconomicus – nicht beachtet; damit wird Gesellschaft nicht hinreichend konstruktiv-evolutionär als intersubjektiver Prozeß der sinnhaften Konstitution von sozialer Wirklichkeit verstanden

auf einer höchst abstrakten Ebene zu erfassen. Erweitert wird die Perspektive um die Fähigkeit zur Innovation im den homo oeconomicus erweiternden Konstrukt des »resourceful evaluating maximizing man (REM)«. Für diesen REM sind selbst die Nebenbedingungen seines Maximierungsmodelles nicht vorgegeben, sondern variabel. Sie bieten ihm Gestaltungsraum über Regelverletzung, Regelveränderung und Neuordnung des Regelsystems selbst. Ein Kosten-Nutzen-Kalkül ermittelt die Netto-Grenzerträge bei der Verwendung seiner Ressourcen für die verschiedenen Aktivitäten.

Stets aber bleibt die individualistische Orientierung an Einkommen, Ansehen, Macht und Prestige. Die gemeinsame Wohlfahrt ist nur Nebenprodukt der individualistischen Handlungsorientierung unter den restriktiven Modellannahmen.

In der realen Welt ist der homo oeconomicus mit sehr unterschiedlichen inhomogenen Bedingungen konfrontiert: Parteienvielfalt ist möglich, ebenso wie die Bildung von Koalitionen zwischen den Parteien selbst; Informationen sind asymmetrisch verteilt, bei den Politikern ebenso wie bei den Stimmbürgern und den Lobbyisten. Politische Programme bündeln die Präferenzen und Bedürfnisse der Wähler, Vertrauen zwischen Stimmbürgern und Parteien wird aufgebaut und abgebaut (Investitionsprozeß und De-Investitionsprozeß), verändert sich im Zeitablauf, Wahlen finden regelmäßig statt zur Kontrolle, zur Wahl, Abwahl und Wiederwahl der Politiker. Der Spielraum der Politiker wird wesentlich abhängig sein vom Informationsverhalten, das heißt der politischen Aktivität der Stimmbürger und der sich organisierenden Gruppen sowie den Rahmenbedingungen einer sozialen Demokratie und ihren Spielregeln, ihrer Wohlfahrtskultur. Soziale Demokratie ist eine Lebensform; sie folgt einer Dialogik sozialen und demokratischen Handelns, die die Interdependenz zwischen Individuen und Gruppen und ihren Institutionen berücksichtigt und zugleich fordert. Diese Entwicklung einer sozialen Demokratie ist selbst ein historischer Prozeß, der Wohlfahrtsstaat ein Zeugnis dieser Entwicklung bei einem bestimmten Stand der Entwicklung der Produktivkräfte. Das Spannungsfeld zwischen Markt, Logik und Dialogik sozialer Demokratie sollte nicht durch eine individualistische Methodologie des homo oeconomicus aufgelöst oder durch eindimensionale REMs (»Resourceful evaluating madmen«) zerstört werden können. Die soziale und demokratische Gestaltungsaufgabe einer Wohlfahrtskultur im Rahmen marktlicher Ordnungen ist vielmehr das generelle Thema der Sozialpolitik, so etwa, wie es im Artikel 20 des Grundgesetzes der Bundesrepublik Deutschland verfassungsrechtlich festgelegt ist: »Die Bundesrepublik Deutschland ist ein demokratischer und sozialer Bundesstaat«.

Zur Überwindung des eindimensionalen und trivialen ökonomischen Konzepts eines homo oeconomicus als Akteurskonzept bzw. Handlungskonzept stellen wir uns den homo occidentalis vor als eingebettet in seine reale und soziale Umwelt als homo oecologicus, als biologisches, menschliches Wesen (homo sapiens) und als Menschen mit unterschiedlichen Interessen, Bedürfnissen und Präferenzen in Zeit und Raum (homo culturalis) (vgl. das folgende Schaubild: »Menschenbilder«).

Schaubild: Menschenbilder

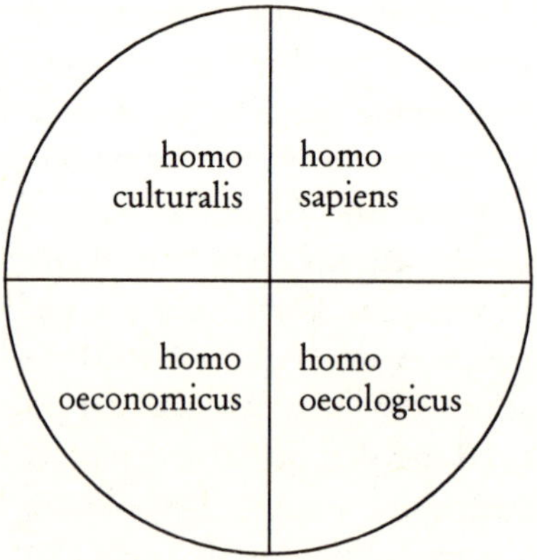

Der Akteur unseres Konzepts hat Präferenzen, er lernt, mit Präferenzen umzugehen, sie zu verändern und zu verwalten. Die Herausbildung eines Gewissens, einer höheren Instanz im Menschen, die Herausarbeitung eines »Über-Ichs« wird zum Bestandteil der Persönlichkeitsbildung eines Menschen, sie ist Teil seiner Kultur als zivilisierter Mensch. Er wird bei der Herausbildung von Präferenzen sehr wohl darauf achten, etwa zwischen Marktpräferenzen und politischen Präferenzen, sicher aber auch familialen Präferenzen zu unterscheiden (vgl. das Schaubild: »Segmente der Präferenzen«).

Schaubild: Segmente der Präferenzen

Die Marktpräferenzen sind in der Regel eher gegenwartsorientiert und mit hoher Zeitpräferenz ausgestattet. Sie zeigen freilich auch traditionsgebundene Züge, sind also historisch orientiert, oder sie sind schichtspezifisch, also an der jeweiligen Schichtkultur mit orientiert. Inkonsistent sind sie vor allen Dingen durch eine systematische Bevorzugung der Gegenwart gegenüber der Zukunft, das heißt also der Bevorzugung von Gegenwartskonsum gegenüber Gütern und Leistungen in der Zukunft. Dieses Verhalten widerspricht grundsätzlich den Voraussetzungen strategischen Handelns. Es wird in der Literatur mit der Odysseusfabel umschrieben.

Selbstbindung, die Herausbildung von Metapräferenzen (vgl. Schaubild: »Hierarchie der Präferenzen«) und die Einbindung in unterschiedliche Gruppendisziplinen führen aus diesen Dilemmata heraus. Der Akteur problematisiert in sich selbst die Frage der Inkonsistenz seiner Präferenzen, entdeckt aber gleichzeitig für sein eigenes Ego die Gültigkeit des Arrow-Paradoxons, nämlich der Nichtaggregierbarkeit seiner unterschiedlichen Präferenzen. Er muß diese Präferenzen verändern und sie, ähnlich einem kollektiven Verhandlungsprozeß, nach Möglichkeit aufeinander abstimmen oder aber die Konflikte sehen und einer möglichen Lösung zuführen.

Die Existenz vielfacher Präferenzsysteme ist nun keineswegs – wie es die ökonomische Literatur versucht – als »Anomalie«, also als

Abweichung von rationalem Verhalten, oder gar als Krankheitssymptome zu bezeichnen. Sie ist vielmehr konstitutiver Bestandteil des menschlichen Ego. (Vgl. Elster 1983; Ainslie 1992; Tietzel 1988; Lutz/Lux 1988)

Schaubild: Hierarchie der Präferenzen

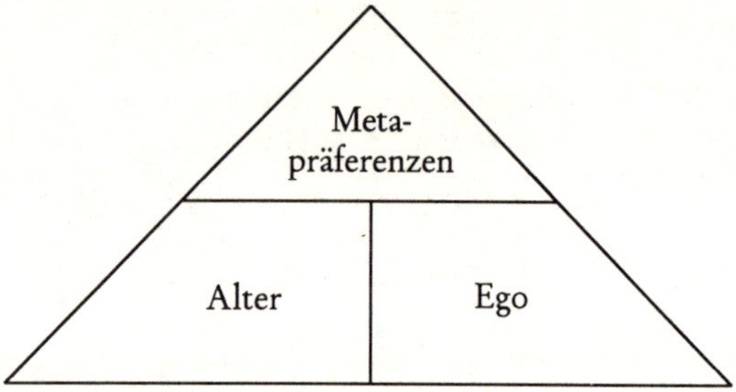

Neben der innengeleiteten Präferenzstruktur und ihrer Wechselwirkung auf und zwischen den einzelnen Strukturelementen wollen wir nun die Einflüsse durch die soziale Umwelt aufgreifen (außengeleitete Präferenzstruktur).

Heinrich Popitz schreibt dazu: »Wir sind in den Zwängen des sozialen Zusammenlebens in unglaublicher Weise prägbar, knetbar, modifizierbar, und wir können die unglaublichsten sozialen Prägeformen des homo sapiens kreieren.« (Popitz 1980, S. 17)

Es entsteht ein »Spannungsverhältnis zwischen konditionierten Wünschen und Voluntarismus«. (Wiesenthal 1987, S. 445) Dieses Spannungsverhältnis »wirft die Frage nach der internen Logik der kollektiven Deutungsmuster auf, in denen Handlungsziele und Handlungsprogramme Sinn erhalten«. (Ebd.)

Fassen wir zusammen: Die Akteure im sozialpolitischen Kontext besitzen verschiedene Segmente ein und desselben Ichs, Über-Ichs und Es'. Sie kennen verschiedene Ebenen einer Hierarchie-Ordnung der Präferenzen und Bedürfnisse. Ordnung und Teile

Vergleich zwischen dem orthodoxen und meinem evolutiv-konfliktorischen Paradigma

Grundzüge des orthodoxen Paradigmas	dem orthodoxen Paradigma widersprechende Eigenschaften des politischen Prozesses	Grundzüge meines evolutiv-konfliktorischen Paradigmas
Menschenbild: »homo oeconomicus« autonomes Individuum	politische Akteure agieren in sozialen Prozessen	*Menschenbild:* »homo culturalis« Mensch als Mitglied sozialer Organisationen und als Rollenträger
Individuen können klare Ziel-Mittel-Trennung durchführen rationale Nutzenmaximierung unter Nebenbedingungen	Dialogik der Ziel- und Mittelfindung Interdependenz der Nutzenfunktionen Unsicherheit und unvollständige Information verhindern of rationales Kalkül, Dialogik als Prozeß der Sinnfindung	Verhaltensgrundlage sind individuelle, aber sozial beeinflußte, kognitive Strukturen situationsabhängige Entscheidungsverfahren und Verhaltenstypen
Systembild: »mechanistisch-harmonistisch« reduktionistische Grundeinstellung, kollektive Reaktion als Summe individueller Reaktionen (aggregativ)	Massenverhalten oft eigene Gesetze u. Dynamik Kollektive Entscheidungen sind mindestens teilweise integrativ	*Systembild:* »evolutiv-konfliktorisch« ganzheitliche Betrachtungsweise
ahistorische Perspektive Harmonievorstellung des Gleichgewichtsmodells	dominierende Macht des Status quo häufig diskontinuierliche Entwicklungen und Krisenfälle	historischer Zeitbegriff Demokratie als »offenes« Projekt
Methoden: deduktive Ableitung allgemeiner Gesetzmäßigkeiten; positivistische Grundeinstellung; starke Ausrichtung auf ökonometrische Beweisführung heuristisch-induktives Vorgehen, pattern modelling; Bevorzugungskriterium der faktischen Erklärungskraft; generell Methodenvielfalt, häufig in der Form von Fallstudien	Komplexität politischer Handlungssituationen, Vielfalt unterschiedlicher Einflußfaktoren (ökonomisch, sozial, kulturell)	

ändern sich im Zeitverlauf. Dies alles macht zugleich den denkenden und rational entscheidenden Menschen aus:

- begrenzte Aufnahmekapazität für Information,
- Unterschiede in der Verarbeitungskapazität,
- Unterschiede in der Kontrollmöglichkeit.

Der Mensch ist also bereits eine instabile Konstellation von Präferenzsegmenten und -hierarchien, bevor Probleme der sozialen Koordination auftauchen. Der selbstbewußte, sinnsuchende, aufrecht gehende homo culturalis übt sich in der Selbstgestaltung seiner Präferenzpalette und im Umgang mit anderen durch faire Verhandlungen. Die Vielschichtigkeit und Vielfalt des homo culturalis verdrängt den »wanton« homo oeconomicus und macht soziale Entwicklung und soziale Demokratie erst möglich.

Literatur

Ainslie, G. (1992): Picoeconomics. The Strategic Interaction of Successive Motivational States within the Pyracy, Cambridge.

Bader, V.M. (1991): Kollektives Handeln (Protheorie sozialer Ungleichheit und kollektiven Handelns II), Opladen.

Barry, B./Hardin, R. (Hrsg.) (1982): Rational Man and Irrational Society?, Beverly Hills/London.

Biervert, B./Held, M. (Hrsg.) (1987): Ökonomische Theorie und Ethik, Frankfurt a.M./New York.

Biervert, B./Held, M. (Hrsg.) (1989): Ethische Grundlagen der ökonomischen Theorie, Frankfurt a.M./New York.

Biervert, B./Held, M. (Hrsg.) (1991): Das Menschenbild in der ökonomischen Theorie. Zur Natur des Menschen, Frankfurt a.M./New York.

Blümel, W. (1987): Die Allokation öffentlicher Güter in unterschiedlichen Allokationsverfahren, Berlin.

Böckels, L./Scharf, B./Widmaier, H.P. (1976): Machtverteilung im Sozialstaat. Untersuchungen zur These: Öffentliche Armut bei privatem Reichtum, München.

Bombach, G. (1977/78): Neue Politische Ökonomie, in: List-Forum 9, S. 65-77 (1. Teil), S. 132-144 (2. Teil).

Boulding, K.E. (1973): Ökonomie als eine Moralwissenschaft, in: Vogt (Hrsg.) (1973), S. 103-125.

Brand, K.W. (Hrsg.) (1985): Neue soziale Bewegungen in Westeuropa und den USA. Ein internationaler Vergleich, Frankfurt a.M./New York.

Breton, A./Wintrobe, R. (1982): The Logic of Bureaucratic Conduct. Cambridge.

Breton, A. u.a. (Hrsg.) (1988): Villa Columbella. Papers on Bureaucracy, Regensburg.

Bronfenbrenner, M. (1985): Early American leaders – institutional and critical traditions, in: American Economic Review 75-6, Suppl., S. 13-27.

Caporal, L.R. u.a. (1989): Selfishness examined: Cooperation in the absence of egoistic incentives, in: Behavioral and Brain Sciences 12, S. 683-739.

Dahrendorf, R. (1992): Der moderne soziale Konflikt, Stuttgart.

Downs, A. (1965): Inside Bureaucracy, Boston.

Downs, A. (1968): Ökonomische Theorie der Demokratie, Tübingen.

Downs, A. (1974): Nichtmarktwirtschaftliche Entscheidungssysteme. Eine Theorie der Bürokratie, in: Widmaier, H.P. (Hrsg.) (1974), S. 199-207; im Original veröffentlicht als: Nonmarket Decision Making. A Theory of Bureaucracy, in: American Economic Review 55-2 (1965), Papers and Proceedings, S. 439-446.

Elsner, W. (1986): Ökonomische Institutionenanalyse, Berlin.

Elster, J. (1983): Subversion der Rationalität, Frankfurt a.M./New York.

Falkinger, J. (1992): Homo oeconomicus sapiens. Versuche zu einer »modernen« Volkswirtschaftslehre, in: Homo oeconomicus IX-1, S. 7-32.

Frank, R.H. (1988): Passions within Reason. The Strategic Role of the Emotions, New York/London.

Freyer, W./Widmaier, H.P. (1980): Alte Fragen der Neuen Politischen Ökonomie. Eine Replik zu M. Gärtner, in: Jahrbuch für Sozialwissenschaft 31-2, S. 261-270.

Gäfgen, G. (1988): Kollektivverhandlungen als konstitutiver Allokationsmechanismus korporatistischer Ordnungen, in: ders. (Hrsg.), Neokorporatismus und Gesundheitswesen, Baden-Baden, S. 61-89.

Galeotti, G./Breton, A. (1986): An Economic Theory of Political Parties, in: Kyklos 39, S. 47-65.

Gauthier, D. (1989): Morals by Agreement, Oxford.

Goodin, R.E. (1988): Reasons for Welfare, Princeton.

Habermas, J. (1988): Theorie des kommunikativen Handelns, Band 1 und 2, Frankfurt a.M.

Habermas, J. (1992): Faktizität und Geltung. Beiträge zur Diskurstheorie des Rechts und des demokratischen Rechtsstaats, Frankfurt a.M.

Hardin, R. (1982): Collective Action, Baltimore/London.

Hayek, F.A. (1976): Individualismus und wirtschaftliche Ordnung, Salzburg.

Hechter, M. (1987): Principles of Group Solidarity, Berkeley.

Held, D. (1987): Models of Democracy, Oxford.

Henke, K.-D. (1988): Funktionsweise und Steuerungswirksamkeit der Konzertierten Aktion im Gesundheitswesen, in: Gäfgen, G. (Hrsg.), Neokorporatismus und Gesundheitswesen, Baden-Baden, S. 113-157.

Hindiss, B. (1989): Political Choice and Social Structure, Aldershot.

Hodgson, G. M. (1988): Economics and Institutions, Cambridge.

Hurwicz, L. (1973): The design of mechanisms for resource allocation. R. T. Ely Lecture, in: American Economic Review 63-2, Papers and Proceedings, S. 1-30.

Inman, R.P. (1987): Markets, Governments and the »New« Political Economy, in: Auerbach, A. J./Feldstein, M. (Hrsg.), Handbook of Public Economics, Band 2, Amsterdam/New York/Oxford, S. 647-777.

Jackson, P. M. (1982): The Political Economy of Bureaucracy, Oxford.

Janos, A.C. (1986): Politics and Paradigms, Stanford.

Jasay, A. de (1989): Social Contract – Free Ride, Oxford.

Johansen, L. (1979): The bargaining society and the inefficiency of bargaining, in: Kyklos 32-3, S. 497-522.

Katterle, S. (1990): Der Beitrag der institutionalistischen Ökonomik zur Wirtschaftsethik, in: Ulrich, P. (Hrsg.), Auf der Suche nach einer modernen Wirtschaftsethik, Bern/Stuttgart, S. 121-144.

Katterle, S. (1991): Methodologischer Individualismus and Beyond, in: Biervert, B./Held, M. (Hrsg.), Das Menschenbild in der ökonomischen Theorie, Frankfurt a.M./New York, S. 132ff.

Kirchgässner, G. (1991): Homo oeconomicus, Tübingen.

Kirchheimer, O. (1967): Privatmensch und Gesellschaft, in: ders., Politische Herrschaft, Frankfurt a.M., S. 92-121.

Kübler, F. u.a. (Hrsg.) (1984): Zur Verrechtlichung von Wirtschaft, Arbeit und sozialer Solidarität, Baden-Baden; darin die Beiträge von H.F. Zacher, S. Simitis, G. Teubner.

Lampert, H./Bossart, A. (1987): Die Soziale Marktwirtschaft – eine theoretisch unzulänglich fundierte ordnungspolitische Konzeption?, in: Hamburger Jahrbuch für Wirtschafts- und Gesellschaftspolitik 32, S. 109-130.

Lampert, H. (1990): Notwendigkeit, Aufgaben und Grundzüge einer Theorie der Sozialpolitik, in: Thiemeyer, Th. (Hrsg.), Theoretische Grundlagen der Sozialpolitik, Berlin, S. 9-71.

Lasch, Ch. (1979/1991): The Culture of Narcissism, New York u.a.

Longlais, R.N. (Hrsg.) (1986): Economics as a Process, Cambridge.

Lutz, M.A./Lux, K. (1988): Humanistic Economics, New York.

Mansbridge, J.J. (Hrsg.) (1990): Beyond Self-Interest, Chicago.

March, J.G./Olsen, J.P. (1984): The New Institutionalism: Organizational Factors in Political Life, in: American Political Science Review 78, S. 734-749.

March, J.G./Olsen, J.P. (1989): Rediscovering Institutions. The Organizational Basis of Politics, New York.

Margolis, Howard (1982): Selfishness, Altruism and Rationality, Cambridge.

Meister, H. (1983): Wohlfahrtsverluste im Staat. Ein Beitrag zur Theorie bürokratischer Ineffizienz, Spardorf.

Monroe, K.R. (Hrsg.) (1991): The Economic Approach to Politics, New York.

Müller, D. (1979): Public Choice, Cambridge.

Niskanen, W. (1971): Bureaucracy and Representative Government, Chicago/New York.

Niskanen, W.A. (1974): Nichtmarktwirtschaftliche Entscheidungen. Die eigentümliche Ökonomie der Bürokratie, in: Widmaier, H.P. (Hrsg.) (1974), S. 208-222; im Original veröffentlicht als: Nonmarket Decision Making. The Peculiar Economics of Bureaucracy, in: American Economic Review 58-2 (1968), Papers and Proceedings, S. 293-305.

North, D.C. (1990): Institutions, Institutional Change and Economic Performance – Political Economy of Institutions and Decisions, Cambridge.

Offe, C. (1969): Politische Herrschaft und Klassenstrukturen. Zur Analyse spätkapitalistischer Gesellschaftssysteme, in: Kress, G./Senghaas, D. (Hrsg.), Politikwissenschaft. Eine Einführung in ihre Probleme, Frankfurt a.M., S. 155-189; wiederabgedruckt in: Widmaier (Hrsg.) (1974), S. 264-293.

Offe, C. (1972): Strukturprobleme des kapitalistischen Staates, Frankfurt a.M.

Offe, C./Wiesenthal, H. (1980): Two Logics of Collective Action, in: Political Power and Social Theory 1, S. 67ff.; wiederabgedruckt in: Offe (1985), S. 170ff.

Offe, C. (1985): Disorganized Capitalism, Cambridge.

Offermanns, M. (1990): Bürokratie und Vertrauen, Baden-Baden.

Olson, M. (1968): Die Logik kollektiven Handelns, Tübingen.

Olson, M. (1982): The Rise and Decline of Nations, New Haven.

Olson, M. (1991): Umfassende Ökonomie, Tübingen.

Pateman, C. (1970): Participation and Democratic Theory, Cambridge.

Pateman, C. (1979): The Problem of Political Obligation, Oxford.

Popitz, H. (1980): Die normative Konstruktion von Gesellschaft, Tübingen.

Riese, H. (1991): Was ist Marktwirtschaft?, in: Eine politische Heilslehre auf dem Prüfstand. Marktwirtschaft und soziale Demokratie. Wissenschaftliche Zeitschrift der Humboldt-Universität Berlin, Reihe Geistes- und Sozialwissenschaften, Band 40, Heft 2, S. 17-21.

Rödel, U. u.a. (1989): Die demokratische Frage, Frankfurt a.M.

Roos, L. (1969): Demokratie als Lebensform, München.

Roppel, U. (1979): Ökonomische Theorie der Bürokratie. Beiträge zu einer Theorie des Angebotsverhaltens staatlicher Bürokratien in Demokratien, Freiburg i. Br.

Rothschild, K. W. (1992): Ethik und Wirtschaftstheorie, Tübingen.

Rowley, Ch.K. (1993): Public Choice Theory, Band 1 bis 3, Aldershot.

Scharpf, F.W. (1987): Sozialdemokratische Krisenpolitik in Europa, New York/Frankfurt a.M.

Schlosser, H.J. (1992): Das Menschenbild in der Ökonomie, Köln.

Schubert, K. (Hrsg.) (1992): Leistungen und Grenzen politisch-ökonomischer Theorie, Darmstadt.

Schulz-Nieswandt, F. (1993): Zur Theorie der Wohlfahrtspolitik, Teil 1 und 2, Weiden/Regensburg.

Sen, A. (1987): On Ethics and Economics, Oxford.

Simon, H.A. (1993): Homo rationalis, Frankfurt a.M./New York.

Stiglitz, J.E. (1961): Symposium on Organizations and Economics, in: Journal of Economic Perspectives 5-2, S. 15-24.

Stiglitz, J.E. u.a. (1989): The Economic Role of the State, Oxford.

Stone, D.A. (1988): Policy Paradox and Political Reason, Glenview.

Streit, M.E. (1988): The Mirage of Neo-Corporatism, in: Kyklos 41-4, S. 603-624.

Thompson, G. u.a. (Hrsg.) (1991): Markets, Hierarchies and Networks. A Coordination of Social Life, London.

Thompson, M. u.a. (1990): Cultural Theory, Boulder u.a.

Tietzel, M. (1988): Zur Theorie der Präferenzen, in: Boettcher, E. u.a. (Hrsg.), Jahrbuch für Neue Politische Ökonomie 7, Tübingen, S. 38-71.

Tullock, G. (1965): The Politics of Bureaucracy, Washington/D.C.

Vieler, A. (1986): Interessen, Gruppen und Demokratie, Tübingen.

Vogt, W. (1986): Theorie der kapitalistischen und einer laboristischen Ökonomie, Frankfurt a.M.

Vogt, W. (Hrsg.) (1973): Politische Ökonomie. Zur Kritik der herrschenden Nationalökonomie, Frankfurt a.M.

Wallis, J.J./Oates, W.E. (1988): Does Economic Sclerosis Set in with Age? An empirical study of the Olson hypothesis, in: Kyklos 41-3, S. 397-417.

Weber, M. (1956): Wirtschaft und Gesellschaft, 2. Halbband, 4. Auflage, Tübingen (1. Auflage 1922).

Weber, M. (1958): Gesammelte politische Schriften, 2. Auflage, Tübingen.

Widmaier, H.P./Roloff, O. (1972): Thesen zur Kritik der quantitativen Wirtschaftspolitik, in: Dürr, E. (Hrsg.), Neue Wege der Wirtschaftspolitik, Berlin, S. 79-102.

Widmaier, H.P. (Hrsg.) (1974): Politische Ökonomie des Wohlfahrtsstaates. Eine kritische Darstellung der »Neuen Politischen Ökonomie«, Frankfurt a.M.

Widmaier, H.P. (1976): Sozialpolitik im Wohlfahrtsstaat. Zur Theorie politischer Güter, Reinbek.

Widmaier, H.P. (Hrsg.) (1978): Zur Neuen Sozialen Frage, Berlin.

Widmaier, H.P. (1979): Zur Theorie der Evolution sozialer Bedürfnisse, in: Kyklos 32-1/2, S. 350-362.

Widmaier, H.P./Freyer, W. (1979): Zur Kritik wahlpolitischer Erklärungsversuche der Wirtschaftspolitik, in: Jahrbuch für Sozialwissenschaft 30-2, S. 162-176.

Widmaier, H.P. (1989): Gesellschaftliche Allokation politischer Güter. Zur Theorie und Praxis politischer Institutionen, in: Ramser, H.J./ Riese, H. (Hrsg.), Beiträge zur angewandten Wirtschaftsforschung. G. Bombach zum 70. Geburtstag, Berlin u.a., S. 153-172.

Widmaier, H.P./Blien, U. (1990): Zur Theorie sozialpolitischer Institutionen. Bürokratie im Wohlfahrtsstaat, in: Thiemeyer, Th. (Hrsg.), Theoretische Grundlagen der Sozialpolitik, Berlin, S. 119-150.

Widmaier, H.P. (1992): Wirtschaftliche Logik politischen Handelns? Eine Kritik ökonomischer Positionen, in: Abromeit, H./Jürgens, U. (Hrsg.), Die politische Logik wirtschaftlichen Handelns, Berlin, S. 62-88.

Widmaier, H.P. (in Vorbereitung): Demokratische Sozialpolitik, Regensburg.

Wiesenthal, H. (1987): Rational Choice. Ein Überblick über Grundlinien, Theoriefelder und neuere Themenakquisition eines sozialwissenschaftlichen Paradigmas, in: Zeitschrift für Soziologie 16-6, S. 434-449.

Wilke, H. (1992): Ironie des Staates, Frankfurt a.M.

Wille, E. (Hrsg.) (1983): Beiträge zur gesamtgesellschaftlichen Allokation, Frankfurt a.M.

Zwick, M.M. (1990): Neue soziale Bewegungen als politische Subkultur, Frankfurt a.M./New York.

Die angebliche soziale Kälte des Liberalismus

Ein Einspruch*

Gerhard Schwarz

Wer als Liberaler noch nie den Vorwurf gehört hätte, der Liberalismus bringe zwar Wohlstand, sei jedoch unsozial, wäre ein Fall fürs Museum – als absolutes Unikat. Die These von der sozialen Kälte des Liberalismus gehört nämlich zum Standardrepertoire nicht nur der Gegner des Liberalismus, sondern bedauernswerterweise auch vieler seiner nur halbherzigen und nicht so ganz überzeugten Sympathisanten. Im folgenden soll versucht werden, diese These zu widerlegen und zu zeigen, daß der Liberalismus nicht nur das Produkt eines nüchternen, kühlen Kopfes ist (vgl. Blinder 1990), sondern sehr wohl auch mit einem warmen Herzen zu vereinbaren ist, und es soll vor allem angekämpft werden gegen ein latentes schlechtes soziales Gewissen, das als Folge christlicher Erziehung und sozialistischer Indoktrination weite Teile der Bevölkerung plagt, darunter auch viele Anhänger von Parteien, die man normalerweise im politischen Spektrum eher rechts ansiedelt. Damit soll weder behauptet werden, daß sich der Liberalismus jeglicher moralischer Kritik entzieht, noch, daß seine Geschichte frei sei von unmoralischen oder unsozialen Aspekten. Klar betont werden muß jedoch, daß die Wirtschaftsordnung des Liberalismus, also die Marktwirtschaft, in keiner Weise zwingend unsozial ist – im Gegenteil. Und abzuwehren ist der Respekt vor dem Pathos der Sozialpolitiker oder auch schlicht vor dem Zeitgeist, der dazu führt, daß fast die gesamte gesellschaftspolitische Diskussion heute in sozialer Verkleidung geführt wird.

---

* Dies ist die gekürzte und leicht überarbeitete Fassung einer Schrift, die unter dem Titel *Die »soziale Kälte« des Liberalismus. Versuch einer Klärung* in der Reihe »Argumente der Freiheit« der Friedrich-Naumann-Stiftung, Sankt Augustin 1992, erschienen ist.

1. Drei Stoßrichtungen eines Vorwurfs

Der Vorwurf der sozialen Kälte des Liberalismus – wobei häufig spezifisch der sogenannte Wirtschaftsliberalismus gemeint ist – hat mehrere Stoßrichtungen:

- Er gilt den Liberalen und ihrem Verhalten als *Menschen*
- Er gilt der liberalen *Weltanschauung*
- Und er gilt den *realen Ordnungen*, die auf liberalen Prinzipien beruhen.

1.1 Unsoziale Menschen?

Soweit es um den Vorwurf an die Liberalen als Menschen geht, könnte man sich leicht mit dem Argument aus der Affäre ziehen, die Richtigkeit einer gesellschaftspolitischen Idee hänge nicht vom Verhalten ihrer Vertreter ab. Allerdings basiert die Durchsetzungskraft von Ideen wesentlich auf der Glaubwürdigkeit ihrer Anhänger, und da wird man wohl eingestehen müssen, daß es im liberalen Lager in zu großer Zahl jene gibt, denen das Bekenntnis zu Liberalismus und Marktwirtschaft als Feigenblatt für »soziales Nichtstun« dient.

1.2 Eine unsoziale Idee?

Was die Behauptung betrifft, der Liberalismus sei als Konzeption unsozial, wird man dagegen Mühe haben, dies zu belegen. Adam Smith jedenfalls, dem Autor der *Theory of Moral Sentiments*, ging es um den Wohlstand der *Nationen*, und entgegen allen hartnäckigen Vorurteilen hat er zwar das Selbstinteresse zur Grundlage seiner Theorie gemacht, aber niemals einen entfesselten Egoismus. Nicht einmal die Kritik einiger klassischer Liberaler der ersten Stunde wie Malthus oder Ricardo an den englischen Armen- und Fabrikgesetzen (vgl. Maluschke 1990, 13ff.) dürfte als Beleg viel hergeben, denn die Stellungnahmen der Liberalen waren insgesamt kaum einheitlich. (Vgl. Walker 1941, S. 170) Heute dürfte es für die meisten Liberalen selbstverständlich sein, daß den Leistungsunfähigen und den Leistungsschwachen geholfen werden muß. Nur über das Wie gibt es unterschiedliche Meinungen. Das Prinzip der Subsidiarität ist allerdings aus liberaler Sicht jedenfalls so selbstverständlich, daß es kaum betont werden muß. Schwieriger ist die Frage zu beantworten, was passiert, wenn die Subsidiarität versagt, wenn die Familie, die Nachbarn, die Freunde, die privaten Organisationen nicht einspringen und daher der Staat angerufen wird, ja angerufen werden muß. Kann sich dann der Liberale wirklich nur fatalistisch auf das Bedauern über diesen Zustand zurückziehen oder müßte er nicht allenfalls – horribile dictu – für den Zwang der Mehrheit, den Zwang des Staates eintreten und die liberale Konsequenz aufgeben? Müßte er nicht hier das Mehrheitsprinzip der Demokratie dem Individualprinzip des Liberalismus entgegenstellen? Die Frage ließe sich eindeutiger beantworten, wenn die Alternativen zum Individualprinzip überzeugender wären. Aber die eine lautet, daß »weise« Männer und Frauen, nicht gerade »benevolent dictators«, aber doch »wohlmeinende Politiker«, das Heft in die Hand nehmen und die Bemittelten zwingen, einen Teil von ihrem Reichtum abzugeben: das setzt den Glauben an die Existenz solcher besonders wohlmeinender und zugleich durch Macht nicht korrumpierbarer Menschen voraus. Die andere Möglichkeit ist, daß die Mehrheit die Minderheit zwingt, ihr Einkommen und Vermögen wenigstens zum Teil zu teilen. Bei beiden Varianten handelt es sich jedoch letztlich – wenn man nichts zu beschönigen versucht – um Enteignung.

Möglicherweise hat der unsoziale Anstrich, den die liberale Idee für viele hat, auch mit dem Gegensatz zu tun zwischen der »erweiterten Ordnung« im Sinne Hayeks einerseits und der Kleingruppe andererseits. Die Marktwirtschaft ist eine Ordnung der großen Gruppe, der weltweit verknüpften, aber auch anonymen Gesellschaft. Deshalb kann sie die »soziale Dimension« der kleinen Gruppe nicht bieten, also nicht etwa wegen ihrer liberalen Konstruktionsprinzipien, sondern weil es bei ihr eben um die Gestaltung einer erweiterten Ordnung geht. Und in dieser erweiterten Ordnung, im national- und weltwirtschaftlichen Kontext, ist der Wettbewerb solidarischer als das Teilen. Es gibt keine andere Weltanschauung, die für die erweiterte Ordnung eine »sozialere« Konzeption bereitstellen könnte. Gleichzeitig bietet sich in der freiheitlichen Wirtschaft sehr wohl der Raum, in dem die kleine Gruppe mit ihren sozialen Aspekten, in dem Nachbarschaftsnetze und individuelle Sozialhilfe gedeihen können.

1.3 Eine unsoziale Ordnung?

Die soziale Kritik am real existierenden Liberalismus schließlich läßt sich wohl weitgehend mit dem Romantizismus erklären, dem viele Kritiker des Liberalismus anhängen. Vielleicht hat man etwa beim Urteil über das Laissez-faire des 19. Jahrhunderts zu leichtfertig die historische Bedingtheit vergessen. Daß die Industrialisierung mit schlimmstem sozialem Elend verbunden war, dürfte unbestritten sein. Doch selbst Friedrich Engels sah die soziale Lage der Bauern vor der Industrialisierung und damit eben auch die Lage der Arbeiter in der Industrialisierung differenzierter als viele heutige Kritiker einer liberalen Wirtschaftsordnung. So schreibt er etwa in *Die Lage der arbeitenden Klasse in England* über die Weberfamilien vor der Industrialisierung: »Sie fühlten sich behaglich in ihrem stillen Pflanzenleben und wären ohne die industrielle Revolution nie herausgetreten aus dieser allerdings sehr romantisch gemütlichen, aber doch eines Menschen *unwürdigen* Existenz.« (Engels 1882, S. 3; (Hervorhebung durch G.S.) Die Frage stellt sich also, ob das wirtschaftliche und gesellschaftliche Befreiungswerk, das der Liberalismus geleistet hat, unter anderen Bedingungen, unter einer anderen Ordnung, »sozialer« hätte ablaufen können. Vielleicht ist der Vorwurf der »sozialen Kälte« an die Adresse des Liberalismus mit Blick auf die Wirtschaftsgeschichte des 19. Jahrhunderts einfach deswegen entstanden, weil die »performance« nicht an realen Alternativen gemessen wurde, sondern daran, wie es vermeintlich hätte sein können, oder dann aber an Standards, wie sie aus heutiger Sicht gesetzt werden. Vielleicht gilt der Vorwurf der »sozialen Kälte« letztlich der Industrialisierung, die einzig der Liberalismus zustande bringen konnte. Es gibt denn auch ernst zu nehmende Strömungen in der neueren Geschichtswissenschaft, welche die Meinung vertreten und belegen, daß die Industrialisierung unter liberalen Vorzeichen nicht nur wirtschaftlichen, sondern auch sozialen Fortschritt brachte, daß sie – um es ganz drastisch zu formulieren – die Menschen in den 16-Stunden-Tag und die Kinderarbeit »stürzte«, daß aber vorher diese Menschen und Kinder verhungerten. Das war die Alternative, nicht »soziale« oder »weniger soziale« Industrialisierung, wie es eine jahrzehntelange Indoktrination durch einen Geschichtsunterricht weismachen wollte, der alles soziale Elend, das es unbestreitbar gab, dem Liberalismus anlastete.

Und in der Neuzeit? Ähnlich wie einst wird der liberalen Wirtschaftspolitik ihre soziale Kälte – oder: Härte? – zum Vorwurf gemacht. Reagonomics und Thatcherismus werden zu eingängigen Synonymen für die sozialen Mißstände in New York oder die Verelendung in Birmingham. Doch auch hier ist man mit dem methodisch zentralen Problem der Sozialwissenschaften konfrontiert, daß in ihnen die Ceteris-paribus-Formel praktisch nicht erfüllbar ist. Hätte man etwa Großbritannien mit einer Wirtschafts- und Sozialpolitik à la »schwedisches Modell« oder auch nur mit einer »Sozialen Marktwirtschaft« Müller-Armackscher Prägung überhaupt aus dem Marasmus der siebziger Jahre herausführen können? Selbst wenn relativ liberale Phasen der Geschichte oft mit sozialer Härte verbunden waren und sind, ist dies kein Beleg für soziale Négligeance. Vielmehr dürfte es sich dabei vielfach um den Preis handeln, der zu zahlen ist – und zwar nicht um den Preis des Liberalismus, sondern um den Preis jener Ordnungen – sei es der Feudalismus, sei es der Kommunismus –, die (nur?) mit der Dynamik des Liberalismus überhaupt überwunden werden können. Die Transformationsprozesse in Ostmittel- und Südosteuropa liefern dafür neuerdings reichlich Anschauungsmaterial.

2. Wegbereiter des schlechten sozialen Gewissens

Fragt man sich, wie es zum Mißverständnis kommen konnte, der Liberalismus sei unsozial, so muß man leider festhalten, daß nicht nur Marx zu den Wegbereitern dieses Mißverständnisses zählt. Erinnert sei hier genauso an den Ausspruch von Helmut Schmidt – nach Ansicht vieler fast so etwas wie ein liberaler Sozialdemokrat, wenn dies nicht eine contradictio in adjectu wäre –, daß soziale Politik immer »das krasse Gegenteil von Marktwirtschaft« sei (vgl. Hamm 1989, S. 363; vgl. auch Günthardt 1991), wie an die erst in der Enzyklika »Centesimus annus« etwas gebrochene Marktfeindlichkeit der katholischen Kirche. (Vgl. Schwarz 1992 sowie die vehemente Replik von Utz 1992) Vor allem aber – und das mag in Deutschland genauso wie in der Schweiz an ein Tabu rühren – wird man zahlreiche Vertreter der Sozialen Marktwirtschaft nicht von der Verantwortung freisprechen können, zur falschen Beurteilung des Liberalismus beigetragen zu haben.

Richtig an der Sozialen Marktwirtschaft ist, daß es einer freien und humanen Gesellschaft nicht gleichgültig sein kann, wie es ihren schwächsten Mitgliedern geht, und zuzugeben ist, daß die griffige Formel »Soziale Marktwirtschaft« nach dem Zweiten Weltkrieg vermutlich Schlimmstes verhütet und eine liberale Ordnung – wenn auch in verwässerter und durchlöcherter Form – politisch vielleicht erst ermöglicht hat. Dennoch wurde damit der Nährboden für den Weg von der Angebots- zur Anspruchsgesellschaft gelegt und die Flanke für alle möglichen Interventionen geöffnet. Vielleicht war die Soziale Marktwirtschaft das Maximum dessen, was nach dem Zweiten Weltkrieg politisch überhaupt möglich war, aber heute – etwa im Kontext der Transformationsprozesse in Osteuropa – könnte sich die Formel »Soziale Marktwirtschaft« sogar fatal kontraproduktiv auswirken. Daß der Ministerpräsident der Tschechischen Republik, Vaclav Klaus, das Schlagwort von der Marktwirtschaft ohne Adjektive prägen mußte, zeigt, wie weit es mit der verirrten Vorstellung von der Marktwirtschaft gekommen ist. Als ob es sich bei ihr um eine Effizienzmaschine handelte, die all das nicht produziert, worauf es im Leben ankommt – soziale Sicherheit und Geborgenheit, menschliche Wärme, eine intakte, natürliche Umwelt oder kreative Kulturleistungen – und die deshalb ohne einen von Tag zu Tag weiter ausgebauten Reparaturbetrieb eigentlich unakzeptabel sei, eine Ordnung nicht nur ohne Seele, sondern sogar der Seele des Menschen schadend.

Die Vertreter der Sozialen Marktwirtschaft sind dieser irrigen Meinung, die Marktwirtschaft sei per se unsozial und verlange daher nach Korrekturen, viel zu lange nicht konsequent entgegengetreten. Sie konnten es nicht, weil sie selbst nicht über eine wirklich stringente ordnungspolitische Konzeption verfügten. Sie wollten es nicht, weil sie trotz des liberalen Grundansatzes das schlechte soziale Gewissen plagte. Und sie wagten es nicht vor lauter Angst, man finde nicht genügend politischen Rückhalt, wenn man die Freiheit in den Mittelpunkt stellt und dafür selbst einen allfälligen sozialen Preis hinzunehmen bereit ist. Eine solche Haltung ist geschichtlich nicht unverständlich. Sie mag zwar zum Teil »Duckmäuserei« – diese harte Charakterisierung stammt von Sievert 1979, S. 845 – darstellen, aber vielfach war sie eher Ausdruck von hohem Verantwortungsgefühl, der Auffassung nämlich, daß gerade wer die Marktwirtschaft als den wichtigsten Garanten der Freiheit erhalten will, bereit sein muß, die »Defekte« der Wirtschaftsordnung zu korrigieren und dieser »außerökonomische« und somit nicht zuletzt »soziale« Ziele aufzuzwängen. (So etwa Jöhr 1948, S. 127) Es ging also um die Akzeptanz der Marktwirtschaft, es ging darum, durch soziale Sicherung und Korrektur der Verteilungsergebnisse des Marktes sicheren sozialen Frieden zu gewährleisten und damit die Marktwirtschaft wenigstens in ihren Grundzügen über die Runden zu retten. (Vgl. Lübbe 1991, S. 71)

Dennoch hat – salopp ausgedrückt – das »Gerede« von der Sozialen Marktwirtschaft wesentlich zur Verbreitung der Meinung beigetragen, Liberalismus und Marktwirtschaft seien unsozial.

3. Der Wohlfahrtsstaat und seine Irrtümer

Die Marktwirtschaft der Kompromisse und der Adjektive – auch dort, wo die Qualifizierung nicht, wie im deutschsprachigen Raum, explizit erfolgt – hat nicht nur den Grund gelegt für das weitverbreitete Vorurteil, die Marktwirtschaft sei nicht sozial, sondern sie hat auch an den Fehlentwicklungen des modernen Wohlfahrtsstaates mitgezimmert, sie ungewollt genährt oder jedenfalls nicht verhindert. So ist aus den sozialen Leitplanken, welche im »Ernstfall« das Schlittern in die Katastrophe verhindern sollten, das dicht geknüpfte Netz der modernen Vollkasko-Gesellschaft geworden. Paradox daran ist, daß dieses Netz um so dichter wird, je weniger es benötigt wird. Während etwa in Deutschland nach dem Kriege wirtschaftliche Not herrschte, man sich aber eine ausgebaute Sozialpolitik nicht leisten konnte, hat sich die Situation heute gekehrt. Man leistet sich das, was man glaubt, sich leisten zu können, und nicht das, was man braucht, denn die Not ist kleiner geworden und die Fähigkeiten zur individuellen Vorsorge haben zugenommen. Ähnliches gilt im Quervergleich mit den Entwicklungsländern. Hayek hat dieses Paradox noch pointierter zum Ausdruck gebracht, indem er darauf verwies, daß wir früher an sozialen Übeln krankten, heute jedoch an deren Therapie – und daß die einen mit der Zeit verschwanden, die anderen aber unablässig zunehmen. (Vgl. Hayek 1983, 361ff., bes. S. 386)

3.1 Die pauschale Umverteilung

Der *erste Irrtum* des Wohlfahrtsstaates besteht wohl darin, daß er an die Stelle der Hilfe an die Armen und Bedürftigen das generelle Ziel der pauschalen Umverteilung gesetzt hat, daß ein ursprünglich zur Milderung der Armut gedachter Apparat zu einer Massenumverteilungsmaschine umgebaut wurde. Im Schlagwort von der Zwei-Drittel-Gesellschaft findet dieser Irrtum seinen aktuellen Ausdruck. Sobald jedoch die soziale Dimension der Marktwirtschaft im Sinne einer allgemeinen Umverteilung verstanden wird, ist damit notwendigerweise Nivellierung verbunden. Nivellierung ist immer ungerecht; sie ebnet Unterschiede ein und sie tut dies stets zu Lasten der Bestverdienenden und der Reichsten – was vielleicht noch verständlich und akzeptabel wäre –, aber eben immer auch zu Lasten der Tüchtigsten. Es ist ebenfalls Hayek, der mit seiner brillanten Kritik an der progressiven Besteuerung schon in den frühen fünfziger Jahren dargelegt hat (vgl. Hayek 1992, S. 61ff.), wie sehr die Umverteilung durch die progressive Besteuerung dem Prinzip »gleicher Lohn für gleiche marktwerte Leistung« (nicht: »gleiche Anstrengung«!) widerspricht. Er erwähnt das Beispiel zweier Rechtsanwälte, die beide im Monat Dezember ganz ähnliche Prozesse geführt und dasselbe Honorar erhalten haben, von denen einer aber die vorangehenden elf Monate weniger erfolgreich – und vielleicht auch weniger engagiert – arbeitete, während der andere voll im Einsatz stand. Es wird dann sofort einsichtig, daß dem ersten netto, also nach Abzug der Steuern, für seine Leistungen im Dezember viel mehr verbleibt als dem zweiten. Das ist gewiß leistungsabschreckend; es ist zugleich aber auch wenig leistungsgerecht – und das ist in diesem Zusammenhang das Relevante. Nur wer Umverteilung von den Wohlhabenden zu den wenig Begüterten per se sozial findet, unabhängig von der Leistungsbereitschaft, die hinter diesen Unterschieden steckt, kann daran wohl etwas Gutes finden. Diese Denkweise hat jedoch letztlich nichts mehr mit »sozialer Wärme« zu tun.

Die Ablehnung der generellen Umverteilung darf dabei keineswegs als Absage an jegliche Umverteilung mißverstanden werden. Wenn ein Bedarf für die Stützung der Schwachen besteht, so ist gegen die Umverteilung als Instrument nichts einzuwenden. Allerdings sollte sich diese Umverteilung in den hochentwickelten Industriestaaten auf jenen kleinen Kreis wirklich Bedürftiger beschränken, der in einer konsequent liberalen Ordnung überhaupt Unterstützung braucht. Es besteht nämlich ein enormer Unterschied zwischen der Bereitschaft, ein Mindesteinkommen für all jene bereitzustellen, die sich in einem funktionierenden Markt von ihrem Verdienst nicht erhalten können – darunter nicht zuletzt auch Arbeitslose – und einer Umverteilung, die nach einer gerechten Lösung für alle strebt. Gleichzeitig sollten sich alle Absichten des sozialen Ausgleichs und der Umverteilung möglichst stark auf ein einziges Instrument, nämlich das der Einkommensteuer, konzentrieren und so dem sozialpolitischen Wildwuchs ein Ende setzen.

3.2 Entmündigung der Bürger

Der *zweite Irrtum* des modernen Sozialstaates besteht darin, daß er die Unmündigkeit der Bürger zum Prinzip erhoben hat. Dementsprechend wurde nicht nur eine Minderheit von Bürgern, die sich nicht aus eigenem Antrieb gegen die Unbill des Schicksals und der Lebensabläufe sichern will und kann, unter staatliche Obhut genommen, sondern die große Mehrheit der Bevölkerung. Erwachsene werden so, wie dies Peter Bauer etwas pointiert ausdrückt, zu Kindern gemacht, denen man ein Taschengeld für ihre persönlichen Bedürfnisse läßt, anstatt sie mit der Verantwortung, ihr eigenes Einkommen zu verwalten, zu betrauen. (Vgl. Harris 1984, S. 99) Das widerspricht einem Menschenbild, das von der Selbstverantwortung des Individuums ausgeht. Aus liberaler Sicht müßte vielmehr bei der sozialen Sicherung die Förderung der individuellen privaten Vorsorge im Vordergrund stehen. Dort, wo die Bereitschaft der Wirtschaftssubjekte zur Vorsorge fehlt, wäre allenfalls die Zwangsversicherung als nächstbeste Lösung anzusehen. Dagegen geht eine staatliche oder halbstaatliche Sozialversicherung – auch sie, wie so vieles, historisch verständlich und erklärbar – zu weit. Sie schaltet den Wettbewerb aus, und das unnötigerweise, denn der allenfalls vorhandenen Unfähigkeit zur Risikoabsicherung könnte durch gezielte Einkommenspolitik sinnvoller begegnet werden, ganz abgesehen davon, daß es einigermaßen paradox ist, jener Mehrheit der Bevölkerung, die nicht einmal in der Lage ist, für sich selbst zu sorgen, gleichzeitig die Macht in die Hand zu geben, durch politische Entscheide zu Lasten anderer für sich selbst zu sorgen. (Vgl. von Mises 1949, S. 613)

Nicht nur die staatliche soziale Sicherung, sondern auch der Schutz der Wirtschaftssubjekte vor allem und jedem ist ein Ausdruck der Verirrung des neuzeitlichen Sozialstaates. Häufig benachteiligen diese Schutzvorschriften die wirtschaftlich Schwachen und oft sogar die, welche sie zu schützen vorgeben. So hat etwa das in der Schweiz als Alternative zum Nachtarbeitsverbot für Frauen diskutierte Nachtarbeitsverbot für Arbeitnehmer mit Familienpflichten in einer Situation mit weitgehender Vollbeschäftigung vor allem die Wirkung, daß es diese Gruppen von der besser bezahlten Nachtarbeit ausschließt. (Vgl. Moser 1991, S. 73f.) Gerade Familien mit niedrigen Einkommen werden dadurch benachteiligt. Ähnlich zeigt sich beim Mieterschutz immer mehr die Wirkung, daß dieser die alteingesessenen Mieter begünstigt, aber dafür junge Paare mit Kindern oder Personen aus sozialen Randgruppen stark benachteiligt. Vermieter werden sich nämlich desto mehr überlegen, wen sie als Mieter akzeptieren, je ausgeprägter der Schutz ist. (Vgl. Moser 1991, S. 66f.)

Gerechtfertigt wird die übertriebene Fürsorge des Staates in der Regel mit der zutreffenden Beobachtung, daß viele Frauen und Männer entgegen dem liberalen Menschenbild über ihre Verhältnisse leben und Entscheide treffen, welche – ungewollt – ihren eigenen Interessen zuwiderlaufen. Dabei wird jedoch übersehen, daß sich in einen Teufelskreis der Unmündigkeit begibt, wer darauf mit staatlichem Schutz reagiert. Der Realismus der liberalen Idee verbietet es ja von vornherein, anzunehmen, in Wirklichkeit seien die Menschen alle ideal; indem man jedoch so tut, als ob die Menschen selbst verantwortlich seien, setzt man wenigstens die Anreizstrukturen richtig und trägt dazu bei, das Postulat immer realistischer zu machen. Wenn die Menschen dagegen am staatlichen – oder korporatistischen – Gängelband geführt und sogar vor sich selbst geschützt werden, muß jegliche Eigenverantwortung notwendigerweise verkümmern. (Vgl. dazu Schwarz 1991) (Man höre sich nur einmal um, was heute alles mit größter Selbstverständlichkeit selbst von – in ihrem eigenen Selbstverständnis – Liberalen als Staatsaufgabe angesehen oder doch hingenommen wird, und man könnte erschrecken – wenn man nicht ohnehin desillusioniert wäre.)

3.3 Gießkannenpolitik

Der *dritte große Irrtum* begann damit, daß sich irgendwann einmal die Überzeugung zu verbreiten begann, es sei unmenschlich, wenn Bedürftige um Hilfe ansuchen und sich gewissermaßen rechtfertigen müßten. Zur materiellen Not komme dann noch die Erniedrigung des »Bettelns« und das Gefühl der Abhängigkeit Nun wird niemand bestreiten, daß Armut ein bedauernswerter Zustand ist. Ihr Vorhandensein – und die Tatsache, daß sie sich wohl nie ganz wird ausmerzen lassen – sind ja der Anlaß für das Nachdenken über die soziale Dimension liberalen Wirtschaftens. Und ebenso ist es klar, daß es angenehm wäre, wenn Hilfe wie Manna vom Himmel fiele, ohne Gang auf Amtsstuben und möglichst ungesehen von den Nachbarn. Der irdische Ersatz für das Manna, die Gießkannenpolitik, die alle Gruppen, unter denen sich ein (vermeintlich) größerer Prozentsatz von Bedürftigen befindet, zu Sozialfällen erklärt, hat sich jedoch nicht bewährt. Damit fällt zwar die »entwürdigende« Prozedur der Antragstellung weitgehend weg: Wer gewisse Kriterien wie Alter, Geschlecht usw. erfüllt, ist automatisch unterstützungs- und bevorteilungsberechtigt. Zugleich wurde dadurch jedoch auch die Trennlinie zwischen der Anerkennung der Pflicht der Gemeinschaft, wirkliche Not zu lindern, und dem modernen Vollkasko-Staat überschritten. (Vgl. Hayek 1983, S. 366)

So erfüllt denn fast jedes Mitglied der Gesellschaft eine Bedingung, die es ihm erlaubt, wenigstens an eine der zahlreichen Subventionen und Unterstützungen, Verbilligungen und Privilegien heranzukommen. Man überlege sich einmal, wo und für wen das Prinzip »You get what you pay for« durch staatliche Finanzierung oder staatliche Regulierung durchbrochen wird, und man wird rasch entdecken, daß fast jeder zu mehreren dieser »Teilmengen« gehört, jedenfalls irgendwann auf dem Weg von der Wiege zum Grab: Schüler, Studenten, Rentner, Schwangere, Kranke, Behinderte, Arbeitslose, Theater- und Opernbesucher, Sportler, kinderreiche Familien usw. Mit gezielter Sozialpolitik hat dies gewiß nichts mehr zu tun, denn unter den Studenten, die gratis studieren und verbilligt mit den öffentlichen Verkehrsmitteln fahren, finden sich so manche Kinder wohlhabender Eltern; Alter macht per se genausowenig zum Sozialfall wie Schwangerschaft; und – um ein weiteres Beispiel anzuführen – unter den Theater- und Opernbesuchern, denen unter dem Titel

»meritorisches Gut« ihr Kulturvergnügen verbilligt wird, sind die Minderbemittelten sogar in der Minderzahl. Nur um die Bedürftigen nicht zu entwürdigen, unterstützt man somit Leute, die weit davon entfernt sind, dies zu benötigen. Das ist eine Verhöhnung all jener, denen es wirklich schlecht geht.

3.4 Zu viel des Guten

Schließlich ist der moderne Wohlfahrtsstaat, *viertens*, im Ausmaß der Hilfe und Unterstützung längst in die Irre gegangen. Die von G. Mackenrodt Anfang der fünfziger Jahre auf einer Tagung des Vereins für Socialpolitik geäußerte Meinung, es könne ein »absolutes Zuviel an Sozialleistungen für alle praktisch möglichen und denkbaren Fälle« (vgl. Linder 1989, S. 25) nicht geben, umreißt eine heute kaum noch vorstellbare Euphorie. Kommt in dieser Kritik nun also die »soziale Kälte« des Liberalismus zum Vorschein. Mangelt es dem Liberalismus an Großzügigkeit? Ohne Zweifel wird man aus liberaler Sicht niemals einem »je mehr, desto besser« huldigen können, und zwar nicht nur, weil auch die Bescheidenheit zu den liberalen Werten zählt, sondern vor allem, weil in einer knappen Welt jede Hilfe und Umverteilung an die einen mit Opportunitätskosten für die, welche Verzicht leisten, oder für die, welche nicht in den Genuß der Begünstigung kommen, verbunden ist. Besonders anstoßend werden diese Opportunitätskosten, wenn sie nicht bei den heute Lebenden anfallen, sondern wenn die Finanzierung der Sozialpolitik teilweise sogar auf künftige Generationen abgeschoben wird. (Diese Art von vermeintlicher »sozialer Wärme« zu Lasten der Zukunft – dies sei am Rande angemerkt – läßt sich unter keinem Titel eher rechtfertigen als etwa das Hinterlassen ökologischer Altlasten.) Zu diesen ethischen Restriktionen des Ausmaßes sozialer Hilfe und Umverteilung kommen finanzielle. Es ist nachgerade ein Gemeinplatz, daß die Finanzierbarkeit der sozialen Sicherung, wie sie in den westlichen Industriestaaten betrieben wird, allenthalben an Grenzen stößt. Ein Sozialstaat, der – in Deutschland – pro Jahr über 700 Milliarden DM oder mehr als einen Drittel des Bruttosozialprodukts kostet, ist nicht Ausfluß »sozialer Wärme«, er ist ein Unding.

4. Die soziale Dimension des Marktes

Nach so viel Kritik stellt sich die Frage, wo denn nun die soziale Dimension des Liberalismus liegen soll. Aus heutiger Sicht kann gar kein Zweifel daran herrschen, daß die Sorge für die Schwächsten Bestandteil einer humanen, liberalen Gesellschaftsordnung sein muß. Allerdings sagt die Bejahung des Ziels nichts aus über das Ausmaß, in dem die Unterstützung gewährt werden kann. Dieses kann von der Garantie einer Mindestversorgung über das Prinzip der Besitzstandwahrung für mehr und mehr Wechselfälle des Lebens bis hin zum grenzenlosen Respekt vor dem Sozialneid reichen. Und die Bejahung des Ziels sagt auch nichts aus über die Art und Weise, wie dieses erreicht werden soll. Hier trennt sich die liberale Vorstellung von einer sozialen Ordnung von den gängigen Ideen vom Wohlfahrtsstaat. Allerdings ist die marktwirtschaftliche Sicht zugleich die sozialere, während die eifrigen Advokaten der Anspruchsgesellschaft sich letztlich als relativ asozial erweisen.

Ausgangspunkt der Überlegungen bildet zunächst die Tatsache, daß vor der Umverteilung die Produktion kommen muß. Ob etwas verteilt werden kann, hängt davon ab, ob es überhaupt etwas zu verteilen gibt. Insofern ist zuzugestehen, daß der sozialen Dimension des Liberalismus zuerst und zuvorderst nicht die Ethik des Teilens, sondern zuerst die Ethik des Produzierens, des Tausches und des Wirtschaftens zugrunde liegt. (Vgl. Habermann 1993, S. 31) Nicht der ist sozial, der das Geld anderer Leute verteilt, sondern jener, der dafür sorgt, daß es überhaupt etwas zu verteilen gibt.

4.1 Die Freiheit des Marktes

Mehr Marktwirtschaft ist vor allem deswegen zum Vorteil der Schwachen, weil selbst die Bedürftigen die Freiheit dem Zwang vorziehen. Die in der traditionellen Sozialpolitik vielfach übliche Verknüpfung von Allokation und Distribution reduziert unnötigerweise diese Wahlfreiheit. Sie hilft neben den wirklichen auch zahlreichen vermeintlichen Bedürftigen zu einer Fülle von Leistungen bzw. Verbilligungen, von der Wohnung bis zum öffentlichen Verkehrsmittel, vom Kinobesuch bis zu Gesundheitsleistungen. Weder die Auswahl der subventionierten Leistungen noch die konkrete

Zuteilung – etwa bei Wohnungen – entspricht dabei der Präferenzordnung des einzelnen Individuums. Darin liegt die Tücke jeglicher kollektiven Bereitstellung von Gütern. Die gezielte Unterstützung durch Einkommenstransfers wäre deshalb zweifellos ungleich sozialer und sie würde gleichzeitig die Tauschgerechtigkeit sicherstellen.

Wichtig ist dabei auch, daß eine Wirtschaftsordnung, die viel Freiraum für private Hilfe läßt, dem Bedürftigen nützt. Für Deutschland hat man nachgewiesen, daß die Summe aus staatlichen und privaten Transfers zunehmen würde, wenn der Staat die Steuervergünstigungen für private Spenden erhöhen und gleichzeitig seine Sozialausgaben entsprechend senken »würde«. (Vgl. Paqué 1986) Deregulierung im sozialen Bereich bedeutet somit nicht, den sozialen Zielen abzuschwören, denn es geht nicht um Abbau der Sicherungssysteme, sondern um deren Rationalisierung im ursprünglichen Wortsinn, also um eine vernunftgemäße Ordnung. (Vgl. Engels et al. 1988, S. 55) Es bedeutet aber, daß die Hilfe individualistisch würde. Da staatliche Sozialhilfe stets private Hilfe verdrängt (vgl. Prosi 1990, S. 49ff.), würde erst durch den massiven Abbau des Sozialstaates die private Hilfe wieder angespornt, die nicht nur eine humane Dimension aufweist, sondern die in der Regel auch sorgfältiger mit dem (eigenen) Geld umgeht als staatliche Hilfe. Nur wo Freiraum herrscht, darf im übrigen soziale Hilfe überhaupt ethisch genannt werden, während einem staatlich erzwungenen Handeln diese Charakterisierung niemals zukommen kann.

4.2 Die Effizienz des Marktes

Eine weitere zentrale soziale Dimension einer freiheitlichen Wirtschaftsordnung besteht darin, daß sich mit marktwirtschaftlichen Mitteln sozialpolitische Ziele effizienter und sachgerechter erreichen lassen als mit den interventionistischen, nicht marktkonformen Maßnahmen, von denen es heute in der Sozialpolitik nur so wimmelt. Letztere sind sogar oft kontraproduktiv. Es wäre daher falsch, eine Aktivierung des Marktmechanismus in der Sozialpolitik mit einer sozialen Demontage gleichzusetzen, denn es läßt sich mit diesen Konzepten unter Einsatz der gleichen finanziellen Mittel mehr erreichen bzw. mit geringerem Aufwand das gleiche. Mehr Markt wäre also »sozialer« als weniger Markt. Und wenn man denn von

»Sozialer Marktwirtschaft« sprechen will, so müßte sie vor allem darin bestehen, daß nicht nur absolute Marktkonformität als Gestaltungsprinzip der Sozialpolitik hochgehalten wird, sondern daß das Prinzip »Markt«, das Prinzip »Wettbewerb« auch der Sozialpolitik – und nicht nur den Gütermärkten – zugrunde gelegt wird. Dabei sei – um einem vielfachen Mißverständnis vorzubeugen – betont, daß es bei der Forderung nach mehr Markt nicht um ein ideologisches Dogma geht, sondern einzig um die Gewährleistung der Zielwirksamkeit in dem Sinne, daß ein angestrebtes Ziel mit minimalem Aufwand und minimalen unerwünschten Nebenwirkungen erreicht wird. (Vgl. Zohlnhöfer 1990, S. 209)

Ein Beispiel aus der schweizerischen Sozialpolitik mag dies verdeutlichen. (Das Beispiel ist entnommen Frey 1990, S. 59ff.) Es steht für viele andere. Ausgehend von der Überlegung, der Zugang zur höheren Bildung solle auch den traditionell schwach vertretenen »unteren« Schichten möglichst leicht gemacht werden, ist das Hochschulstudium in der Schweiz fast gratis. Wie sieht es aber mit den Wirkungen aus? Eine Untersuchung aus den siebziger Jahren zeigt, daß die Inanspruchnahme von universitären Ausbildungsleistungen mit steigendem Einkommen der Eltern ansteigt. Bedenkt man ferner, daß die Absolventen von Hochschulen in der Regel später mehr verdienen als ihre Mitbürger ohne Studium, kommt man zum Schluß, daß die staatlichen Hochschulausgaben letztlich vor allem den reichen Schichten zugute kommen. Selbst wenn man in Rechnung stellt, daß diese in Form von Steuern auch mehr an den Staat zahlen, resultiert dennoch, daß die Einkommensgruppen bis rund 50.000 Fr. Jahresverdienst per saldo mehr an das Hochschulwesen zahlen, als sie Leistungen in Anspruch nehmen. Hauptnutznießer ist die Einkommensklasse zwischen etwa 50.000 und 100.000 Fr. Bezieher noch höherer Einkommen zahlen wiederum mehr. Mit einer marktwirtschaftlichen Organisation des Hochschulwesens käme es nicht zu einer solchen sozial eigentlich unerwünschten Umverteilung. Die Eltern müßten für die Studienkosten ihrer Kinder voll aufkommen. Denjenigen, die dazu nicht in der Lage wären, und die sich auf dem privaten Kreditmarkt nicht zu finanzieren vermöchten, könnte der Staat gezielt durch Stipendien helfen. Und qualitativ schlechter wären private im Wettbewerb stehenden Universitäten, die das notwendige Korrelat zur privaten Finanzierung wären, nicht, jedenfalls nicht notwendigerweise.

Liberale Sozialpolitik in diesem Sinn bedeutet somit nicht soziale Demontage – sofern man nicht die Ablehnung gewisser Übertreibungen damit gleichsetzt –, sondern vielmehr die Erkenntnis, daß die Nutzung des Marktes eine Option für die Armen darstellt. Sie läuft auf eine »soziale Ordnungspolitik« hinaus, orientiert an den beiden Prinzipien »Wettbewerb« und »Subsidiarität«, und gestaltet nach den Grundsätzen der Einfachheit und Konsistenz.

5. Soziale Ehrenrettung für die Marktwirtschaft

Vor dem Hintergrund des Zusammenbruchs des real existierenden Sozialismus ist deutlich zu machen, daß die Alternative zum Sozialismus zwar nicht der Rückfall in einen Paläo-Liberalismus ohne soziale Verantwortung sein kann, aber eben auch nicht der Wohlfahrtsstaat, also der schleichende Weg zum Sozialismus, zu dem die Soziale Marktwirtschaft trotz aller Verdienste und guten Absichten letztlich die Basis gelegt hat. Statt dessen sollten von Wissenschaft und Politik vermehrt die sozialen Dimensionen der Marktwirtschaft betont und gestärkt werden. Ein größeres Volkseinkommen, eine effizientere und bedarfsgerechtere Unterstützung der schwachen Glieder der Gesellschaft, mehr private Hilfe von Mensch zu Mensch, mehr Chancen zum Aufstieg und mehr Freiheit und Selbstverantwortung für den einzelnen – diese Kombination kann nur die Marktwirtschaft bieten, weil nur sie (bei konsequenter Umsetzung) diese sozialen Dimensionen in sich vereint. Keine andere Ordnung hat dem auch nur annähernd Vergleichbares entgegenzuhalten; insbesondere schneidet auch der traditionelle Wohlfahrtsstaat westlicher Prägung in jedem dieser Punkte schlechter ab, denn dort verbirgt sich hinter den sozial verbrämten Forderungen längst nichts anderes als rücksichtslose Interessenpolitik.

Allerdings kann eine soziale und liberale Marktwirtschaft eben nur ein Mindestmaß an Wohlfahrt für alle bieten, sie ist aber nicht vereinbar mit einer Umverteilung der Einkommen nach einer vorgefaßten Idee von Gerechtigkeit. (Vgl. Hayek 1983, S. 383) Sie stellt damit eine Absage an jene »Neid-Ökonomie« (vgl. Luckenbach 1986, S. 146) dar, die in die moderne Umverteilungsgesellschaft geführt hat. Das gilt es den großen Nivellierern und unverbesserlichen Utopisten, die, so steht zu befürchten, wohl weiterhin an der

These von der »sozialen Kälte« von Liberalismus und Marktwirtschaft festhalten werden, immer wieder entgegenzuhalten. Und ebenso gilt es, den Realismus liberalen Denkens zu betonen, eines Denkens, das von Menschen ausgeht, wie sie sind, nämlich so, wie sie Blaise Pascal einmal beschrieben hat, »ni ange, ni bête« – und erst der Versuch, sie zu Engeln zu machen, macht die Welt zum sozialen Eisschrank. Damit schließt sich der Bogen. Die »soziale Wärme« müssen die realen Menschen, die Individuen entwickeln, nicht die Ordnungen, in denen sie leben. Von den Ordnungen dagegen hängte es ab, ob die Menschen diese »Wärme« überhaupt leben können. Dafür braucht es Freiraum, und ihn kann nur eine freiheitliche, eine liberale Ordnung gewähren. Darin liegt zuerst und zuallervorderst die »soziale Wärme« des Liberalismus.

Literatur

Blinder, A. (1990): Hard Heads – Soft Hearts, Reading/Mass.

Bonus, H. (1990): Das Verursacherprinzip in der Sozialpolitik, in: Schwarz, G. (Hrsg.), Das Soziale der Marktwirtschaft, Zürich, S. 43ff.

Engels, F. (1882): Die Lage der arbeitenden Klasse in England, 2. Auflage, Stuttgart.

Engels, W. et al. (Kronberger Kreis) (1988): Das soziale Netz reißt. Vorschläge zur Rettung des Systems der sozialen Sicherheit, Bad Homburg.

Frey, R.L. (1990): Verteilungspolitik in der Marktwirtschaft, in: Schwarz, G. (Hrsg.), Das Soziale der Marktwirtschaft, Zürich, S. 57ff.

Habermann, G. (1993): Teilen oder produzieren? Bemerkungen zum Ethos des Unternehmers, in: Neue Zürcher Zeitung, Nr. 211, S. 31f.

Hamm, W. (1989): Wirtschaftsordnungspolitik als Sozialpolitik, in: Ordo, Band 40, S. 363ff.

Harris, R. (1984): The Folly of Politicized Welfare, in: Anderson D. (Hrsg.), The Kindness that kills, London, S. 92ff.

Hayek, F.A. von (1983): Die Verfassung der Freiheit, 2. Auflage, Tübingen.

Hayek, F.A. von (1992): Die Ungerechtigkeit der Steuerprogression, in: Schweizer Monatshefte, 92. Jg., Heft 5a, S. 61ff. (Wiederabdruck aus dem Jahr 1952).

Jöhr, W.A. (1948): Ist ein freiheitlicher Sozialismus möglich?, Bern.

Linder, W. (1989): Wie sozial ist die Sozialpolitik? in: Neue Zürcher Zeitung, Nr. 287, S. 25.

Lübbe, H. (1991): Freiheit statt Emanzipationszwang. Die liberale Tradition und das Ende der marxistischen Illusion, Zürich

Luckenbach, H. (1986): Theoretische Grundlagen der Wirtschaftspolitik, München.

Maluschke, G. (1990): Wie sozial ist der klassische Liberalismus?, in: Gauger J.-D./Weigelt K. (Hrsg.), Soziales Denken in Deutschland zwischen Tradition und Innovation, Bonn, S. 9ff.

Mises, L. von (1949): Human Action, New Haven.

Moser, P. (1991): Schweizerische Wirtschaftspolitik im internationalen Wettbewerb. Eine ordnungspolitische Analyse, Zürich/Wiesbaden.

Paqué, K.-H. (1986): Philanthropie und Steuerpolitik, Tübingen

Prosi, G. (1990): Die Verdrängung der Selbsthilfe durch den Staat, in: Schwarz G. (Hrsg.), Das Soziale der Marktwirtschaft, Zürich, S. 49ff.

Schwarz, G. (1990): Das Soziale der Marktwirtschaft, Zürich

Schwarz, G. (1992): Katholische Kirche, in: Informedia-Stiftung (Hrsg.), Marktwirtschaft Teufelswerk? Die Weltreligionen und die Wirtschaft, Köln, S. 83ff.

Schwarz, G. (1991): Individuelle Selbstverantwortung und politische Führung, in: Leutwiler F./Schmidheiny St. u.a.: Schweizerische Wirtschaftspolitik im internationalen Wettbewerb. Ein ordnungspolitisches Programm, Zürich/Wiesbaden.

Sievert, O. (1979): Steuerbarkeit der Konjunktur durch den Staat, in: Von Weizsäcker, C.C. (Hrsg.), Staat und Wirtschaft, Berlin, S. 841ff.

Walker, O. (1941): The Classical Economists and the Factory Acts, in: The Journal of Economic History, S. 168ff.

Zohlnhöfer, W. (1990): Sozialstaat oder Wohlfahrtsstaat?, in: Gauger J.-D./Weigelt K. (Hrsg.), Soziales Denken in Deutschland zwischen Tradition und Innovation, Bonn, S. 192ff.

Das Beschleunigungsprinzip

Die Eskalation sozialpolitischen Handlungsbedarfs

Fritz Reheis

Einleitung: Zur gegenwärtigen Situation

Das Leben war immer schon riskant. Aber diejenigen Risiken, die die angeblich höchstentwickelten Gesellschaften innerhalb weniger Jahrzehnte der Welt beschert haben, sind besonderer Natur: nicht eingrenzbar und menschengemacht. Deshalb legt Hans Jonas den Menschen nahe, wenigstens vorsichtig zu sein: Vertraut den »Unheilspropheten« mehr als den »Heilspropheten«! Soweit die Theorie.

In der Praxis der Risikogesellschaft beobachten wir freilich das Gegenteil, eine erstaunliche Risikofreudigkeit, gekoppelt meist mit der Ablehnung persönlicher Verantwortung für deren Folgen. Für einen Lebensstil, der unsere Gesundheit gefährdet, machen wir die beruflichen Belastungen verantwortlich, am riskanten Umgang mit Naturressourcen und Technologien ist der »Sach«zwang Weltmarkt schuld. Beides durchaus nachvollziehbare Gründe. Aber: Auf diese Weise werden die Risiken nur hin- und hergeschoben, nicht gemindert. Bis sie schließlich dort landen, wo ihnen am wenigsten Widerstand droht.

Gegen dieses Hin- und Herschieben der Verantwortung, das fast zwangsläufig die »Heilspropheten« zum Zug kommen läßt, schlage ich vor: Nehmt alle Warnungen auf allen Ebenen gleichermaßen ernst! Ein solch umfassender Anspruch ist sofort mit der Schwierigkeit konfrontiert, keine elaborierte Theorie für »alle« Warnungen und »alle« Ebenen verfügbar zu haben. Ich möchte im folgenden zeigen, daß durch Rückgriff auf die Begriffe »ökologisches System«, »Raum« und »Zeit« dennoch eine solche ganzheitliche Perspektive gewonnen werden kann. Aus dieser Perspektive ist Risiko die Bestandsgefährdung solcher Systeme. Dabei unterscheide ich drei Ebenen: Auf der Ebene der Individuen die Gesundheitsrisiken im weitesten Sinn, auf der Ebene der Gesellschaft das Risiko der Desintegration, auf der Ebene der Natur das Risiko der Erschöpfung derjenigen Ressourcen, die für das Überleben der Menschen als biologische Wesen notwendig sind. Nur so kann die Vernetzung dieser drei Ebenen transparent, die Genese von Risiken zutreffend rekonstruiert werden.

Im ersten Abschnitt stelle ich einige alarmierende Befunde auf diesen drei Ebenen dar. Im zweiten interpretiere ich diese Befunde als Ausdruck von destruktiven Beschleunigungsprozessen und deute deren Ursprung an, um abschließend einige Konsequenzen in bezug auf die Anforderungen an Sozialpolitik zu formulieren.[1]

1. Einige alarmierende Befunde

Gesundheitsrisiken

Gesundheit ist nach einer Definition der Weltgesundheitsorganisation von 1949 das vollkommene körperliche, psychische und soziale Wohlbefinden. (Zitiert nach WHO 1992, S. 6.) Zwar wurde in den vergangenen 30 Jahren in nahezu allen westlichen Industriestaaten der Anteil der Gesundheitsausgaben am Bruttoinlandsprodukt verdoppelt (European Centre 1993, S. 286), aber der Nutzen blieb fragwürdig: Erstens stieg die Lebenserwartung älterer Menschen in diesem Zeitraum nur unwesentlich. Zweitens muß festgestellt werden, daß zwar einige *körperliche* Krankheiten erfolgreich zurückgedrängt worden sind, andere jedoch teils besorgniserregend zunehmen.[2] Zu

1 Ich fasse Sozialpolitik sehr weit. Vgl. den vom Europäischen Zentrum für Wohlfahrts- und Sozialpolitik in Zusammenarbeit mit den Vereinten Nationen in Wien verfaßten Bericht »Welfare in a Civil Society« für die Konferenz der in Europa für Soziales zuständigen Minister in Bratislava vom 28.6.-2.7.1993, bes. S. 212-223.

2 Dies zeigt z.B. eine im Auftrag des Bundesgesundheitsamts durchgeführte repräsentative Gesamterhebung für die »Dringlichen Gesundheitsprobleme« in Deutschland. Projektgruppe 1990.

letzteren gehören vor allem die Allergien[3], darunter die Todesfälle durch Asthma[4], sowie die Krebserkrankungen insgesamt[5], wobei die besondere Steigerung bei Tumoren der Atemwege[6] und der teilweise sogar exponentiellen der Haut[7] am alarmierendsten ist.

Über *psychische und soziale* Erkrankungen und Deformationen gibt es aus naheliegenden Gründen nur wenig solide Langzeitdaten. Dennoch weisen Untersuchungen darauf hin, daß einerseits depressive Erkrankungen zunehmen[8], sich andererseits seit Mitte der 70er Jahre ein Verhaltensmuster ausbreitet, das als »aggressive Unbekümmertheit« bezeichnet werden kann[9]. Außerdem wird in westlichen Industriegesellschaften immer wieder ein hoher Grad an Suchtverhalten diagnostiziert, der aufgrund des berühmten Teufelskreises der Sucht parallel zur Vermehrung und Verbilligung der Suchtobjekte ebenfalls zunehmen dürfte.[10]

---

3 Projektgruppe 1990, S. 153 und 348; zur Entwicklung der berufsbedingten Allergien vgl. Schiele 1990, S. 148, 151, 154. Epidemiologische Aussagen über einen längeren Zeitraum leiden allerdings methodisch grundsätzlich vor allem daran, daß die ihnen zugrundeliegenden Diagnosen um so häufiger gestellt werden, je mehr sich das Erkenntnisinteresse auf die betreffenden Krankheiten konzentriert.

4 Für die USA vgl. Sly 1992, S. 81ff.

5 Da für Deutschland kein nationales Krebsregister existiert, müssen Daten aus Staaten mit zuverlässigen Langzeiterhebungen herangezogen werden. Für Schweden: Adami u.a. 1993, S. 773-777; für den internationalen Vergleich: Davis/Hoel 1990.

6 Für Deutschland: Projektgruppe 1990, S. 255, 261, 284; für den internationalen Vergleich: Axelson u.a. 1990, S. 165-178.

7 Die Projektgruppe hat den Hautkrebs nicht gesondert erfaßt. Epidemiologische Daten für Deutschland: Garbe, 1991, S. 2f.; für Dänemark: Osterlind/Moller-Jensen 1986, S. 10; für den internationalen Vergleich: Swerdlow 1990, S. 235.

8 So eine weltweite Vergleichsstudie der Columbia University New York, vgl. Neue Presse Coburg vom 3.12.92.

9 Sogenannter Gießen-Test: vgl. Brähler/Richter, 1990; ähnliche Befunde ergeben sich aus einer Langzeituntersuchung über den Wertewandel unter Studenten in den 80er Jahren: vgl. Bargel u.a. 1989 und 1992.

10 Die empirisch ausführlich belegte Diagnose von der Erlebnisgesellschaft besagt ja u.a., daß wir auf unserer Jagd nach Erlebniskonsum ständig und systematisch frustriert werden, weil mit jeder zusätz-

Integrationsrisiken

Vor gesellschaftlicher Desintegration wird in jüngster Zeit besonders in Deutschland aufgrund der Übergriffe auf Ausländer, Behinderte und Obdachlose gewarnt. Die Verfasser des Wiener Wohlfahrtberichts: »Die größten Herausforderungen liegen in der Begrenzung (wenn nicht Verhütung) von Gewalt, Zerstörung, Desintegration, von Armut und sozialem Ausschluß, zumindest aber in einer Beibehaltung des Niveaus sozialer Integration.« (European Centre 1993, S. 10; Übersetzung aus deutscher Kurzfassung)

Desintegration hat eine *zeitliche* und eine räumliche Dimension. Erstere betrifft u.a.[11] das Problem des intergenerativen Zusammenhalts: Vermehrt wird Gewalt von Kindern gegenüber ihren Eltern beobachtet.[12] Auch objektiv nimmt die psychische und finanzielle Belastung der Jüngeren durch den sogenannten »Altenüberhang« zu, gleichzeitig macht sich im Verhältnis der Generationen zueinander das Kosten-Nutzen-Kalkül breit, der Generationenkonflikt wird »rationalisiert«. (Zinnecker 1987, S. 342ff.) Und schließlich führt die exponentielle Entwicklung der Staatsverschuldung zur Belastung des Generationenverhältnisses, weil die der Kreditaufnahme der Älteren zugrundeliegenden Nutzenkriterien von den Jüngeren nicht mehr fraglos geteilt werden. Denn aufgrund des offensichtlichen Wertewandels und ferner aufgrund der zunehmenden Fragwürdigkeit der

---

lichen Wahlmöglichkeiten ein zweifaches Risiko steigt: Ein subjektiv motiviertes, weil auf jede Wahl der Zweifel folgt, ob man nicht doch eine andere Erlebnismöglichkeit (Fernsehprogramm, Urlaubsort usw.) hätte wählen sollen, und man sich so auf das einmal gewählte Erlebnis gar nicht richtig einläßt, und ein objektiv veranlaßtes Risiko, weil das gewählte Produkt (Kleidung, Auto etc.) binnen kurzer Zeit schon wieder veraltet ist. Schulze 1992, S. 60-67. Die statistisch erfaßte Kaufsucht wäre somit nur die Spitze einer insgesamt pathologischen Gesellschaft. Vgl. Scherhorn, 1991.

11 Auch das Konjunkturgeschehen ist ein zeitliches Integrationsproblem.

12 So z.B. der ehemaligen Direktor der Kinder- und Jugendpsychiatrie der Universität Würzburg, Gerhard Nisen. Süddeutsche Zeitung vom 21./22.11.92.

herrschenden Produktivitätsmaßstäbe[13] ist damit zu rechnen, daß die nachfolgenden Generationen immer weniger so leben und dafür bezahlen wollen, wie es ihnen die Erblast ihrer Vorfahren aufnötigt.

Räumliche Desintegration bedeutet Auseinanderdriften von Lebenschancen in der Gegenwart. Die zunehmende Globalisierung der sozialen Vernetzungszusammenhänge, die spätestens mit der Fähigkeit der Gattung zum Suicid dramatische Dimensionen erreicht hat, zwingt uns, verstärkt auch nach dem Zusammenhalt der Weltgesellschaft zu fragen. Alarmierende Zerfallsindikatoren sind: Zum einen die Zeichen der akuten Gewaltzunahme, nämlich die seit den 60er Jahren kontinuierliche Steigerung innerstaatlicher Kriminalität[14], die kontinuierliche Zunahme der Zahl der inner- und zwischenstaatlichen Kriege seit 1945 (Gantzel/Schwinghammer/Siegelberg 1992, S. 5) sowie das innerhalb dieses Jahrhunderts[15] erreichte technische Destruktionspotential, das bisher zwar nur wenigen Staaten zur Verfügung steht und kaum eingesetzt, aber nach dem Ende des Ost-West-Gegensatzes zusehends ausgebreitet wurde und in den künftigen Kriegen mit einkalkuliert werden muß. (Vgl. Streich 1993) Zum zweiten die Symptome der zunehmenden strukturellen Gewalt. Sie läßt sich z.B. in Deutschland an der langfristigen Auseinanderentwicklung der Verteilung von Zinseinkommen, Produktivvermögen und damit Wirtschaftsmacht nachweisen. (Garnreiter 1991, S. 13f., 15, 29f.) In Europa zeigt sie sich an der Auseinanderentwicklung der reichen und der armen Länder in bezug auf das BSP pro Kopf (European Centre 1993, S. 278), die Exportüberschüsse (Brettschneider 1992, S. 515), die Verschuldung (Brettschneider 1992, S. 527) sowie die Währungsrelationen. Weltweit sind wir seit

13 Mißt man die Produktivität statt mit dem herkömmlichen Indikator BSP mit einem Index für sozial verträgliches und ökologisch nachhaltiges Wirtschaften (ISEW), so ergibt sich beispielsweise für die USA in den letzten 35 Jahren eine rückläufige Wertschöpfung. Diefenbacher/Ratsch 1992, S. 130ff.

14 Statistisches Bundesamt 1992, S. 242. Zumindest als Symptome des Zerfalls der demokratischen Kultur muß auch die europaweite Zunahme der politischen Rechtsentwicklung und die Abnahme der Wahlbeteiligung interpretiert werden.

15 Vgl. eine amerikanische Studie zur Explosion des Tödlichkeitsindex'. Albrecht 1981, S. 62.

Der Bösartige Hautkrebs in Dänemark bei Frauen
(durchschnittl. jährliche Neuerkrankungen pro 100.000 Ew., altersstandardisiert nach der Weltbevölkerung) (Quelle: Osterlind/Moller-Jensen 1986, S. 10)

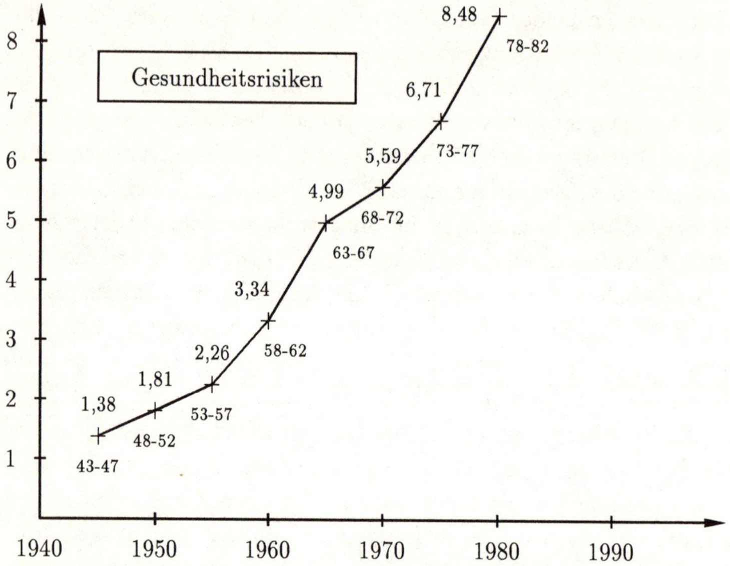

Das Auseinanderfallen des Pro-Kopf-Einkommens zwischen dem reichsten und ärmsten Fünftel der Welt
(Quelle: United Nations Development Programme 1992, S. 34)

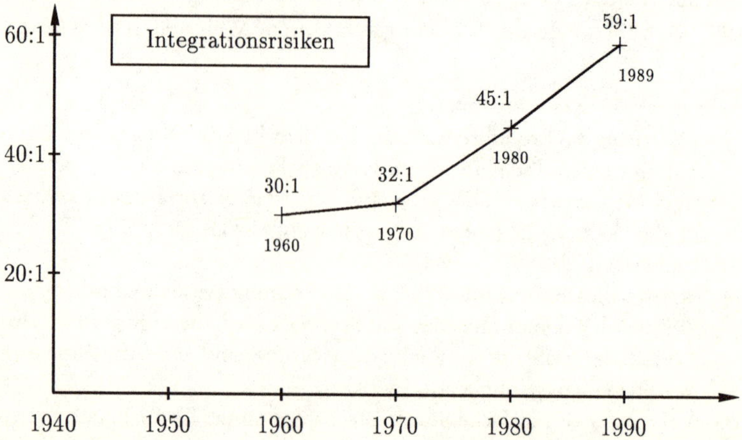

Die Konzentration des Kohlendioxids in der Atmosphäre
(gemessen am Mauna Loa, Hawaii, in ppm)
(Quelle: Umweltbundesamt 1992, S.86)

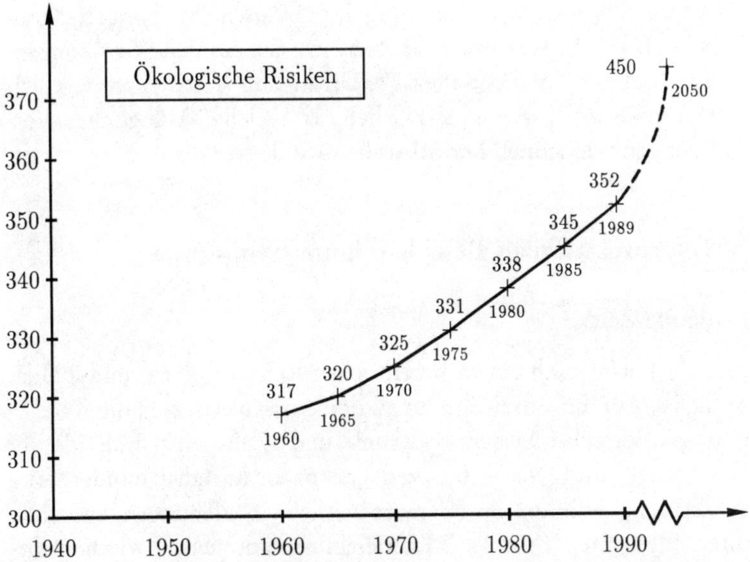

mindestens einem Jahrzehnt Zeugen wachsender Handelsbilanzdisparitäten zwischen den USA einerseits und Japan und Deutschland andererseits (Koch 1992, S. 356f.), seit drei Jahrzehnten einer exponentiell zunehmenden Kluft von Arm und Reich. (UNDP 1992, S. 34)

Ökologische Risiken

Hier genügt es, für Deutschland auf den vom Umweltbundesamt alle zwei Jahre herausgegebenen Band »Daten zur Umwelt« (zuletzt Umweltbundesamt 1992/93) und den Bericht der Enquete-Kommission »Schutz der Erde« (Enquete-Kommission 1991), für den Zustand der Weltressourcen auf die mittlerweile allgemein bekannten Untersuchungen von Meadows (Meadows/Meadows/Randers 1992) sowie die jährlichen Berichte des Worldwatch-Instituts (zuletzt Worldwatch Institute Report 1993) zu verweisen. Unstrittig ist, daß sowohl die ökologischen Quellen (Flächen, Wasser, Bäume, Tiere, fossile Brennstoffe, Metalle u.a.) wie die Senken (Flächen, Wasser, Luft) in den letzten 40 Jahren mehr beansprucht worden sind als je zuvor und daß einige ökologische Trends exponentieller Natur sind. Zu den besorgniserregendsten Entwicklungen gehört zweifellos die rasant fortschreitende Verdünnung der Ozonschicht (Enquete-Kommission, Bd. 1, S. 445) sowie die Zunahme der Kohlendioxidkonzentration und des Treibhauseffekts[16]. Umstritten ist lediglich, wie sich diese Trends im einzelnen auswirken, wo welche ökologischen Veränderungen wie schnell hereinbrechen werden.

2. Interpretation als Beschleunigungssymptome

Fehlende Zeit

Auf der Suche nach einem begrifflichen Rahmen, der grundsätzlich genug ist, um diese drei Ebenen zu umfassen, bieten sich die Kategorien »ökologisches System«, »Raum« und »Zeit« an.[17] Individuum, Gesellschaft und Natur besitzen erstens mehr oder minder feste Strukturen, definiert durch raum-zeitliche Beziehungen zwischen ihren Elementen (Energie/Materie, Informationen). Zwischen diesen Strukturen und ihren Umwelten finden zweitens Austauschprozesse statt, also Bewegungen von einem Ort zum anderen, die bestimmte Zeiträume beanspruchen. Ökologie ist ja bekanntlich die Lehre vom richtigen Haushalten. Und drittens: Die Systeme verfügen über je spezifische Ressourcen, mit deren Hilfe sie die Anforderungen dieser Umwelten bewältigen, ihren eigenen Bestand innerhalb eines bestimmten Variationsbereichs aufrechterhalten können. Der erste Teil meiner These lautet nun: Der Bestand von

16 Selbst bei sofortigem Einfrieren des Ausstoßes von Kohlendioxid auf dem heutigen Stand würde die Konzentration von heute 350 Einheiten auf 520 Einheiten im Jahr 2100 ansteigen. Das ist eine erdgeschichtliche Revolution, ein einzigartiges Großexperiment, wenn man bedenkt, daß diese Konzentration in den letzten 160 000 Jahren immer zwischen 190 und 300 Einheiten hin- und hergependelt ist. Enquete-Kommission, Bd. 1, S. 180-183.

17 Zu meinem Ökologiebegriff vgl. aus soziologischer und biologischer Sicht Vester 1984; noch grundsätzlicher zur primär physikalischen Theorie »dynamischer Systeme« Coveney/Highfield 1992.

Gesundheit, Gesellschaft und natürlichen Lebensgrundlagen des Menschen ist oft deshalb gefährdet, weil den Systemen die für die Bestandserhaltung erforderliche Zeit fehlt.[18]

Das ökologische System Individuum dient der Aufrechterhaltung von Gesundheit. In der Disziplin *Gesundheitspsychologie/Verhaltensmedizin* findet sich das entsprechende Rüstzeug zur Beschreibung dieses Prozesses. Gesundheitspsychologen/Verhaltensmediziner interpretieren Krankheit grundsätzlich als Überforderung des Menschen, hervorgerufen durch ein Ausmaß an schädlichen physikalisch-chemischen, biotischen oder psychischen Einflüssen, für deren Verarbeitung die gesundheitlichen Ressourcen des einzelnen nicht mehr ausreichen. (Schwarzer 1990, bes. S. 15ff.; vgl. auch Miltner/Birbaumer/Gerber 1986) Die Zunahme von Allergien und Krebserkrankungen kann dann als Folge der Überforderung des Immunsystems durch ein Übermaß an Schadstoffen bei gleichzeitig fehlender Zeit, um ausreichende Ressourcen aufzubauen, erklärt werden. (Findeisen/Pickenhain 1990, bes. S. 67-87) Geht man konsequent von einer sozialökologischen Sicht von Krankheit aus, so beginnt der Aufbau solcher Ressourcen mit der Beseitigung von bzw. Abschirmung gegen physische und psychische Umweltgefahren und endet beim Aufbau entsprechender physischer und psychischer Verarbeitungskapazitäten. (Vgl. z.B. Stark 1989) Ein zeitaufwendiges Geschäft auf alle Fälle. Und ein kompliziertes, wenn man bezüglich der Allergie- und Krebsgefahren die schier unübersehbare Zahl von künstlich erzeugten Stoffen bedenkt.[19]

Im übrigen steht für die zweite große Gruppe von sogenannten Zivilisationskrankheiten, die Herz-Kreislauf-Erkrankungen, seit langem fest, daß sie u.a. auf physikalisch-chemische (Schädigung der Blutgefäße) und psychische (Streß) Überforderungen und mangelnde Zeit, sich darauf einzustellen (Training im weitesten Sinn), zurück-

18 Diese Herangehensweise an Sozialpolitik resultiert aus einer Ablehnung des methodologischen Individualismus, des Bildes vom Homo oeconomicus. Vielmehr gehe ich – wie Peter Widmaier in diesem Band – von einem durch die natürliche und kulturelle Evolution weitgehend geprägten Menschen aus. Vgl. auch Widmaier 1992.

19 Dies sind schätzungsweise acht Millionen Stoffe, zu denen täglich etwa 1000 neue Substanzen (Bundesministerium für Umwelt 1990, S. 13), bei jeder Müllverbrennung eine völlig unvorhersehbare Zahl weiterer Verbindungen hinzukommen.

gehen.[20] Der Philosoph und Physiker Wolfgang Deppert, der das Verhältnis von physikalischer und biologischer Zeit untersucht, vermutet, daß die meisten Zivilisationserkrankungen »Synchronisationsstörungen« sind, d.h. auf die Vergewaltigung der je individuellen Eigenzeiten der Menschen durch das sich beschleunigende Einheitstempo der Gesellschaft zurückgeführt werden müssen. (Deppert 1993; vgl. auch Deppert 1989)

Ähnlich könnte die Entstehung der universellen Suchtstruktur in der sogenannten Erlebnisgesellschaft aus der Überforderung der Individuen durch ein Zuviel bzw. Zuschnell psychosozialer Außeneinflüsse interpretiert werden: Einerseits frustrierende Alltagserfahrungen, besonders beim fremdbestimmten Lernen und Arbeiten, andererseits eine unübersehbare Fülle von Erlebnisversprechen bewirken, daß die Autonomie des Willens erheblich beschädigt wird, daß wir zu zwanghaft-ruhelosem Konsumieren mit anschließend immer neuen Frustrationen gedrängt werden. Anschauliches Beispiel: Die Explosion der Zahl der Fernsehprogramme, die Strategien der Programmacher bei der Verwertung der Zeit der Zuschauer, vor allem das Mittel der Beschleunigung von Handlung und Schnitt, und die Reaktion der Zuschauer in Form von »Wellenreiten« mittels Fernbedienung. (Vgl. z.B. Neverla 1992 und 1993) Die »inneren Mauern« (Vester 1978, S. 78f.) können einem Bombardement physischer wie psychischer Belastungen immer nur begrenzt standhalten, das Aufeinanderabstimmen benötigt auf alle Fälle Zeit.

Das System Gesellschaft muß den Stoffwechsel zwischen Mensch und Natur und die Vernetzung der Menschen untereinander bewerkstelligen. Die ihm zur Verfügung stehende Ressource ist in meiner Interpretation die gesellschaftliche bzw. historische Vernunft. Das Versagen dieser Vernunft und die Rolle, die die Dimension der Zeit dabei spielt, kann in der Sprache der *Theorie des kommunikativen Handelns* gut erklärt werden (Habermas 1981, zur Fortführung seines Ansatzes vgl. z.B. Ulrich 1987 und Peters 1993): Die bürgerliche Gesellschaft hat diese »lebenspraktische« Vernunft, die in ihrem Wesen das Mensch-Natur- und das Mensch-Mensch-Verhältnis gleichermaßen umfaßt, in eine »technisch-instrumentel-

---

20 Ein zentraler Risikofaktor für psychosozialen Streß sind unangemessene Arbeitsbedingungen (vgl. z.B. Siegrist 1991), die wiederum stark durch Zeitstrukturen definiert sind.

le« und eine »kommunikative« Vernunft gespalten. Zudem hat sie bewirkt, daß die erstere die letztere völlig überrollt, kolonialisiert (Habermas) hat. (Vgl. Ulrich 1987, S. 21-121) Dieses Überrollen, so meine Fortführung des kommunikationstheoretischen Arguments, verdankt sich der bisher zumeist überzeugend bewiesenen größeren Schnelligkeit nichtkommunikativer Interaktionsprozesse: Die unsichtbare Hand des Marktes war schneller als die sichtbare des Fürsten, die Anordnung des Eigentümers der Produktionsmittel benötigte weniger Zeit als ein Diskurs der Produzenten. Eindrucksvolles Beispiel: Einerseits das gescheiterte Experiment von 1917, andererseits die Effizienzschwierigkeiten basisdemokratisch organisierter Alternativbetriebe.

Nur: Heute erweist sich, daß diese Schnelligkeit teuer wird, weil das Gefährt von der Straße abzukommen droht. Das gilt für die zeitlichen und räumlichen Disparitäten: Die Alten haben gegenüber den Jungen, erst recht gegenüber den zukünftig Geborenen das Prinzip der Zumutbarkeit der Handlungsfolgen schon längst aufs gröbste verletzt. (Spaemann 1983) Und die heute lebenden Verlierer kommen mit ihren Instrumenten immer weiter ins Hintertreffen. Der Versuch, diese Ungleichheit durch nachgeholte Kommunikation in Parlamenten, EG- oder UNO-Gremien wieder wettzumachen, hat aus der Sicht der Diskurstheorie bei den gegebenen Ausgangsbedingungen wenig Chancen. Marktsubjekte und Diskutanten sind angesichts der asymmetrischen Ausstattung der Gesellschaftsglieder mit Gütern und Informationen, hervorgebracht durch die Hegemonie der instrumentellen Vernunft und die ihr innewohnende selbstzerstörerische Logik[21], hoffnungslos überfordert. Extrem ungleiche Startbedingungen können weder durch Markt- noch durch Diskursprozesse adäquat verarbeitet werden, die Komplexität ist überwältigend. Die wirtschaftlich und politisch Schnellen sind zu schnell geworden, als daß die Langsamen für sich noch Chancen sehen könnten. Die Reaktion der Verlierer ist bekannt: Verletzung der Spielregeln des Marktes wie des Diskurses, Diebstahl und Raub, Erpressung und Mord – übrigens die schnellste Methode, Diskurse

21 Zur Genese, Systematik, Ideologiehaftigkeit bzw. zum Selbstzerstörungspotential dieser Logik vgl. Reheis 1986.

überflüssig zu machen. So könnte die Kultur der Schnelligkeit in Regression, in Barbarei münden.[22]

Das System der außermenschlichen Natur stellt Quellen und Senken für das menschliche Leben zur Verfügung. Die einzige Ressource dieses Systems, so die *Ökologie* im engeren naturwissenschaftlichen Sinn, ist die Evolution, gespeist durch die Kraft der Sonne. Die Übernutzung von Naturressourcen beruht auf einer unangemessenen Geschwindigkeit der Nutzung von Quellen und Senken durch den Menschen. Für regenerative Quellen wie Pflanzen, Tiere, Wasser und Luft ist dies trivial.[23] Für nichtregenerative, fossile Energieträger kann aus evolutionstheoretischen Erkenntnissen heraus ebenfalls gezeigt werden, daß nachhaltiges Wirtschaften eine Frage von Zeitkongruenzen ist: Geht man von einem fundamentalen Wechselspiel zwischen abnehmenden energetischen Strukturen (Entropie) und zunehmenden biotischen Strukturen (Evolution) aus, so müssen die »ökonomischen Amortisationsraten möglichst nahe an

22 Eigentlich müßte spätestens seit Aristoteles bekannt sein, daß Gesellschaften nur Bestand haben, wenn ihre Mitglieder das Gefühl haben, daß es insgesamt gerecht zugeht, daß der Beitrag des einzelnen zur Gesellschaft von dieser adäquat vergolten wird. Das ist unzählige Male wiederholt worden, beispielhaft etwa von Gustav Schmoller. Schmoller, 1881. Vgl. dazu z.B. Reheis 1990 und 1991. Daß Gerechtigkeit eine zentrale Ressource für Gesellschaft ist, dies gilt für die Neuzeit um so mehr, da nunmehr der Zusammenhalt nicht mehr durch gemeinsame Götter oder Fürsten, sondern allein durch den Willen der Individuen bewirkt werden soll. Vgl. auch Brumlik/ Brunkhorst 1993.

23 Im Zusammenhang mit dem Beschleunigungsgedanken sind zwei Überlegungen aufschlußreich: Einmal die Feststellung, daß ein Großteil dieser Eingriffe in die natürliche Welt dem Zweck der technischen Beschleunigung von Produktions-/Transport- (Agrarchemie, Diesel-/Benzinmotoren u.a.) und Verkaufsstrategien (chemische Färbe-, Kühl- und Reinigungsstoffe auf Chlorbasis) geschuldet ist. Zum zweiten, daß bei der Herstellung und Verwendung all dieser Stoffe in der Regel die Zeit fehlte, ihre Folgen für Mensch und Natur rechtzeitig zu testen. Der Test erfolgte durch den Verbrauch, die Testdaten finden sich in den sozialepidemiologischen Statistiken. Daß die Industrie immer mehr halbfertige Produkte auf den Markt bringt, um im Wettlauf mit der Konkurrenz nicht zurückzufallen, wird heute verstärkt beobachtet.

die energetischen Erntefaktoren« herangeführt werden. (Fritsch 1990, S. 18)

Betrachtet man den Menschen als Gattungswesen und vergegenwärtigt sich die dramatischen Veränderungen, die diese Gattung insbesondere in den letzten 50 Jahren durchgemacht und bewirkt hat, so drängt sich aus ökologisch-evolutionstheoretischer Sicht der Vergleich mit einer Krebszelle auf: der »Menschenexplosion« im Süden des Planeten entspricht die »Sachenexplosion« im Norden, dem Wachstum der Zahl der Individuen die Zerstörung ihrer ökologischen Umwelt. (Vgl. auch die sog. Gaia-Hypothese: Lovelock 1992) Beide Symptome haben etwas Panikartiges an sich, können als »kopflose« Reaktionen auf extreme Notsituationen interpretiert werden: die panische Angst des Südens gilt der Sicherung des Überlebens, die des Nordens der Sicherung des Wirtschaftsstandorts. Beide Reaktionsmuster sind selbstzerstörerisch. Bestes Beispiel für die nördliche Variante: Die gigantische Entwicklung des Umfangs und Tempos des Verkehrs als Zentrum der ökologischen Belastungen (vgl. z.B. Seifried 1990, S. 14, 16, 24, 34), hervorgerufen durch sogenannte wirtschaftliche »Sach«zwänge: Zentralisation der Produktion, Verstädterung, Mobilitätssucht etc. Beide, Süd wie Nord, lassen sich bei ihren Produktionsaktivitäten zu wenig Zeit, berücksichtigen die begrenzte Tragfähigkeit des Planeten nicht.

Motor der Beschleunigung

Der zweite Teil meiner Hypothese lautet: Die Verkürzung der Zeit resultiert aus der spezifischen Entwicklungslogik marktwirtschaftlich-kapitalistischer Gesellschaften. Das Gefährliche an den genannten »Sach«zwängen sind zunächst die in ihnen enthaltenen Rückkoppelungsprozesse. Sie beschleunigen den Gesamtprozeß und machen ihn unberechenbar. Ein Beispiel: Eine Gesellschaft aus konsumsüchtigen Menschen (Gesundheitsrisiken), zumeist im Norden der Welt, ist auf kontinuierliche Versorgung mit billigen Rohstoffen, zumeist aus dem Süden der Welt, angewiesen. Sie setzt all ihre Macht ein, um günstige terms of trade zu sichern (Integrationsrisiko). Die Rohstoffeigentümer kompensieren die sinkenden Preise durch beschleunigten Raubbau (ökologische Risiken). Dies stabilisiert wiederum die Suchtstruktur. Der Golfkrieg hat gezeigt, wie rabiat Süchtige werden können. Die Reihe solcher Teufelskreise wäre fast beliebig fortsetzbar.

Wodurch aber werden diese positiv rückgekoppelten Wechselprozesse letztlich angetrieben? Die herrschende klassisch-neoklassischer Vorstellung hat darauf keine überzeugende Antwort parat.[24] Sie sieht die bürgerliche Gesellschaft dadurch gekennzeichnet, daß der Konsument der Souverän des Marktgeschehens, der Bürger Souverän des politischen Geschehens sei. Warum aber sollte ein Souverän ohne Not den Suicid wählen?

Im genauen Gegensatz zum klassisch-neoklassischen Paradigma haben Marx und die in seiner Tradition Stehenden behauptet, die bürgerliche Gesellschaft treibe Produktion um der Produktion willen (Marx 1867, S. 618), bedingt durch die Logik der Kapitalakkumulation, und Politik sei im Kern die gewaltsame Absicherung dieser Wachstumslogik. Die dargestellten Befunde über die sich beschleunigenden Destruktionsprozesse können aus dieser Perspektive nicht verwundern: Wo Produktion um der *Produktion* willen betrieben wird, kommen die Erfordernisse der *Reproduktion*, die Wiederherstellung des Verbrauchten, leicht zu kurz. Dies zeigt sich am deutlichsten in der Art und Weise, in der die herrschende Berechnung der wirtschaftlichen Wertschöpfung reproduktive Leistungen konsequent ignoriert: die reproduktiven Leistungen in den Familien (Kinder, Haushalt, Alte), die zumeist von Frauen gratis »übernommen« werden, genauso wie die reproduktiven Leistungen der Natur.[25]

Schluß: Konsequenzen für die Sozialpolitik

Da ein Zurück zu gott- oder ideologiegestifteten Ordnungen weder möglich noch wünschenswert ist und da die marktgestiftete Ordnung seit 100 Jahren immer offensichtlicher an an ihre Grenzen

24 Für die neoklassische Sicht von Natur hat dies zuletzt Hampicke überzeugend nachgewiesen. Hampicke 1992.

25 Vgl. Immler 1990. Inwieweit die Reproduktion von Gesellschaftlichkeit in der VGR erfaßt ist, wäre zu untersuchen. Nebenbei: Mit wachsender Desintegration ist zu befürchten, daß sich die Integrationskosten weg von Bildungs- und Sozialausgaben hin zu Polizei- und Militärausgaben verlagern. Vgl. European Centre 1993, S. 72.

stößt, scheint zur Lösung der Überlebensprobleme nur das Mittel der Politik zur Verfügung zu stehen. Wenn die Diagnose von der sich beschleunigenden Vernachlässigung der Reproduktion richtig ist und wenn Beschleunigung etwas mit Bewegung und Bewegung mit Raum und Zeit zu tun hat, dann müßte diese Politik eine zeitliche und eine räumliche Konsequenz haben.

In bezug auf die *Zeit* müßte Politik für die Verlangsamung der Produktion sorgen, müßte die Eigenzeiten (vgl. Nowotny 1993) der Menschen, Gesellschaften und Naturkreisläufe achten: mehr Zeit für Muße, Gesundheit und Glück, mehr Zeit für das Nachdenken und für Gespräche zwischen Generationen, Schichten, Regionen, Kulturen über die Frage des »guten Lebens« (Aristoteles), mehr Zeit für eine sanftere Technik. Nur so könnte unser Leben den »Sach« zwängen entwunden, uns selbst zurückgegeben werden. Als demokratische Politik müßte die Politik für »kollektives Zeitmanagement« sorgen, Diskurse und Experimente über den Umgang mit Zeit, vor allem mit Arbeitszeit, die ja immer zugleich Naturnutzungszeit ist, initiieren. (European Centre 1993, S. 64f. Zum Diskurs über Risiken vgl. Latzke 1990) Das hätte zur Folge, daß sie ihr Augenmerk stärker von den produktiven Aufgaben weglenken müßte, hin zu den reproduktiven. Oder bezogen auf das Geschlechterverhältnis: sie müßte ihre einseitig maskuline Ausrichtung aufgeben. (European Centre 1993, S. 160f.) Damit verbunden wäre eine Umkehrung der Rolle von Markt und Staat bzw. Gebrauchswert und Tauschwert, eine Umkehr der Beweispflicht: Nicht der für den Gebrauchswert zuständige Staat muß beweisen, daß er eingreifen darf, sondern der für den Tauschwert zuständige Markt kann erledigen, was ihm der Staat an Aufgaben überträgt. Dem demokratischen Diskurs müßte eine eindeutig höhere Legitimität zugesprochen werden als den Marktprozessen. Dieser Diskurs müßte das reaktive in ein aktives Politikverständnis umwandeln, die Zukunft verantwortungsethisch in die Gegenwart mit einbeziehen.

Auch in bezug auf den *Raum* wäre zunächst eine Ausdehnung der Politik dringend geboten. Politik müßte sich der Tatsache der globalen Vernetztheit unseres Lebens schleunigst bewußtwerden und den Charakter einer Art von »Erdheilpolitik« (James Lovelock) annehmen. Langfristig aber müßte eine solche aktive, an Eigenzeiten und Reproduktionsaufgaben orientierte Politik für die Dezentralisierung ökonomischer und politischer Prozesse sorgen, wenn sie dem doppelten neuzeitlichen Anspruch, daß Menschen möglichst autonom sein und ihre Geschichte möglichst bewußt gestalten sollen, gerecht werden will. Ob eine solche Politik »Sozialpolitik« genannt werden soll oder Gesundheits-, Gesellschafts-, Umweltpolitik, das sei den Archivaren zukünftiger Jahrhunderte überlassen.

Literatur

Adami, Hans-Olov u.a. (1993): Increasing cancer risk in younger birth cohorts in Sweden, in: Lancet, vol. 341, p. 773-777.

Albrecht, Ulrich (1981): Die atomare Bedrohung, in: Schierholz, Henning (Hrsg.), Frieden – Abrüstung – Sicherheit. Didaktisches Sachbuch für Schule, Jugendarbeit und Erwachsenenbildung, Reinbek, S. 54-77.

Axelson, Olav u.a. (1990): Lung Cancer Not Attributable to Smoking, in: Davis, Devra Lee/Hoel, David (ed.), p. 165-178.

Bargel, Tino u.a. (1989): Studienerfahrungen und studentische Orientierungen in den 80er Jahren: Trends und Stabilitäten. Drei Erhebungen an Universitäten und Fachhochschulen 1983, 1985 und 1987 (= Studien zu Bildung und Wissenschaft, Bd. 86, hrsg. vom Bundesminister für Bildung und Wissenschaft), Bad Honnef.

Bargel, Timo u.a. (1992): Studiensituation und studentische Orientierungen. Vierte Erhebung zur Studiensituation an Universitäten und Fachhochschulen. Kurzfassung (= Bildung – Wissenschaft – Aktuell, 9/92), Bonn.

Brähler, Elmar/Richter, Horst Eberhard (1990): Wie haben sich die Deutschen seit 1975 psychologisch verändert? Mehr Individualismus, mehr Ellenbogen, stärkere Frauen, in: Richter, Horst Eberhard (Hrsg.), Russen und Deutsche, Hamburg.

Brettschneider, Frank/Ahlstich, Katja/Zügel, Bettina (1992): Materialien zu Gesellschaft, Wirtschaft und Politik in den Mitgliedsstaaten der Europäischen Gemeinschaft, in: Gabriel, Oskar (Hrsg.), Die EG-Staaten im Vergleich. Strukturen, Prozesse, Politikinhalte, Bonn, S. 429-625.

Brumlik, Micha/Brunkhorst, Hanke (Hrsg.) (1993): Gemeinschaft und Gerechtigkeit, Frankfurt/Main.

Bundesministerium für Umwelt, Naturschutz und Reaktorsicherheit (Hrsg.) (1990): Schutz vor Gefahrstoffen. Umwelt '90, Bonn.

Coveney, Peter/Highfield, Roger (1992): Anti-Chaos. Der Pfeil der Zeit in der Selbstorganisation des Lebens, Reinbek.

Davis, Devra Lee/Hoel, David (ed) (1990): Trends in Cancer Mortality in Industrial Countries (= Annals of the New York Academy of Science, vol. 609), New York.

Deppert, Wolfgang (1989): Zeit. Die Begründung des Zeitbegriffs, seine notwendige Spaltung und der ganzheitliche Charakter seiner Teile, Stuttgart.

Deppert, Wolfgang (1993): Wer schlägt den Takt? Öffentlichkeit und Leben zwischen Gleichschritt und individueller Rhythmik, in: First Bamberg Philosophical Mastercourse, June 28 – 30. Abstracts of the public lectures, Bamberg, p. 75f.

Diefenbacher, Hans/Ratsch, Ulrich (1992): Verelendung durch Naturzerstörung. Von den politischen Grenzen der Wissenschaft, Frankfurt/Main.

Enquete-Kommission »Vorsorge zum Schutz der Erdatmosphäre« des Deutschen Bundestages (Hrsg.) (1991): Schutz der Erde. Eine Bestandsaufnahme mit Vorschlägen zu einer neuen Energiepolitik, 2 Bände, Bonn.

European Centre for Social Welfare Policy and Research (ed.) (1993): Welfare in an Civil Society. Report for the Conference of European Ministers Responsible for Social Affairs – United Nations European Region – Bratislava, June 28 – July 2, 1993.

Findeisen, Diether G.R./Pickenhain, Lothar (1990): Immunantwort und Psyche. Allergie und Streß: Risiko oder Chance?, Stuttgart.

Fritsch, Bruno (1990): Evolutionsökonomische Aspekte des Energie- und Umweltproblems (= Arbeitspapier des Instituts für Wirtschaftsforschung der Eidgenössischen Technischen Hochschule Zürich), Zürich.

Gantzel, Klaus Jürgen/Schwinghammer, Torsten/Siegelberg, Jens (1992): Kriege der Welt. Ein systematisches Register der kriegerischen Konflikte 1985 bis 1992 (= Materialien und Studien der Stiftung Entwicklung und Frieden und des Instituts für Entwicklung und Frieden, Nr. 13), Bonn.

Garbe, C. (1991): Epidemiologie des malignen Melanoms, in: Waclawiczek, Hans W., Das maligne Melanom, Berlin u.a., S. 1-14.

Garnreiter, Franz (1991): Kapitalmacht in Deutschland. Vermögensverteilung und wirtschaftliche Machtkonzentration (= ISW-Spezial, Nr. 1, hrsg. vom Institut für sozialökologische Wirtschaftsforschung), München.

Hampicke, Ulrich (1992): Ökologische Ökonomie. Individuum und Natur in der Neoklassik, Opladen.

Immler, Hans (1990): Vom Wert der Natur. Zur ökologischen Reform von Wirtschaft und Gesellschaft (= Natur in der ökonomischen Theorie, Band 2), 2. Auflage, Opladen.

Koch, Eckart (1992): Internationale Wirtschaftsbeziehungen. Eine praxisorientierte Einführung, München.

Latzke, Hans E. (1990): Risikoabsorption durch Institutionen. Warum Umweltpolitik in die Falle des Katastrophenmanagements gerät, in: Dreitzel, Hans Peter/Stenger, Horst (Hrsg.), Ungewollte Selbstzerstörung. Reflexionen über den Umgang mit katastrophalen Entwicklungen, Frankfurt/Main, S. 88-105.

Lovelock, James (1992): Gaia – Die Erde ist ein Lebewesen, Bern, München, Wien.

Marx, Karl (1867): Das Kapital. Kritik der politischen Ökonomie, Band 1: Der Produktionsprozeß des Kapitals (= Marx-Engels-Werke, Band 23), Berlin 1972.

Meadows, Dennis L./Meadows, Donella H./Randers Jorgen (1992): Die neuen Grenzen des Wachstums. Die Lage der Menschheit: Bedrohung und Zukunftschancen. Aus dem Amerikanischen übertragen von Hans-Dieter Heck, Stuttgart.

Miltner, Wolfgang/Birbaumer, Nils/Gerber, Wolf Dieter u.a. (1986): Verhaltensmedizin. Mit einem Geleitwort von Neal E. Müller, Berlin u.a.

Neverla, Irene (1992): Fernseh-Zeit. Zuschauer zwischen Zeitkalkül und Zeitvertreib. Eine Untersuchung zur Fernsehnutzung, München.

Neverla, Irene (1993): Zeitökonomie der Fernsehnutzung als Zwang und Emanzipation, in: First Bamberg Philosophical Mastercourse, June 28-30. Abstracts of the public lectures, Bamberg, p. 81.

Nowotny, Helga (1993): Eigenzeit. Entstehung und Strukturierung eines Zeitgefühls, Frankfurt/Main.

Osterlind, A./Moller-Jensen, O. (1986): Trends in incidence of malignant melanoma of the skin in Denmark. Resent results, in: Cancer Research, vol. 102, p. 8-17.

Peters, Bernhard (1993), Die Integration moderner Gesellschaften, Frankfurt/Main.

Projektgruppe »Prioritäre Gesundheitsziele« beim Zentralinstitut für die kassenärztliche Versorgung im Auftrag des Bundesministers für Jugend, Familie, Frauen und Gesundheit (1990): Dringliche Gesundheitsprobleme der Bevölkerung in der Bundesrepublik Deutschland. Zahlen – Fakten – Perspektiven, Baden-Baden.

Reheis, Fritz (1986): Konkurrenz und Gleichgewicht als Fundamente von Gesellschaft. Interdisziplinäre Untersuchung zu einem sozialwissenschaftlichen Paradigma, Berlin.

Reheis, Fritz (1990): The Just State. Observations on Gustav Schmoller's Political Theory, in: International Journal of Social Economics, vol. 17, no. 10, p. 48-70.

Reheis, Fritz (1991): »Bierbank« versus »Katheder«. Zur Abgrenzung von Marxismus und Kathedersozialismus am Beispiel Gustav Schmollers, in: Zeitschrift für Wirtschafts- und Sozialwissenschaften, Jg. 111, S. 437-455.

Scherhorn, Gerhard/Reisch, Lucia/Raab, Gerhard (1991): Kaufsucht. Bericht über eine empirische Untersuchung (= Arbeitspapier Nr. 50 des Lehrstuhls für Konsumtheorie und Verbraucherpolitik an der Universität Hohenheim), Stuttgart.

Schiele, R. (1990): Beruf und allergische Erkrankungen, in: Bayerische Ärztekammer (Hrsg.), Vorträge des 41. Nürnberger Fortbildungskongresses der Bayerischen Landesärztekammer vom 7. bis 9. Dezember 1990 (= Schriftenreihe der Bayerischen Landesärztekammer, Bd. 81), München, S. 147-157.

Schmoller, Gustav (1881): Die Gerechtigkeit in der Volkswirtschaft, in: ders., Über einige Grundfragen der Sozialpolitik und der Volkswirtschaftslehre, 2., vermehrte Auflage, Leipzig, S. 215-261.

Schulze, Gerhard (1992): Die Erlebnisgesellschaft. Kultursoziologie der Gegenwart, Franfurt/Main, New York.

Schwarzer, Rudolf (1990): Gesundheitspsychologie. Einführung in das Thema, in: ders. (Hrsg.), Gesundheitspsychologie. Ein Lehrbuch, Göttingen, Toronto, Zürich, S. 3-23.

Seifried, Dieter (1990): Gute Argumente: Verkehr, München.

Siegrist, Johannes (1991): Risiken für Herz-Kreislauf-Erkrankungen am Arbeitsplatz, in: Bundesvereinigung für Gesundheitserziehung (Hrsg.), Risiken für unsere Gesundheit – einschätzen und handhaben. Zum Weltgesundheitstag 1991, Bonn.

Sly, Michael (1992): Asthma mortality. East and West, in: Annals of Allergy, vol. 69, p. 81-83.

Spaemann, Robert (1983): Technische Eingriffe in die Natur als Problem der politischen Ethik, in: Birnbacher, Dieter (Hrsg.), Ökologie und Ethik, Stuttgart, S. 180-206.

Stark, Wolfgang (1989): Prävention als Gestaltung von Lebensräumen. Zur Veränderung und notwendigen Reformulierung eines Konzepts, in: ders. (Hrsg.), Lebensweltbezogene Prävention und Gesundheitsförderung. Konzepte und Strategien für die psychosoziale Praxis, Freiburg, S. 11-37.

Statistisches Bundesamt (Hrsg.) (1992): Datenreport 1992. Zahlen und Fakten über die Bundesrepublik Deutschland (= Schriftenreihe der Bundeszetrale für politische Bildung, Bd. 309), Bonn.

Streich, Jürgen (1993): Die neuen Atommächte. Wer sie sind und was sie wollen, Reinbek.

Swerdlow, A.J. (1990): International Trends in Cutaneous Melanoma, in: Davis, Devra Lee/Hoel, David (ed) (1990), p. 235-251.

Ulrich, Peter (1987): Transformation der ökonomischen Vernunft. Fortschrittsperspektiven der modernen Industriegesellschaft, 2., durchgesehene Auflage, Bern, Stuttgart.

Umweltbundesamt (Hrsg.) (1992): Daten zur Umwelt 1990/91, Bielefeld.

United Nations Development Programme (ed.) (1992): Human Development Report 1992, New York, Oxford.

Vester, Frederic (1978): Phänomen Streß. Wo liegt sein Ursprung, warum ist er lebenswichtig, wodurch ist er entartet?, München.

Vester, Frederik (1984): Ökologie, in: Kerber, Harald/Schmieder, Arnold (Hrsg.), Handbuch der Soziologie. Zur Theorie und Praxis sozialer Beziehungen, Reinbek, S. 415-419.

Weltgesundheitsorganisation (Hrsg.) (1992): Our Planet, Our Health. Report of the WHO-Commission on Health and Development, Geneva.

Widmaier, Peter (1992): Wirtschaftliche Logik politischen Handelns? Eine Kritik ökonomischer Positionen, in: Abromeit, Heidrun/Jürgens, Ulrich (Hrsg.), Die politische Logik wirtschaftlichen Handelns, Berlin, S. 62-88.

Worldwatch Institute Report (1993): Zur Lage der Welt 1993. Daten für das Überleben unseres Planeten, Frankfurt/Main.

Zinnecker, Jürgen (1987): Jugendkultur 1940-1985 (= Studie des Jugendwerks der Deutschen Shell), Opladen.

Das Konzept einer »paretianischen Sozialpolitik«

Bernhard Hübner

1. Risikoallokation und paretianische Elemente der Sozialpolitik

Die traditionelle Sozialpolitik versteht sich als Aktionsfeld des Staates zur Angleichung und Sicherung des sozialen Status im Kampf gegen die Kräfte des Marktes und liefert damit die Argumente gegen diese Politik gleich mit: Sozialpolitik, so der häufige Vorwurf, produziere unausweichlich Effizienzverluste und behindere die Entfaltung der Marktkräfte. Andererseits wird die staatliche Sozialpolitik häufig kritisiert, weil trotz der unübersehbaren Marktbehinderungen die Umverteilungswirkungen der staatlichen Wohlfahrtsprogramme bezüglich des Lebenseinkommens der Wirtschaftssubjekte bemerkenswert dürftig ausfallen. Diese Kritik übersieht jedoch die Wohlfahrtsgewinne einer Sozialpolitik, die mit geringen Umverteilungswirkungen insbesondere intertemporale Effekte in einer Welt mit unvollständigen Märkten hat.

Der vielbeschworene Konflikt zwischen der effizienten Allokation des Marktes und der »gerechten«, aber grundsätzlich effizienzmindernden Sozialpolitik, die unter Effizienzgesichtspunkten für viele liberale Ökonomen lediglich als Produktionsfaktor »sozialer Frieden« akzeptabel ist, beruht auf einem Mißverständnis. In der traditionellen »Gewißheits-Neoklassik« werden zur Analyse des Allokationsproblems nämlich ausschließlich fiktive Individuen mit *vollkommener Voraussicht* verwendet und die Korrekturen der Verteilungsergebnisse des Marktes gemäß der Musgraveschen Trennung der staatlichen Funktionen auf die Distributionsabteilung verwiesen. Nahezu unbemerkt wurde dadurch lange Zeit das Problem einer effizienten Risikoallokation ausgeklammert (vgl. zur Bedeutung der Risikoallokation z.B. Hellwig 1986). Theoretisches Räsonieren, das die Probleme der Risikoallokation bei unvollkommener Information der Wirtschaftssubjekte ignoriert, kann natürlich nur bedingt eine harmonische Zielbeziehung zwischen »Gerechtigkeit« und »Effizienz« entdecken. Der Konflikt zwischen der Allokations- und der Distributionsabteilung des Budgets betrifft jedoch nur die *umverteilende Sozialpolitik*. Staatliche Interventionen, die gar keine Umverteilung anstreben und statt dessen die Risikoallokation verbessern, bilden den weit bedeutsameren Teil der praktischen Sozialpolitik.

Dieser Teil der Sozialpolitik wird weder von der gewißheits-neoklassischen Allokationstheorie noch von utilitaristischen Gerechtigkeitstheorien erfaßt und mußte bislang ohne ernsthafte theoretische Fundierung auskommen.[1] Das hier vorgestellte Konzept einer »paretianischen Sozialpolitik« soll die fehlende Theorie »nachliefern«. Sie konzentriert sich ausschließlich auf den Aspekt der *Risikoallokation* und läßt alle Fragen einer »gerechten« umverteilenden Sozialpolitik beiseite. Die Ergebnisse dieser Analyse sind ebenso überraschend wie enttäuschend. Der hier vorgestellte Ansatz zeigt, warum eine redistributive Besteuerung, die Solvenzregulierung von Finanz- und Versicherungsintermediären, die Existenz staatlicher Sozialversicherungen, die Sparförderung von Individuen mit geringem Vermögen, die Kreditsubventionierung für risikoarme Projekte desselben Personenkreises, verbindliche Kündigungsschutzregelungen, unternehmensübergreifende kollektive Lohnverhandlungen sowie Regelungen zur Mitbestimmung mit paretianischen *Effizienzüberlegungen* legitimierbar sind. Aus zwei verschiedenen Gründen sind die Ergebnisse aber auch enttäuschend. Erstens liefern die Implikationen nur

1 Arrow (1963) hat schon frühzeitig anhand des Gesundheitssektors demonstriert, wie sich die Implikationen der Allokationstheorie verändern, wenn die Informationsprobleme risikoaverser Individuen mit unvollkommener Voraussicht in die Analyse einbezogen werden. Mit Verwunderung stellt der Studierende bei der Literaturdurchsicht fest, daß Arrows Gedanken zwar von der auf Stigler (1961) und Akerlof (1970) zurückgehenden »Informationsökonomik« aufgegriffen wurden und zu einem unübersehbaren »Flickenteppich« gleichgewichtstheoretischer Modelle geführt haben (vgl. für eine Übersicht Hey 1979, Hirshleifer/Riley 1979 und Ernst 1990), aber nicht auf andere Bereiche der Sozialpolitik übertragen wurden.

selten Anhaltspunkte für die konkrete Ausgestaltung der erwähnten Maßnahmen, und zweitens bietet das vorliegende Konzept kaum neue Perspektiven. Es legitimiert Bestehendes und gibt wenig Anregungen für bessere und völlig neue Lösungen sozialpolitischer Probleme.

Dem Konzept der »paretianischen Sozialpolitik« liegt folgende Idee zugrunde (vgl. Sinn 1986): Bei unvollkommener Information risikoaverser Individuen haben risikokonsolidierende Institutionen positive Wohlfahrtseffekte. Darüber hinaus erweitern sie die Produktionsmöglichkeiten und stellen dadurch einen eigenständigen Produktionsfaktor dar. Verhalten sich die Individuen nämlich risikoavers, werden sie viele Produktionsmöglichkeiten mit positiven erwarteten Barwerten ungenutzt verstreichen lassen, obwohl aus gesamtwirtschaftlicher Sicht ein risikoneutrales Verhalten wünschenswert und effizient wäre. Reduzieren die risikokonsolidierenden Institutionen nun die individuell zu tragenden Risiken ökonomischer Aktivitäten, versetzen diese Institutionen die Individuen in die Lage, *sich trotz ihrer Risikoaversion so zu verhalten, als ob sie eine höhere Risikotoleranz hätten.* Bei gegebener Risikoaversion der Individuen vergrößern diese Institutionen die Produktionsmöglichkeiten einer Volkswirtschaft, weil die Individuen bereit sind, höhere Anfangsrisiken zu tragen und sich »quasi-risikoneutral« zu verhalten (vgl. auch Arrow 1963, S. 946).[2]

---

2 Versicherungen verteilen die Risiken auf eine große Zahl von Individuen. Sind die Risiken unabhängig, dann verschwinden sie bei abnehmender absoluter Risikoaversion der Versicherungsgeber mit jedem zusätzlichen Versicherungsnehmer fast vollständig. Unter den gegebenen Annahmen werden die Individuen den gewährten Versicherungsschutz über riskantere wirtschaftliche Aktivitäten teilweise als Einkommenszuwachs statt als Sicherheitsgewinn genießen. Neben den Versicherungen bewirken die Kapitalmärkte eine drastische Ausweitung der von den risikoaversen Individuen verkraftbaren Anfangsrisiken, weil die Kapitalanleger bei Existenz eines Aktienmarktes durch geringfügige Beteiligungen an vielen Unternehmen ihr Risiko aufteilen können. Obwohl sie risikoavers sind, bieten sie den Aktienmärkten dann Risikokapital an. Aktienmärkte stellen also nicht nur Kapital bereit – das könnten auch Kreditmärkte –, sondern produzieren außerdem Sicherheit durch Risikodiversifizierung (vgl. Sinn 1986, S. 564ff.).

Versicherungsmärkte dienen der Konsolidierung von *Ereignis*risiken und Eigenkapitalmärkte zur Konsolidierung von *Ertrags*risiken, die aufgrund unlösbarer Moral-Hazard-Probleme als nichtversicherbare Risiken gelten. Leider funktionieren die risikokonsolidierenden Institutionen keineswegs perfekt, weshalb staatliche Interventionen mit paretianischen Effizienzerwägungen legitimierbar sind. Allerdings sind Versicherungs- und Kapitalmärkte selbst dann noch nicht in der Lage, alle diversifizierbaren Risiken zu konsolidieren. Dies betrifft vor allem die Ertragsrisiken des *Humankapitals*, für die es keine Versicherungen und aufgrund der unzureichenden Teilbarkeit auch keine risikokonsolidierenden Humankapitalmärkte gibt. Das Konzept einer »paretianischen Sozialpolitik« umfaßt daher – neben dem Aspekt der effizienten *Risikokonsolidierung* – den Aspekt des effizienten *Risikotransfers*, d.h. die Übertragung nichtversicherbarer Ertragsrisiken auf Wirtschaftseinheiten mit einer größeren Risikotoleranz mittels *langfristiger* Verträge.

Die grundlegende Struktur der Argumentation läßt sich wie folgt skizzieren:

- Risikoaversen Individuen gelingt es nicht, das vorhandene Risikokonsolidierungspotential mit Versicherungs- und Kapitalmärkten auch nur annähernd auszuschöpfen, sobald – eine weitere Konsequenz der unvollkommenen Voraussicht – Information nicht mehr kostenlos verfügbar ist, und *asymmetrische Qualitätsinformation* adverse Selektionsprozesse auslöst.[3] Grundsätzlich können adverse Selektionsprozesse mit anreizkompatiblen Vertragsarrangements aufgehalten werden.[4] Sie bewältigen jedoch

3 Asymmetrische Qualitätsinformation kann nach Akerlof (1970) adverse Selektionsprozesse auslösen, die zu einer immer größeren Abweichung von gewißheits-neoklassischen Gleichgewicht führen. Mit zunehmender Entfernung vom diesem Gleichgewicht wächst für die beteiligten Akteure allerdings der Anreiz, die adversen Selektionsprozesse durch ergänzende Qualitätssignale – Markenartikel, Garantiezusagen etc. – und weitere Institutionen aufzuhalten (vgl. Kunz 1985, S. 126; ähnlich bereits Arrow 1963, S. 947).

4 Qualitätssignale werden mit »Signalling«- und »Screening«-Modellen untersucht. Die Qualitätsindikatoren heißen anreizkompatibel, wenn sie so konstruiert sind, daß kein beteiligter Akteur einen Anreiz hat, »falsche« Qualitätssignale auszusenden. Diese Modelle konzentrieren sich jedoch einseitig auf die Lösung von Moral-Hazard-Problemen

keine *partiell korrelierten Risiken.*[5] Der Markt versagt. Dadurch entsteht ein Spielraum für paretosuperiore staatliche Regelungen wie die (para-)staatliche Sozialversicherung und die Solvenzregulierung von Finanz- und Versicherungsintermediären.

- Um die Moral-Hazard-Probleme zu umgehen, behelfen sich die Wirtschaftssubjekte mit »impliziten Versicherungen«, welche die nichtversicherbaren Risiken mittels unbefristeter, impliziter und trilateraler Verträge auf risikotolerante Handlungseinheiten übertragen. Der Markt versagt jedoch erneut, weil *asymmetrische Preisinformation*, die wir zur besseren Unterscheidung mit »asymmetrischer Markttransparenz der Vertragspartner« umschreiben, einen effizienten Risikotransfer verhindert.[6] Durch Beschränkungen der Vertragsfreiheit läßt sich ein paretosuperiorer Risikotransfer herbeiführen. Die staatliche Regulierung der Kündigungsfristen, der kollektiven Lohnverhandlungen und der Mitbestimmungsvereinbarungen zwischen Arbeitgebern und Arbeitnehmern stellt daher einen weiteren Teil der paretianischen Sozialpolitik dar.

Eine »paretianische Sozialpolitik«, die eine effiziente Risikoallokation begünstigt, läßt sich neben unverzichtbaren Elementen der umverteilenden Sozialpolitik zwanglos als Kern der »Sozialen Marktwirtschaft« interpretieren und ist für den Erfolg dieses Wirtschaftssystems verantwortlich, da die effiziente Risikoallokation

---

und vernachlässigen die Kosten der Qualitätssignale (vgl. Ernst 1990, S. 130ff.).

5 Aufgrund der komplexen Leistungsverflechtungen moderner Volkswirtschaften sind viele Risiken, insbesondere aber Ertragsrisiken (partiell) positiv korreliert. So ist beispielsweise das konjunkturelle Arbeitslosigkeitsrisiko nicht unabhängig. Das durchschnittliche individuelle Risiko wächst mit steigender Arbeitslosigkeit – ähnlich wie die Wahrscheinlichkeit einer Grippeinfektion mit der Zahl der Grippeerkrankungen.

6 In der Literatur wird der Begriff der »asymmetrischen Information« meist im Sinne einer asymmetrischen *Qualitäts*information verwendet. Dies deutet darauf hin, daß dem Aspekt der »asymmetrischen *Preis*information« bisher wenig Aufmerksamkeit entgegengebracht wurde, obwohl auf der Basis einer asymmetrischen Markttransparenz die Analyse einiger Machtphänomene mit Hilfe der neoklassischen Hermeneutik möglich ist (vgl. hierzu Abschnitt 4.2. dieser Arbeit).

spontaner Arrangements zu Wohlfahrtsverlusten führt und die Entwicklungsmöglichkeiten einer Volkswirtschaft beeinträchtigt.

Der Aufbau der vorliegenden Abhandlung entspricht der dargelegten Argumentationsskizze. Um den Grundgedanken einer paretianischen Sozialpolitik zu verdeutlichen, werden wir zunächst erläutern, weshalb risikoaverse Individuen Teile einer redistributiven Besteuerung als paretosuperiore Versicherung gegen zufällige Einkommensschwankungen betrachten, gleichzeitig aber weitere risikospezifische Elemente der paretianischen Sozialpolitik notwendig sind, um die auftretenden Risiken zu konsolidieren und einen Konflikt zwischen der Distributions- und Allokationsabteilung zu vermeiden (2.). Anschließend (3.) werden die »klassischen« Institutionen der *Risikokonsolidierung*, die Kapitalmärkte (3.1) und die Versicherungsmärkte (3.2), behandelt und paretianisch legitimierbare Interventionen vorgestellt. Die Interventionen umfassen drei Bereiche. Die Solvenzregulierung der Finanz- und Versicherungsintermediäre bewältigt einen Teil der partiell korrelierten Risiken. Staatliche Sozialversicherungen werden notwendig, wenn die Solvenzregulierung zur Bewältigung partiell korrelierter Risiken nicht mehr ausreicht. Spezifische Subventionen und Transferzahlungen gleichen die Diskriminierungseffekte anreizkompatibler Vertragsarrangements auf den Kreditmärkten aus.

Der vierte Abschnitt widmet sich dem Problem des Risikotransfers. Die materielle Inzidenz des »risk shifting« ist ein noch weitgehend unerforschtes Gebiet der ökonomischen Theorie. Nach der Beschreibung der Vertragstypen, die für einen Risikotransfer benötigt werden (4.1), wird gezeigt, daß diese Vertragstypen aufgrund der asymmetrischen Markttransparenz der Vertragspartner nicht effizient eingesetzt werden und deshalb weitere staatliche Interventionen rechtfertigen (4.2). Abschließend werden offene Fragen präsentiert (4.3).

2. Redistributive Besteuerung und Sozialversicherungspflicht

Da in einer Welt mit unvollkommener Voraussicht ein großer Teil der Einkommensunterschiede auf Zufällen beruht, dient eine redistributive Besteuerung weniger dem Ziel einer egalitären Verteilung. Sie übernimmt für risikoaverse Individuen vielmehr die Funktion einer Versicherung, die zufällige Einkommensschwankungen reduziert.[7] Ohne Versicherungsmöglichkeiten müßten sich risikoaverse Individuen nämlich mit privaten Ersparnissen und entsprechend hohen Gegenwartskonsumeinbußen gegen Risiken absichern, während eine risikokonsolidierende Versicherung – bei sinkender absoluter Risikoaversion des Versicherungsgebers – mit jeder weiteren Übernahme eines unabhängigen Risikos niedrigere Versicherungsprämien anbieten kann (vgl. Varian 1980, S. 49ff.).

Allerdings differenziert eine redistributive Besteuerung nicht zwischen *nichtzufälligen* und *zufälligen* Komponenten des Einkommens. Deshalb muß eine staatliche Wohlfahrtspolitik, die sich ausschließlich auf eine redistributive Besteuerung beschränkt, entweder viele Risiken unversichert lassen oder erhebliche negative Anreize in Kauf nehmen. Will die staatliche Wohlfahrtspolitik diesem Dilemma entgehen, muß sie die Bereitstellung risikospezifischer Versicherungen gewährleisten.

Obwohl diese Feststellung trivial erscheint, wurde sie, wie die akademische Diskussion der »negativen Einkommensteuer« offenbart, unzureichend beachtet. Wenn beispielsweise Friedman (1971, S. 245ff.) behauptet, die negative Einkommensteuer könne, da sie die Geldmittel den »Bedürftigen« direkt zuweise, *alle* sonstigen Maßnahmen der Sozialpolitik ersetzen, unterstellt er implizit, alle Individuen seien entweder risikoneutral oder die spontane Risikoallokation sei effizient und würde durch die negative Einkommensteuer nicht verzerrt. Sie behindert jedoch Versicherungsmärkte. Damit die negative Einkommensteuer tatsächlich ihre *distributive* Funktion mit minimaler Mehrbelastung der Individuen erfüllen kann, muß sie von ihrer risikoallozierenden Funktion so weit wie möglich befreit werden, um nur noch jene zufälligen Einkommensschwankungen einer redistributiven Besteuerung zu überlassen, die von *keiner* anreizkompatiblen Versicherung konsolidiert werden können. Erfaßt die redistributive Besteuerung dagegen versicherbare Risiken, entstehen »Mitnahmeeffekte«, weil risikoaverse Individuen

7 Wahrscheinlich erfahren viele staatliche Umverteilungsmaßnahmen aufgrund ihrer Versicherungsfunktion eine breite politische Unterstützung, die ausbliebe, müßte sich die Wohlfahrtspolitik ausschließlich auf altruistische Motive stützen (vgl. Arrow 1963, S. 947).

auf die explizite Versicherung versicherbarer Risiken trotz aktuarisch fairer Versicherungsprämien verzichten und der Versicherungsfunktion der redistributiven Besteuerung überlassen. Erst wenn die Sozialpolitik die Mehrbelastung durch diese Mitnahmeeffekte verhindert und ihnen mit einer Sozialversicherungs*pflicht* begegnet, minimiert sie tatsächlich die Mehrbelastung einer negativen Einkommensteuer und erweitert dadurch den Umverteilungsspielraum der staatlichen Wohlfahrtspolitik. Ohne paretianische Sozialpolitik gibt es daher auch keine »effiziente« umverteilende Sozialpolitik.[8]

3. Sozialpolitik als paretianische Risikokonsolidierung

Staatliche Aktivitäten zur Förderung risikokonsolidierender Institutionen sind immer auch ein Teil der Sozialpolitik. Weitere sozialpolitische Maßnahmen lassen sich nur dann paretianisch rechtfertigen, wenn das Konsolidierungspotential der Versicherungs- und der Kapitalmärkte ausgeschöpft ist. Neben den Versicherungsmärkten erfüllen die Kapitalmärkte wichtige sozialpolitische Funktionen:

- Sie unterstützen risikoaverse Individuen in ihrem Bemühen, sich gegen nichtversicherbare Risiken über private Ersparnisse mit möglichst geringem Konsumverzicht abzusichern, da selbst liquide Vermögensanlagen einen positiven Zins abwerfen und die Risiken der weniger liquiden Vermögensanlagen diversifizierbar sind.
- Damit alle Individuen einerseits ertragreiche Chancen nutzen und andererseits die Restitution unversicherter Ereignisse, die von bestehenden Ersparnissen nicht abgedeckt werden, bewältigen

8 Folglich ist auch das häufig geäußerte Bedauern haltlos, die praktische Sozialpolitik würde sich leider nicht ausschließlich auf die Bekämpfung der Armut konzentrieren. Eine Analyse, die auf einer Allokationstheorie mit vollkommener Voraussicht der Individuen basiert, kann dies natürlich nicht erkennen. Risikospezifische Maßnahmen der Sozialpolitik wären aber nur dann überflüssig, wenn die spontane Risikoallokation trotz der Mitnahmeeffekte einer redistributiven Besteuerung effizient wäre.

können, müssen für alle Akteure Kredite zu fairen Konditionen verfügbar sein, die den Knappheitsrelationen entsprechen.

Zur Ermittlung paretosuperiorer Interventionen erörtern wir die spezifischen Informationsprobleme der Kapitalmärkte (3.1), getrennt nach Eigenkapital- (3.1.1) und Kreditmärkten (3.1.2), und der Versicherungsmärkte (3.2).

Ohne staatliche Eingriffe versagen die Versicherungs- und Kapitalmärkte. Entweder bleiben dann die diversifizierbaren Teile der *partiell korrelierten Risiken* unkonsolidiert, oder die risikokonsolidierenden Institutionen nehmen ein unkalkulierbares Bankrottrisiko der beteiligten Unternehmen in Kauf, das kumulierende Finanzkrisen auslösen und das Vertrauen risikoaverser Individuen in risikokonsolidierende Institutionen nachhaltig erschüttern kann. Bleiben daraufhin viele Risiken unkonsolidiert, wird das vorhandene Produktionspotential nicht ausgeschöpft. Risikoaverse Wirtschaftssubjekte verhalten sich nun nicht mehr »quasi-risikoneutral«. Auf den Kreditmärkten führt die asymmetrische Information darüber hinaus zu anreizkompatiblen Vertragsarrangements, die jene Wirtschaftssubjekte diskriminieren, die den Kreditgebern keine umfangreichen Sicherheiten bieten können.

Die Regulierung der Risikokonsolidierung hat drei Aufgaben:

- Sie muß dazu beitragen, daß trotz anreizkompatibler Vertragsarrangements die diversifizierbaren Teile der partiell korrelierten Risiken konsolidiert werden.
- Sie muß kumulierende Finanzkrisen verhindern.
- Sie muß allen Wirtschaftssubjekten faire Zutrittsmöglichkeiten zu den Kreditmärkten verschaffen.

3.1. Paretianische Kapitalmarktinterventionen

3.1.1 Finanzintermediäre

Nutzen die risikoaversen Individuen die Möglichkeiten von Eigenkapitalmärkten zur Risikodiversifizierung, stehen sie vor neuen Problemen. Verursacht die Überwachung des Managements einer Unternehmung Kontrollkosten, entsteht bei den Kapitalgebern, wenn sich viele Handlungseinheiten am Erfolgsrisiko eines Unternehmens beteiligen, ein *Trittbrettfahrerproblem*. Akteure, die für die

Kontrolle des Managements keinen Beitrag leisten, können vom Ertrag kostspieliger Kontrollaktivitäten nicht ausgeschlossen werden. Um dieses Trittbrettfahrerproblem zu lösen bzw. abzuschwächen, bieten sich drei verschiedene und sich ergänzende Möglichkeiten an, die alle spezifische Nachteile aufweisen:

a) Anreizverträge für das Management, um ohne spezielle Kontrollen eine gewinnbringende Unternehmensführung sicherzustellen,[9]
b) institutionelle Vorkehrungen wie den Aufsichtsrat, die selektive Anreize zur Bewältigung des Trittbrettfahrerproblems einsetzen,[10]

---

9 Die Modelle optimaler Anreizverträge behandeln i.d.R. lediglich den Ein-Agent-Ein-Principal-Fall (vgl. z.B. Shavell 1975, Harris/Raviv 1979 und Holmström 1979). Das Entscheidungsproblem eines Principals besteht darin, den »opportunistischen« Agenten durch eine optimale Kombination aus kostspieligen Kontrollen und renditesenkenden Gewinnbeteiligungen zu einem ertragsmaximierenden Einsatz der überlassenen Ressourcen zu bewegen. Besteht der Principal aus vielen Kapitalgebern, reduziert sich die Frage nach den optimalen Anreizverträgen aufgrund des Trittbrettfahrerproblems auf die Frage nach der optimalen Gewinnbeteiligung. Gegenüber dem Ein-Agent-Ein-Principal-Fall wird nun eine höhere Gewinnbeteiligung des Managements empfohlen, das nun einen größeren Teil der Ertragsrisiken übernimmt. Langfristig können derartige »optimale Anreizverträge« das Risiko der Kapitalgeber jedoch erhöhen, wenn das Management aufgrund seiner eigenen Zeitpräferenz die Substanz des Unternehmens gefährdet und durch eine auf kurzfristige Gewinnmaximierung ausgerichtete Unternehmenspolitik sein Gegenwartseinkommen maximiert (vgl. Grossman/Hart 1983).

10 Die spontane Entstehung eines Aufsichtsrates zur Lösung des Trittbrettfahrerproblems der Unternehmenskontrolle ist, wie spieltheoretische Analysen von »Superspielen« zeigen, ohne bindende staatliche Regeln unwahrscheinlich, da seine spontane Entstehung eine dauerhafte Interaktion der aktuellen Anteilseigner eines Unternehmens erfordern würde, um einen endogenen Sanktionsmechanismus zu generieren (vgl. hierzu Luce/Raiffa 1957, S. 97ff. und Kliemt 1986). Außerdem ist eine perfekte kollektive Rationalität selbst mit einem System selektiver Anreize nur in Ausnahmefällen möglich, weshalb nun ein Principal-Agent-Problem zwischen Aufsichtsratsmitgliedern und den übrigen Anteilseignern auftritt.

c) und die Einbeziehung von Finanzintermediären.

Die einfachste und wahrscheinlich effizienteste Lösung des Trittbrettfahrerproblems besteht darin, Finanzintermediäre einzubeziehen, die die Kontrolle des Managements übernehmen und sich unabhängig vom Unternehmenserfolg zur Zahlung fester Beträge an die Kapitaleigner verpflichten (vgl. hierzu Diamond 1984). Selbstverständlich könnten die Unternehmen direkt mit den Kapitalgebern Darlehensverträge abschließen. Der Vorteil der Finanzintermediäre besteht darin, daß sie durch geeignete Diversifikation eine geringere Risikoprämie zur Einhaltung der übernommenen Zahlungsverpflichtungen benötigen als ein einzelnes Unternehmen. Sie können daher höhere Zinsen anbieten als die Unternehmen selbst.

Damit die Finanzintermediäre in die beschriebene Schlüsselstellung zur Risikokonsolidierung einer Volkswirtschaft »hineinwachsen«, ist staatliche Hilfe durchaus angebracht. Um die potentiellen Vorteile der Finanzintermediäre in eine billige Sicherheitsproduktion für risikoaverse Kapitalanleger umzuwandeln, muß nämlich einerseits zwischen den Finanzintermediären Wettbewerb herrschen und andererseits müssen die – immerhin risikoaversen – Kapitalanleger vor Insolvenzen der Finanzintermediäre geschützt sein, wenn sie deren Dienstleistungen nachfragen sollen. Ohne Insolvenzschutz der Anleger würden die Kapitalgeber selbst die Aktien halten und lediglich »optimale Anreizverträge« zur Managementkontrolle benutzen, denn schließlich liegt bezüglich des Insolvenzrisikos der Finanzintermediäre, der *Qualität* der angebotenen Dienstleistungen, asymmetrische Information vor. Die Finanzintermediäre kennen ihr Insolvenzrisiko, den Kapitalanlegern ist das Insolvenzrisiko der Finanzintermediäre unbekannt. Bis die Kapitalanleger einzelne Firmen der Finanzintermediäre mit der Qualität eines »Markenartikels« im Sinne eines geringen Insolvenzrisikos identifizieren, indem diese Firmen beispielsweise mehrere Finanzkrisen unbeschadet überstehen, verstreicht unnötig viel historische Zeit mit suboptimaler Risikokonsolidierung, erheblichen sozialen Kosten und bedenklichen »sozialen Härten«. Obendrein werden wettbewerbsgefährdende Konzentrationsprozesse begünstigt. Gelingt dem Staat hingegen eine sinnvolle Solvenzregulierung der Finanzintermediäre, ermöglicht dies den Kapitalmärkten einen größeren Produktionsbeitrag.

Obwohl aus heutiger Sicht viele Maßnahmen der Solvenzregulierung übertrieben erscheinen – beispielsweise im Bereich der Sparkassen –, waren diese Maßnahmen zur Entwicklung einer leistungsfähigen Risikokonsolidierung durch die Kapitalmärkte wichtige komplementäre Regelungen, zumal der Wettbewerb zwischen den Finanzintermediären ohne Solvenzregulierung zweifelhafte Formen annehmen und adverse Selektionsprozesse auslösen kann. Wenn risikoaverse Kapitalanleger niedrige Zinsangebote der Finanzintermediäre als Qualitätsindikator interpretieren würden – als ob die niedrigen Zinsen lediglich aus risikoarmen Anlagen und hohen Liquiditätsreserven resultieren könnten – wäre der »Preiswettbewerb« zwischen den Finanzintermediären und die inverse Beziehung zwischen Zins und Risiko der verschiedenen Anlageformen aufgehoben. Interpretieren die Kapitalanleger die Zinsangebote hingegen *nicht* als Qualitätsindikator, zwingt der »Preiswettbewerb« die Finanzintermediäre zur Auflösung ihrer Liquiditätsreserven. Ihre Fähigkeit Risiken durchzustehen, nimmt ab. Da einige Risiken des Kapitalmarktes – insbesondere bei unerwarteten Schocks – positiv korreliert sind, führen die fehlenden Liquiditätsreserven bei Schocks unvermeidlich zu Firmenzusammenbrüchen. Versucht eine große Zahl risikoaverser Kapitalanleger daraufhin, ihr Portfolio zugunsten liquider Mittel umzuschichten, brechen nicht nur Institutionen der Risikokonsolidierung, sondern außerdem große Teile der institutionellen Fristentransformation zusammen – die Volkswirtschaft sitzt in der Keynesianischen Liquiditätsfalle. Die wirtschaftlichen und sozialen Folgen sind bekannt.

Leider bestehen nur schwache Anreize für den Staat, die jeweils geeignete Form und Intensität der Solvenzregulierung zu finden und einzusetzen. Außerdem ist den staatlichen Entscheidungsträgern bestenfalls ex post bekannt, welche Solvenzregulierung positiv korrelierte Ereignisse und unerwartete Schocks bewältigt hätte, ohne den Finanzintermediären überflüssige Liquiditätsreserven aufzuzwingen und den Marktzutritt unnötig zu beschränken. Stellt sich ex post heraus, daß die Liquiditätsreserven der Finanzintermediäre nicht ausreichten, um sogenannte »bank runs« und sonstige Finanzkrisen zu verhindern, bleibt dem Staat, will er die sozialen Kosten der Krise minimieren, nichts anderes übrig, als die Konvertibilität zu suspendieren, die Zentralbank als »lender of last resort« einzusetzen oder mit budgetrelevanten Stützungsaktionen einzuschreiten. Diese Maßnahmen sollten jedoch nur in Ausnahmefällen zum Einsatz gelangen, da sie den Finanzintermediären falsche Signale setzen, wenn sie bei drohender Insolvenz auf staatliche Stützungsaktionen vertrauen können. Daher muß *antizipierend* reguliert werden. Letztlich gibt es daher, so ärgerlich suboptimale Interventionen auch sein mögen, keine Alternative zur Solvenzregulierung der Finanzintermediäre, wenn einerseits das Risikokonsolidierungspotential der Kapitalmärkte ausgeschöpft und andererseits »bank runs« wirksam verhindert werden sollen (vgl. hierzu insbes. Diamond/Dybvig 1983).[11]

3.1.2 Kreditmärkte

Auf den Kreditmärkten tritt ebenfalls das Problem der asymmetrischen Information auf (vgl. hierzu Stiglitz/Weiss 1981). Die potentiellen Kreditgeber können die Risiken und Chancen der von den Kreditnachfragern angestrebten Projekte nur ungenügend abschätzen, während die Kreditnachfrager mit überdurchschnittlichen Risiken keinen Grund sehen, ihre tatsächlichen Risiken zu offenbaren. Beinhaltet der vereinbarte Kreditzins eine Risikoprämie für den Kreditgeber, wird sich dieser an den durchschnittlichen Risiken aller Kreditnachfrager orientieren und den Kreditnachfragern mit unterdurchschnittlichen Risiken keine aktuarisch fairen Prämien anbieten

11 Ganz nebenbei gewährt die Solvenzregulierung der Finanzintermediäre den risikoaversen Kapitalanlegern, die positiv korrelierte Risiken genauso fürchten wie unkorrelierte Risiken, eine implizite »Versicherung« positiv korrelierter Ertragsrisiken, die überhaupt nicht diversifizierbar sind. Die Eigenkapitalmärkte konsolidieren nur *unkorrelierte* Risiken. Sofern die impliziten Versicherungsprämien in Form der solvenzregulierungsbedingten Zinsverluste nicht zu hoch sind, betrachten risikoaverse Individuen die implizite Versicherung positiv korrelierter Risiken als Wohlfahrtsgewinn (vgl. Arrow 1963, S. 960). Möglicherweise werden dadurch die Wohlfahrtsverluste einer »übertriebenen« Solvenzregulierung kompensiert. Die weniger risikoaversen Individuen haben immer noch die Möglichkeit, sich direkt auf dem Eigenkapitalmarkt zu engagieren und als Trittbrettfahrer von den Kontrollaktivitäten der Finanzintermediäre zu profitieren.

können. Wenn die Zinsen keine fairen Versicherungsprämien enthalten, verzichten die potentiellen Kreditnehmer mit unterdurchschnittlichen Risiken auf die Kreditnachfrage, und die Kapitalgeber stehen zunehmend »schlechten Risiken« gegenüber. Erhöhen die Kreditgeber daraufhin ihre Risikoprämie, drängen sie weitere »gute Risiken« aus dem Markt und verleiten die Investoren dazu, höhere Risiken mit höheren Erwartungswerten und höheren Wahrscheinlichkeiten eines Bankrotts einzugehen. Um die Kreditmärkte mit »guten Risiken« nicht zu verlieren und um den adversen Selektionsprozeß zu stoppen, bleibt den Kreditgebern nichts anderes übrig, als Zinsen unterhalb des markträumenden Niveaus anzubieten und Bonitätsprüfungen vorzunehmen; die Kredite werden rationiert.

Die asymmetrischen Informationen führen scheinbar unausweichlich zur Rationierung auf den Kreditmärkten, da die adverse Selektion sowohl bei erhöhten Zinsen als auch bei gegebenen Zinsen und umfangreicheren Forderungen nach Sicherheiten eintritt. Diese Rationierungstendenz löst sich jedoch auf, sobald die Kreditgeber anreizkompatible Kombinationen aus geforderten Zinsen und geforderten Sicherheiten anbieten. Fordern die Kreditgeber umso höhere Zinsen, je geringer die von Kreditnehmern gewährten Sicherheiten sind, offenbaren die Kreditnehmer die Risiken ihrer Projekte. Bei geringen Risiken bieten sie Sicherheiten an, um günstige Kreditzinsen zu bekommen. Bei hohen Risiken nehmen sie hohe Kreditzinsen in Kauf, um ihr Vermögen nicht zu gefährden. Folglich kann mit geeigneten Kombinationen aus Sicherheiten und einer inverse Koppelung von Kreditzinsen an die gewährten Sicherheiten die Rationierung weitgehend beseitigt werden. Dennoch bleiben die Kreditmärkte unvollkommen, weil Kreditnachfrager, die nur geringe Sicherheiten anzubieten haben, für Projekte mit niedrigen Risiken und entsprechend niedrigen Erwartungswerten keine fairen Kreditkonditionen angeboten bekommen, während Wirtschaftssubjekte mit umfangreicheren Sicherheiten für Projekte mit vergleichbaren Risiken jederzeit Zugang zu den Kreditmärkten erhalten. Nichtrationierende Kreditmärkte diskriminieren Wirtschaftssubjekte mit geringeren Sicherheiten und risikoarmen Projekten (vgl. Bester 1985, insbes. S. 854f.).

Bei symmetrischer Information wären geringe Sicherheiten für risikoarme Projekte völlig ausreichend, bei asymmetrischer Information sind derartige Kreditangebote nicht mehr anreizkompatibel.

Die Asymmetrie der Information führt zwangsläufig zu einer suboptimalen intertemporalen Allokation und diskriminiert die Wirtschaftssubjekte, die *nicht* oder *noch nicht* über hinreichende Sicherheiten verfügen. Viele staatliche Maßnahmen, die diesem Personenkreis zukommen, sind also nur zu einem geringen Teil umverteilende Programme, vielmehr begegnen sie der Unvollkommenheit und der diskriminierenden Wirkung der Kreditmärkte und lassen sich paretianisch legitimieren. Paretianische Sozialpolitik zur Überwindung der Kreditmarktbeschränkungen zielt darauf ab, Darlehen für risikoarme Projekte vermögensloser Individuen und die Ersparnisbildung von Kleinsparern zu subventionieren oder vom Staat selbst anzubieten. Ausbildungsdarlehen, steuerlich begünstigtes Arbeitnehmersparen und Prozeßkostenbeihilfe für Einkommensschwache stellen Musterbeispiele einer paretianischen Sozialpolitik mit erheblichen Wohlfahrts- und geringen Umverteilungswirkungen dar.[12]

3.2. Paretianische Regulierung der Versicherungsmärkte

Angesichts erheblicher Wohlfahrtsgewinne von Versicherungsdienstleistungen ist es wenig verwunderlich, daß viele Formen menschlicher Lebensgemeinschaften bis hin zur Familie implizite oder explizite Versicherungsgemeinschaften bilden. Im Vergleich zu anonymen Marktbeziehungen haben *kleine Versicherungsgemeinschaften* den Vorteil, geringere Transaktionskosten zur Bewältigung

12 Vogt (1986) geht in seiner »Theorie der laboristischen Ökonomie« noch einen Schritt weiter. Er sieht in der Unvollkommenheit der Kreditmärkte ein Merkmal der kapitalistischen Produktionsweise, die zwar im Idealfall die Produktionsfaktoren gemäß der Grenzproduktivitätstheorie entlohne, aber einem »laboristischen Gleichgewicht« unterlegen sei, dessen Produktionsweise Elemente der *Selbstverwaltung* enthält. Vollkommene Kapitalmärkte würden funktional einer Selbstverwaltung entsprechen, weil alle Arbeitnehmer, die mit den gegebenen Produktionsbedingungen unzufrieden seien, sich jederzeit selbständig machen könnten, ohne deswegen eine niedrigere Entlohnung ihrer Arbeitskraft in Kauf nehmen zu müssen. Sollte die paretosuperiore Alternative zur kapitalistischen Produktionsweise tatsächlich existieren, wäre die laboristische Ökonomie ein weiteres Element der paretianischen Sozialpolitik.

versicherungsspezifischer Moral-Hazard-Probleme und zur Vermeidung adverser Selektionsprozesse aufzuwerfen. Diesem Vorteil kleiner Versicherungsgemeinschaften steht ein geringes Risikokonsolidierungspotential gegenüber, das die Versicherungsgemeinschaft zu einer permanenten Anpassung der Versicherungsleistungen und/oder der Beitragsleistungen bis hin zur *Nachschußpflicht* der Gemeinschaftsmitglieder zwingt. Bei großen Versicherungsgemeinschaften treten dagegen Anreizprobleme auf, zu deren Bewältigung der Staat beitragen kann.

In einer Versicherungsgemeinschaft sind die Mitglieder gleichzeitig Versicherungsnehmer und -geber, Agent und Principal. Um das versicherungsspezifische Moral-Hazard-Problem zu bewältigen, würde *ein* loyaler Agent die Versicherungsnehmer kontrollieren. Als opportunistischer Agent würde er jedoch, falls ihn die Principale nicht kontrollieren, gleichzeitig seine Monopolstellung ausbeuten. Dagegen befinden sich *viele* opportunistische Agenten ohne selektive Anreize in einer Trittbrettfahrersituation, weil die Agenten, die sich der Kontrollaufgaben entziehen, vom Ertrag der Kontrollaktivitäten nicht ausgeschlossen werden können. Um das Risikokonsolidierungspotential auszuschöpfen und um das Trittbrettfahrerproblem der Agentenkontrolle zu überwinden, benötigen die Individuen folglich viele, untereinander im Wettbewerb stehende Versicherungsintermediäre. Der Versicherungssektor verliert dadurch aber den Charakter einer Versicherungsgemeinschaft, weil ein funktionierender Wettbewerb *bindende* Vertragsleistungen erfordert, die weder eine nachträgliche Leistungseinschränkung der Versicherungen noch eine Nachschußpflicht der Versicherungsnehmer zulassen.

Ein Versicherungssektor mit untereinander im Wettbewerb stehenden Versicherungsintermediären, die für alternative Zustände der Welt wohlspezifizierte Zahlungen ohne Nachschußpflicht der Versicherungsnehmer gewähren, ist demnach zwar eine effiziente Lösung der Anreizprobleme des Vielpersonen-Agent-Vielpersonen-Principal-Falls, sie ruft jedoch Insolvenzrisiken der Intermediäre hervor, die einer Versicherungsgemeinschaft unbekannt sind. Hat sich eine Versicherungsgesellschaft zu wohlspezifizierten Zahlungen verpflichtet, kann sie bei Eintritt bestimmter Ereignisse ihre Verpflichtungen nicht mehr einlösen. Die Qualität der »Restitutionsversprechen« ist unsicher. Die Prämienhöhe sagt nichts über ihre Qualität aus. Dem Versicherungsnehmer ist das Insolvenzrisiko der Versicherungsgesellschaften nicht bekannt; das kennen nur die Intermediäre selbst. Damit möglichst wenig risikoaverse Wirtschaftssubjekte vorteilhaft Versicherungsabschlüsse aufgrund potentieller Insolvenzrisiken der Versicherungsintermediäre ignorieren und damit die Prämien weder irrtümlich als Qualitätsindikator interpretiert werden noch zur Auflösung von Reserven führen, besteht, wie bereits am Beispiel der Finanzintermediäre gezeigt wurde, ein Solvenzregulierungsbedarf, und zwar insbesondere bei den Versicherungen, die lange Zeiträume zwischen der ersten Prämien- und der letzten Restitutionszahlung überbrücken. Sehr deutlich wird dies bei den verschiedenen Formen der *Altersvorsorge.*[13]

Besonders problematisch ist die Solvenzregulierung der Versicherungen bezüglich der Risiken, die »normalerweise« unabhängig, in unregelmäßigen Abständen aber in einem unvorhersehbaren Ausmaß positiv korreliert, also partiell korreliert sind. Beispielhaft hierfür ist das *Arbeitslosigkeitsrisiko.* Während sich eine bestimmte Arbeitslosenzahl als Folge unabhängiger Risiken interpretieren läßt, sind die Arbeitslosigkeitsrisiken in bestimmten Konjunkturphasen und bei sonstigen Krisen keineswegs unabhängig. Angesichts des potentiellen Restitutionsvolumens wären private Versicherungen selbst bei umfangreichen Rückversicherungen endgültig überfordert. Eine (para-)staatliche Arbeitslosenversicherung hat gegenüber einer privaten Versicherung außerdem den Vorteil, durch die Einbeziehung nahezu aller unabhängigen Arbeitslosigkeitsrisiken partiell abhängige Risiken auffangen und als Versicherungsgemeinschaft auftreten zu können, die bei Bedarf Leistungen kürzt und/oder ihre

13 Trotz grundsätzlicher Vorteile einer Solvenzregulierung der Versicherungen bleiben Art und Intensität dieser Regulierung umstritten, zumal die tatsächlichen Risiken immer erst ex post bekannt sind. Ex ante verschwimmen die Grenzen zwischen statistischen Risiken, die mit der Zahl der Versicherten zum Mittelwert tendieren, und reinen Spekulationen unter Unsicherheit. Deshalb ist die übliche Trennung zwischen »versicherbaren« und sonstigen Risiken weniger eine Frage des Versicherungssujets, als vielmehr eine Frage der am Markt angebotenen Versicherungsdienstleistungen (vgl. Arrow 1971, S. 24 und S. 141). Um Restitutionsversprechen einhalten zu können, müssen Versicherungsintermediäre deshalb stets Reserven halten und Rückversicherungen abschließen.

Mitglieder zu höheren Prämien verpflichtet, da sie nicht an anreizkompatible Versicherungsverträge mit wohlspezifizierten Leistungen gebunden ist. Liegen allgemeine, aber partiell korrelierte Risiken in Verbindung mit einem hohen potentiellen Restitutionsaufkommen vor, läßt sich demnach nicht nur eine staatliche Solvenzregulierung, sondern sogar ein (para-)staatliches Versicherungsmonopol mit Versicherungspflicht der Individuen paretianisch rechtfertigen. Unter den gegebenen Bedingungen gäbe es nur eine Alternative, nämlich den Verzicht auf eine Konsolidierung der diversifizierbaren Teile partiell korrelierter Risiken und die Hinnahme des hierdurch entstehenden Wohlfahrtsverlustes.[14]

3.3 Zusammenfassung

Ohne paretianische Sozialpolitik verzichtet eine Volkswirtschaft in einer Welt mit unvollkommener Voraussicht risikoaverser Individuen auf die Wohlfahrtseffekte und auf den Produktionsbeitrag risikokonsolidierender Institutionen, die sich aufgrund asymmetrischer Qualitätsinformation und sonstiger Anreizprobleme spontan nicht entwickeln können. Hierzu zählen alle Institutionen, die partiell korrelierte Risiken bewältigen und/oder risikoaverse Wirtschaftssubjekte vor den Folgen einer Insolvenz ihrer risikoallozierenden Transaktionspartner schützen sowie faire Zutrittsmöglichkeiten zu den Kreditmärkten schaffen. Der risikoallozierende Teil der Sozialpolitik kann nicht einfach sein und nicht durch eine einfache nega-

14 Neben den direkten Wohlfahrtseffekten hat die paretianische Regulierung der Versicherungsmärkte, die eine Bewältigung partiell korrelierter Risiken ermöglicht, eine stabilisierende Wirkung, weil sie die institutionelle Fristentransformation auf den Kapitalmärkten in wirtschaftlichen Krisen vor dem Zusammenbruch schützt. Die Versicherung einiger partiell korrelierter Risiken und die durch eine Versicherungspflicht erzwungene Teilkompensation der möglichen Einkommensausfälle verhindert hektische Reaktionen der Konsumnachfrage und der Liquiditätspräferenz. Sozialversicherungspflicht reduziert folglich das Insolvenzrisiko der Unternehmen und den Solvenzregulierungsbedarf der Finanzintermediäre. Außerdem reduzieren parastaatliche Sozialversicherungen den politischen Druck, aus sozialpolitischen Motiven das Gläubigerrisiko einzelner, insbesondere zur Alterssicherung verwendeter Anlageformen zu reduzieren.

tive Einkommensteuer ersetzt werden. Die paretianische Sozialpolitik, die eine Ausschöpfung des Risikokonsolidierungspotentials begünstigt, umfaßt die Solvenzregulierung der Finanz- und der Versicherungsintermediäre ebenso wie (para)staatliche Sozialversicherungen, Spar- und Darlehenssubventionen für bestimmte Gruppen sowie eine redistributive Besteuerung.

Das Risikokonsolidierungspotential der Eigenkapitalmärkte, die eine Diversifizierung der *unabhängigen Ertragsrisiken des Sachkapitals* ermöglichen, und der Versicherungsmärkte, die *unabhängige Ereignisrisiken* diversifizieren, läßt sich nur ausschöpfen, wenn die Anreizprobleme der Managementkontrolle und die Anreizprobleme einer großen Versicherungsgemeinschaft mittels untereinander im Wettbewerb stehender Intermediäre gelöst werden. Das ist nur möglich, wenn sich die Finanzintermediäre unabhängig vom Erfolg der Unternehmen zur Zahlung fester Beträge an die Kapitalgeber verpflichten und wenn die Versicherungsintermediäre für alternative Zustände der Welt anreizkompatible und wohlspezifizierte Restitutionsleistungen ohne jede Nachschußpflicht der Versicherungsnehmer gewähren.

Die effiziente Lösung der Principal-Agent-Probleme versagt jedoch aufgrund vertraglich fixierter Leistungsverpflichtungen bei der Bewältigung partiell korrelierter Ereignisse. Deshalb müssen effiziente Lösungen des Anreizproblems vor nichtdiversifizierbaren Schocks und adversen Selektionsprozessen geschützt werden. Hierzu muß der Staat eine Solvenzregulierung sowie eine Versicherungspflicht für einige soziale Risiken einführen. Ohne derartige staatliche Interventionen bleiben die diversifizierbaren Teile partiell korrelierter Risiken unkonsolidiert.

Dennoch bleiben viele Risiken unversichert oder lassen zur Lösung der versicherungsspezifischen Moral-Hazard-Probleme keine vollständige Restitution zu. Die redistributive Besteuerung übernimmt die, wenn auch unvollständige Versicherung *unkonsolidierter Ertragsrisiken*. Die Spar- und Darlehenssubventionen helfen den Wirtschaftssubjekten, die wegen eines zu geringen verpfändbaren Vermögens auf den Kreditmärkten diskriminiert werden, bei der Bewältigung *nichtversicherbarer Risiken*. Die Liste der auf eine effiziente Risikokonsolidierung gerichteten Sozialpolitik ließe sich fortsetzen. Eine einseitige Konzentration auf diesen Teil der Sozialpolitik vernachlässigt jedoch die nicht unbedeutenden Wirkungen jenes

Teils einer paretianischen Sozialpolitik, der auf Risikotransfers beruht, welche insbesondere bei der Allokation der *Ertragsrisiken des Humankapitals* eine entscheidende Rolle spielen.

4. Sozialpolitik als paretianische Regulierung des Risikotransfers

Die Bedeutung langfristiger Verträge resultiert aus der Unvollkommenheit realer Konditionalmärkte. So ist zwar die Existenz eines pareto-optimalen Gleichgewichts unter eingeschränkten Bedingungen mit einem Regime vollständiger Konditionalmärkte trotz unvollkommener Voraussicht der Wirtschaftssubjekte nachweisbar, die Kombinationen aus Termin-, Kredit- und Versicherungsmärkten, welche die Funktion der Konditionalmärkte übernehmen, sind jedoch ihrerseits unvollkommen. Komplexe Konditional- und Terminmärkte scheitern bekanntlich nach den Regeln der Kombinatorik an prohibitiven Transaktionskosten. Die Versicherungsmärkte verfehlen optimale Lösungen, wenn sie mit partiell korrelierten Risiken, Principal-Agent- und Moral-Hazard-Problemen konfrontiert werden. Somit entsteht zur Bewältigung der unvollkommenen Voraussicht ein Spielraum für weitere risikoallozierende Institutionen.

Eine derartige Institution stellen »implizite Versicherungen« dar. Implizite Versicherungen beziehen sich meist auf *allgemeine Ertragsrisiken*, die aufgrund spezifischer Moral-Hazard-Probleme als *nichtversicherbare* Risiken gelten.[15] Um nicht auf »unfaire« explizite Ver-

15 Diese Charakterisierung ist nur bedingt gerechtfertigt. Moral-Hazard-Probleme verhindern zwar unausweichlich aktuarisch faire Versicherungsprämien, weil die Versicherungsnehmer entweder die anfallenden Kontrollkosten der Versicherungsgeber über die Prämien begleichen oder sich mit dem unvollständigen Schutz anreizkompatibler Versicherungsverträge begnügen müssen, aber grundsätzlich wären anreizkompatible Versicherungen allgemeiner Ertragsrisiken durchaus denkbar. Die expliziten Versicherungen kommen nur deswegen nicht zur Anwendung, weil für Ertragsrisiken – und insofern ist die obige Charakterisierung zutreffend – billigere Lösungen existieren, die keine oder weniger gravierende Moral-Hazard-Probleme aufwerfen. Beispielhaft hierfür ist die bereits beschriebene Risikokonsolidie-

sicherungen zurückgreifen zu müssen, entwickeln die Wirtschaftssubjekte stets neue Formen der Risikodiversifizierung (z.B. die Bildung von »Ressourcenpools« in der Form diversifizierter Unternehmen) und des Risikotransfers. Akteure mit leichterem Zugang zu risikokonsolidierenden Institutionen oder Akteure mit einer höheren Risikotoleranz bieten implizite Versicherungen an, indem sie mit langfristigen Verträgen einen Teil der Ertragsrisiken übernehmen.

Ressourcenpools und langfristig angelegte Transaktionsbeziehungen sind konstitutive Bestandteile einer arbeitsteiligen Gesellschaft mit risikoaversen Wirtschaftssubjekten, weil risikoaverse Individuen die vielbeschworenen Produktivitätsfortschritte durch Arbeitsteilung und Spezialisierung nur dann vollständig ausschöpfen, wenn die Ertragsrisiken transaktionsspezifischer Sach- und Humankapitalinvestitionen, die für jede Spezialisierung erforderlich sind, von den Transaktionspartnern mitgetragen oder anderweitig konsolidiert werden (vgl. hierzu Williamson 1985, S. 52ff.). Spezialisierung bedingt Faktorspezifität, Arbeitsteilung behindert die Faktormobilität. Würde die Koordination individueller Wirtschaftspläne ausschließlich über Spot-Märkte gemäß dem neoklassischen Grundmodell mit unvollständigen Konditionalmärkten erfolgen, wären risikoaverse Wirtschaftssubjekte freiwillig nicht bereit, komplexe arbeitsteilige Produktionsverhältnisse mit den daraus resultierenden Ertragsrisiken spezialisierter Ressourcen einzugehen. Folglich besteht ein Zielkonflikt der Wohlfahrtspolitik zwischen den *Mobilitätserfordernissen einer effizienten Ressourcenallokation* und den *Sicherheitserfordernissen einer produktivitätssteigernden Arbeitsteilung*. Staatliche Regelungen zur Bildung von Ressourcenpools und zur Lenkung langfristiger Transaktionsbeziehungen sollten beide Aspekte berücksichtigen.[16]

---

rungsfunktion der Eigenkapitalmärkte. Leider konsolidieren sie nur einen Teil der unabhängigen Ertragsrisiken, weil der Zugang zu den Eigenkapitalmärkten nicht kostenlos ist und für weniger fungible Vermögenstitel überhaupt nicht zur Verfügung steht.

16 Angesichts dieser widersprüchlichen Anforderungen an die staatliche Wohlfahrtspolitik, die statische Allokations- und dynamische Produktivitätsaspekte des Risikotransfers berücksichtigen soll, wäre es vermessen, ein vollständiges normatives Modell des »optimalen Risikotransfers« entwickeln zu wollen. Der hier vorgeschlagene Ansatz beschränkt sich daher auf wenige Mustervoraussagen über die Wir-

Zunächst betrachten wir den spontanen Risikotransfer (4.1.) und ermitteln die Vertragstypen, die zu einem wechselseitig vorteilhaften Transfer verschiedener Risiken benötigt werden. Dabei stellen wir fest, daß die Akteure für eine implizite Versicherung *negativ korrelierter Ertragsrisiken* lediglich langfristige Verträge abschließen müssen (4.1.1.), während der Transfer *unkorrelierter und positiv korrelierter Ertragsrisiken* juristische Innovationen voraussetzt, die korporative Akteure, unbefristete Verträge mit asymmetrischen Kündigungsfristen und trilaterale Verträge zulassen (4.1.2.). Stehen diese Vertragstypen den Wirtschaftssubjekten zur Verfügung, garantieren spontane bilaterale und trilaterale Risikotransfers allerdings noch keine effiziente Risikoallokation. Nach einer Zusammenfassung der Ergebnisse (4.1.3.) wird gezeigt, warum der spontane Risikotransfer bei asymmetrischer Markttransparenz der Vertragspartner ineffizient ist (4.2.). Abschließend werden methodologische Grenzen einer weiteren Konkretisierung des Konzepts der paretianischen Sozialpolitik vorgestellt (4.3.).

4.1. Die implizite Versicherung langfristiger Verträge

4.1.1 Der Risikotransfer mit unbefristeten Verträgen

Negativ korrelierte Risiken

Treten in einer Welt, die nur Spot-Märkte und keine sozialen Risiken im Sinne physisch zerstörbarer Ressourcen kennt, unvorhergesehene Änderungen der *Knappheitsrelationen* ein, erhalten die Eigentümer der knapper gewordenen Ressourcen einen *zufälligen* Einkommenszuwachs, während die übrigen Wirtschaftssubjekte schockbedingte Verluste hinnehmen müssen. Aufgrund derartiger Ertragsrisiken spezialisierter Ressourcen, die *perfekt negativ korreliert* sind, betrachten die Partner einer bilateralen Transaktion langfristige Verträge als paretosuperiore Institution, die dem Erwar-

kung des spontanen und des regulierten Risikotransfers, aus denen lediglich für ausgewählte Bereiche handlungsleitende Normen abgeleitet werden.

tungsausgleich dient, als implizite Versicherung fungiert und Risiken transferiert.[17]

Stimmen die Vertragspreise mit den zukünftigen Knappheitsrelationen überein, werden langfristige Verträge zur denkbar billigsten impliziten Versicherung der Ertragsrisiken, da sie, sieht man von Such- und Verhandlungskosten ab, überhaupt *keine* Kosten verursachen. Weichen die Vertragspreise von den zukünftigen Knappheitspreisen ab, werden die schockbedingten Folgen negativ korrelierter Ertragsrisiken gegenüber den Spot-Märkten gerade andersherum verteilt. Den Eigentümern der unerwartet knapper gewordenen Ressourcen wird aufgrund der langfristigen Verträge die Realisation potentieller Zufallsgewinne temporär verwehrt, den anderen Individuen bleiben drohende Verluste vorübergehend erspart. Die langfristigen Verträge »versichern« daher negativ korrelierte Risiken; Zufallsgewinne verschwinden ebenso wie Zufallsverluste. Die implizite Versicherungsprämie trägt immer die Marktseite, die vorübergehend an der Realisation der Zufallsgewinne gehindert wird. Wer im Falle nichtantizipierter Änderungen der Knappheitsrelationen auf die Realisation der Zufallsgewinne verzichten muß, ist ex ante, zum Zeitpunkt des Vertragsabschlusses, unbekannt. Aus der Sicht risikoaverser Wirtschaftssubjekte kann es gar keinen günstigeren Risikotransfer geben.[18]

---

17 Sind sich die Akteure annahmegemäß sicher, daß sie die Leistungsverpflichtungen langfristiger Verträge erfüllen können, müssen, damit langfristige Kontrakte beiden Seiten Vorteile bescheren, die von den Vertragspartnern erwarteten Knappheitsrelationen keineswegs übereinstimmen. Erwartet der Anbieter für seine Transaktionsobjekte in der Zukunft niedrigere Preise als der Nachfrager, präferieren beide Marktseiten zukünftig geltende Tauschrelationen, die zwischen den von ihnen erwarteten Knappheitsrelationen liegen. Ist von den beiden Transaktionspartnern mindestens einer bezüglich der Ertragsrisiken seiner Ressourcen gar noch risikoavers, weiten sich die Einsatzmöglichkeiten langfristiger Verträge aus, weil ein risikoaverser Anbieter (Nachfrager) einen sicheren vertraglich festgelegten Zukunftspreis unterhalb (oberhalb) der zukünftig erwarteten Knappheitsrelation den unsicheren Tauschrelationen der Zukunft vorzieht, sofern sich der Vertragspreis nicht zu weit von den erwarteten Knappheitsrelationen entfernt (vgl. Working 1953, 1962).

18 Üblicherweise werden temporäre Preis- oder – allgemeiner – Vertragsrigiditäten nicht als Ergebnis versichernder und risikotransferie-

Nicht-negativ korrelierte Risiken

Wären alle Risiken perfekt negativ korreliert, gäbe es überhaupt keine Spot-Märkte mehr. Langfristige Verträge verlieren als implizite Versicherung jedoch viel von ihrer Attraktivität, sobald soziale Risiken auftreten. Durch soziale Risiken, beispielsweise die drohende Zerstörung von Ressourcen, sehen sich die Wirtschaftssubjekte ihrer Sicherheit beraubt, langfristig wirksame Leistungsverpflichtungen erfüllen zu können. Daraufhin schrecken risikoaverse Wirtschaftssubjekte vor langfristigen Leistungsverpflichtungen zurück und übertragen dadurch Unsicherheit auf andere Märkte. Sie behindern dort die »billige« implizite Versicherung negativ korrelierter Ertragsrisiken mit langfristigen Verträgen. Kein risikoaverses Individuum wird sich nämlich auf einer Marktseite, der Input- oder Outputseite, in allen Aktionen für die Zukunft festlegen, wenn sich nichtantizipierte Änderungen der Knappheitsrelationen auf den Spot-Märkten der anderen Marktseite unmittelbar in Preis- und Mengenänderungen niederschlagen und so die Bankrottrisiken erhöhen können. Folglich werden, wenn soziale Risiken existieren, Ertragsrisiken versichernde Vertragslaufzeiten von risikoaversen Akteuren nur vereinbart, wenn mindestens eine der nachfolgenden Bedingungen erfüllt ist. Es darf nur ein bestimmter Anteil des gesamten Vermögens langfristig gebunden sein. Für die verschiedenen Transaktionsobjekte der Input- und der Outputseite müssen simultan langfristige Verträge abgeschlossen werden, damit zukünftigen Verpflichtungen sichere Einnahmen und Lieferungen gegenüberstehen. Ereignisrisiken müssen explizit versichert oder durch

---

render Vertragslaufzeiten gedeutet, sondern als effizienzmindernde Allokationsstörung betrachtet. Eine Welt ohne Unsicherheit, Irreversibilitäten und Transaktionskosten läßt auch gar keine andere Interpretation zu. In einer Welt mit unvollkommener Voraussicht risikoaverser Wirtschaftssubjekte gehen dagegen von versichernden Vertragslaufzeiten im Ausgangszeitpunkt positive Wohlfahrts- und Produktivitätseffekte aus, die gegen die potentiellen Allokationsstörungen der Folgeperioden aufgerechnet werden müssen. Ohne soziale Diskontierungsrate ist eine abschließende Beurteilung unmöglich. Mit zunehmender Faktorspezifität und Risikoaversion der Wirtschaftssubjekte werden paretianisch legitimierbare Preisrigiditäten immer wahrscheinlicher.

Dispositionsbefugnisse über unabhängig einsetzbare Ressourcen diversifiziert sein.[19]

Ohne komplementäre Ressourcenpools müssen risikoaverse Akteure die von langfristigen Bindungen ausgehenden Bankrottrisiken reduzieren, indem sie langfristige Verträge auflösbar gestalten. Viele Kontrakte sind deshalb unbefristete Verträge mit vereinbarten Kündigungsfristen. Solche Verträge, nachfolgend als *risikoallozierende Kontrakte* bezeichnet, haben mehrere Vorteile:

- Sie senken die Transaktionskosten einer – gemessen an der angestrebten Vertragslaufzeit – »vorzeitigen« Vertragsauflösung.
- Mit asymmetrischen Kündigungsfristen können Risiken *ex ante* auf die risikotoleranteren Akteure übertragen werden.
- Sie können als unvollständig spezifizierte Verträge Moral-Hazard-Probleme besser bewältigen als explizite Versicherungen. Dennoch werden sie, wie die Analyse von Superspielen zeigt (vgl. z.B. Luce/Raiffa 1957, S. 97ff.), nicht leichtfertig gekündigt, da die intendierten Leistungsverpflichtungen unvollständig spezifizierter Verträge bei einem absehbaren Ende der Austauschbeziehung nicht mehr vollständig durchgesetzt werden können.

Wie nachfolgend gezeigt wird, erfordert die Nutzung des letztgenannten Vorteils risikoallozierender Verträge allerdings trilaterale Verträge, die insbesondere auf den Arbeitsmärkten von herausragender Bedeutung sind.

---

19 Wer über geeignete Ressourcenpools verfügt, genießt daher mit wachsendem Risikokonsolidierungspotential dieser Pools neben den direkt hieraus entspringenden Wohlfahrtsgewinnen darüber hinaus den Nutzen der erweiterten Einsatzmöglichkeiten versichernder Vertragslaufzeiten. Dieser Nutzen umfaßt nicht nur die Produktivitätseffekte transaktionsspezifischer Investitionen, sondern aufgrund der vergleichsweise geringeren Bankrott- bzw. Ertragsrisiken verbesserte Zugangsmöglichkeiten zu diskriminierenden Kreditmärkten, was den Ressourcenpools erhebliche Wettbewerbsvorteile verschafft und sie als komplementäre Institutionen impliziter Versicherungen ausweist, ohne die eine komplexe Arbeitsteilung mit risikoaversen Wirtschaftssubjekten undenkbar wäre.

4.1.2 Risikotransfer mit impliziten und trilateralen Verträgen

Moral-Hazard und Kündigungsschutz

Gegenüber Spot-Märkten transferieren Kontrakte mit asymmetrischen Kündigungsfristen den größten Teil aller Risiken ex ante auf jene Wirtschaftssubjekte, die sich zur Einhaltung der relativ längeren Kündigungsfristen verpflichten. Risikoneutrale Akteure bieten risikoaversen Individuen solche Verträge zum gegenseitigen Vorteil an, wenn die Transaktionspartner eine »implizite Versicherungsprämie« in Form eines ausreichend vom erwarteten Spot-Marktpreis zugunsten des »Versicherers« abweichenden Vertragspreises akzeptieren. Diese Verträge spielen in der auf Azariadis (1975), Baily (1974) und Gordon (1974) zurückgehenden »Kontrakttheorie« zur Erklärung unflexibler Reallöhne eine zentrale Rolle (vgl. hierzu Akerlof/Miyazaki 1980 und Klein 1984).

Gordon (1974, S. 442ff.) geht davon aus, daß systematische Unterschiede marktrelevanter Risikopräferenzen zwischen Unternehmen und Arbeitnehmern vorliegen, weil Human- und Sachkapital gleichermaßen spezialisiert und nicht kostenlos von einer Verwendung in die andere transferierbar, die nichtversicherbaren Ertragsrisiken des Sachkapitals aber im Gegensatz zu denen des Humankapitals über die Kapitalmärkte diversifizierbar sind. »Humankapitalmärkte« existieren nicht. Die Substitutionsrate des Einkommensrisikos von Sach- und Humankapital ist daher weder gleich noch ausgleichbar. Zudem stellen Unternehmen, die über viele Ressourcen verfügen, bereits konsolidierende Risikopools dar. Die Unternehmen verhalten sich folglich selbst mit risikoaversen Eigentümern des Sachkapitals tendenziell risikoneutral, die Eigentümer des Humankapitals äußern sich hingegen unmodifiziert risikoavers und akzeptieren risikoallozierende Verträge mit Reallöhnen, die, gemessen an den durchschnittlichen Werten eines längeren Zeitraumes, unterhalb des markträumenden Niveaus liegen.

Bieten Unternehmen ihren Beschäftigten eine Einkommensgarantie einschließlich eines Kündigungsschutzes, handeln sie sich mit unvollständig spezifizierten Arbeitsverträgen, die Kontrollkosten verursachen, für den Zeitraum der Kündigungsfrist Moral-Hazard-Probleme ein. Zu deren Bewältigung bieten sich gemäß der

Kontrakttheorie i.w.S., die den Transaktionskostenansatz der Theorie interner Arbeitsmärkte umfaßt (vgl. Williamson/Harris/Wachter 1975 und Becker 1985), und in Anlehnung an die Kontrakttheorie i.e.S., die sich auf implizite Kontrakte stützt, zwei verschiedene Lösungen an, die einer expliziten Versicherung der Ertragsrisiken des Humankapitals nicht zur Verfügung stehen.

Folgt man der Argumentation des transaktionskostentheoretischen Ansatzes, erscheint das Moral-Hazard-Problem expliziter Kündigungsfristen weniger gravierend: Die Existenz von Unternehmen beruht darauf, daß deren organisationsinternen Anreizstrukturen mit unspezifizierten Arbeits- anstelle von Werkverträgen Transaktionskosten senken. Die optimalen organisationsinternen Anreizstrukturen hängen ebenso von unternehmensspezifischen Faktoren wie von der Arbeitsmarktsituation ab und müssen erst »entdeckt« werden (vgl. Miyazaki 1977). Sie beinhalten Karrieren, die unkündbaren Beschäftigten mit unkooperativem Verhalten vorenthalten werden. Erfolgte der Unternehmenseintritt des Arbeitnehmers aufgrund karrierebezogener Einkommenserwartungen, treten keine speziellen Moral-Hazard-Probleme wegen des expliziten Kündigungsschutzes auf. Die Kündigungsdrohung wird durch die Drohung ersetzt, erwartete Karrieren zu verhindern. Unternehmen, die komplexe und erfolgreiche Anreizstrukturen entwickelt haben, neigen folglich mehr als andere Unternehmen dazu, ihren Beschäftigten expliziten Kündigungsschutz zu gewähren. Unternehmen mit beschränkten unternehmensbezogenen Karrieremöglichkeiten ihrer Mitarbeiter müssen das Moral-Hazard-Problem des Kündigungsschutzes anders lösen.[20]

Die Kontrakttheorie i.e.S., die keine Transaktionskosten berücksichtigt, klammert das Moral-Hazard-Problem des *expliziten* Kündigungsschutzes aus und behandelt lediglich *impliziten*, also nichteinklagbaren und grundsätzlich aufhebbaren Kündigungsschutz. Damit die Beschäftigten eines Unternehmens einen risikoallozierenden Ar-

20 Umgekehrt gilt: Existiert ein verbindlicher Kündigungsschutz von Arbeitnehmern, sind die betroffenen Unternehmen gezwungen, karriereträchtige Anreizstrukturen zu schaffen. Das japanische Modell des »Arbeiterbeamtentums« ist folglich nur im Rahmen großer Unternehmen mit komplexen und karriereträchtigen Anreizstrukturen denkbar.

beitsvertrag mit implizitem Kündigungsschutz und expliziten Reallohneinbußen als Versicherungsprämie akzeptieren, muß das Unternehmen anderweitig glaubhaft machen, daß es bei kooperativem Verhalten der Vertragspartner den impliziten Kontrakt einzuhalten gedenkt. Um sich diese Vertragsform verfügbar zu halten, ist es auf seine Reputation als »fairer« Arbeitgeber angewiesen.

Reputation und Mitbestimmung

Der Versuch, implizite Verträge mittels Reputationsstrategien zu stabilisieren, wirft erhebliche Probleme auf. Die Reputation ist ein störanfälliges Signal. Leider wurde dies in der Kontrakttheorie bislang unzureichend beachtet. Der Aufbau einer glaubwürdigen Reputation benötigt viel Zeit, und mit jeder Nichteinhaltung des nichteinklagbaren Kündigungsschutzes, auch wenn die Kündigung durch unkooperatives Verhalten des betreffenden Arbeitnehmers noch so gerechtfertigt erscheinen mag, läuft ein Unternehmen Gefahr, seine mühsam aufgebaute Reputation zu verlieren. Um bei günstiger Konjunkturlage die Abwanderung der unterhalb des markträumenden Niveaus entlohnten Arbeitnehmer zu verhindern, muß das Unternehmen Entlassungen auf jene Arbeitskräfte beschränken, die als Verursacher von Moral-Hazard-Problemen von den verbliebenen (und potentiellen) Beschäftigten anerkannt werden. Jede weitere Entlassung würden die Arbeitnehmer als Bruch des impliziten Vertrags interpretieren, die daraufhin keine Reallohneinbußen mehr hinnehmen. Somit löst der implizite Kündigungsschutz das Moral-Hazard-Problem nur dann, wenn die Reputation trotz gelegentlicher Entlassungen hinreichend stabilisiert werden kann.

Das Problem der Reputationsstabilisierung betrifft auch die Kontrakttheorie i.w.S., die zeigt, daß sogar expliziter Kündigungsschutz möglich ist, wenn die Unternehmen dem Moral-Hazard-Problem mit organisationsinternen und karriereträchtigen Anreizstrukturen begegnen. Die Karrieren werden, um »motivational hazard« zu verhindern, niemals explizit in die Verträge aufgenommen (vgl. Okun 1981, S. 87). Jetzt interpretieren Arbeitnehmer die Behinderungen der angestrebten Karrieren als Bruch des impliziten und langfristigen Arbeitsvertrages. Fühlen sich die Arbeitnehmer behindert, reagieren sie opportunistisch. Sie schränken angesichts der verwehrten Karrieren ihre Leistungsbereitschaft ein und erfüllen nur noch kontrollierbare und einklagbare Verpflichtungen. Aufgrund des expliziten Kündigungsschutzes und der unzureichenden Kontrollsysteme – schließlich sollten die Anreizstrukturen Transaktionskosten einsparen – kann die Arbeitsproduktivität daraufhin erheblich sinken. Die organisationsinternen Anreizstrukturen sind daher nur solange in beabsichtigter Weise wirksam und effizient, solange die betroffenen Arbeitnehmer die Besetzung der verschiedenen Hierarchiestufen als fair betrachten. »Fairneß« und »Effizienz« sind bezüglich impliziter Verträge keine unabhängigen Kategorien (vgl. Okun 1981, S. 85).

Eine ständige Gefährdung der Reputation geht außerdem von notwendigen Reformen der organisationsinternen Anreizstrukturen aus, wenn sich Arbeitnehmer durch abgeänderte Anreizstrukturen um zukünftig erwartetes Einkommen betrogen fühlen. Obwohl die zur Einsparung von Transaktionskosten eingesetzten Anreizstrukturen zu Faktorpreisen führen, die nur selten den Knappheitsrelationen entsprechen und dennoch aufgrund ihrer Anreizwirkungen effizient sein können, dürfen sie nicht völlig starr sein, weil einst bewährte Anreizstrukturen durch sich wandelnde Umweltbedingungen unbrauchbar werden. Effiziente Anreizstrukturen müssen stets neu entdeckt werden. Gelingen die notwendigen Reformen der Anreizstrukturen bei gleichzeitiger Reputationswahrung nicht, kann dies das Ende eines Unternehmens bedeuten. Demzufolge sind die Einsatzmöglichkeiten risikoallozierender Arbeitsverträge ohne ergänzende Maßnahmen zur Reputationsstabilisierung beschränkt.

Ein wichtiges Instrument zur Reputationsstabilisierung stellen *trilaterale Verträge* dar (vgl. hierzu Macneil 1974, 1978). Im Gegensatz zum klassischen Vertragsrecht, das nur erschöpfend spezifizierte Vereinbarungen kennt, sind trilaterale Verträge langfristig ausgerichtet, unvollständig spezifiziert und nehmen im Falle eines Konflikts zwischen den Vertragsparteien die zuvor vereinbarte Mithilfe Dritter als Schiedsrichter an. Genießen die Schiedsrichter das Vertrauen der Vertragspartner, lassen sich implizite Verträge mit minimalem Reputationsverlust situationsbezogen konkretisieren und korrigieren. Zur Übernahme der reputationswahrenden Schiedsrichterfunktion bieten sich institutionalisierte Mitbestimmungsregelungen an. Ihre Eignung ist allerdings nicht unumstritten. Tatsächlich eignen sie sich, wie nachfolgend gezeigt wird, mehr zur Reputationsstabilisierung impliziter Karriereversprechungen als zur Sicherung des impliziten Kündigungsschutzes. Außerdem sollten dann kollektive Lohnverhandlungen auf Unternehmensebene vermieden und auf einen anderen »Schiedsrichter« übertragen werden.

Freiwillig akzeptieren die Unternehmen keine unternehmensbezogenen Mitbestimmungsregelungen zur Stabilisierung des impliziten Kündigungsschutzes, wenn die Kompetenzen der Mitbestimmungsorgane eine Mitsprache bei Kündigungen, Neueinstellungen und der Lohnbildung umfassen. Bei einem derartigen »Schiedsrichter« besteht die Gefahr, daß seine Zustimmung zur Personalpolitik des Unternehmens von Lohnerhöhungen für bereits vorhandene bzw. verbleibende Arbeitnehmer abhängt. Je nach Aggregationsmodus der Arbeitnehmerpräferenzen eines Unternehmens werden hierdurch notwendige Entlassungen blockiert und/oder mögliche Neueinstellungen bei gegebenem Lohnsatz behindert. Mit den genannten Schiedsrichterkompetenzen unternehmensbezogener Mitbestimmungsregelungen brechen überwundengeglaubte Moral-Hazard-Probleme des impliziten Kündigungsschutzes erneut auf; zusätzlich leidet die Expansionsfähigkeit der Unternehmen.

Wesentlich günstiger fällt die Beurteilung institutionalisierter Mitbestimmungsregelungen aus der Sicht jener Unternehmen aus, die aufgrund komplexer Anreizstrukturen expliziten Kündigungsschutz gewähren (können). Ist das Unternehmen an Entlassungen grundsätzlich nicht interessiert, entfällt, da blockierte Entlassungen dem Unternehmen nicht mehr schaden, ein wichtiges Druckmittel der Mitbestimmungsorgane. Hat die Arbeitnehmervertretung außerdem keinen Einfluß auf die Lohnhöhe bestimmter Arbeitsplätze, kann sie die Einkommenssituation der Arbeitnehmer nur verbessern, wenn sie karrieremehrende Personalentscheidungen unterstützt. Derartige Schiedsrichter behindern im Rahmen komplexer Anreizstrukturen die Expansionsfähigkeit der Unternehmen nicht. Ihre zentrale Funktion ist aber die Reputationsstabilisierung. Wenn die impliziten Karriereversprechungen aufgrund neuer Umweltbedingungen nicht mehr dauerhaft einlösbar sind, tragen sie eine Reform bestehender Anreizstrukturen mit, um die immer noch möglichen Karrieren nicht zu gefährden. Durch die Einbeziehung der Arbeitnehmer in diesen Reformprozeß bleibt die Reputation des Unternehmens trotz der nicht eingelösten, impliziten Karriereversprechungen für die Arbeitnehmer mehrheitlich gewahrt.

Unternehmen mit komplexen Anreizstrukturen haben folglich gegen unternehmensbezogene Mitbestimmungsregelungen, die die Lohnbildung nicht beeinflussen, wenig einzuwenden. Institutionalisierte Mitbestimmungsregelungen erleichtern nämlich den Aufbau komplexer Anreizstrukturen und führen zu einer Ausweitung langfristig angelegter Austauschbeziehungen. Ohne Mitbestimmungsregelungen müßten die Unternehmen auf Reformen komplexer Anreizstrukturen und damit, um langfristig hinreichend flexibel zu bleiben, auf komplexe Anreizstrukturen weitgehend verzichten. Ohne komplexe Anreizstrukturen werden aber die Risiken transaktionsspezifischer Humankapitalinvestitionen unzureichend transferiert. Daher ist das Niveau transaktionsspezifischer Humankapitalinvestitionen und die unternehmensinterne Flexibilität der Arbeitsmärkte in Gesellschaften mit institutionalisierten Mitbestimmungsregelungen c.p. höher.

Reputation und kollektive Lohnverhandlungen bei positiv korrelierten Risiken

Eine völlig andere Form trilateraler Verträge fördert ebenfalls die langfristigen Transaktionsbeziehungen des Arbeitsmarktes, indem sie zur Bewältigung positiv korrelierter Risiken beiträgt. Gemeint sind Tarifverträge und kollektive Lohnverhandlungen, die unbefristete Arbeitsverträge den jeweiligen Umweltzuständen anpassen. Durch die Schiedsrichterfunktion kollektiver Lohnverhandlungen können die Vertragspartner der langfristig angelegten Arbeitsverträge auf eine exakte Festlegung der zukünftigen Entlohnung über die gesamte angestrebte Vertragslaufzeit verzichten und die damit verbundenen Risiken vermeiden.[21]

---

21 Da der größte Teil der negativ korrelierten Ertrags- und der unkorrelierten Ereignisrisiken ohne kollektive Lohnverhandlungen konsolidiert werden kann, beschränkt sich die risikoallozierende Funktion der Tarifvertragsregelungen daher auf die Vermeidung von Risiken, die mit den vorhandenen Institutionen nicht hinreichend konsolidierbar sind, nämlich auf die positiv korrelierten Ertragsrisiken des Humankapitals. Diese Funktion kollektiver Lohnverhandlungen wird in der ökonomischen Theorie selten berücksichtigt, weil positiv korrelierte Risiken nicht in gleichgewichtstheoretischen Modellen abgebildet werden können. Deshalb werden positiv korrelierte Risi-

Unabhängig davon, welche risikoallozierenden Institutionen sich im Zeitablauf entwickelt haben, sind positiv korrelierte Risiken prinzipiell nicht diversifizierbar. Dieses Kriterium trifft insbesondere auf Ertragsrisiken zu, die beispielsweise bei nahezu allen Produktionsfaktoren gleichzeitig im Konjunkturverlauf virulent werden. Angesichts dieser positiv korrelierten Ertragsrisiken wären – was die bisherige Kontrakttheorie ignoriert – selbst die Unternehmen, die bereitwillig unkorrelierte Risiken tragen würden, nicht bereit, Ertragsrisiken zu übernehmen und implizite Versicherungen anzubieten, wenn sich die Leistungsansprüche der Vertragspartner bei einem nichtantizipierten Eintritt positiv korrelierter Ereignisse nicht korrigieren ließen.[22]

Andererseits würden Arbeitnehmer keine risikoallozierenden Arbeitsverträge ohne eine explizite Festlegung der Löhne abschließen, wenn kein von ihnen akzeptierter Schiedsrichter die impliziten Lohnversprechungen langfristiger Arbeitsverträge wirkungsvoll überwachen könnte. Trilaterale Verträge in Form von kollektiven Lohnverhandlungen sind daher komplementäre Institutionen risikoallozierender Arbeitsverträge, sobald positiv korrelierte Ertragsrisiken auftreten (vgl. Malcomson 1983, S. 53). Gewerkschaften können folglich sowohl für die Arbeitnehmer als auch für die Unternehmer Vorteile haben.[23]

---

ken sowohl von der gleichgewichtstheoretischen Informationsökonomik als auch von der Kontrakttheorie ausgeklammert.

22 Ohne die korrigierende Schiedsrichterfunktion kollektiver Lohnverhandlungen müßten die an die Kündigungsfristen und an die verbindlichen Lohnvereinbarungen risikoallozierender Arbeitsverträge gebundenen Unternehmen auch die positiv korrelierten Ertragsrisiken übernehmen, obwohl nur unkorrelierte Risiken über die Eigenkapitalmärkte diversifizier werden können. Risikoaverse Kapitaleigner werden dann auch keine unkorrelierte Ertragsrisiken des Humankapitals mehr übernehmen.

23 In der Bundesrepublik Deutschland sind Tarifverträge nur für die Vertragsparteien bindend. Die Arbeitgeber könnten diese unterlaufen, indem sie aus den Arbeitgeberverband austreten würden. Sie müssen folglich einen Nutzen von der Mitgliedschaft haben, der vom Monopolmodell der Gewerkschaften nicht abgebildet wird (vgl. Althammer 1990, S. 27).

Folglich erfordert ein effizienter Risikotransfer auf dem Arbeitsmarkt unternehmensbezogene Mitbestimmungsregelungen, um unbefristete Verträge mit asymmetrischen Kündigungsfristen zu realisieren, und unternehmensübergreifende kollektive Lohnvereinbarungen, um die Unternehmen trotz nicht diversifizierbarer Konjunkturrisiken zur freiwilligen Übernahme der Ertragsrisiken transaktionsspezifischer Humankapitalinvestitionen zu bewegen.

4.1.3. Zusammenfassung

Die vorausgegangene Darstellung des Risikotransfers mit langfristigen Verträgen und komplementären Institutionen zeigt, welche Vereinbarungen zur Bewältigung verschiedenartiger Risiken aus der Sicht der jeweiligen Vertragspartner vorteilhaft sind. Aufgrund externer Effekte solcher Vereinbarungen können aus den Vorteilen, die den Vertragspartnern zugute kommen, noch keine Interventionsregeln abgeleitet werden, nach denen der Staat die praktizierten Methoden des Risikotransfers unterstützen oder unterbinden sollte. Bevor wir uns dieser Frage zuwenden, fassen wir die bisherige Diskussion zusammen.

Ertragsrisiken sind aufgrund asymmetrischer Information trotz entwickelter Versicherungsmärkte niemals mit aktuarisch fairen Prämien versicherbar. Andererseits gehen risikoaverse Individuen komplexe arbeitsteilige Produktionsverhältnisse, die Irreversibilitäten schaffen, freiwillig nur ein, wenn die aktuellen Spezialisierungsvorteile und die Ertragsrisiken spezifischer Produktionsfaktoren abgesichert werden. Risikoaverse Wirtschaftssubjekte sind daher stets auf der Suche nach billigen Methoden, um die Ertragsrisiken zu konsolidieren und auf Handlungseinheiten mit größerer Risikotoleranz zu transferieren.

Gäbe es ausschließlich negativ korrelierte Ertragsrisiken und keine sozialen Risiken, wäre ein vollständiges Regime langfristiger Verträge die billigste Sicherheitsproduktion. Stimmen die Vertragspreise mit den zukünftigen Knappheitsrelationen überein, sind die Ertragsrisiken mit langfristigen Verträgen kostenlos »versichert«. Ohne diese Übereinstimmung verhindern langfristige Verträge Zufallsverluste und Zufallsgewinne – für risikoaverse Wirtschaftssubjekte eine optimale Risikoinzidenz.

Sobald jedoch soziale Risiken auftreten, ist ein vollständiges Regime langfristiger Verträge nicht mehr realisierbar. Die Wirtschaftssubjekte sehen sich der Sicherheit beraubt, langfristige Vertragsverpflichtungen dauerhaft erfüllen zu können, weshalb nur noch die Akteure, die über einen risikokonsolidierenden Ressourcenpool verfügen, in der Lage sind, langfristige Verträge ohne erhöhtes Bankrottrisiko einzugehen. Risikoaverse Wirtschaftssubjekte streben die Bildung solcher Ressourcenpools an und übertragen Dispositionsbefugnisse an einen korporativen Akteur. Da das bestehende Recht nicht jede beliebige Form korporativer Akteure zuläßt und sich nicht alle Ressourcen gleichermaßen zur Bildung eines risikokonsolidierenden Ressourcenpools eignen, müssen die Wirtschaftssubjekte den Bankrottrisiken langfristiger Verträge dadurch begegnen, daß sie nur einen Teil ihrer zukünftigen Aktionen langfristig binden, die Transaktionskosten einer vorzeitigen Vertragsauflösung durch unbefristete Verträge mit zuvor vereinbarten Kündigungsfristen senken und Risiken mittels asymmetrischer Kündigungsfristen auf jene Akteure übertragen, die über das größere Risikokonsolidierungspotential verfügen und/oder eine größere Risikotoleranz besitzen.

Die Möglichkeit, Risiken mit asymmetrischen Kündigungsfristen unbefristeter Verträge ex ante zu allozieren, läßt sich problemlos nutzen, wenn der Tausch keine hohen Transaktionskosten verursacht. Sind die Leistungsverpflichtungen der Vertragspartner jedoch nur mit erheblichem Aufwand einklagbar, sieht sich der Anbieter einer impliziten Versicherung für den Zeitraum der gewährten Kündigungsfrist Moral-Hazard-Risiken ausgesetzt. Das behindert insbesondere die Verbreitung risikoallozierender Arbeitsverträge, obwohl die potentiellen Vorteile risikoallozierender Verträge selten deutlicher zu Tage treten als bei Verträgen zwischen risikoneutralen Unternehmen und risikoaversen Arbeitnehmern, da die Arbeitnehmer die Ertragsrisiken des Humankapitals wegen fehlender Humankapitalmärkte nicht diversifizieren können. Um die potentiellen Vorteile risikoallozierender Arbeitsverträge trotz der Moral-Hazard-Probleme des Kündigungsschutzes auszuschöpfen, werden implizite Verträge abgeschlossen.

Implizite Arbeitsverträge umfassen nicht einklagbare Kündigungsschutz- und Karriereverspechen. Damit die Beschäftigten eines Unternehmens risikoallozierende Arbeitsverträge mit impliziten

Vertragsleistungen und expliziten Reallohneinbußen als Versicherungsprämie akzeptieren, müssen die Unternehmen versuchen, ihre Reputation als »faire« Arbeitgeber zu wahren. Diese Reputation ist ein störanfälliges Signal. Eine ständige Gefährdung der Arbeitgeberreputation geht von nahezu allen Personalentscheidungen wie Kündigungen, Besetzungen der verschiedenen Hierarchiestufen und von notwendigen Reformen organisationsinterner Anreizstrukturen aus. Effiziente Anreizstrukturen müssen stets neu entdeckt und implementiert werden, weshalb komplexe organisationsinterne Anreizstrukturen eines Unternehmens ohne Gefährdung der Reputation nur dann reform- und folglich erst dann einsatzfähig sind, wenn die Vertragspartner ergänzende Maßnahmen zur Reputationsstabilisierung ergreifen.

Ein wichtiges Instrument zur Reputationsstabilisierung stellen trilaterale Verträge mit Schiedsrichtern dar, auf die sich die Transaktionspartner bei Vertragsabschluß einigen. Für die reputationswahrende Schiedsrichterfunktion bieten sich bei risikoallozierenden Arbeitsverträgen mit explizitem Kündigungsschutz und impliziten Karriereversprechungen institutionalisierte Mitbestimmungsregelungen an, sofern die unternehmensbezogenen Mitbestimmungsorgane die Lohnbildung nicht beeinflussen. Zur Stabilisierung des impliziten Kündigungsschutzes sind trilaterale Verträge weniger gut geeignet.

Trilaterale Verträge in Form von Tarifverträgen und kollektiven Lohnverhandlungen zwischen Arbeitgeberverbänden und Gewerkschaften sind eine komplementäre Institution langfristig angelegter Vertragsbeziehungen im Rahmen komplexer organisationsinterner Anreizstrukturen, sobald positiv korrelierte Ereignisse und prinzipiell nicht diversifizierbare Ertragsrisiken auftreten. Durch periodisch stattfindende kollektive Lohnverhandlungen werden langfristig angelegte Arbeitsverträge, die als Basis komplexer Anreizstrukturen dienen, für beide Vertragsseiten erst akzeptabel, weil auf eine exakte Festlegung der zukünftigen Entlohnung über die gesamte angestrebte Vertragslaufzeit verzichtet und auf eine faire situationsabhängige Konkretisierung der Vertragskonditionen vertraut werden kann, sofern das institutionelle Design der kollektiven Lohnverhandlungen entsprechende Anreize bietet.

Institutionalisierte Mitbestimmungsregelungen und kollektive Lohnverhandlungen ermöglichen erst die beeindruckende Verbreitung risikoallozierender Arbeitsverträge bei simultaner Flexibilität organisationsinterner und transaktionskostensparender Anreizstrukturen eines Unternehmens. Nur durch eine geeignete Ausgestaltung und Kombination unbefristeter, impliziter und trilateraler Verträge sind demnach die Ertragsrisiken des Humankapitals überhaupt transferierbar. Den entsprechenden staatlichen Regelungen kommt daher eine zentrale Bedeutung für die Risikoallokation und -inzidenz zu, die sich auf die Tiefe der Arbeitsteilung, auf das Volumen transaktionsspezifischer Investitionen, auf die Produktivitätsentwicklung und Effizienz der Ressourcenallokation auswirken.

4.2 Spontaner versus regulierter Risikotransfer

Mustervoraussagen über externe Effekte risikoallozierender Kontrakte

Die obige Darstellung impliziter Versicherungen hat lediglich aufgezeigt, welche Kontrakttypen risikoaverse Wirtschaftssubjekte zur Bewältigung verschiedener Risikokonstellationen im Rahmen bi- und trilateraler Transaktionen benötigen. Sind diese Kontrakttypen verfügbar, vereinbaren die Wirtschaftssubjekte risikoallozierende Kontrakte, die – bei symmetrischer Markttransparenz – neben den positiven Wohlfahrtseffekten für die vertragsschließenden Parteien auch positive externe Produktivitätseffekte in einer arbeitsteiligen Gesellschaft mit risikoaversen Wirtschaftssubjekten aufweisen. Hieraus lassen sich jedoch noch keine wirtschaftspolitischen Handlungsnormen ableiten, da die für die Vertragspartner vorteilhaften Vereinbarungen nicht zwangsläufig mit den Plänen anderer Wirtschaftssubjekte kompatibel sind. Verzögern risikoallozierende Verträge die Preisanpassungen an nichtantizipierte Änderungen der Knappheitsrelationen, werden unbeteiligte Akteure rationiert. Die vertraglichen Risikotransfers sind deshalb nur dann paretosuperior, wenn die Wohlfahrtsgewinne risikoallozierender Verträge zur Kompensation rationierter Handlungseinheiten ausreichen und die Kompensation tatsächlich erfolgt. Ob die positiven Wohlfahrtseffekte risikoallozierender Vertragsarrangements zur tatsächlichen oder auch nur zur potentiellen Kompensation ausreichen, läßt sich ex ante nie zweifelsfrei feststellen. Ohne Kenntnis der Nettowohlfahrtseffekte lassen sich aber auch keine eindeutigen Kriterien dafür entwickeln, unter welchen Umständen der Staat den spontanen Risikotransfer dulden oder die Vertragsfreiheit einschränken sollte. Über einige unorthodoxe Umwege sind dennoch einige handlungsleitende Normen ermittelbar.

Die Kosten einer staatlichen Bürokratie, die gemäß eindeutiger Kriterien jede Transaktionsbeziehung einer Einzelfallprüfung unterzöge und hierauf abgestimmte Transferzahlungssysteme zur Kompensation rationierter Akteure implementieren würde, wären prohibitiv. Will die Sozialpolitik paretianisch sein, muß sie diese Kosten berücksichtigen. Ohne Einzelfallprüfungen müssen risikoallozierende Vertragsarrangements anhand von Mustervoraussagen beurteilt werden. Nachfolgend werden Mustervoraussagen mit Hilfe einiger Modifikationen der Suchtheorie ermittelt. Sie prognostizieren, daß spontan vereinbarte Kündigungsfristen mit Sicherheit ineffizient sind und zu einem »paradoxen Risikotransfer« führen, wenn eine hochgradige Asymmetrie der Markttransparenz zwischen den Transaktionspartnern eines Marktes vorliegt. Handlungseinheiten, die über einen großen Ressourcenpool verfügen, haben meist auch die bessere Markttransparenz, durch deren Ausbeutung es ihnen gelingt, Risiken auf Individuen zu übertragen, die über keinen risikokonsolidierenden Ressourcenpool verfügen und deshalb zur Übernahme der Risiken nicht geeignet sind. Solche »paradoxe Risikotransfers« implizieren Irreversibilitäten, denen keine positiven Wohlfahrts- und Produktivitätseffekte gegenüberstehen. Derartigen Vereinbarungen sollte der Staat den Rechtsbehelf entziehen. Kann eine überraschende Kündigung beim Vertragspartner hohe Mobilitätskosten verursachen, die ihn erpreßbar machen, ist es dagegen angebracht, die Einhaltung angemessener Kündigungsfristen zu erzwingen.

Selbstverständlich vermag keine Behörde bei jeder Vereinbarung die Markttransparenz und die Mobilität der Vertragspartner zu prüfen. Allerdings sind wiederum Mustervoraussagen bezüglich bestimmter Transaktionsobjekte möglich. So werden die Mieter einer Wohnung bei fristlosen Kündigungen zur Vermeidung drohender Mobilitätskosten auch unfairen Änderungskündigungen zustimmen, deren Konditionen nicht den Knappheitsverhältnissen entsprechend. Bei Arbeitsverträgen, um ein anderes Beispiel zu nennen, liegt meist asymmetrische Markttransparenz vor, die zu einer Benachteiligung der Arbeitnehmer führt. Eine Bindung der Arbeitnehmer an lange Kündigungsfristen würde diese Benachteiligung unnötig stabilisieren. *Objektspezifische Beschränkungen der Vertragsfreiheit sind folglich ein wohlbegründeter Bestandteil der paretianischen Sozialpolitik.*

Die Determinanten der asymmetrischen Markttransparenz und Ausbeutung

Das Phänomen asymmetrischer Preisinformation, das wir, um es besser vom Problem der asymmetrischen Qualitätsinformationen abzuheben, mit »*asymmetrischer Markttransparenz der Vertragspartner*« umschreiben, wird in der Literatur, wenn überhaupt, nur am Rande behandelt, obwohl bereits mit geringfügigen Ergänzungen der Suchtheorie gezeigt werden kann, daß bei rationalem Verhalten aller beteiligten Akteure systemmatische Unterschiede der Markttransparenz auftreten und ausgebeutet werden können. Die Folgen sind ineffiziente Abweichungen von den Gleichgewichtspreisen sowie ein ineffizienter und paradoxer Risikotransfer durch langfristige Verträge.

Ausgangspunkt ist die bahnbrechende Arbeit von Stigler (1961). Er versuchte herauszufinden, wann rational handelnde Individuen den Suchprozeß stoppen, wenn die Suchkosten bekannt und die Preise normalverteilt sind. Rational handelnde Individuen müßten demnach solange suchen, bis die erwarteten Grenzerträge den Grenzkosten der Suchaktivitäten entsprechen. Damit ist das Problem des optimalen Stoppens keineswegs gelöst. Während nämlich Stigler nach dem vorgegebenen Kalkül die optimale Zahl der Preisbeobachtungen vor dem Beginn der Suche festzulegen versuchte, konnten McCall (1965, 1970) und Nelson (1970) zeigen, daß sequentielle Suchprozesse überlegen sind. Sequentielle Suchmodelle bilden Wirtschaftssubjekte ab, die nach jeder Preisprüfung erneut über die Fortsetzung des Suchprozesses entscheiden. Kohn/Shavell (1974) gehen noch einen Schritt weiter. Im Gegensatz zum statischen Fall, bei dem unterstellt wird, die Verteilung der Grundgesamtheit sei den Suchenden bekannt, gehen sie im adaptiven Fall davon aus, daß die Suchenden aus jeder Preisbeobachtung eine zusätzliche Information über die wahrscheinliche Preisverteilung beziehen. Im adaptiven Fall nimmt die Dauer der Suchprozesse gegenüber dem statischen Fall zu, weil der Nutzen zusätzlicher Informationen über die wahrscheinliche Preisverteilung eine längere Suche rechtfertigt. Umgekehrt sinkt die Suchdauer mit steigender Zeitpräferenzrate und mit wachsenden Suchkosten ebenso wie mit zunehmender Risikoaversion der Suchenden im »no recall«-Fall, in dem die bereits beobachteten Preisangebote erlöschen, wenn die Transaktionen nicht unmittelbar getätigt werden (vgl. Kohn/Shavell 1974, S. 94f. und S. 101ff.). Für Individuen mit relativ kurzer Suchdauer wird der Markt weniger transparent sein als für die übrigen Akteure.

Die Suchkosten und die unterschiedlichen Preisverteilungen sind für die Markttransparenz der Akteure von ausschlaggebender Bedeutung. Sie beeinflussen die erwartete Suchdauer und darüber hinaus noch die optimale *Suchstrategie*. Während die unterschiedlichen Preisverteilungen den optimalen Umfang einer ex ante festgelegten Stichprobe bei hohen Suchkosten kaum verändern, reagieren sequentielle Suchprozesse sensitiv auf die ursprünglich angenommene Preisverteilung und liefern, wenn die Suchenden im adaptiven Fall den falschen Verteilungstyp annehmen, sehr schlechte Ergebnisse (vgl. Gastwirth 1976, S. 40f. und S. 46f.). Daher kann keine eindeutige Regel des optimalen Stoppens bestimmt werden.[24] Gastwirth (1976, S. 42f.) kommt zu dem Schluß, daß Suchende häufig – aber eben auch nicht immer – bessere Ergebnisse erzielen, wenn sie »naive« Entscheidungsregeln anwenden, die nach einer bestimmten Stichprobe oder nach der Entdeckung eines mehr oder weniger willkürlich festgelegten Reservationspreises die Suche einfach abbrechen. Naive Entscheidungsregeln haben bei hohen Suchkosten Vorteile, nämlich den niedrigeren Erwartungswert der Gesamtkosten. Sind die Suchkosten dagegen niedrig, beobachten die Suchenden mit hoher Wahrscheinlichkeit hinreichend viele Preise, um falsche Annahmen über den Verteilungstyp zu bemerken. Sequentielle Suchprozesse liefern demnach bei niedrigen Suchkosten wahrscheinlich bessere Ergebnisse, während bei hohen Suchkosten naive Ent-

24 Dieses Ergebnis überrascht nicht, schließlich gibt es nunmal prinzipiell keine Regeln, die irrtumsfreie Lernprozesse garantieren könnten – und sequentielle Suchprozesse sind im adaptiven Fall nichts anderes als Lernprozesse. Nur vollkommen informierte Individuen unterliegen nie irgendwelchen Irrtümern, sie müssen aber auch nichts mehr lernen.

scheidungsregeln und entsprechend verkürzte Suchprozesse trotz der geringeren Markttransparenz vorteilhaft sind.

Der dargestellte Einfluß der Suchkosten auf die Suchstrategie und -dauer erlaubt uns Mustervoraussagen über die Markttransparenz zweier Transaktionspartner, sofern wir berücksichtigen, daß die Arbeiten von Kohn/Shavell (1974) und Gastwirth (1976) nur die Suchaktivitäten singulärer Transaktionen untersuchen. Plant eine Akteur dagegen *viele gleichartige Transaktionen*, sinken die Suchkosten je Transaktionseinheit, weil die gewonnene Preisinformation durch ihren fortgesetzten Gebrauch nicht konsumiert wird. Je mehr gleichartige Transaktionen ein Akteur plant, desto besser wird ihre Markttransparenz sein. Treffen nun Transaktionspartner aufeinander, deren gemeinsames Transaktionsobjekt für den einen häufig und für den anderen selten Gegenstand von Transaktionen ist, liegt mit großer Wahrscheinlichkeit eine *asymmetrische Markttransparenz* zwischen den Vertragspartnern vor. Sieht man einmal von den unterschiedlichen Spezialisierungsgraden der Handlungseinheiten ab, läßt sich diese Mustervoraussage noch weiter verallgemeinern. Handlungseinheiten mit einem kleinen Ressourcenpool werden aufgrund realer Unteilbarkeiten nur für wenige Objekte viele gleichartige Transaktionen planen können, während Handlungseinheiten, die über einen großen Ressourcenpool verfügen, für mehrere Objekte viele Transaktionen planen. *Handlungseinheiten mit dem relativ größeren Ressourcenpool werden i.d.R. eine bessere Markttransparenz haben als ihre Transaktionspartner.*

Diese Asymmetrie der Markttransparenz hat Konsequenzen. Der Akteur mit der besseren Markttransparenz vermag, da er die wahrscheinlichen Reaktionen seiner potentiellen Transaktionspartner und deren Alternativen kennt, die Preisspanne, innerhalb der es sich zu verhandeln lohnt, schneller und genauer festzustellen. Ist die Preisspanne gering und sind die Verhandlungskosten hoch, setzt er die Preise fest. Rational handelnde Unternehmen, die über große Ressourcenpools verfügen und, wie im Zeitalter der Massenproduktion üblich, innerhalb kurzer Zeit viele gleichartige Transaktionen planen, verzichten deshalb auf kostspielige bilaterale Verhandlungen und setzen sowohl Preise als auch – auf unorganisierten Arbeitsmärkten – die Löhne, und zwar unabhängig von der Marktform.[25] Selbstverständlich versuchen die preis- und lohnsetzenden Unternehmen, ihre Transaktionspartner auszubeuten, was ihnen aufgrund der besseren Markttransparenz auch gelingt. Die Akteure mit dem relativ kleineren Ressourcenpool und mit der schlechteren Markttransparenz werden, rationales Suchverhalten unterstellt, oftmals nicht lange genug suchen, um die für sie günstigsten Tauschrelationen zu finden. Daher erreichen Unternehmen ihr Gewinnmaximum mit einem Preis, der zwischen Monopol- bzw. Monopson- und Knappheitspreis liegt, auch wenn sie untereinander im Wettbewerb stehen (vgl. Rothschild 1973, S. 1296f.). Bei asymmetrischer Markttransparenz weichen die Tauschrelationen systematisch von den Knappheitsrelationen zugunsten der besser informierten Marktseite ab.

Allerdings kennen die Unternehmen die Suchstrategie ihrer Transaktionspartner nicht mit Sicherheit. Diese Unsicherheit beeinflußt erneut die Preis- und Lohnsetzungsstrategie der Unternehmen. So konnte Iwai (1974) zeigen, daß der optimale Preis unter Ungewißheit höher (niedriger) als unter Gewißheit ist, wenn die Unternehmen aufgrund ihrer Beobachtungen eine niedrige (hohe) Preiselastizität der Nachfrage vermuten. Ist die vermutete Elastizität des Arbeitsangebotes hoch, setzen die Unternehmen den Lohn bei Ungewißheit höher als bei Gewißheit et vice versa. Folglich führ die unvollständige Information der preis- und lohnsetzenden Unternehmen bei niedriger Lohnelastizität des Arbeitsangebotes und bei geringer Preiselastizität der Nachfrage zu einer weitergehenden Ausbeutung der Haushalte als bei vollständiger Information der Unternehmen.[26]

---

25 Preis- und lohnsetzende (Groß-)Unternehmen sind die logische Konsequenz realer Suchkosten und der daraus resultierenden Asymmetrie der Markttransparenz. Dabei sollte man nicht übersehen, »daß die Preissetzung eine der großen sozialen Anstrengungen der Unternehmerwirtschaft ist« (Streißler 1980, S. 50), auch wenn die daraufhin zu beobachtenden Tauschrelationen nur selten den Knappheitsrelationen entsprechen und nicht mit dem Modell der vollkommenen Konkurrenz übereinstimmen, das Rothschild (1971, S. 9) zutreffend als Utopie einer machtlosen Gesellschaft charakterisierte.

26 Das Iwai-Modell impliziert, daß Haushalte mit geringer Markttransparenz die Lohn- und Preissetzung der Unternehmen zu ihren Gun-

Beziehen die Haushalte diese Rückwirkungen ihres Suchverhaltens auf die Preis- und Lohnsetzungsstrategie der Unternehmen in ihre Entscheidung ein, müssen rational handelnde Haushalte ihre Suchstrategien gegenüber den Regeln des optimalen Stoppens nach Kohn/Shavell und Gastwirth dahingehend modifizieren, daß sie ihre Suchaktivitäten ausdehnen und den Unternehmen durch strategische Abwanderung oder Transaktionsabstinenz eine möglichst hohe Preiselastizität der Nachfrage und eine hohe Lohnelastizität des Arbeitsangebotes suggerieren. Erkennen oder vermuten die Unternehmen trotz dieses strategischen Suchverhaltens eine geringe Preis- bzw. Lohnelastizität, ist es für die Haushalte von Vorteil, den Unternehmen Gewißheit über die Reaktionen ihrer Transaktionspartner zu verschaffen.

Alle drei Verhaltensweisen, strategische Suchaktivitäten, strategische Abwanderung oder Transaktionsabstinenz sowie glaubwürdige Ankündigungen der Reaktionen auf Lohn- und Preisänderungen reduzieren zwar das Ausmaß der Ausbeutung, sie verursachen aber auch Kosten. Haushalte, die sich an diesen Kosten nicht beteiligen, können vom Nutzen der reduzierten Ausbeutung nicht ausgeschlossen werden. Aufgrund dieses Trittbrettfahrerproblems ist es wenig wahrscheinlich, daß die Tausch- den Knappheitsrelationen entsprechen oder sich diesen immerfort annähern (vgl. Rothschild 1973, S. 1288).

Weichen die Tauschrelationen erheblich von den Knappheitsrelationen ab, entsteht ein Spielraum für neue institutionelle Arrangements. Je größer die Abweichungen sind, desto wahrscheinlicher

---

sten beeinflussen können, indem sie die Unternehmen, die mit einer geringen Preis- bzw. Lohnelastizität rechnen, durch Ankündigungen oder durch »voice« im Sinne von Hirschman (1971) bereits vorab und nicht erst durch Abwanderungen (exit) über ihre Reaktionen auf Lohn- und Preisänderungen informieren und jene Unternehmen, die mit hohen Preis- und Lohnelastizitäten rechnen, im Ungewissen über ihre Reaktionen belassen. Erstaunlicherweise hat dieser Zusammenhang bis heute keinen Niederschlag in der Gewerkschaftsliteratur gefunden, obwohl Gewerkschaftstheoretiker seit Freeman (1976) und Freeman/Medoff (1979) die »exit/voice«-Dichotomie von Hirschman explizit aufgegriffen haben (vgl. zum Stand der ökonomischen Theorie der Gewerkschaften Althammer 1990 und Hirsch/Addison/Genosko 1990).

ist die »Entdeckung« von Institutionen, die eine Angleichung der Tausch- an die Knappheitsrelationen bewirken (vgl. Kunz 1985, S. 126; ähnlich Arrow 1963, S. 947). Den Handlungseinheiten mit der relativ schlechteren Markttransparenz bieten sich, wenn wir die obigen Überlegungen zusammenfassen, mit

- steigender Zeitpräferenzrate
- wachsender Risikoaversion im »no recall«-Fall
- zunehmenden Kosten strategischer Suchaktivitäten und strategischer Abwanderungen (Transport-, Lager- und Wartekosten)
- kleiner werdendem Ressourcenpool
- zunehmender Unteilbarkeit des geplanten Transaktionsobjektes in Relation zum verfügbaren Ressourcenpool
- abnehmender Preiselastizität der Nachfrage und mit abnehmender Lohnelastizität des Arbeitsangebotes
- und im Falle geringer Preis- bzw. Lohnelastizität mit zunehmender Ungewißheit des lohn- und preissetzenden Transaktionspartners

wachsende Vorteile und Anreize, Institutionen zu entdecken, die das Trittbrettfahrerproblem überwinden.

Offensichtlich haben die Mitglieder »armer« Gesellschaften, in denen die meisten Individuen nur über einen kleinen Ressourcenpool verfügen und relativ hohe Transport- und Lagerkosten auftreten, bezüglich vieler Transaktionsobjekte entsprechende Anreize.[27] Viele der daraufhin entstandenen Formen einer objektspezifischen Kollektivkoordination individueller Transaktionspläne existieren in den meisten Industrieländern bis heute, obwohl sich die Inzidenz eines strategischen Transaktionsverzichts auf fast allen Märkten wegen gewachsener Ressourcenpools der meisten Individuen und aufgrund neuer technischer Substitutionsmöglichkeiten, geringerer Transport- und Lagerkosten sowie einer billigeren Informationsübermittlung erheblich verändert hat.

In »reichen« Gesellschaften lassen die objektspezifischen Merkmale, sieht man vom Gesundheitssektor ab (vgl. hierzu Arrow

27 Das heißt in anderen Worten: In »armen« Gesellschaften ist eine »freie Marktwirtschaft« aufgrund der Ausbeutung asymmetrischer Markttransparenz kein geeignetes Mittel für eine effiziente Ressourcenallokation bei unvollkommener Information.

1963), lediglich auf zwei Märkten deutlich von den Knappheitsrelationen abweichende Tauschrelationen erwarten, nämlich auf dem *Arbeits-* und dem *Wohnungsmarkt.*[28] Die geringe Angebots- und Nachfrageelastizität auf diesen Märkten bleibt den Transaktionspartnern nicht verborgen und wird ausgebeutet, da es sich die Akteure mit der relativ schlechteren Markttransparenz nicht »leisten« können, mit der Transaktion zu warten, bis sie faire Tauschrelationen gefunden haben, die den Knappheitsverhältnissen entsprechen. Befinden sich nahezu alle Anbieter und Nachfrager dieser Märkte in der beschriebenen Situation, verschwinden auf diesen Märkten die fairen Alternativen weitgehend. Wie nachfolgend gezeigt wird, gilt dies auch für den spontanen Risikotransfer.

Asymmetrische Markttransparenz und paradoxer Risikotransfer

Nehmen wir nun an, es gäbe keine geeigneten Institutionen, um das Trittbrettfahrerproblem der Suchaktivitäten zu überwinden. Systematische Differenzen zwischen den Tausch- und den Knappheitsrelationen sind dann unvermeidliche Begleiterscheinungen eines dezentralen Allokationsmechanismus, dessen Funktionsfähigkeit nur durch Beschränkungen der Vertragsfreiheit verbessert werden kann, die vermeidbare Irreversibilitäten verhindern und einen strategischen Transaktionsverzicht der Handlungseinheiten mit relativ besserer Markttransparenz behindern.

Vermeidbare Irreversibilitäten treten auf, wenn die systematisch verzerrten Tauschrelationen durch langfristige Verträge stabilisiert werden. Sind die Handlungseinheiten mit der relativ schlechteren Markttransparenz an lange Vertragslaufzeiten oder Kündigungsfristen gebunden, bleibt ihnen die Nutzung neu gewonnener Preisinformation für diesen Zeitraum verwehrt. Bieten die lohn- und preis-

28 Aus der Sicht ausgebeuteter Wirtschaftssubjekte liegen auf beiden Märkten erhebliche Kosten strategischer Suchaktivitäten und Abwanderungen oder gar eines strategischen Transaktionsverzichts vor, weil Arbeit nur in »geronnener« Form als produziertes Gut lagerfähig und der Verzicht auf Behausung in vielen Klimazonen mit erheblichen Nutzeneinbußen verbunden ist. Darüber hinaus ist auf Wohnraum angewiesene Arbeit im Rahmen eines arbeitsteiligen Produktionsprozesses, der die Spezialisierungsvorteile nützt, nur beschränkt mobil und weitgehend unteilbar.

setzenden Akteure mit der relativ besseren Markttransparenz daraufhin nur noch langfristige Verträge an, werden die Suchaktivitäten und die Konkurrenten behindert und so die Voraussetzungen für eine weitergehende zukünftige Ausbeutung geschaffen. Entzieht der Staat der vertraglichen Bindung ausgebeuteter Akteure an lange Kündigungsfristen den Rechtsbehelf, verschwinden die fristbedingten Irreversibilitäten und die hiervon ausgehenden Wettbewerbsbehinderungen. Dieser Entzug des Rechtsbehelfs verändert nicht die spontane Risikoallokation, die sich bei symmetrischer Markttransparenz ergeben hätte.

Eine weitere strategische Vertragsvariante ausbeutender Akteure besteht darin, den Vertragspartnern keine risikoallozierenden Kontrakte anzubieten und keinen Kündigungsschutz zu gewähren. Haben die Wirtschaftssubjekte, die von überraschenden Kündigungen betroffen sind, hohe Such- und Mobilitätskosten zu tragen, um innerhalb eines vertretbaren Zeitraumes vergleichbare Alternativen zu finden, werden sie als rational handelnde Wirtschaftssubjekte mitunter und insbesondere dann, wenn sie bereits irreversible und transaktionsspezifische Investitionsentscheidungen gefällt haben, bereit sein, unfaire Konditionen strategischer Änderungskündigungen zu akzeptieren und nicht abzuwandern. Um sich die potentiellen Einkommenszuwächse aus strategischen Änderungskündigungen unbefristeter Verträge zu erhalten, gewähren die Akteure mit erheblicher Preis- und Lohnsetzungsmacht trotz ihres Risikokonsolidierungspotentials keine expliziten Kündigungsfristen, obwohl sie, könnten sie mit strategischen Änderungskündigungen keine Einkommenszuwächse erzielen, risikoallozierende Kontrakte zum gegenseitigen Vorteil anbieten und Ertragsrisiken übernehmen würden.

Die Ergebnisse der Untersuchung spontaner Suchprozesse stehen damit in einem verblüffenden Kontrast zu jenen, die sich aus der Analyse spontaner Risikotransfers bei symmetrischer Markttransparenz ergaben (vgl. 4.1.3.). Hatten wir *ohne* Berücksichtigung der Suchkosten risikoallozierende Verträge prognostiziert, die Risiken auf Handlungseinheiten mit dem größeren Risikokonsolidierungspotential übertragen, offenbart die Analyse der Suchprozesse, daß spontane Arrangements die Risiken auf einigen Märkten gerade andersherum transferieren. Dieser »paradoxe Risikotransfer« ist, da sich der Ressourcenpool ausgebeuteter Wirtschaftssubjekte nicht zur

Risikoübernahme eignet, mit Sicherheit ineffizient. Die spontane Risikoallokation ist folglich vor allem auf dem Arbeits- und dem Wohnungsmarkt ineffizient, weil diese Märkte selbst in entwickelten Industrieländern alle Merkmale aufweisen, die strategische Vertragsarrangements und »paradoxe Risikotransfers« begünstigen. *Die spontane Risikoallokation dezentraler Allokationsmechanismen ist ausgerechnet auf den Märkten ineffizient, die für transaktionsspezifische Humankapitalinvestitionen im arbeitsteiligen Produktionsprozeß von entscheidender Bedeutung sind.* Erzwungener Kündigungsschutz von Arbeitnehmern und Wohnungsmietern dient daher, sofern die richtigen Fristen gewählt werden, lediglich dazu, die strategische Verweigerung der Risikoübernahme zu behindern und jenen risikoallozierenden Kündigungsfristen Geltung zu verschaffen, die aufgrund positiver Wohlfahrts- und Produktivitätseffekte mit großer Wahrscheinlichkeit paretosuperior und denen ähnlich sind, die sich bei symmetrischer Markttransparenz der Transaktionpartner eingestellt hätten.

4.3 Offene Fragen und methodologische Grenzen

Vor dem Hintergrund der Ergebnisse der vorangegangen Abschnitte drängen sich zwei weiterführende Fragestellungen auf:

- Wenn die Asymmetrie der Markttransparenz, der Mobilitätskosten und der Kosten eines strategischen Transaktionsverzichts ausreicht, um strategische Vertragsarrangements durchzusetzen, kann die Regulierung der Kündigungsfristen lediglich strategische Vertragsarrangements behindern, die »statische« Ausbeutung bleibt hiervon weitgehend unberührt. Daher stellt sich die Frage, ob anstelle einer Regulierung der Kündigungsfristen die Förderung von Institutionen zur Überwindung des Trittbrettfahrerproblems der Suchaktivitäten nicht vorteilhaft wäre, zumal die ausgebeuteten Wirtschaftssubjekte auf den betreffenden Märkten bereits einen wirksamen Anreiz haben, solche Institutionen zu bilden.
- Ist die Markttransparenz der beteiligten Transaktionspartner hinreichend ähnlich, um strategische Vertragsarrangements zu verhindern, werden die Risiken durch spontane Vereinbarungen zwar von risikoaversen Akteuren auf risikotolerantere Hand-

lungseinheiten mit einem risikokonsolidierenden Ressourcenpool übertragen, eine effiziente Allokation ist dadurch aber noch keineswegs sichergestellt, weil die langfristigen Bindungen risikoallozierender Verträge Rationierungskonstellationen begünstigen. Gibt es institutionelle Arrangements, die dem spontanen Risikotransfer bei symmetrischer Markttransparenz überlegen sind und bei vergleichbarer Risikoinzidenz das Rationierungsproblem versichernde Vertragslaufzeiten zugunsten einer höheren Mobilität der Ressourcen entschärfen?

Der Versuch einer Antwort stößt auf methodologische Grenzen. Wir verfügen zwar über eine elaborierte Theorie der effizienten Ressourcenallokation bei vollkommener Information, aber immer noch über keine Theorie der effizienten Informations- und Risikoallokation und folglich auch nicht über eine allgemeine Theorie der effizienten Ressourcenallokation bei unvollkommener Information.

Obwohl die Informationsökonomik und insbesondere die Spieltheorie, die nach plausiblen Gleichgewichtslösungen interdependenter Entscheidungssituationen bei vielfältigen Unvollkommenheiten der Information sucht, in den letzten Jahren erstaunliche Fortschritte erzielt und zu einer unüberschaubaren Publikationsflut geführt haben, zeichnen sich die Grenzen dieser Forschungsrichtung bereits ab (vgl. für den Stand der Diskussion Holler/Illing 1990 und Mankiw/Romer 1991). Einfache Modelle, die nur spezielle Unvollkommenheiten der Information berücksichtigen, generieren eindeutige Gleichgewichte und haben klare wirtschaftspolitische Implikationen.[29] Diese Klarheit verschwindet, je mehr Unvollkommenheiten der verfügbaren Information simultan berücksichtigt werden. Die Modelle werden mit dem unterstellten Grad der Unsicherheit zwar immer »realistischer« bezüglich der Informationsannahmen, mathematisch werden sie aber enorm aufwendig und deswegen als präskriptive Verhaltensmodelle zunehmend unplausibel. Reale Wirtschaftssubjekte können ihre alltäglichen Entscheidungen nicht auf der Grundlage derart komplexer Kalküle treffen, für deren Formulierung mathematisch geschulte Ökonomen bereits Monate benötigen (vgl. Hey 1979, S. 232). Außerdem werden die Modelle

29 Vgl. beispielsweise die informationsökonomische Begründung eines effizienten Steuersystems zum »Ausgleich« unvermeidlicher Informationsasymmetrien von Greenwald/Stiglitz (1986)

»unbestimmter«. Sie generieren nur noch schwer einzugrenzende »Gleichgewichtsräume« für spezielle Annahmen über die Präferenzen der beteiligten Wirtschaftssubjekte, weil bereits bei unvollständiger Information über die Wahrscheinlichkeitsverteilung der entscheidungsrelevanten Ereignisse »rationale Lernstrategien« im Sinne eines nutzenmaximierenden Suchprozesses nicht mehr eindeutig ermittelbar sind. Die wirtschaftspolitischen Implikationen hängen dann von der angenommenen Risikotoleranz der Wirtschaftssubjekte in Relation zu den Suchkosten ab und sind nicht mehr allgemeingültig. Wird der Grad der Unsicherheit noch weiter erhöht, ist »Rationalverhalten« überhaupt nicht mehr konsistent axiomatisierbar (vgl. Binmore 1990, S. 151ff.). Informationsökonomische Modelle können daher bestenfalls einige »qualitative« Anforderungen an das optimale Design der Allokationsmechanismen aufzeigen, für die konkrete Ausgestaltung der Institutionen liefern sie jedoch keine Beurteilungskriterien. Theoretisches Räsonieren stößt hier ohne ergänzendes Erfahrungswissen auf unüberwindliche Grenzen.

Wenn aber das »optimale Design« des Allokationsmechanismus nicht hinreichend exakt feststellbar ist und wahrscheinlich auch noch im Zeitablauf fortwährend Veränderungen unterliegt, dann benötigen wir nicht nur einen »guten« Allokationsmechanismus, sondern zusätzlich noch einen politischen Entscheidungsmechanismus, der sich als »Entdeckungsverfahren« für effiziente institutionelle Arrangements eignet. Ein solches »Entdeckungsverfahren« wird benötigt, damit die politischen Entscheidungsträger einen Anreiz haben, die immer wieder neu zu gewinnenden Erkenntnisse über das jeweils beste »Design« des institutionellen Arrangements zu fördern, zur Kenntnis zu nehmen und umzusetzen.[30] Illusionslos bemerkte Eucken (1952, S. 331): »Die Ordnung des Staates ist ebenso eine Aufgabe wie die Ordnung der Wirtschaft. ... Das Problem ist noch offen. Auch gedanklich ist seine Bewältigung kaum

30 Diese Feststellung erscheint selbstverständlich. Dennoch werden politische Entscheidungsmechanismen fast nie daraufhin untersucht, ob sie sich als Verfahren zur Entdeckung effizienter institutioneller Arrangements eignen. Dagegen werden Allokationsmechanismen wie selbstverständlich als Entdeckungsverfahren und als informationsverarbeitende Systeme betrachtet (vgl. Hayek 1968 und Hurwicz 1986, S. 1441).

begonnen.« Wir treffen demnach auf alte Fragen und haben immer noch keine Antwort.

Literatur

Akerlof, G.A. (1970): The Market for »Lemons«, in: Quarterly Journal of Economics 84, S. 488ff.

Akerlof, G.A.; Miyazaki, H. (1980): The Implicit Contract Theory of Unemployment Meets the Wage Bill Argument, in: Review of Economic Studies 47, S. 321ff.

Althammer, W. (1990): Zur ökonomischen Theorie der Gewerkschaften, Regensburg.

Arrow, K.J. (1963): Uncertainty and the Welfare Economics of Medical Care, in: American Economic Review 53, S. 29ff.

Arrow, K.J. (1971): Essays in the Theory of Risk Bearing, Amsterdam.

Azariadis, C. (1975): Implicit Contracts and Underemployment Equilibria, in: Journal of Political Economy 83, S. 1183ff.

Baily, N.N. (1974): Wages and Employment under Uncertain Demand, in: Review of Economic Studies 41, S. 37ff.

Becker, H. (1985): Eine transaktionstheoretische Interpretation interner Arbeitsmärkte, Berlin.

Bester, H. (1985): Screening vs. Rationing in Credit Markets with Imperfect Information, in: American Economic Review 75, S. 850ff.

Binmore, K. (1990): Essays on the Foundation of Game Theory, Oxford.

Diamond, D.W. (1984): Financial Intermediation and Delegated Monitoring, in: Review of Economic Studies 51, S. 393ff.

Diamond, D.W.; Dybvig, Ph.H. (1983): Bank Runs, Deposit Insurance and Liquidity, in: Journal of Political Economy 91, S. 401ff.

Ernst, M. (1990): Neue Informations- und Kommunikationstechnologien und marktwirtschaftliche Allokation, München.

Eucken, W. (1952): Grundsätze der Wirtschaftspolitik, Tübingen.

Friedman, M. (1971): Kapitalismus und Freiheit, Stuttgart.

Freeman, R.B. (1976): Individual Mobility and Union Voice in the Labor Market, in: American Economic Review 66, Papers and Proceedings, S. 361ff.

Freeman, R.B.; Medoff, J.L. (1979): The Two Faces of Unionism, in: Public Interest 57, S. 59ff.

Gastwirth, J.L. (1976): On Probabilistic Models of Consumer Search for Information, in: Quarterly Journal of Economics 90, S. 38ff.

Gordon, D.F. (1974): A Neo-Classical Theory of Keynesian Unemployment, in: Economic Inquiry 12, S. 431ff.

Greenwald, B.C.; Stiglitz, J.E. (1986): Externalities in Economies with Imperfect Information and Incomplete Markets, in: Quarterly Journal of Economics 101, S. 229ff.

Grossman, S.J.; Hart, O.D. (1983): Implicit Contracts under Asymmetric Information, in: Quarterly Journal of Economics 98, Supplement, S. 123ff.

Harris, M.; Raviv, A. (1979): Optimal Incentive Contracts with Imperfect Information, in: Journal of Economic Theory 20, S. 231ff.

Hayek, F.A. (1968): Der Wettbewerb als Entdeckungsverfahren, Kieler Vorträge, N.F. 56.

Hellwig, M.F. (1986): Risikoallokation in einem Marktsystem, in: Schweizerische Zeitschrift für Volkswirtschaft und Statistik 122, S. 231ff.

Hey, J.D. (1979): Uncertainty and Microeconomics, Oxford.

Hirsch, B.T.; Addison, J.T.; Genosko, J. 1990): Eine ökonomische Analyse der Gewerkschaften, Regensburg.

Hirschman, A.O. (1970): Exit, Voice, and Loyality, Cambridge (Mass.).

Hirshleifer, J.; Riley, J.G. (1979): The Analytics of Uncertainty and Information – An Expository Survey, in: Journal of Economic Literaure 17, S. 1375ff.

Holler, J.M.; Illing, G. (1991): Einführung in die Spieltheorie, Berlin u.a.

Holmström, B. (1979): Moral Hazard and Observability, in: Bell Journal of Economics 10, S. 74ff.

Hurwicz, L. (1986): Incentive Aspects of Decentralization, in: Arrow, K.J.; Intriligator, M.D. (eds.), Handbook of Mathematical Economics, Vol. III., Amsterdam etc., S. 1441ff.

Iwai, K. (1974): The Firm in Uncertain Markets and Its Price, Wage and Employment Adjustment, in: Review of Economic Studies 41, S. 257ff.

Klein, H. (1984): Implizite Kontrakte, Risikotausch und Arbeitsfreisetzung, Frankfurt/M u.a.

Kliemt, H. (1986): Antagonistische Kooperation, Freiburg u.a.

Kohn, M.G.; Shavell, S. (1974): The Theory of Search, in: Journal of Economic Theory 9, S. 93ff.

Kunz, H. (1985): Marktsystem und Information, Tübingen.

Luce, R.D.; Raiffa, H. (1957): Games and Decisons, New York.

Macneil, I.R. (1974): The Many Futures of Contracts, in: Southern California Law Review 47, S. 691ff.

Macneil, I.R. (1978): Contracts: Adjustments of Long-Term Economic Relations Under Classical, Neoclassical and Relational Contract Law, in: Northwestern University Law Review 72, S. 854ff.

Malcomson, J. (1983): Trade Unions and Economic Efficiency, in: Economic Journal 93, S. 51ff.

Mankiw, N.G.; Romer, S. (eds.) (1991): New Keynesian Economics, Vol. 1 und 2, Cambridge/London.

McCall, J.J. (1965): The Economics of Information and the Optimal Stopping Rules, in: Journal of Business 38, S. 300ff.

McCall, J.J. (1970): The Economics of Information and Job Search, in: Quarterly Journal of Economics 84, S. 113ff.

Miyazaki, H. (1977): The Rat Race and Internal Labor Markets, in: Bell Journal of Economics 8, S. 394ff.

Nelson, Ph. (1970): Information and Consumer Behvior, in: Journal of Political Economy 78, S. 311ff.

Okun, A.M. (1981): Prices and Quantities, Oxford.

Rothschild, K.W. (ed.) (1971): Power in Economics, Harmondsworth.

Rothschild, M. (1973): Models of Market Organization With Imperfect Information: A Survey, in: Journal of Political Economy 81, S. 1283ff.

Shavell, S. (1975): Risk Sharing and Incentives in the Principal and Agent Relationship, in: Bell Journal of Economics 10, S. 55ff.

Sinn, H.-W. (1986): Risiko als Produktionsfaktor, in: Jahrbücher für Nationalökonomie und Statistik 201, S. 553ff.

Stigler, G.J. (1961): The Economics of Information, in: Journal of Political Economy 69, S. 213ff.

Stiglitz, J.E.; Weiss, A. (1981): Credit Rationing in Markets with Imperfect Information, in: American Economic Review 71, S. 393ff.

Streißler, E. (1980): Kritik des neoklassischen Gleichgewichtsansatzes als Rechtfertigung marktwirschaftlicher Ordnungen, in: Watrin, Ch. (Hrsg.), Zur Theorie marktwirschaftlicher Ordnungen, Tübingen.

Varian, H.R. (1980): Redistributive Taxation as Social Insurance, in: Journal of Public Economics 14, S. 49ff.

Vogt, W. (1986): Theorie der kapitalistischen und einer laboristischen Ökonomie, Frankfurt/M u.a.

Williamson, O.E. (1985): The Economic Institutions of Capitalism, New York.

Williamson, O.E.; Wachter, M.L.; Harris, J.E. (1975): Understanding the Employment Relation: The Analysis of Idiosyncratic Exchange, in: Bell Journal of Economics 6, S. 250ff.

Working, H. (1953): Futures Trading and Hedging, in: American Economic Review 43, S. 314ff.

Working, H. (1962): New Concepts Concerning Futures Markets and Prices, in: American Economic Review 52, S. 431ff.

Für eine differenzierte *und* konsistente Sozialpolitik

Eine Anmerkung zur Debatte um die negative Einkommensteuer

Friedrich Hinterberger

1. Die Ausgangslage

Das System der Verteilungs- und Sozialpolitik in der Bundesrepublik Deutschland und Österreich ist wie auch in allen anderen westlichen Industriestaaten ein seit mehr als hundert Jahren gesellschaftlich gewachsenes. Anstatt zielgerichtet einem rationalen Entwurf zu folgen, reagierte die Politik seit Bismarck in unzähligen Einzelschritten auf konkrete Unzulänglichkeiten des jeweils vorliegenden Systems. Ein Reformbedarf ergibt sich immer wieder aus der Diagnose bestimmter »Lücken im sozialen Netz«, die trotz der langen Aufbauphase bislang noch offen geblieben sind. Wichtiger als diese letztlich normative Begründung ist vielleicht der Hinweis auf unvorhergesehene Mängel früherer Reformschritte sowie schließlich auf »Erfordernisse«, die der gesellschaftliche Wandel mit sich bringt. Der vorläufig letzte Schritt auf diesem langen Weg von Reform zu Reform und »Reform der Reform« ist die Diskussion um die Pflegeversicherung, in der Argumente aller drei Typen vorgebracht werden.

Neben solchen partiellen Verbesserungsargumenten wurden immer auch grundsätzliche Reformvorschläge gemacht, um das System als ganzes neu zu ordnen. In diesem Zusammenhang sind vor allem die Vorschläge zu einer Integration von Steuer- und Transfersystem prominent, die auch unter den politisch griffigeren Schlagworten »negative Einkommensteuer« oder »garantiertes

Grundeinkommen« firmieren (weil danach einerseits jeder Person ein gewisses Minimum an Sozialeinkommen garantiert werden soll, während andererseits der Einkommensteuertarif in den Bereich dieser Sozialleistungen hinein verlängert werden soll). Solche Vorschläge werden in jüngster Zeit wieder verstärkt als Alternative zum bestehenden, auf dem Subsidiaritätsprinzip basierenden »sozialen Netz« diskutiert.

Der Vorteil solcher Lösungen liegt in der Beseitigung sowohl von Lücken als auch von Kumulationen im derzeitigen kausalen System. Dabei wird häufig argumentiert, das heutige vielgliedrige System der sozialen Sicherung müßte radikal vereinfacht werden. Dies vernachlässigt bei aller berechtigten Kritik an den Ungereimtheiten des Systems die Vorteile einer Sozialpolitik, die auf einem Katalog von abgestuften und aufeinander aufbauenden Kriterien beruht, auf denen die Umverteilung von »Reichen« zu »Armen« basiert.

Wenn hier von einem rationalen Steuer-/Transfersystem die Rede ist, sollte dies keineswegs dazu verleiten, an die Möglichkeit zu glauben, ein »optimales« Verteilungssystem ohne Rücksicht auf gesellschaftliche Veränderungen ein für allemal zu entwerfen. Zum einen ist ein noch so gutes sozialstaatliches System immer nur auf Basis bestimmter Wertvorstellungen möglich, die in einem demokratischen Staat selbst Wandlungen unterworfen sein müssen. Zum anderen werden in einer auf weitgehender individueller Freiheit basierenden Marktwirtschaft Individuen immer auch danach streben, das gesellschaftlich gewollte außer Kraft zu setzen, wenn dies ihren individuellen Wünschen entgegensteht. Dies ist bei der Konstruktion sozialpolitischer Maßnahmen so gut wie möglich zu antizipieren. Immer aber wird sich das sozio-ökonomische System weiterentwickeln, weshalb auch noch so rational konzipierte Systeme der Sozial- und Verteilungspolitik mit der Zeit veralten und einer Revision bedürfen. Der Forderung, aus all diesen Gründen auf das Design einer rationalen Verteilungs- und Sozialpolitik ganz zu verzichten, wie sie etwa Friedrich von Hayek aufgestellt hat, kann ich mich allerdings nicht anschließen.

Die Ausgangsfrage lautet: wie kann die Beantwortung fundamentaler verteilungstheoretischer Fragen für die Aufstellung eines »gerechten« Sozial- und Verteilungssystems nutzbar gemacht werden? Ich werde im folgenden Abschnitt kurz die fünf bedeutendsten konzeptionellen Fragen der Sozial- und Verteilungs*theorie* darstellen, die für die Sozial- und Verteilungs*politik* relevant sind (2.). Danach soll – als Beispiel – gezeigt werden, wie diese Fragen im österreichischen System der Sozial- und Verteilungspolitik beantwortet sind (3.), woraus man erkennt, daß das große Spektrum *unterschiedlicher* Antworten auf diese Fragen ein komplexes und einigermaßen konsistentes Gesamtbild ergeben (4.). Als Resümee ergibt sich die Forderung, bei einer zweifellos notwendigen organisatorischen Integration der Steuer- und Sozialpolitik nicht völlig auf die Mehrschichtigkeit der inhaltlichen Bezugsgrößen zur Berechnung von Steuer und Sozialleistungen zu verzichten (5).

2. Die konzeptionellen Fragen der Verteilungspolitik

Der grundlegende theoretische Ausgangspunkt meiner Überlegungen ist die Unterschied zwischen einer verteilungspolitischen Norm (wie soll die Verteilung sein?) und verteilungstheoretisch-empirischen Aussagen (wie ist die Verteilung »tatsächlich«?). Verteilungspolitik sollte dann eingreifen, um eine festgestellte Diskrepanz zwischen »Ist« und »Soll« zu schließen (oder zumindest zu verringern) – unter der Nebenbedingung, daß eine solche Politik effektiv und effizient sein muß, d.h., daß sie ihr Ziel erreicht (jedenfalls ihm näher kommt) und keine negativen Auswirkungen (beispielsweise auf die Leistungsbereitschaft) hat, die höher bewertet werden als die beseitigte »Ungerechtigkeit«.

»Positive Verteilungstheorien« beschreiben also die Verteilung, wie sie ist und wie sie sich ergibt, während »normative Verteilungstheorien« auf eine Soll-Verteilung abstellen. Stimmen »Ist« und »Soll« nicht überein, so lassen sich spezifische verteilungspolitische Maßnahmen ableiten. Im Rahmen meiner Studie »Monetäre Verteilungspolitik – Begründung und Bewertung verteilungspolitischer Maßnahmen am Beispiel Österreichs und der Bundesrepublik Deutschland« (siehe Hinterberger 1991) habe ich ein Konzept entwickelt, mit dessen Hilfe es möglich ist, verteilungspolitische Maßnahmen zu begründen bzw. zu bewerten, wobei das Hauptanliegen in der zusammenhängend-synthetischen Darstellung traditionell meist getrennt analysierter verteilungstheoretischer Fragestellungen liegt. Dieser »allgemeine Bewertungsrahmen« (ABR) stellt normative und positive (deskriptive) Verteilungstheorien gegenüber und zwar strukturiert hinsichtlich der verteilungspolitisch entscheidenden konzeptionellen Fragen. Die wichtigsten dieser Fragen, auf die konkrete verteilungspolitische Maßnahmen einzugehen haben, sind in Anlehnung an Atkinson (1975) die Fragen nach der Größe, die letztlich verteilt werden soll, nach den Verteilungssubjekten, auf die verteilt werden soll, nach dem relevanten Zeitaspekt sowie nach einer Bezugsgröße der Verteilung (etwa Bedarfs- oder Leistungsabhängigkeit der Verteilung). Dabei wurde eine sehr allgemeine Begriffsbildung gewählt, um die unterschiedlichen Aussagen der konkreten Regelungen adäquat darstellen zu können. Im Detail:[1]

(1) Positive Verteilungstheorien unterscheiden sich zunächst danach, *was* letztlich verteilt wird. Ich habe hierfür den Begriff »verteilungsrelevante Position« geprägt; soll heißen: auf welcher Skala wird die Position eines Individuums (oder einer Gruppe – siehe unten) im Verteilungsgefüge gemessen. Wir fragen also: werden im ökonomischen Prozeß letztlich Nutzen oder Einkommen verteilt – um die aus theoretischer Sicht bedeutendsten *Positionsbegriffe* zu nennen. In der verteilungspolitischen Praxis zeigt sich, daß oft auf einen Begriff zurückgegriffen wird, der konzeptionell zwischen diesen beiden Größen liegt: den »Unterhalt«. Dieser ist theoretisch gesehen am ehesten mit Amartya Sens Capabilitybegriff zu fassen;[2] allerdings werden auch andere Größen genannt: der Konsum (also Einkommen minus Sparen) oder das Vermögen. Normativ ist zu fragen: sollen gemäß einer bestimmten verteilungspolitischen Norm Nutzen oder direkt Einkommen verteilt werden – oder etwa Konsum, Vermögen, Capability etc. Wenn sich herausstellt, daß das marktwirtschaftliche System nicht das verteilt, was es gemäß der gesellschaftlichen Norm verteilen soll, so wäre verteilungspolitisch darauf hinzuwirken, daß die Norm erfüllt wird.

---

1 Diese Fragen werden in Hinterberger 1991 ausführlich diskutiert und auch formal dargestellt.

2 Vgl. Sen 1983. Ein ähnliches Konzept wird heute auch zur Bewertung des Umwelteinflusses ökonomischer Aktivitäten verwendet; vgl. Schmidt-Bleek 1994.

(2) Mit welchen Mitteln dies erreicht werden soll, ist indes eine andere Frage: streng von der verteilungsrelevanten Position zu unterscheiden ist nämlich das Verteilungsobjekt, also diejenige Größe, auf die die Verteilungspolitik unmittelbar wirkt. Wir untersuchen hier nur Maßnahmen der »monetären Verteilungspolitik«, deren Verteilungsobjekt monetäre Größen sind, also im wesentlichen das Einkommen.[3] Mit anderen Worten, es werden die Einkommen so umverteilt, daß es dem verteilungspolitischen Ziel entspricht, das nicht selbst in Einkommensgrößen formuliert sein muß. Ein Beispiel soll dies verdeutlichen: im Rahmen der Sozialhilfe ist der »Unterhalt« einer Person in einem bestimmten Ausmaß abzusichern, wozu insbesondere Ernährung, Unterkunft, Kleidung etc. gehören. Darauf bezieht sich in diesem Fall das Ziel der Verteilungspolitik (Positionsbegriff ist also eine *Capability*-Größe). Gewährt wird die Sozialhilfe aber, wie die meisten anderen Sozialleistungen auch, vorwiegend in Geld – also in Einkommensgrößen; diese sind also Verteilungs*objekt*.

(3) Theoretisch und praktisch einfacher zu handhaben ist die Frage nach dem Verteilungssubjekt. Jede (positive) Verteilungstheorie muß angeben, *zwischen welchen Einheiten* verteilt wird. Wie sich z.B. die Einkommen »tatsächlich« verteilen, etwa auf Haushalte, Familien oder auf Individuen,[4] ist wissenschaftlich umstritten: inwiefern muß die Reproduktionsleistung von Hausmännern und -frauen in die Einkommenserzielungsmöglichkeit der Berufstätigen einbezogen werden? Analog stellt sich die normative Frage, ob beispielsweise Individuen, Haushalte oder Familien ein bestimmtes Mindesteinkommen nicht unterschreiten sollen. Aus diesen Auffassungsunterschieden ergibt sich eine große Variationsbreite verteilungspolitischer Forderungen. Die realen Systeme »lösen« dieses Problem, indem sie auf verschiedenen Stufen verschiedene

3 Weitergehend könnten – mit zusätzlichen Bewertungsproblemen – auch Realtransfers in die Analyse einbezogen werden, worauf hier verzichtet wird.

4 Haushalte unterscheiden sich nach ökonomischen Kriterien (»gemeinsame Kasse«), Familien nach rechtlichen (»Verwandtschaft«).

Subjekte begünstigen bzw. belasten (die Sozialhilfe stellt etwa auf die Familie ab, das Arbeitslosengeld auf das Individuum).

(4) Der Zeitaspekt besagt, worauf sich diese Fragen zeitlich beziehen. Soll etwa das Monatseinkommen gewissen Gerechtigkeitsvorstellungen entsprechen, das Jahreseinkommen oder das Lebenseinkommen? Hier gehen insbesondere die theoretischen Vorstellungen auseinander. Aber auch die real existierenden Maßnahmen setzen auf verschiedenen Ebenen an: von sehr kurzfristig (Sozialhilfe) über mittelfristig (Steuer) bis zu langfristig (Rente).

(5) Waren die bislang diskutierten Fragen noch eher technischer Natur, so berührt diejenige nach der Bezugsgröße normativer und positiver Verteilungstheorien wohl den Kern der sozial- und verteilungspolitischen Diskussion. Die normative Frage lautet: wonach soll sich die Verteilung des Einkommens, des Vermögens oder was immer man als verteilungsrelevanten Positionsbegriff erachtet richten? Soll diese Verteilung etwa vom Bedarf oder von der Leistung abhängen? Weitere – insbesondere aus der Sicht der Praxis relevante – Bezugsgrößen wären die »Anstrengung« (darunter verstehe ich die Bereitschaft, bestimmte Leistungen zu erbringen, unabhängig davon, ob sie tatsächlich erbracht werden können) und eine aus dem gesellschaftlichen Zustandekommen abgeleitete Größe, die ich mit dem Begriff »Gesetz« bezeichne.

Auch hier unterscheiden sich nicht nur die Normen voneinander, sondern auch unterschiedliche (positive) Verteilungstheorien. Hängt die Verteilung etwa von der Leistung oder vom Bedarf ab, oder von welcher Bezugsgröße sonst? Die Analyse der konkreten verteilungspolitischen Maßnahmen zeigt, daß oft für den grundsätzlichen Anspruch auf eine Sozialleistung (bzw. der Verpflichtung, eine Steuer zu bezahlen) andere Kriterien gelten als für die Berechnung von deren Höhe. Schließlich ist zu diskutieren, welcher (funktionale) Zusammenhang zwischen Bezugsgröße und Position (positiv) besteht und (normativ) bestehen soll.

Sind diese Begriffe hinreichend definiert, was im Rahmen der konkreten verteilungspolitischen Maßnahmen in jeweils unterschiedlicher Weise geschieht, so ist ein absoluter und ein relativer Aspekt der festzustellenden (»Un-«)Gerechtigkeit der herrschenden

Verteilung zu unterscheiden. Armut bezieht sich auf die *absolute* Höhe der Position eines Individuums, einer Familie oder eines Haushalts und liegt dann vor, wenn die Position kleiner ist als ein bestimmter kritischer Wert (dessen Pendent auf der Ebene des Verteilungsobjekts die – monetäre – Armutsgrenze darstellt).[5] »Relative Gerechtigkeit« wird demgegenüber daran gemessen, ob die Verteilung der Positionen auf die relevanten Subjekte als gerecht angesehen wird, das heißt, ob die positive Positionsverteilung der normativen entspricht.[6]

Es lassen sich nun Bedingungen für eine partielle Übereinstimmung von »Ist« und »Soll« ableiten, also dafür, daß die positiven und normativen Antworten auf die einzelnen konzeptionellen Fragen einander entsprechen. Die konsequente Trennung zwischen Norm und Erklärung auf den einzelnen Ebenen erlaubt dann die Ableitung spezifischer verteilungspolitischer Maßnahmen im Falle partieller Inkompatibilitäten. Ein Ergebnis der Beantwortung all dieser Fragen stellt die Auffächerung des verteilungspolitischen Problems in Form einer multidimensionalen Entscheidungsmatrix dar, auf der die unterschiedlichen Meinungen über Ist und Soll einzuordnen sind.

Ein Beispiel soll dies erläutern: Wenn eine positive Verteilungstheorie besagt, die Verteilung der *Lebens*einkommen bestimme sich nach der *Leistung* der *Individuen*, während eine Norm dagegen ein bestimmtes Mindesteinkommen der *Familie* pro *Monat* gemäß eines bestimmten Mindest*bedarfs* als gerecht definiert, so hat die Verteilungspolitik, um die tatsächliche Verteilung an die Norm anzupassen, auf die Differenzen in der Beantwortung der normativen und positiven konzeptionellen Fragen einzugehen, also auf die Unterschiede zwischen Bedarf und Leistung, Monats- und Lebenszeitbetrachtung sowie individueller und familiärer Situation. Stimmen »Ist« und »Soll« für alle Fragen überein, so wäre Verteilungspolitik unnötig.

Ein letzter konzeptioneller Punkt, in dem sich unterschiedliche verteilungspolitische Maßnahmen unterscheiden, ist der damit ver-

---

5 Analog dazu könnte auch eine Obergrenze festgelegt werden, die die Position nicht übersteigen soll.

6 So definiert sind absoluter und relativer Aspekt die Extremwerte eines Kontinuums von dazwischenliegenden Konzepten.

bundene Zwang (oder – positiv ausgedrückt – die zugelassene Entscheidungsfreiheit). Grundsätzlich ist der Zwang bei monetären Maßnahmen im Vergleich zu Realtransfers relativ gering. Andererseits ist der Anspruch auf Sozialleistungen regelmäßig mit Auflagen verbunden, die als Einschränkung der Entscheidungsfreiheit angesehen, bei einem Verzicht auf die entsprechenden Leistungen aber nach Gutdünken umgangen werden können.

3. Gesamtdarstellung und Bewertung der betrachteten Maßnahmen

Die im vorhergehenden Abschnitt diskutierten Fragen spannen einen »Allgemeinen Bewertungsrahmen der Sozial- und Verteilungspolitik« (ABR) auf. Dieser kann nun zur Bewertung konkreter und im folgenden beispielhaft ausgewählter verteilungspolitischer Maßnahmen herangezogen werden. Dabei seien hier nur die grundlegendsten Aussagen des Unterhaltsrechts[7], der Sozialhilfe, der subjektbezogenen Förderung des Wohnens und der Ausbildung, der sozialen Sicherung bei Arbeitslosigkeit sowie schließich der direkten personenbezogenen Besteuerung in Österreich[8] betrachtet. Die berücksichtigten verteilungspolitischen Maßnahmen wurden so ausgewählt, daß insgesamt möglichst viele verschiedene Strukturen beschrieben sind.[9] Ein solcher Schluß ist zwar nur von eingeschränkter empirischer, aber doch von einiger Bedeutung für die Theorie der Sozialpolitik und somit auch für die praktische sozialpolitische Diskussion.

---

7 Es scheint mir besonders wichtig, unterhaltsrechtliche Regelungen in eine Gesamtdarstellung des Umverteilungssystems einzubeziehen, da viele verteilungspolitisch relevante Maßnahmen darauf aufbauen. Formal kann der Unterhalt aufgespalten werden in einen »Transfer« (aus Sicht der Unterhaltsberechtigten) und eine »Steuer« (aus der Sicht der Unterhaltsverpflichteten).

8 In Hinterberger 1991 wurde auch das System der Bundesrepublik Deutschland untersucht.

9 Die Arbeitslosenversicherung ist als Sozialversicherung ähnlich im ABR darzustellen wie die hier nicht eigens behandelte Pensions- oder Rentenversicherung und führt daher auch zu ähnlichen Antworten auf die aufgeworfenen Fragestellungen.

Mit Hilfe dieser Gesamtdarstellung soll folgende These belegt werden: Eine integrierte Betrachtung der einzelnen Maßnahmen ergibt tendenziell ein Spektrum, auf dessen einem Ende eher *kurzfristige* Maßnahmen zu finden sind, die sich auf Familien, einen *absoluten* Gerechtigkeitsaspekt sowie Bedarfs- in Verbindung mit Anstrengungsgesichtspunkten als Bezugsgrößen und *Capability-Größen* als Positionsbegriffen beziehen und mit einer relativ *starken* Einschränkung der Entscheidungsfreiheit verbunden sind. Am anderen Ende dieses Spektrums stehen *längerfristige* Maßnahmen, die sich auf Individuen[10], den *relativen* Gerechtigkeitsaspekt sowie die Leistung als Bezugsgröße und *Einkommensgrößen* als Positionsbegriff beziehen und darüber hinaus mit einer relativ *geringen Einschränkung* der Entscheidungsfreiheit verbunden sind. Wenn die einzelnen Maßnahmen auch nicht hinsichtlich *aller* dieser Kriterien *einer* Reihung folgen, so läßt sich doch eine Tendenz erkennen, die dieser These entspricht.

Die Analyse des Gesamtsystems zeigt, daß es nötig ist, das Unterhaltsrecht des Bürgerlichen Gesetzbuches in die Darstellung einzubeziehen, da viele Sozialleistungen gemäß dem Subsidiaritätsprinzip darauf aufbauen (ein Aspekt, der in der traditionellen Behandlung der Sozialpolitik meist unzureichend gewürdigt wird). Andererseits fällt das Unterhaltsrecht in der Systematik des ABR etwas aus dem Rahmen und nimmt somit im Spektrum der eben aufgestellten These eine gewisse Sonderstellung ein.

Ohne auf Details dieser Analyse einzugehen,[11] zeigen sich insbesondere folgende Sachverhalte: Positive verteilungstheoretische Vorstellungen sind aus den jeweiligen Regelungen nicht abzuleiten, sondern lediglich die entsprechenden Normen (3.1). Eine Bewertung der verteilungspolitischen Maßnahmen kann somit durch die Gegenüberstellung dieser Normen mit (alternativen) verteilungstheoretischen Erkärungen vorgenommen werden (3.2). Der Nutzen, der in der ökonomischen Theorie eine herausragende Rolle spielt, wird in der verteilungspolitischen Realität nicht als Positionsbegriff herangezogen, sondern lediglich das Einkommen und der Unter-

---

10 Hinsichtlich des Subjektbegriffs bezieht sich diese Aussage auf die jeweils Verpflichteten. Hinsichtlich der Transferberechtigung sind im wesentlichen Individuen die relevanten Subjekte.

11 Vgl. dazu ausführlich Hinterberger 1991, Abschnitt D.

halt.[12] Hinsichtlich der Fristigkeit beziehen sich unterschiedliche Maßnahmen auf unterschiedliche Zeitaspekte; auch der Subjektbegriff ist sehr heterogen in den unterschiedlichen Maßnahmen berücksichtigt, wobei sich gerade in diesem Zusammenhang die Notwendigkeit zeigt, bei der Darstellung des Gesamtsystems vom Unterhaltsrecht auszugehen, auf dem viele verteilungspolitische Maßnahmen aufbauen.

3.1 Zusammengefaßte Darstellung des Gesamtsystems im ABR

Im folgenden werden

- das Unterhaltsrecht,
- das Sozialhilferecht[13]
- die Wohnförderung
- die Arbeitslosenversicherung
- die Ausbildungsförderung (Sozialstipendien) sowie die
- die Einkommensteuer

hinsichtlich der Spezifikation

a) des Subjektbegriffs
b) des Zeitaspekts
c) des Positionsbegriffs
d) der Bezugsgröße(n)
e) des damit verbundenen Zwangs (der Entscheidungsfreiheit)
f) Relativität des »Gerechtigkeits«-Konzepts

untersucht.

a) Die Spezifikationen des Subjektbegriffs

Das normative Subjekt ist in allen untersuchten verteilungspolitischen Regelungen spezifiziert. Eine zusätzliche Komplikation ergibt sich dadurch, daß im Falle des *Unterhaltsrechts*, der *Sozialhilfe*, der *Ausbildungsförderung* sowie der *Notstandshilfe* (dem österreichischen

---

12 Das neoklassisch-wohlfahrtstheoretische Standardmodell ist schon deshalb ein ungeeignetes Mittel, um die hier untersuchten verteilungspolitischen Maßnahmen abzuleiten.

13 Da dieses in Österreich Ländersache ist, wurde als Beispiel das Sozialhilferecht des Landes Oberösterreich herangezogen.

Pendent zur Arbeitslosenhilfe) zwischen Berechtigten und Verpflichteten zu unterscheiden ist, was sich im Falle der Arbeitslosenversicherung auch als Dualität zwischen Beitrags- und Leistungsseite darstellt (Verpflichtete werden später Berechtigte). So ist beispielsweise oft die Familie verpflichtet, zum Unterhalt einzelner Familienmitglieder beizutragen, ein Anspruch auf Sozialleistung entsteht aber individuell. Nur beim Arbeitslosengeld und beim Wohngeld stimmen Berechtigte und Verpflichtete überein. Steuern und Beiträge weisen nur Verpflichtete auf (sieht man in kurzfristiger Betrachtungsweise einmal vom Recht auf spätere Transfers ab, die durch die Beitragszahlung zur Arbeitslosenversicherung entstehen).

Auf der Berechtigungsseite der Transfers herrscht dabei das Individualprinzip vor (Individuen haben Anspruch oder das Recht auf Sozialleistungen), während auf der Verpflichtungsseite eine Mischung aus Individual-, Familien- und Haushaltsprinzip vorzufinden ist. Ausnahmen bilden das *Wohngeld*, bei dem Berechtigte und Verpflichtete identisch sind und auch Familien bzw. Haushalte als Kollektiv berechtigt sein können. Am anderen Ende der Skala steht die Einkommensteuer, die in Österreich im Gegensatz zu Deutschland, wo Ehepaare gemeinsam veranlagt werden und einen Splitting-Vorteil genießen, auf einem strengen Individualprinzip beruht.[14]

Am weitestgehenden ist die Familienorientierung im Unterhaltsrecht selbst und darin wiederum im Rahmen der zusammenlebenden Kleinfamilie, die das Bürgerliche Gesetzbuch praktisch ohne Einschränkung zur gegenseitigen materiellen Unterstützung verpflichtet. Dieser Grundsatz wird allerdings eingeschränkt durch das Eingreifen der Sozialhilfe, wodurch auch die Armutsgrenze der zur Unterhaltsleistung Verpflichteten festgelegt ist, unterhalb derer keine Verpflichtung, sondern eventuell eine eigene Sozialhilfeberechtigung besteht. Umgekehrt dokumentiert die Subsidiarität der Sozialhilfe gegenüber dem Unterhaltsrecht die Familienorientierung auch dieser Maßnahme.

Auch durch die anderen individuell berechtigenden Maßnahmen (Arbeitslosenversicherungsleistungen, Wohn- und Ausbildungsförderung) wird die Pflicht zur Unterhaltsleistung eingeschränkt, auf die die Arbeitslosenversicherungs-, Wohngeld- oder Stipendienbe-

14 Allerdings ist hier das Individualprinzip durch den Alleinverdiener- bzw. Alleinerhalterfreibetrag »aufgeweicht«.

rechtigten ansonsten (ausschließlich) verwiesen wären. Im Falle der Arbeitslosenversicherung kehrt sich das Subsidiaritätsprinzip (zumindest auf den ersten Blick) in einem gewissen Sinne gerade um, weil die Familie zu Lasten dieser verteilungspolitischen Maßnahmen *aus* der Pflicht genommen wird, was aber mit der grundsätzlich individuellen Leistungsbezogenheit des Arbeitslosengeldes zu rechtfertigen ist: der Anspruch entsteht aufgrund der vorhergehenden Beitragsleistung.

Als Gesamtsystem betrachtet orientiert sich das Sozialsystem grundsätzlich am Subjektbegriff Familie, was sich zunächst im *Unterhaltsrecht* niederschlägt und somit auch für diejenigen sozialpolitischen Regelungen gilt, die nach dem Subsidiaritätsprinzip auf dem Unterhaltsrecht aufbauen: die Sozialhilfe, die Arbeitslosen- bzw. Notstandshilfe sowie die Ausbildungsförderung. Individuen sind – außer im Falle des Arbeitslosengeldes – erst dann transferberechtigt, wenn familiäre (Unterhalts-)Leistungen ausgeschöpft sind. Diese familiäre Verpflichtung ist aber abgestuft und geht bei unterschiedlichen Regelungen unterschiedlich weit.

b) Die zeitliche Spezifikation

Die unterschiedlichen Spezifikationen des Zeitaspekts lassen grundsätzlich drei Typen unterscheiden. Das Unterhaltsrecht ist – ebenso wie die darauf aufbauenden verteilungspolitischen Maßnahmen: die Sozial- und die Arbeitslosen- bzw. Notstandshilfe – grundsätzlich momentgebunden, d.h., sie stellen nicht auf bestimmte Perioden ab, sondern auf den exakten Zeitraum einer Eingriffsnotwendigkeit. Bei einer längerfristigen Leistung wird zwar wöchentlich oder monalich abgerechnet, was aber nichts an diesem Grundsatz ändert: Im Falle monetärer (privater oder staatlicher) Transfers, die über einen längeren Zeitraum hinweg anfallen, wird auf bestimmte (relativ kurze) Auszahlungsperioden übergegangen, i.d.R. auf Monate, wobei allerdings an den Rändern (am Anfang und am Ende des Berechtigungszeitraums) eine genauere Berechnung (etwa in Tagen) erfolgt, woraus ebenfalls eine *laufende Betrachtung* abzuleiten ist.

Das Wohngeld ist wegen seines relativ langen Bewilligungszeitraumes (ein *Jahr*) in eine zweite Gruppe einzuordnen, ebenso wie die Einkommensteuer, die grundsätzlich auf ein Wirtschaftsjahr bezogen ist. Die Sozialversicherung ist schließlich – wenn auch die einzelnen Maßnahmen (Beiträge und Transfers) für sich genommen sehr zeitnah wirken – ein längerfristig angelegtes Instrument (*Mehrperiodenbetrachtung*).

c) Die Spezifikationen des Positionsbegriffs

Auch hinsichtlich des Positionsbegriffs ist eine Dreiteilung der unterschiedlichen Maßnahmen festzustellen. Der Unterhalt bzw. vom Unterhalt abgeleitete Größen, die als konkretisierte *Capability*-Begriffe anzusehen sind, ziehen sich als Positionsbegriffe durch mehrere verteilungspolitische Maßnahmen: die Sozialhilfe, die Wohn- und die Ausbildungsförderung.

Sowohl bei der Behandlung des Tarifs der Einkommensteuer als auch der Sozial- (hier: Arbeitslosen-)versicherungsbeiträge sind *monetäre* Größen als auch Positionsbegriff aufgefaßt. Dadurch unterscheiden sich die Besteuerung und die Sozialbeiträge wesentlich von den in dieser Arbeit behandelten Transfers. Um eine Vergleichbarkeit zu gewährleisten, könnten entweder die Einkommensgrößen auf Unterhalts- (also Capability-)Größen umgerechnet oder die gesamte Analyse könnte in monetären Einheiten durchgeführt werden. Der wesentlichste Unterschied zwischen den beiden Positionsbegriffen ist darin zu sehen, daß Unterhaltsgrößen – im Sinne von Sens Capability-Konzept individuelle Merkmale stärker berücksichtigt, wenn auch weniger »subjektiv« als das Nutzenkonzept der Mikroökonomischen Standardtheorie. Eine Sonderstellung nehmen die Leistungen aus der Sozial- (hier: Arbeitslosen)versicherung ein, als deren Positionsbegriff das *Verhältnis zwischen Arbeitslosen- und Aktiveinkommen* angesehen werden kann. Ziel der Sozialversicherung ist es ja, die Kontinuität der »Netto-Position« beim Übergang von der Erwerbstätigkeit in Phasen der Nicht-Erwerbstätigkeit in einem bestimmten Ausmaß zu sichern.

d) Die Spezifikationen der Bezugsgrößen

Hinsichtlich der verschiedenen Bezugsgrößen ergibt sich ein sehr komplexes Bild. Zu unterscheiden sind zunächst Bezugsgrößen der Höhe und solche der Berechtigung[15]. Es zeigt sich, daß beim grund-

15 Bezugsgrößen der Verpflichtung sind aus den untersuchten Maßnahmen nicht abzuleiten, weil sowohl die Arbeitslosenversicherungsbei-

sätzlichen Anspruch Anstrengungsgesichtspunkte dominieren und daneben Leistungsgrößen auftreten, während hinsichtlich der Höhe einer Sozialleistung (mit einer Ausnahme) unterschiedliche Formen des Bedarfs relevant sind. Sowohl das Unterhalts- als auch das Sozialhilferecht weisen ein Nebeneinander von Anstrengungs- und Bedarfsgesichtspunkten auf. Auch hier bildet die Wohnförderung eine Ausnahme, nämlich insofern, als *nur* Bedarfsgrößen für die Festlegung der Norm entscheidend sind. Bei der Ausbildungsförderung tritt neben den Bedarf als Bezugsgröße der Höhe die Leistung (in Form des Studienerfolgs) als Bezugsgröße des Anspruchs.

Leistungsorientierte Bezugsgrößen der Höhe konnten nur im Falle der Freibetragsregelung der Einkommensteuer identifiziert werden. Die progressive Ausgestaltung der Einkommensteuer folgt hingegen eher gesellschaftlich »gesetzten« Vorstellungen über die gewünschte (Netto-)Einkommensverteilung. Aber auch hinter der formelmäßigen Festlegung des Einkommensteuertarifs können Leistungsargumente stehen, was beispielsweise im Zusammenhang mit Tarifreformen diskutiert wurde, aber im Rahmen der hier vorgelegten Analyse nicht von Bedeutung ist.

e) Entscheidungsfreiheit

Die Entscheidungsfreiheit wird durch verschiedene verteilungspolitische Maßnahmen in unterschiedlicher Intensität eingeschränkt. Wie greifen die unterschiedlichen Normen hinsichtlich der Entscheidungsfreiheit ineinander, und welche Rolle spielen die positive und die normative Entscheidungsfreiheit für das Gesamtsystem? Verteilungspolitische Maßnahmen sind nur insofern zu rechtfertigen sind, als die jeweiligen Einschränkungen entweder in der Norm enthalten sind oder (positiv gesehen) ohne Verteilungspolitik schon keine Entscheidungsfreiheit herrscht und durch die verteilungspolitische Maßnahme gewisse Freiheiten erst ermöglicht werden bzw. ein Ergebnis hergestellt werden kann, das demjenigen näher kommt, das bei Entscheidungsfreiheit zustandekommen würde.

---

träge als auch die Einkommensteuer statistisch festgelegt sind (die Verpflichtung wird dabei definitionsgemäß mit Hilfe subjektbezogener Charakteristika eingegrenzt) und aus der Unterhaltsverpflichtung lediglich Bezugsgrößen der Höhe abgeleitet werden konnten.

Eine Einschränkung der Entscheidungsfreiheit ist unmittelbar ersichtlich im Falle von Zwangsabgaben (Steuern und Sozialversicherungsbeiträgen). Der durch die Einkommensteuer erzwungene Nutzenentgang wäre am *excess burden* abzulesen. Allerdings ist eine Kopfsteuer, die keinen *excess burden* aufweist, mit dem Zwang verbunden, daß Subjekte mit einem geringen Einkommen bei der Einkommensteuer die Steuer aquirieren (einholen) müssen.

Im Falle von Transfers (hier: Sozialhilfezahlungen, Wohngeld, Stipendien etc.) nimmt der Zwang ein geringeres Ausmaß an. Zwar resultieren Einschränkungen der Entscheidungsfreiheit durch die an die einzelnen Leistungen geknüpften Auflagen. Die Leistungen müssen aber nicht angenommen werden, womit man natürlich jederzeit den damit verbundenen Verpflichtungen entgehen kann. Im Falle der Sozialversicherung ist zu fragen, ob eine private Versicherung, die aufgrund der Präferenzen der Subjekte zustande käme, nicht vorteilhafter wäre als die staatliche Zwangsversicherung – was aber hier nicht diskutiert kann. Ähnliches gilt für die Ausbildungsförderung, die ggf. durch eine private Kreditaufnahme zu substituieren wäre. Durch das Unterhaltsrecht schließlich wird insofern ein Zwang ausgeübt, als der Staat einen privaten Zwang (der Berechtigten gegenüber den Verpflichteten) unterstützt. Andererseits ermöglicht eine Unterhaltsberechtigung u.U. erst die Auflösung einer wirtschaftlichen Bindung, was bereits zum nächsten Punkt überleitet.

In einem gewissen Sinn *unterstützen* verteilungspolitische Maßnahmen aber sicherlich die Entscheidungsfreiheit: Stipendien beispielsweise ermöglichen die Humankapitalbildung, die unter Umständen ohne diese Maßnahme geringer wäre. Insbesondere das Wohngeld geht auf (externe) Einschränkungen der Entscheidungsfreiheit ein, die das Wohnen als »besonderes Gut« beinhaltet, das als besonders schützenswert angesehen wird. Schließlich ermöglicht auch die Sozialhilfe bestimmte Freiheiten, etwa diejenige, gerade bei (subjektiv oder objektiv) eingeschränkter Möglichkeit der Einkommenserzielung zumindest das Existenzminimum zu erreichen. Ähnliches gilt für Arbeitslosen- (und schließlich auch auch für die Renten- oder Pensions- sowie die Kranken-)versicherung, wobei sich aber die Armutsdefinitionen von der der Sozialhilfe unterscheiden.

Eine Erschleichung von Sozialleistungen (ebenso wie die Hinterziehung von Steuern) ist andererseits dann möglich, wenn bestimmte Freiheiten ausgenutzt werden können. Außerdem ist in diesem Zusammenhang die Fernwirkung durch die Finanzierung (Notwendigkeit eines höheren Steueraufkommens und damit verbundener excess burden) zu beachten.

f) Relativität

Dem Gesamtsystem liegt eine Fülle von Armuts- und Ungleichheitsdefinitionen zugrunde, woraus gewisse Aussagen über die Relativität des Gesamtsystems abgeleitet werden können. Die Unterhaltsregelung des BGB unterliegt einem sehr weitgehenden relativen Konzept; eine darüber hinausgehende Notwendigkeit zur Absicherung gegenüber der Armut beruht auf der Tatsache, daß dieses Konzept partieller (hier: familieninterner) Ungleichheit im Gegensatz zur totalen gesellschaftlichen Ungleichheitsbekämpfung die Möglichkeit der Armut offen läßt. In diese Lücke greift das Sozialhilferecht ein, das auf den absoluten Aspekt Bezug nimmt und – wie wir gesehen haben – grundsätzlich einem relativen Armutskonzept unterliegt. Die Sozialhilfe weist selbst mehrere Stufen auf, wobei die »unterste« einem physischen Existenzminimum schon sehr nahe kommt. Ähnliches wie zwischen Unterhaltsrecht und Sozialhilfe gilt auch im Verhältnis zwischen der Sozialhilfe und den Transfers der Arbeitslosenversicherung, die – je nach Interpretation – den Übergang zum relativen Ungerechtigkeitskonzept markieren, der lediglich den versicherten Personenkreis einschließt. Diese Maßnahmen stellen daher eine Stufenleiter dar, auf der beim Versagen relativer Maßnahmen jeweils »absolutere« Instrumente eingreifen.

Einem reinen relativen Konzept unterliegt auch die Einkommensteuer, was durch den zeitlichen Bezug auf ein Kalenderjahr noch verstärkt wird, wobei aber die allgemeinen Frei- bzw. Abzugsbeträge Elemente absoluter Konzepte enthalten. Die Wohnförderung unterstützt die anderen Maßnahmen. Die Relativität dieser Maßnahme ist einerseits durch die Ober- und Untergrenze eingeschränkt, andererseits durch die alleinige Bezugnahme auf des Gut Wohnen.

3.2 Verteilungspolitik im Lichte unterschiedlicher Verteilungstheorien

Der vorhergehende Abschnitt sollte verdeutlichen, daß aus der verteilungspolitischen Praxis lediglich die entsprechenden *Normen* abzuleiten sind. Der so ermittelten Soll-(Verteilung der) Position(en) der steht die *tatsächliche* Verteilung gegenüber. Eine Bewertung der einzelnen Maßnahmen ist daher zunächst anhand eines Vergleichs mit *eigenen normativen Vorstellungen* (des Lesers, Politikers, Wählers) möglich. Dies soll hier nicht weiter verfolgt werden, da ohnehin offensichtlich ist, daß abweichende Wertvorstellungen zu anderen Zielen und Maßnahmen führen würden. Wir begnügen uns damit, die entsprechenden Normen offengelegt zu haben. Eine zweite Bewertungsmöglichkeit besteht aber im Vergleich mit unterschiedlichen positiven Vorstellungen bezüglich der Verteilung.

Beginnen wir mit der Fristigkeit:

(a) Betrachten wir eine sehr kurze »Periode«, in der verteilungstheoretische Modelle etwa den Lohnsatz bestimmen (im allgemeinen eine Arbeitsstunde). Hier greift keine der angesprochenen Maßnahmen ein. Entscheidungsfreiheit ist hier also die Norm und Einschränkungen der (Tarif-) Vertragsfreiheit hinsichtlich der Lohn(satz)bildung sind offenbar *normativ nicht gerechtfertigt*.

(b) Einkommen-Freizeit-Modelle betrachten die Arbeits*zeit*entscheidung bei gegebenem Lohnsatz und nehmen eine Woche, einen Monat oder ein Jahr als relevante Periode. Das so erklärte Periodeneinkommen trifft auf die rein formelmäßig ausgestaltete Norm der Einkommensbesteuerung. Allerdings gibt es auch unversteuertes steuerbares Einkommen, das ungerechtfertigt aus der Besteuerung ausgenommen ist (Schatteneinkommen). Ähnliches gilt in kurzfristiger Sicht für die Sozialversicherungsbeiträge.

(c) Die meisten der hier behandelten Transfers beziehen sich aber auf »unfreiwillige« Einkommensausfälle: Wird etwa im Sinne eines Lebenszyklus-Modells nur die langfristige Verteilung als relevant erachtet, so erschienen die meisten der genannten verteilungspolitischen Maßnahmen nicht als gerechtfertigt,

> denn sie beziehen sich auf die relativ kurzfristige Verteilung (Tage, Wochen, Monate). Mit anderen Worten können diese Maßnahmen nur unter Einbeziehung kürzerfristiger Verteilungstheorien für die Verteilung der Periodeneinkommen gerechtfertigt werden.[16] Umgekehrt kann das Vorhandensein der Sozialversicherung nur vor dem Hintergrund angenommener Einschränkungen hinsichtlich der längerfristigen Position gerechtfertigt werden. Werden solche Einschränkungen (etwa unvollkommene Kapitalmärkte) nicht als relevant angesehen, so wäre ein Eingriff aus der Sicht des normativen Entscheidungsfreiheitspostulats nicht gerechtfertigt.

Hinsichtlich des Subjektbegriffs ist zu bemerken, daß der bürgerlichrechtliche Gesetzgeber im Falle intakter, d.h. zusammenlebender Familien keine Eingriffsnotwendigkeit (vielleicht auch gar nicht die Eingriffs*möglichkeit*) sieht. Im anderen Fall wird wohl von der Annahme ausgegangen, daß sich Individuen in der Realität nicht immer gemäß der Norm verhalten und – bei Fehlen einer entsprechenden gesetzlichen Regelung – »bedürftige« Individuen nicht angemessen »unterhalten« würden. Dabei werden insbesondere bestimmte persönliche Umstände anerkannt, die eine Arbeitslosigkeit der Unterhaltsberechtigten rechtfertigen.

Neben den bisher angesprochenen Faktoren ist noch die Frage Produktionsfaktoren zu diskutieren, deren Entlohnung zu einer entsprechenden Position derer führt, die über sie verfügen und die sie einsetzen. Die untersuchten Maßnahmen stellen hauptsächlich auf den Faktor Arbeitskraft und dessen potentiellen Einsatz sowie auf Behinderungen dieses Einsatzes ab. Häufig – aber bei weitem nicht immer – werden Einkommen aus dem Einsatz anderer Faktoren (insbesondere zur Ermittlung der positiven Position) mitberücksichtigt, nur in Ausnahmefällen hingegen (etwa beim »gesteigerten« Unterhalt) der »Stamm des Vermögens«. Auch hierbei ist bei der Rechtfertigung der entsprechenden Maßnahmen zu fragen, inwieweit nicht (die Möglichkeit zur Erzielung von) Einkommen aus anderen Faktoren stärker zu berücksichtigen wäre, was zu einer Ab-

16 Eine Übereinstimmung ergibt sich hinsichtlich des Zeitaspekts insoweit, als aus Praktikabilitätsüberlegungen (entsprechend den relevanten positiven Perioden) der Zeitaspekt der meisten Maßnahmen an Auszahlungsperioden angesetzt ist.

schwächung des Eingreifens verteilungspolitischer Maßnahmen führen müßte. Diesem Argument wären aber Einschränkungen der Kapitalbildung (Unvollkommenheiten der Kapitalmärkte) entgegenzuhalten.

Zusammenfassend läßt sich feststellen: Sozialpolitische Transfers stellen auf die unterschiedlichen von seiten der Subjekte unbeeinflußbaren Faktoren des positiven Verteilungsmodells (etwa: Arbeitslosigkeit, Behinderung, Kindererziehung) ab und beziehen ihre Rechtfertigung daraus, daß die Verteilung dieser Einschränkungen (bzw. das daraus abgeleitete Verteilungsergebnis) als ungerecht angesehen wird.[17] Je nachdem, ob diese Faktoren tatsächlich als relevant erachtet werden – was nicht zuletzt von den gewählten Annahmen über den Zeitaspekt, den Subjektbegriff und die Produktionsfaktoren abhängt – erscheinen diese Maßnahmen – bei grundsätzlicher Akzeptanz der Norm – gerechtfertigt oder nicht. Den oben angestellten Überlegungen hinsichtlich der Einschränkungen der Entscheidungsfreiheit wäre als positive Annahme entgegenzuhalten, daß es sich dabei oft nicht um »wahre«, sondern um »bekundete« Einschränkungen handelt.

4. Konsequenzen für die Gestaltung eines »Integrierten Steuer- und Sozialsystems«

Überprüfen wir nun die oben aufgestellte These. Eine integrierte Betrachtung des sozial- und verteilungspolitischen Systems ergibt eine große Bandbreite. Sie reicht von eher *kurzfristigen* Maßnahmen, die sich auf Familien, einen *absoluten* Gerechtigkeitsaspekt sowie Bedarfs- in Verbindung mit Anstrengungsgesichtspunkten als Bezugsgrößen und *Capability-Größen* als Positionsbegriffen beziehen und mit einer relativ *starken* Einschränkung der Entscheidungsfreiheit verbunden sind, auf der einen Seite, zu *längerfristigen* Maßnahmen, die sich auf Individuen, den *relativen* Gerechtigkeitsaspekt sowie die Leistung als Bezugsgröße und *Einkommensgrößen* als Positionsbegriff beziehen und darüber hinaus mit einer relativ *geringen Ein-*

17 Dabei fällt auf, daß die unterschiedlichen Maßnahmen unterschiedliche konzeptionelle Fragen des ABR jeweils mehr oder weniger stark betonen.

schränkung der Entscheidungsfreiheit verbunden sind. Wie gesagt kann diese Aussage nur eine grobe Tendenz angeben, liefert aber doch eine interessante Einschätzung über die Konsistenz des Gesamtsystems. Die grundsätzliche Reihenfolge der einzelnen Maßnahmen (von eher »relativen« zu eher »absoluten«, von eher »familienbezogenen« zu eher »individuellen«) erstreckt sich im großen und ganzen vom Unterhaltsrecht über Sozialhilfe, die Wohn- und Ausbildungsförderung bis hin zur Sozialversicherung und der Einkommensteuer.

Hinsichtlich der *Relativität* beginnt das Spektrum beim Sozialhilferecht, das auf einen absoluten Aspekt (also auf Armut) abstellt, und endet bei der Einkommensteuer, die die Verteilung (also relativen Positionen) verändert, während das Unterhaltsrecht eine Ausnahme macht. Ähnliches gilt hinsichtlich der *Fristigkeit*, wobei hier das Unterhaltsrecht einbezogen werden kann (am einen Ende des Spektrums) und die Arbeitslosen- und Rentenversicherung die langfristigste Maßnahme darstellt. Hinsichtlich des *Positionsbegriffs* bilden das Unterhaltsrecht, das Sozialhilferecht, die Wohn- und die Ausbildungsförderung eine Gruppe (Positionsbegriff ist die *Capability*); Arbeitslosenversicherung und die Einkommensteuer weichen davon ab. Die am Unterhalt orientierten Maßnahmen sind zudem stärker familien- bzw. haushaltsorientiert und bedarfsorientiert sowie mit stärkeren Einschränkungen der Entscheidungsfreiheit verbunden.[18]

Ist diese Heterogenität sinnvoll, oder wäre nicht eine Vereinfachung zu fordern? Jedenfalls bringt das abgestufte System eine Reihe von Vorteilen. In Fällen, in denen eine höhere Leistung erbracht wird (wie etwa im Rahmen der Sozialversicherung durch entsprechende Beiträge), kann die Sozialleistung höher ausfallen, die Entscheidungsfreiheit weniger stark eingeschränkt werden und die Familie in geringerem Ausmaß heranzuziehen sein als beispielsweise im Falle der Sozialhilfe, die eine geringere Gegen-Leistung der Sozialhilfberechtigten erfordert. Als Argument für eine Integration des (Steuer- und) Sozialsystems in Form eines garantierten Grundeinkommens oder einer negativen Einkommensteuer werden häufig

18 Die Aussagen hinsichtlich des Subjekts gelten lediglich auf der Anstrengungs-/Leistungsseite. Bedarfsseitig beziehen sich alle Maßnahmen auf das Individuum.

Lücken und Kumulationen im real existierenden Umverteilungssystem angeführt. Mit Hilfe einer Integration von Steuer- und Transfersystem wird insbesondere eine Integration von Armutsbekämpfung (mittels Transfers) und Verringerung der Ungleichheit (mittels progressiver Steuer) erreicht. Dies soll aber nicht dazu führen, eine differenzierte Anerkennung von Leistungen (bzw. »Anstrengungen«) für die Gewährung verschieden hoher Transfers völlig abzuschaffen. Auch sollte eine Integration nicht so weit gehen, Einschränkungen der Entscheidungsfreiheit völlig unabhängig von der individuellen Leistung/Anstrengung einzuschränken oder die Familie in gleicher Weise heranzuziehen. Ein solches »über einen Kamm scheren« könnte zwei Effekte haben: höhere Kosten des sozialen Netzes durch verstärkte Mitnahmeeffekte und Ausweichreaktionen oder – bei gegebenem Sozialausgabenniveau – eine Einschränkung des Leistungsniveaus. Ich habe in diesem Beitrag versucht – ohne diese Mängel des real existierenden Systems zu bestreiten –, anhand der wichtigsten konzeptionellen Fragen der Verteilungspolitik die grundsätzliche Konsistenz des österreichischen Steuer- und Sozialsystems zu belegen, die sich aus seinem vielschichtig gegliederten Aufbau ergibt. Dieser Vorteil gerade der Kombination mehrerer aufeinander aufbauender verteilungspolitischer Maßnahmen müßte bei einer Integration von Steuer- und Transfersystem geopfert würden. Damit sollen Negativsteuer- oder Grundeinkommenskonzepte keineswegs abgelehnt, sondern lediglich die »Kosten« einer solchen Reform offengelegt werden, die in dieser Diskussion m.E. zu wenig beachtet werden.

Dies bedeutet aber nicht, daß nicht einzelne dieser Unterschiede zu diskutieren wären, ob etwa die Arbeit im Haushalt über den Bereich des Unterhaltsrechtes hinaus stärker zu berücksichtigen wäre. Die meisten Vorstellungen zu einer Integration von Steuer- und Sozialsystem in Form eines garantierten Grundeinkommens oder einer negativen Einkommensteuer (die realen Unterschiede zwischen den beiden Formen sind ja lediglich rechnerischer und semantischer Natur) beantworten diese Fragen implizit im Sinne einer Vereinheitlichung. Meines Erachtens sollten die hier nur ganz rudimentär dargestellten Fragestellungen im Rahmen einer umfassenden Reform des Steuer- und Sozialsystems aber explizit diskutiert werden. Nur wenn eine einheitliche Beantwortung für alle relevanten Maßnahmen opportun erscheint, wäre eine Vereinheitlichung zu fordern. Eine differenziertere Diskussion wäre aber möglich, wenn diese von einer eher formalen (Integration – ja oder nein) auf mehr inhaltliche Fragen im Sinne unserer konzeptionellen Fragen gelenkt würde. Schließlich wäre zu bedenken, daß eine einmal eingeführte Integration von Steuer- und Sozialsystem viel weniger Freiheitsspielräume für weitere Reformen läßt als ein vielstufig gegliedertes System, weil letzteres einfach mehr Variablen aufweist, an denen »gedreht« werden könnte. Ein garantiertes Grundeinkommen, eine negative Einkommensteuer sei damit nicht grundsätzlich abgelehnt – schon deshalb nicht, weil hier nur der Verteilungsaspekt diskutiert wurde, dem der Allokationsaspekt und der Frage möglichen Staatsversagens gegenüber zu stellen wäre.

Literatur

Atkinson, Anthony B. (1975): The Economics of Inequality. Oxford.

Hinterberger, Friedrich (1991): Monetäre Verteilungspolitik. Zur Begründung und Bewertung verteilungspolitischer Maßnahmen am Beispiel Österreichs und der Bundesrepublik Deutschland, Berlin.

Schmidt-Bleek, Friedrich (1994): Der Erde ein neues Maß. Wieviel Umwelt braucht der Mensch? Basel.

Sen, Amartya (1983): Poor, Relatively Speaking, in: Oxford Economic Papers, Jg. 35, 135-169.

Umlagefinanzierte Alterssicherung in einem Modell endogenen Wachstums

Maik Heinemann

1. Einleitung

Schon seit längerem ist bekannt, welche Effekte von den Verfahren ausgehen, die zur Finanzierung einer Alterssicherung zur Verfügung stehen. Dennoch ist es in der Vergangenheit zu recht heftigen Debatten um das Für und Wider des Kapitaldeckungs- bzw. des Umlageverfahrens gekommen.[1]

Das Kapitaldeckungsverfahren besitzt, wie Samuelson (1975) gezeigt hat, die Neutralitätseigenschaft: Die Rentenversicherungsbeiträge sind in diesem Fall ein perfektes Substitut für private Ersparnis; die Niveaus makroökonomischer Größen bleiben unbeeinflußt, wenn ein solches System installiert wird. Demgegenüber verdrängt ein umlagefinanziertes Alterssicherungssystem private Ersparnis und ist somit grundsätzlich nicht neutral. Allerdings ermöglicht es – wie Samuelson ebenfalls nachweist – Pareto-Verbesserungen, wenn der ursprüngliche Wachstumspfad der Wirtschaft dynamisch ineffizient ist.

Die allokativen Effekte der Umlagefinanzierung bestehen nicht nur darin, daß die Niveaus makroökonomischer Größen beeinflußt werden, sondern auch deren Wachstumsraten: Beispielsweise zeigt Homburg (1988) in einem Modell exogenen Wachstums, daß die Einführung eines umlagefinanzierten Alterssicherungssystems mit konstantem Beitragssatz Anpassungsprozesse zu einem neuen Steady-State auslöst. Die Umlagefinanzierung führt demnach kurzfristig zu einem Sinken der Wachstumsrate, die jedoch langfristig wieder gegen die exogen gegebene konvergiert.

Die Tatsache, daß die solchen Schlußfolgerungen zugrundeliegenden Modelle Wachstum in Form von exogenem Bevölkerungswachstum oder

1 Vgl. hierzu die zwischen Brunner/Falkinger (1988) und Neumann (1988) geführte Debatte.

– ebenfalls exogenem – technischen Fortschritt beinhalten, verhinderte bisher allerdings die explizite Analyse von langfristigen Wachstumseffekten einer umlagefinanzierten Alterssicherung.

Die neuere Wachstumstheorie stellt einen theoretischen Rahmen zur Verfügung, der zur Analyse der Wachstumswirkungen der Umlagefinanzierung besonders geeignet erscheint.[2] In Modellen endogenen Wachstums ist die Wachstumsrate der Wirtschaft nicht mehr exogen vorgegeben, sondern wird durch die individuellen Entscheidungen, insbesondere die Sparentscheidung, endogen determiniert. Zwangsläufig werden alle Eingriffe, die wie die Umlagefinanzierung die Sparquote beeinflussen, auch die Wachstumsrate der Wirtschaft beeinflussen.

Im weiteren wird ein einfaches Generationenmodell formuliert, in dem endogenes Wachstum die Folge externer Effekte der Kapitalakkumulation ist. Nach der Ermittlung des Gleichgewichtspfades für die relevanten Variablen im Ausgangsmodell wird dieses um eine umlagefinanzierte Alterssicherung erweitert. Anhand des Modells kann gezeigt werden, daß die Umlagefinanzierung nicht nur grundsätzlich negative Wachstumseffekte auslöst, sondern daß diese hier auch – im Gegensatz zu Modellen mit exogenem Wachstum – dauerhaft sein können: Umlagefinanzierte Alterssicherungssysteme mit konstantem Beitragssatz haben eine konstante Wachstumsrate der Wirtschaft zur Folge, die, in Abhängigkeit von der Höhe des Beitragssatzes, immer geringer ist als diejenige, die sich ohne ein solches System einstellt. Auch hinsichtlich der Wohlfahrtseffekte einer umlagefinanzierten Alterssicherung werden andere Ergebnisse als in Modellen mit exogenem Wachstum erzielt:[3] Es existiert immer ein Zeitpunkt, von dem an alle folgenden Generationen durch die Einführung einer umlagefinanzierten Alterssicherung im Vergleich zur Ausgangssituation schlechtergestellt werden. Demzufolge besteht grundsätzlich keine Möglichkeit, wie in Modellen exogenen Wachstums durch eine umlagefinanzierte Alterssicherung unter Umständen Pareto-Verbesserungen zu erreichen.[4]

---

2 Vgl. hierzu beispielsweise Romer 1986, Rebelo 1991 oder Sala-i-Martin 1990a,b.

3 Eine Diskussion der Wohlfahrtseffekte in Modellen mit exogenem Wachstum erfolgt z.B. in Homburg 1988 und Breyer 1990.

4 An dieser Stelle muß darauf hingewiesen werden, daß der Autor nach Fertigstellung dieses Papieres auf einen Aufsatz von Saint-Paul (1992) aufmerksam wurde, in welchem in einem ähnlichen Modellrahmen entsprechende Ergebnisse bezüglich eines umlagefinanzierten Alterssicherungssystems erzielt werden.

2. Ein Modell mit überlappenden Generationen und endogenem Wachstum

2.1 Annahmen

In dem einfachen Generationenmodell, das in diesem Abschnitt formuliert wird, ermöglichen externe Effekte der Kapitalakkumulation endogenes Wachstum. Die Grundidee solcher externen Effekte geht zurück auf das „Learning by Doing"-Modell von Arrow (1962); die hier verwendete Spezifikation mit konstanten sozialen Grenzerträgen des Kapitals beruht auf einem Modell von Romer (1989). Folgende Annahmen werden getroffen:

A.1 Zu jedem Zeitpunkt t (in jeder Periode) existieren zwei Generationen von Wirtschaftssubjekten G_{t-1} und G_t. Jede Generation lebt zwei Perioden lang und besteht aus homogenen Individuen.

A.2 Die Individuen verschiedener Generationen sind homogen in allen relevanten Merkmalen, d.h. ihren Präferenzen und Ausstattungen.

A.3 Die Anzahl der Individuen in einer Generation ist konstant und gleich L.

A.4 In der betrachteten Wirtschaft existiert nur ein einziges Gut. Jedes Individuum einer Generation G_t hat Präferenzen bezüglich gegenwärtigen Konsums $c_{1,t}$ und zukünftigen Konsums $c_{2,t}$, die durch die Nutzenfunktion $U(c_{1,t}, c_{2,t}) = \ln c_{1,t} + \beta \ln c_{2,t}$, wobei $0 < \beta < 1$, abgebildet werden.

A.5 Identische Firmen produzieren das homogene Gut mit den Produktionsfaktoren Arbeit und Kapital. $l_t F(k_t, \mathcal{K}_t) = l_t k_t^\alpha \mathcal{K}_t^\gamma$, mit $\alpha < 1$ und $\alpha + \gamma = 1$, ist die Produktionsfunktion der repräsentativen Firma, wobei k_t deren Kapitalintensität und l_t deren Arbeitseinsatz bezeichnet. $\mathcal{K}_t$ bezeichnet den aggregierten Kapitalstock in Periode t und drückt somit die oben angesprochenen positiven externen Effekte der Kapitalakkumulation aus.[5]

A.6 Jedes Individuum verfügt in der ersten Periode seines Lebens über eine Einheit Arbeit, die es auf dem Arbeitsmarkt anbietet. Arbeit

5 Das Modell könnte ohne weiteres dahingehend erweitert werden, daß konstante Grenzerträge des Kapitals auch auf der Ebene der einzelnen Firma, wie beispielsweise bei Rebelo (1991), zugelassen werden. In einem solchen Modell existieren keine Marktgleichgewichte im üblichen Sinne, jedoch können „Koalitionsgleichgewichte" wie bei King (1992) ermittelt werden.

verursacht keinen Disnutzen, das Arbeitsangebot in jeder Periode t ist daher vollkommen lohnunelastisch und gleich L.

A.7 Der Kapitalstock wird in jeder Periode vollständig abgeschrieben, d.h. die Abschreibungsrate ist gleich Eins.

2.2 Gleichgewichtspfad ohne Alterssicherung

In der durch A.1-A.7 beschriebenen Wirtschaft liegen trotz konstanter sozialer Grenzerträge des Kapitals sinkende Grenzerträge auf der individuellen Ebene vor. Wie Romer (1986) zeigt, ist unter diesen Umständen die Existenz eines – wenn auch nicht Pareto-optimalen – Marktgleichgewichtes unter den üblichen Annahmen gewährleistet.[6]

In einem Gleichgewicht bei vollkommener Voraussicht impliziert vollständige Konkurrenz auf allen Märkten für den Lohn w_t und den Zins r_t, daß

$$\begin{aligned} w_t &= F(k_t, \mathcal{K}_t) - k_t F_1(k_t, \mathcal{K}_t) = (1-\alpha)\, k_t^{\alpha}\, \mathcal{K}_t^{\gamma} \\ 1 + r_t &= F_1(k_t, \mathcal{K}_t) = \alpha\, k_t^{\alpha-1}\, \mathcal{K}_t^{\gamma} \,. \end{aligned}$$

Da alle Firmen identisch sind, das Kapitalangebot durch die Ersparnis der Vorperiode und das Arbeitsangebot durch L gegeben ist, muß im Gleichgewicht $k_t\, L = \mathcal{K}_t$ für alle t gelten. Für die Faktorpreise resultiert daher:

$$w_t = (1-\alpha)\, k_t\, L^{\gamma} \tag{1}$$

$$1 + r_t = 1 + r = \alpha\, L^{\gamma} \,. \tag{2}$$

Der Gleichgewichtszins ist somit in allen Perioden konstant.

Aus der in A.4 spezifizierten Nutzenfunktion resultiert die individuelle Sparfunktion:

$$s_t = \frac{\beta}{1+\beta}\, w_t \,. \tag{3}$$

Die Ersparnis ist also ausschließlich vom Lohnsatz und nicht vom (erwarteten) Zins abhängig. Da der Zins jedoch, wie oben festgestellt wurde, konstant ist, bedeutet die Tatsache, daß aufgrund von A.4 die Ersparnis zinsunabhängig ist, keinen Verlust an Allgemeinheit.

Aus (3) kann unter Verwendung von (1) und A.7 eine Differenzengleichung bestimmt werden, die die zeitliche Entwicklung der Kapital-

6 Eine ausführliche Darstellung der formalen Konzepte, mit denen Marktgleichgewichte auch bei Existenz externer Effekte etc. ermittelt werden können, findet sich bei Kehoe/Levine/Romer 1992.

intensität und somit aller relevanten Modellvariablen beschreibt:

$$
\begin{aligned}
k_{t+1} &= s_t = \frac{\beta}{1+\beta} w_t \\
&= \frac{\beta (1-\alpha)}{1+\beta} L^\gamma k_t \,.
\end{aligned} \tag{4}
$$

Demzufolge wächst die Wirtschaft ohne jede Anpassungsdynamik mit der konstanten Rate $g = \frac{\beta(1-\alpha)}{1+\beta} L^\gamma - 1$, wobei $\frac{\beta(1-\alpha)}{1+\beta}$ die gesamtwirtschaftliche Sparquote und $L^\gamma = 1 + r_s$ den sozialen Grenzertrag des Kapitals repräsentiert. Aufgrund der vorliegenden externen Effekte der Kapitalakkumulation ist somit der soziale Grenzertrag des Kapitals grundsätzlich größer als dessen privater Grenzertrag. Zu beachten ist, daß aus (4) folgt, daß der Wachstumsfaktor der Wirtschaft, $1+g$, wegen $\beta < 1$ und $\alpha < 1$ immer geringer ist als der soziale Grenzertrag des Kapitals. Dies wird bei der wohlfahrtstheoretischen Beurteilung eines umlagefinanzierten Alterssicherungssystems noch von Bedeutung sein.

Im weiteren wird grundsätzlich eine positive Wachstumsrate $g > 0$ unterstellt, was demnach erfordert, daß das Produkt aus gesamtwirtschaftlicher Sparquote und sozialem Grenzertrag des Kapitals größer als Eins ist. Aus (4) sowie (1)-(3) folgt dann, daß alle Größen in der betrachteten Wirtschaft mit dieser konstanten Rate g wachsen. Mit einem gegebenen Anfangswert k_0 liefert (4) den Gleichgewichtspfad der Wirtschaft als $k_t = (1+g)^t k_0$, welcher in den folgenden Analysen als Referenzpfad dienen wird.[7]

3. Einführung einer umlagefinanzierten Alterssicherung

3.1 Bestimmung des Gleichgewichtspfades

Angenommen, im Zeitpunkt $t = 0$ werde ein umlagefinanziertes Alterssicherungssystem eingeführt. Dieses Alterssicherungssystem ist vollständig charakterisiert durch

- einen Beitrag a, der in $t = 0$, also bei der Einführung des Systems, von den Jungen zu entrichten ist, und
- eine Wachstumsrate $n \geq -1$, mit der die Alterssicherungsbeiträge von Periode zu Periode wachsen, so daß $a\,(1+n)^t$ der in t zu entrichtende Beitrag ist.

7 Zu beachten ist, daß dieser Pfad nicht Pareto-effizient ist, da der externe Effekt der Kapitalakkumulation in den privaten Entscheidungen nicht berücksichtigt wird.

Eine derartige Alterssicherung wird im folgenden mit $\mathcal{S}(a, n)$ bezeichnet. Ein solches System muß nicht notwendigerweise einen konstanten Beitragssatz aufweisen; die zeitliche Entwicklung des Beitragssatzes hängt letztendlich davon ab, mit welcher Rate die um die Alterssicherung erweiterte Wirtschaft wächst.

Wird unterstellt, daß die Haushalte über vollkommene Voraussicht verfügen, lautet das Optimierungsproblem eines in t jungen Haushaltes bei gegebener Alterssicherung $\mathcal{S}(a, n)$:

$$\begin{aligned} \max_{\tilde{c}_{1,t}, \tilde{c}_{2,t}} U(\tilde{c}_{1,t}, \tilde{c}_{2,t}) &= \ln \tilde{c}_{1,t} + \beta \ln \tilde{c}_{2,t} \\ \text{u. Nb.} \quad & \tilde{c}_{1,t} = \tilde{w}_t - \tilde{s}_t - a\,(1+n)^t \\ & \tilde{c}_{2,t} = (1+r)\,\tilde{s}_t + a\,(1+n)^{t+1} \\ & \tilde{s}_t \geq 0\,, \end{aligned} \tag{P-1}$$

wobei ein „ ˜ " hier und im weiteren die Variablen des durch die Alterssicherung generierten Gleichgewichtspfades kennzeichnet.[8]

Aus (P-1) folgt die Sparfunktion

$$\tilde{s}_t = \frac{\beta}{1+\beta}\,\tilde{w}_t - a\,\pi\,(1+n)^t\,, \tag{5}$$

wobei

$$\pi = 1 + \frac{n-r}{(1+\beta)(1+r)} = \frac{1}{1+\beta}\left[\beta + \frac{1+n}{1+r}\right] > 0\,.$$

Mit $\tilde{k}_{t+1} = \tilde{s}_t$ resultiert nunmehr eine inhomogene Differenzengleichung für die Kapitalintensität, die den Gleichgewichtspfad der um die Alterssicherung erweiterten Wirtschaft beschreibt:

$$\begin{aligned} \tilde{k}_{t+1} &= \frac{\beta(1-\alpha)}{1+\beta}\,L^{\gamma}\,\tilde{k}_t - a\,\pi\,(1+n)^t \\ &= (1+g)\tilde{k}_t - a\,\pi\,(1+n)^t\,. \end{aligned} \tag{6}$$

Als Lösung dieser Differenzengleichung folgt mit $n \neq g$:

$$\tilde{k}_t = (1+g)^t\left[k_0 - \frac{a\,\pi}{g-n}\right] + (1+n)^t\,\frac{a\,\pi}{g-n} \tag{7}$$

und mit $n = g$:

$$\tilde{k}_t = (1+g)^t[k_0 - a\,\pi\,t]\,. \tag{8}$$

8 Da der Zins, wie oben abgeleitet wurde, ausschließlich von exogen gegebenen Modellparametern bestimmt wird, bleibt dieser gegenüber dem Referenzpfad unverändert.

3.2 Implementierbare Alterssicherungssysteme

Ein Alterssicherungssystem $\mathcal{S}(a, n)$ ist implementierbar, wenn die Wirtschaft mit diesem Alterssicherungssystem langfristig existieren kann, d.h. wenn $\tilde{k}_t \geq 0$ für alle t. Ein Blick auf (7) und (8) verdeutlicht, daß Alterssicherungssysteme mit $n \geq g$ nicht implementierbar sind, da diese Bedingung mit $a > 0$ wegen $\pi > 0$ in endlicher Zeit verletzt wird.[9] Für implementierbare Alterssicherungssysteme muß folglich $-1 \leq n < g$ gelten.

Allerdings kann selbst in diesem Fall die langfristige Existenz der Wirtschaft nur durch weitergehende Restriktionen über den Beitrag und dessen Wachstumsrate sichergestellt werden. Beispielsweise impliziert das Alterssicherungssystem $\mathcal{S}(a, n) = \mathcal{S}(a, -1)$, daß nur in $t = 0$ Transfers von den Jungen zu den Alten erfolgen. In diesem Fall muß der Beitrag pro Kopf in $t = 0$ geringer als das Lohneinkommen pro Kopf sein, d.h. es muß $a \leq w_0$ gelten. Sofern $a = w_0$ gilt, verfügt die junge Generation über keinerlei Einkommen mehr. Da sie jedoch die einzige ist, die Erparnis bildet, bedeutet dies, daß $\tilde{k}_t = 0$ für alle $t > 0$ wäre.

Ebenso kann für alle weiteren möglichen Wachstumsraten des Rentenversicherungsbeitrages argumentiert werden: Für alle $n \in [-1, g)$ kann mit Hilfe von (7) bzw. (8) eine Menge $\Omega(n)$ möglicher Alterssicherungsbeiträge bestimmt werden, die die langfristige Existenz der Wirtschaft, d.h. $\tilde{k}_t \geq 0$ für alle t, gewährleisten:

$$\Omega(n) = \{a \,|\, 0 \leq a \leq (k_0 \,[g - n])/\pi\} \; . \tag{9}$$

Ein implementierbares Alterssicherungssystem ist somit gekennzeichnet durch $\mathcal{S}(a, n)$, mit $n \in [-1, g)$ und $a \in \Omega(n)$. Für alle $n \in [-1, g)$ kann nun aus (9) jeweils ein maximal möglicher Beitrag $\bar{a}(n) = \max_a \Omega(n)$ ermittelt werden. Die in Abbildung 1 eingezeichnete Kurve $\bar{a}(n)$ gibt diesen maximalen Beitrag für alle $n \in [-1, g)$ wieder, wobei die qualitativen Eigenschaften dieser Kurve eindeutig aus den Modellparametern folgen. Implementierbare Alterssicherungssysteme $\mathcal{S}(a, n)$ sind in dieser Abbildung durch Punkte auf oder unterhalb der Kurve gekennzeichnet. Die Abbildung verdeutlicht, daß zwischen der maximalen Höhe

9 Die Lösung (7) verdeutlicht ebenfalls, daß mit $n > g$ nur negative Beiträge, d.h. $a < 0$, mit der langfristigen Existenz der Wirtschaft vereinbar sind. Da mit $a < 0$ Transfers von der alten zu der jeweils jungen Generation erfolgen, die somit nicht denen von Alterssicherungssystemen entsprechen, wird dieser Fall im weiteren vernachlässigt.

Abb. 1: Zusammenhang zwischen dem maximal möglichen Versicherungsbeitrag und dessen Wachstumsrate

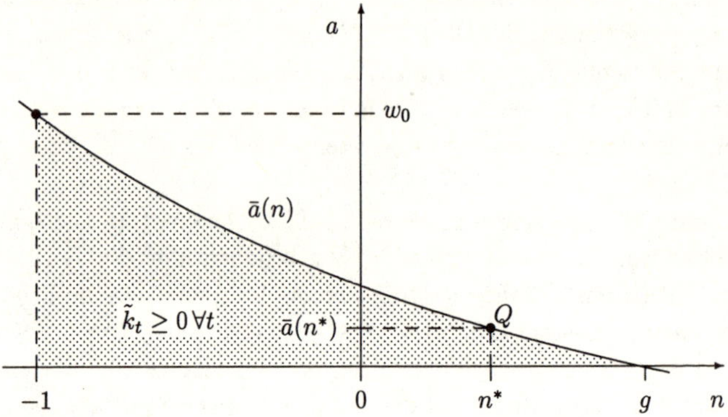

des Rentenversicherungsbeitrages und seiner Wachstumsrate ein Trade-Off besteht: Sollte eine Situation wie im Punkt Q gegeben sein, muß eine Erhöhung des Beitrages mit einer Verminderung der Wachstumsrate bzw. eine Erhöhung der Wachstumsrate mit einer Verminderung der Beiträge einhergehen, soll die langfristige Existenz der Wirtschaft sichergestellt sein.

3.3 Wachstumseffekte

In der um eine implementierbare Alterssicherung $\mathcal{S}(a, n)$ erweiterten Wirtschaft wachsen die relevanten Variablen nicht notwendigerweise mit konstanter und gleicher Rate. Wird mit $\tilde{g}_t$ die Wachstumsrate der um die Alterssicherung erweiterten Wirtschaft bezeichnet, gilt:

$$\tilde{k}_{t+1} = (1 + \tilde{g}_t)\tilde{k}_t \,.$$

Aus (6) und (7) folgt $\tilde{g}_t$ als

$$\tilde{g}_t = g - \frac{a\,\pi}{\frac{a\,\pi}{g-n} + \left(\frac{1+g}{1+n}\right)^t \left[k_0 - \frac{a\,\pi}{g-n}\right]} \,. \tag{10}$$

Für implementierbare Alterssicherungssysteme $\mathcal{S}(a, n)$, mit $a > 0$, gilt wegen $\pi > 0$ immer, daß $n \leq \tilde{g}_t < g$ für alle t. Umlagefinanzierte Alterssicherungssysteme haben demnach grundsätzlich negative Wachstumseffekte. Diese sind darin begründet, daß – wie die individuelle Sparfunktion (5) zeigt – private Ersparnis durch die Erhebung von Rentenversicherungsbeiträgen verdrängt wird. Mit einem Sinken der individuellen

Ersparnis geht ein Sinken der gesamtwirtschaftlichen Sparquote einher, wobei letztere, wie oben gezeigt wurde, die Wachstumsrate der Wirtschaft determiniert.

Sofern der Rentenversicherungsbeitrag nicht seine jeweils maximale Höhe $\bar{a}(n)$ erreicht, verschwinden diese negativen Wachstumseffekte zumindest langfristig. Mit $a < \frac{k_0[g-n]}{\pi}$ folgt aus (10), daß

$$\lim_{t\to\infty} \tilde{g}_t = g\,.$$

Gilt dagegen $a = \bar{a}(n) = \frac{k_0[g-n]}{\pi}$, so folgt:

$$\tilde{g}_t = n < g\,.$$

Die Wirtschaft wächst also ohne Anpassungsdynamik mit der konstanten Rate n, mit der auch die Rentenversicherungsbeiträge wachsen. Ein System $\mathcal{S}(\bar{a}(n), n)$ entspricht demzufolge einem umlagefinanzierten Alterssicherungssystem mit konstantem Beitragssatz $b = \frac{\bar{a}(n)}{w_0}$, wogegen mit $a < \bar{a}(n)$ wegen $\tilde{g}_t > n$ ein System mit im Zeitablauf sinkendem Beitragssatz resultiert.

Die Erklärung für diese Wachstumseffekte ist recht einfach: Die Einführung einer umlagefinanzierten Alterssicherung verdrängt grundsätzlich private Ersparnis. Sollte diese Verdrängung so groß sein, daß die Wachstumsrate der Wirtschaft daraufhin kleiner ist als n, setzt ein kumulativer Schrumpfungsprozeß ein – die Wirtschaft kann langfristig nicht existieren. Sofern die Wachstumsrate auf ein Niveau sinkt, das höher ist als n, sinkt in der Periode nach Einführung der Alterssicherung der Anteil der Rentenversicherungsbeiträge am Lohneinkommen, so daß die Sparquote und folglich die Wachstumsrate wieder steigen. Sinkt die Wachstumsrate dagegen auf das Niveau n, bleiben Sparquote und Wachstumsrate in allen folgenden Perioden unverändert. Transitorische negative Wachstumseffekte – wie sie in Modellen exogenen Wachstums die Regel sind – können demnach nur dann resultieren, wenn der Beitragssatz im Zeitablauf sinkt. Nur in diesem Fall konvergiert die Wachstumsrate der Wirtschaft langfristig von unten gegen g.

Die Punkte auf der Kurve $\bar{a}(n)$ in Abbildung 1 repräsentieren demnach Alterssicherungssysteme mit konstantem Beitragssatz. Die Wachstumseffekte einer solchen umlagefinanzierten Alterssicherung können nun unmittelbar abgelesen werden: Ist der Beitragssatz konstant, dann ist die Wachstumsrate der Wirtschaft konstant und grundsätzlich geringer als ohne das Alterssicherungssystem. Des weiteren sinkt die Wachstumsrate mit steigendem Beitragssatz.

3.4 Wohlfahrtseffekte

Die Wohlfahrtseffekte, die aus der Einführung eines Alterssicherungssystems in $t = 0$ für die Mitglieder aller folgenden Generationen resultieren, können mit Hilfe der individuellen Budgetrestriktionen analysiert werden.[10] Diese lauten für alle t:

$$\tilde{c}_{2,t} = (1+r)\,[\tilde{w}_t - \tilde{c}_{1,t}] + a\,(1+n)^t[n-r]\,. \tag{11}$$

Mit Hilfe von (1), (4) und (7) kann $\tilde{w}_t$ durch den ohne Alterssicherung resultierenden Lohn des Referenzpfades ausgedrückt werden:

$$\tilde{w}_t = w_t + (1-\alpha)\,L^\gamma\,\frac{a\,\pi}{g-n}\left[(1+n)^t - (1+g)^t\right]\,.$$

Einsetzen in (11) liefert

$$\begin{aligned} \tilde{c}_{2,t} &= (1+r)\,[w_t - \tilde{c}_{1,t}] \\ &\quad + a\,(1+n)^t\left\{(n-r) + \frac{(1-\alpha)(1+r)\,\pi\,L^\gamma}{g-n}\left[1-\left(\frac{1+g}{1+n}\right)^t\right]\right\} \end{aligned} \tag{12}$$

Der erste Term auf der rechten Seite von (12) gibt die Budgetrestriktion ohne Alterssicherung, d.h. auf dem Referenzpfad, wieder. Ist der zweite Term in (12) positiv, bedeutet dies, daß die Budgetrestriktion für die in t junge Generation gegenüber dem Referenzpfad nach außen verschoben wird – die in t junge Generation erfährt demnach eine Verbesserung. Für die in $t = 0$, also bei der Einführung der Alterssicherung, junge Generation folgt nun aus (11):

$$\tilde{c}_{2,0} = (1+r)\,[w_0 - \tilde{c}_{1,0}] + a\,[n-r]\,.$$

Für diese Generation resultiert demnach eine Verbesserung, wann immer $n > r$ gilt. Diese Bedingung ist analog zu derjenigen zu interpretieren, die in üblichen Generationenmodellen als Bedingung für die Effizienz einer umlagefinanzierten Alterssicherung ermittelt werden kann: Ein solches Alterssicherungssystem „verzinst" die individuellen Beiträge mit der Rate n, während der Markt die individuelle Ersparnis mit der Rate r verzinst, so daß mit $n > r$ eine Verbesserung für die in $t = 0$ junge Generation resultiert. Zu beachten ist, daß $n > r$ wegen $n \leq g$ erfordert, daß $r < g$ gilt. Die bekannte Bedingung, wonach die Wachstumsrate der

10 Für die im Zeitpunkt der Einführung des Alterssicherungssystems alte Generation resultiert grundsätzlich eine Verbesserung, da diese Transfers empfängt, ohne jemals Beiträge entrichtet zu haben.

Wirtschaft größer als der Zins sein muß, muß folglich auch in diesem Modell erfüllt sein.[11]

Allerdings werden auch in diesem Fall nicht alle folgenden Generationen bessergestellt, d.h. es resultieren keine Pareto-Verbesserungen: Wegen $g > n$ und $\pi > 0$ muß der zweite Term in (12) irgendwann negativ werden. Es ist demnach auch mit $n > r$ nur eine Frage der Zeit, bis spätere Generationen schlechtergestellt werden als auf dem Referenzpfad.

In diesem Modell endogenen Wachstums können demzufolge mit der Einführung eines umlagefinanzierten Alterssicherungssystems niemals Pareto-Verbesserungen einhergehen. Dies mag auf den ersten Blick erstaunen, da das üblicherweise verwendete Kriterium, wonach $r < g$ gelten muß, durchaus erfüllt sein kann. Zu beachten ist allerdings, daß $1 + r$ lediglich den privaten, nicht jedoch den sozialen Grenzertrag des Kapitals wiedergibt, wobei letzterer die eigentlich relevante Größe ist. Es wurde bereits darauf hingewiesen, daß das hier vorliegende Modell endogenen Wachstums impliziert, daß der soziale Grenzertrag des Kapitals grundsätzlich größer ist als der Wachstumsfaktor. Daraus folgt nun, daß der Gleichgewichtspfad ohne Alterssicherungssystem dynamisch-effizient ist, so daß ein umlagefinanziertes Alterssicherungssystem keine Pareto-Verbesserung ermöglicht.

Mit Hilfe eines von Cass (1972) entliehenen Argumentes kann allgemein gezeigt werden, daß es bei konstanten Skalenerträgen nicht möglich ist, den gesamten Konsum in einer beliebigen Periode zu erhöhen, ohne ihn daraufhin irgendwann einmal senken zu müssen. Wird mit $C_{t+j} = c_{1,t+j} + c_{2,t-1+j}$ der Pro-Kopf-Konsum in Periode $t + j$ bezeichnet, muß ein möglicher Zeitpfad $\left\{k_{t+j}\right\}_{j=0}^{\infty}$ die folgenden Bedingungen erfüllen:

$$F(k_{t+j}, \mathcal{K}_{t+j}) = C_{t+j} + k_{t+j+1}, \quad C_{t+j} \geq 0,\ k_{t+j} \geq 0,\ j \geq 0$$

Nun gilt im Gleichgewicht, daß $\mathcal{K}_{t+j} = k_{t+j}\,L$. Aufgrund der konstanten Skalenerträge folgt somit, daß $F(k_{t+j}, \mathcal{K}_{t+j}) = k_{t+j}\,F(1, L) = k_{t+j}\,(1+r_s)$. Wird nun C_t um $\epsilon > 0$ erhöht, muß k_{t+j+1} für $j \geq 0$ bei unveränderten $\left\{C_{t+j}\right\}_{j=1}^{\infty}$ um $\epsilon\,(1+r_s)^j$ sinken. Wächst die Wirtschaft von Periode $t+j$ zu Periode $t + j + 1$ mit der Rate g_{t+j}, gilt:

$$k_{t+j+1} - \epsilon\,(1 + r_s)^j = \prod_{i=0}^{j}(1 + g_{t+j})\,k_t - \epsilon\,(1 + r_s)^j \tag{13}$$

11 Vgl. z.B. Homburg 1988 und Breyer 1990 für eine Diskussion dieser Bedingung im Rahmen üblicher Modelle mit exogenem Wachstum.

Mit $s_{t+j} < 1$ als gesamtwirtschaftlicher Sparquote folgt aufgrund der konstanten Skalenerträge, daß $k_{t+j+1} = s_{t+j}(1+r_s)\,k_{t+j}$. Somit gilt $1 + g_{t+j} = s_{t+j}(1+r_s)$ und (13) wird zu

$$k_{t+j+1} - \epsilon\,(1+r_s)^j = (1+r_s)\left(\prod_{i=0}^{j} s_{t+j}\,(1+r_s)\,k_t - \epsilon\right) .$$

Wegen $s_{t+j} < 1$ für alle $j \geq 0$ gilt $\lim_{t\to\infty} \prod_{i=0}^{j} s_{t+j}\,(1+r_s)\,k_t = 0$, so daß der Pro-Kopf-Konsum irgendwann gesenkt werden muß, soll $k_{t+j} \geq 0$ für alle $j > 0$ gelten.

Dieses Argument begründet, warum die in Modellen exogenen Wachstums unter Umständen resultierenden Wohlfahrtsgewinne in Modellen endogenen Wachstums niemals folgen können: Letztgenannte Modelle implizieren, daß der soziale Grenzertrag des Kapitals größer ist als der Wachstumsfaktor der Wirtschaft (d.h. $r_s > g$), wogegen diese beiden Größen in Modellen exogenen Wachstums in keiner Beziehung zueinander stehen. Zwar kann auch bei endogenem Wachstum der Zins r kleiner als die Wachstumsrate sein, jedoch verdrängt die Umlagefinanzierung private Ersparnis, deren tatsächlicher, sozialer Grenzertrag gleich $1 + r_s$ und damit grundsätzlich größer als $1 + g$ ist.[12]

4. Diskussion

Die hier erfolgte theoretische Analyse hat gezeigt, daß die Einführung eines umlagefinanzierten Alterssicherungssystems in einem Modell endogenen Wachstums erstens grundsätzlich negative Wachstumseffekte hervorruft und zweitens keine Pareto-Verbesserungen ermöglicht.

Systeme mit konstantem Beitragssatz führen in diesem Modell, im Gegensatz zu Modellen exogenen Wachstums, zu einer dauerhaft geringeren Wachstumsrate der Wirtschaft. Transitorische Wachstumseffekte resultieren nur bei im Zeitablauf sinkendem Beitragssatz. Ursache dieser Wachstumseffekte ist die Verdrängung privater Ersparnis, wobei die Sparquote nicht nur die transitorische Dynamik – wie bei exogenem Wachstum –, sondern auch die langfristige Wachstumsrate determiniert.

Die – unter den bekannten Voraussetzungen – in Modellen exogenen Wachstums ableitbaren positiven Wohlfahrtseffekte einer umlagefinanzierten Alterssicherung können bei endogenem Wachstum niemals

12 Gleichwohl sind mit $r < g$ Pareto-Verbesserungen möglich, die ihre Ursache allerdings in den externen Effekten der Kapitalakkumulation haben: $r < g$ impliziert $r < r_s$ und zeigt daher an, daß Pareto-Verbesserungen durch die Internalisierung des externen Effektes möglich sind.

auftreten: Es existiert immer ein Zeitpunkt, von dem an die folgenden Generationen im Vergleich zum Pfad ohne Alterssicherung schlechtergestellt werden.

Die Gründe hierfür sind, daß erstens die unterstellten externen Effekte der Kapitalakkumulation zu einem Auseinanderklaffen des privaten und sozialen Grenzertrags des Kapitals führen und zweitens der Wachstumsfaktor der Wirtschaft grundsätzlich geringer als der soziale Grenzertrag ist. Erstgenanntes hat zur Folge, daß das übliche Kriterium, mit dem die relative Effizienz der Umlagefinanzierung beurteilt wird, erfüllt sein kann. Letzteres hat zur Folge, daß der Gleichgewichtspfad dynamisch effizient ist und begründet, warum letztlich doch keine Pareto-Verbesserungen möglich sind.

So scheint es, als lieferte dieses Modell endogenen Wachstums weitere Unterstützung für die beispielsweise von Neumann (1986) und Homburg (1988) geführte Argumentation gegen eine Umlagefinanzierung der Alterssicherung bzw. für die Einführung des Kapitaldeckungsverfahrens. Letzteres weist auch in Modellen endogenen Wachstums die bekannten Neutralitätseigenschaften auf, d.h. die private Ersparnis und die Wachstumsrate der Wirtschaft bleiben unverändert, sofern die Finanzierung der Altersicherung mit Hilfe des Kapitaldeckungsverfahrens erfolgt.

Allerdings ist eine solche Schlußfolgerung aufgrund der erzielten Resultate vielleicht doch zu gewagt. Letztendlich sollte es doch nicht überraschen, wenn die Einführung eines umlagefinanzierten Alterssicherungssystems in ein gewöhnliches Gleichgewichtsmodell in der Regel (mit der bekannten Ausnahme der dynamischen Ineffizienz) keine Pareto-Verbesserung bedeutet. Ohne zu begründen, warum überhaupt ein Alterssicherungssystem eingeführt werden soll bzw. warum ein solches existiert, sind abschließende Beurteilungen der alternativen Finanzierungsarten dieses Alterssicherungssystems kaum möglich.

Literatur

Arrow, K.J. (1962): The economic implications of learning by doing, in: Review of Economic Studies 29, S. 155-173.

Breyer, F. (1990): Ökonomische Theorie der Alterssicherung, München.

Brunner, J.K. / Falkinger, J. (1988): Umlageverfahren, Kapitaldeckungsverfahren und optimales Wachstum – Zu einer Arbeit von M. Neumann, in: Zeitschrift für Wirtschafts- und Sozialwissenschaften 108, S. 617-625.

Homburg, S. (1988): Theorie der Alterssicherung, Berlin.

Kehoe, T.J. / Levine, D.K. / Romer, P.M. (1992): On characterizing equilibria of economies with externalities and taxes as solutions to optimization problems, in: Economic Theory 2, S. 43-68.

King, I.P. (1992): Endogenous growth and government debt, in: Southern Economic Journal 59, S. 15-21.

Neumann, M. (1986): Möglichkeiten zur Entlastung der gesetzlichen Rentenversicherung durch kapitalbildende Vorsorgemaßnahmen, Tübingen.

Neumann, M. (1988): Umlageverfahren, Kapitaldeckungsverfahren und optimales Wachstum – Replik, in: Zeitschrift für Wirtschafts- und Sozialwissenschaften 108, S. 612-625.

Rebelo, S. (1991): Long-run policy analysis and long-run growth, in: Journal of Political Economy 99, S. 500-521.

Romer, P.M. (1986): Increasing returns and long-run growth, in: Journal of Political Economy 94, S. 1002-1037.

Romer, P.M. (1989): Capital accumulation and long-run growth, in: R.J. Barro (ed.), Modern Business Cycle Theory, Basil Blackwell, Oxford, S. 51-127.

Saint-Paul, G. (1992): Fiscal policy in an endogenous growth model, in: Quarterly Journal of Economics 107, S. 1243-1259.

Sala-i Martin, X. (1990a): Lecture notes on economic growth I: Introduction to the literature and neoclassical models, NBER Working Paper No. 3563.

Sala-i Martin, X. (1990b): Lecture notes on economic growth II: Five prototype models of endogenous growth, NBER Working Paper No. 3564.

Samuelson, P.A. (1975): Optimum social security in a life-cycle growth model, in: International Economic Review 16, S. 539-544.

Umlage- versus Kapitaldeckungsverfahren in der Rentenversicherung: Tertium non datur?

Karl Dietrich und Franz Haslinger

1. Einleitung

In der einschlägigen Literatur zur Rentenversicherung[1] wird die Diskussion von der Frage nach der Vorteilhaftigkeit des Kapitaldeckungsverfahrens gegenüber einer Umlagefinanzierung dominiert. Ein Hauptargument gegen das Umlageverfahren betont dessen wachstumsmindernde Wirkung. Jeder Übergang von einer umlagefinanzierten zu einer kapitalgedeckten Rentenversicherung scheitert allerdings am Veto der „Alten", d.h. der Übergangsgeneration, die dadurch schlechtergestellt würden. Folglich ist das Kapitaldeckungsverfahren (intergenerativ) pareto-unvergleichbar mit dem Kapitaldeckungsverfahren.

In der bisherigen Diskussion wurde immer von einer lohnbezogenen Umlagefinanzierung (bzw. Kapitaldeckung) ausgegangen. Grundlage dafür bildet ein Äquivalenzgedanke, demzufolge der Lebensstandard der aktiven Phase im Rentenalter in etwa aufrechterhalten werden soll. Durch die staatlichen Zuschüsse zur Rentenversicherung, die Beitragsgestaltung sowie die Hereinnahme von Personengruppen in die Anspruchsberechtigten auch ohne Beitragszahlungen ist dieser Äquivalenzgedanke jedoch de facto weitgehend ausgehöhlt worden.

In der vorliegenden Arbeit wird daher vorgeschlagen, von der bruttolohnbezogenen Rentenversicherung und damit auch vom Äquivalenzprinzip abzurücken und statt dessen ein Umlageverfahren einzuführen, das durch eine allgemeine Verbrauchsteuer[2] finanziert wird.

---

1 Breyer 1990, Felderer 1992, Neumann 1986, Breyer 1989, Brunner/Falkinger 1988, 1989a, 1989b, Brunner 1993a, 1993b, Neumann 1988, 1989a, 1989b, Prinz 1989.

2 In dieser Richtung äußerte sich auch jüngst der neue Bundesbankpräsident in einem Interview in DIE ZEIT (Nr. 41, vom 8. Oktober 1993, S. 24):

Durch die Änderung in der Bemessungsgrundlage für die Rentenbeiträge wird erreicht, daß sich die Wachstumsrate gegenüber einer rein kapitalgedeckten Rente erhöht. Die Ursache hierfür liegt darin, daß die Verbrauchsteuer die Ersparnis und damit die Kapitalbildung der Wirtschaft begünstigt. Diese Lösung führt im Rahmen eines Modells mit endogenem Wachstum bei zunehmenden Skalenerträgen zu intertemporal pareto-besseren Ergebnissen. Man könnte nun meinen, daß bei zunehmenden Skalenerträgen in der Produktion ein Übergang von einem umlagefinanzierten zu einem kapitalgedeckten Rentensystem möglich sein müsse, bei dem zumindest eine Generation bessergestellt werden könnte, ohne daß eine andere schlechtergestellt werden müßte, somit also ingesamt eine intertemporale Paretoverbesserung möglich wäre. Wie M. Heinemann (in diesem Band) jedoch zeigt, bewirkt endogenes Wachstum bei zunehmenden Skalenerträgen noch nicht einen pareto-verbessernden Übergang von einer Umlagefinanzierung zu einer kapitalgedeckten Finanzierung der Rentenversicherung, solange die Bemessungsgrundlage dafür das Bruttoarbeitseinkommen bleibt. Es hat also den Anschein, als sei nicht das Finanzierungsverfahren, sondern die Wahl der Bemessungsgrundlage von entscheidender Bedeutung für die wachstumsdämpfende Wirkung des Umlageverfahrens.

Die Argumentation der Arbeit ist wie folgt aufgebaut: Im 2. Abschnitt wird das Grundmodell des endogenen Wachstums mit überlappenden Generationen dargestellt und die Wachstumsrate des Einkommens hergeleitet. Diese Wachstumsrate wird aufgrund der unterstellten freiwilligen Ersparnis ohne staatliche Eingriffe als die Lösung angesehen, die sich bei einer kapitalgedeckten Rentenversicherung einstellt. Im 3. Abschnitt wird

---

Auf die Frage:

> „Sie wollen stärker den Konsum statt die Einkommen besteuern und auch die Sozialversicherungsbeiträge, die zu den Lohnnebenkosten gehören, auf Konsumbesteuerung umstellen?“

antwortete der Bundesbankpräsident Hans Tietmeyer:

> „Für die Lösung der Beschäftigungs- und Wachstumsprobleme ist es sicher richtig, eher die Lohnkostenentwicklung zu entlasten. Das heißt also, die lohnkostenbezogenen Abgaben nicht weiter ansteigen zu lassen, sondern eher über mögliche Senkungen nachzudenken: Auch die leistungsbezogenen Einkommen sollten nicht höher besteuert, sondern eher entlastet werden; dagegen wäre der Konsum auf Dauer eher zu belasten.“

dann eine umlagefinanzierte Rentenversicherung in das Grundmodell eingeführt, und es wird gezeigt, daß sich eine geringere Wachstumsrate als im Grundmodell ergibt. Dieses Resultat ist komparativ dynamisch hergeleitet, es wird nicht die Frage der Umstellung von einer Finanzierungsart auf die andere gestellt. Im 4. Abschnitt schließlich wird die Bemessungsgrundlage der Umlagefinanzierung geändert und der Nachweis geführt, daß sich eine höhere steady state-Wachstumsrate als im Grundmodell einstellt. Ein Abschnitt über noch offene Fragen und eine Zusammenfassung schließen die Arbeit ab.

2. Das Grundmodell

Die Darstellung dieses Abschnitts ist etwas knapp gehalten, da das Modell im Beitrag von M. Heinemann (in diesem Band) bereits ausführlicher abgehandelt wurde. In einem einfachen Modell endogenen Wachstums mit überlappenden Generationen wird zunächst der steady state bestimmt. Die folgenden Annahmen werden getroffen:

1. Zu jedem Zeitpukt t und in jeder Periode existieren genau zwei Generationen von Wirtschaftssubjekten.
2. Jede Generation lebt zwei Perioden lang und besteht aus identischen Individuen, d.h. ihre Ausstattungen und Präferenzen sind gleich. Die Wirtschaftssubjekte besitzen vollkommene Voraussicht.
3. Die Bevölkerung ist stationär, die Anzahl der Mitglieder einer Generation beträgt L Wirtschaftssubjekte.
4. Es gibt nur ein Gut, das sowohl konsumiert wie auch investiert werden kann.
5. Jedes Wirtschaftssubjekt hat Präferenzen[3] bezüglich seines Konsums in beiden Lebensabschnitten, die durch die Nutzenfunktion

$$U(c_t, z_t) = \ln c_t + \beta \ln z_t \ ,$$

   mit $0 < \beta < 1$, c_t als Konsum in der Jugend und z_t als Konsum im Alter dargestellt wird.

---

3 Für eine so spezifizierte Nutzenfunktion, es handelt sich um eine Nutzenfunktion, die eine konstante relative Risikoaversion aufweist, könnte auch das Arbeitsangebot der Haushalte endogenisiert werden, indem die Freizeit als weiterer Term in die Nutzenfunktion aufgenommen wird. Allerdings hätte die Wahl der Arbeitszeit keinen Einfluß auf die Wachstumsraten, da sie unabhängig vom Lohnsatz ist. Insofern spielt das von Brunner (1993) aufgeworfene Problem der Zusatzlast einer lohnbezogenen Rente hier keine Rolle.

6. Identische Unternehmen produzieren das homogene Gut mit den Produktionsfaktoren Arbeit und Kapital.

$$y_t = F(k_t, \mathcal{K}_t) = k_t^\alpha \mathcal{K}_t^\gamma ,$$

mit $0 < \alpha < 1$, $\alpha + \gamma = 1$ ist die Produktionsfunktion der repräsentativen Firma. Dabei bezeichnet y_t den Output pro Kopf (die Arbeitsproduktivität), k_t die Kapitalintensität, und die Größe $\mathcal{K}_t$ stellt den gesamtwirtschaftlichen Kapitalstock dar. Der gesamtwirtschaftliche Kapitalstock als zusätzliches Argument in der Produktionsfunktion drückt einen externen Effekt der Kapitalakkumulation aus.
7. Jedes Individuum verfügt in seiner Jugend über eine Arbeitseinheit, die es auf dem Arbeitsmarkt anbietet. (Eine alternative Annahme einer Wahl zwischen Freizeit und Arbeitszeit, wobei die Freizeit ein weiteres Argument der Nutzenfunktion ist, führt zum qualitativ gleichen Resultat eines Lohnunelastischen Arbeitsangebotes und ändert damit nichts an den grundlegenden Aussagen.)
8. Der Kapitalstock wird in jeder Periode vollständig in der Produktion verbraucht.
9. Auf allen Faktormärkten herrscht vollkommene Konkurrenz.
10. Die Produktionsfaktoren werden einzelwirtschaftlich nach ihrem Grenzprodukt entlohnt.

Da die Individuen nur in ihrer Jugend arbeiten können, lauten ihre Budgetgleichungen

$$c_t + s_t = w_t \quad \text{und}$$
$$z_t = r_{t+1} s_t ,$$

wobei w_t ihr Arbeitseinkommen und $r_{t+1} s_t$ ihre verzinste Ersparnis bedeutet. Ihre Optimierungsaufgabe lautet

$$\max_{c_t,\, z_t} \ln c_t + \beta \ln z_t - \lambda \left(c_t + \frac{z_t}{r_{t+1}} - w_t \right) ,$$

mit den Bedingungen erster Ordnung

$$\frac{1}{c_t} - \lambda = 0 \rightsquigarrow c_t = \frac{1}{\lambda}$$
$$\frac{\beta}{z_t} - \frac{\lambda}{r_{t+1}} = 0 \rightsquigarrow z_t = \frac{r_{t+1}\beta}{\lambda}$$
$$c_t + \frac{z_t}{r_{t+1}} - w_t = 0 \rightsquigarrow c_t + \frac{z_t}{r_{t+1}} = w_t$$

und den Lösungen

$$\frac{1}{\lambda} = \frac{1}{1+\beta} w_t\,, \quad c_t = \frac{1}{1+\beta} w_t\,, \quad z_t = \frac{r_{t+1}\beta}{1+\beta} w_t\,, \quad s_t = \frac{\beta}{1+\beta} w_t\,.$$

Die Ersparnis ist also ausschließlich vom Lohnsatz abhängig.

Die Grenzproduktivitätsentlohnung impliziert

$$w_t = (1-\alpha) k_t^{\alpha} \mathcal{K}_t^{\gamma}$$
$$r_t = \alpha k_t^{1-\alpha} \mathcal{K}_t^{\gamma}\,.$$

Da alle Firmen identisch sind, das Kapitalangebot durch die Ersparnis der Vorperiode und das Arbeitsangebot durch L gegeben ist, muß im Gleichgewicht

$$L k_t = \mathcal{K}_t$$

für alle t gelten. Für die beiden Faktorpreise ergibt sich damit

$$w_t = (1-\alpha) k_t L^{\gamma} \quad (1)$$
$$r_t = r = \alpha L^{\gamma}\,. \quad (2)$$

Der Lohnsatz ist proportional der jeweiligen Kapitalintensität, und der Gleichgewichtszins ist in allen Perioden konstant.

Aus der Bedingung

$$k_{t+1} = s_t \quad (3)$$

entsteht die einfache Differenzengleichung (homogen, vom Grad Eins, mit konstantem Koeffizienten)

$$k_{t+1} = \frac{\beta(1-\alpha)}{1+\beta} L^{\gamma} k_t\,.$$

Die Wirtschaft wächst ohne jede Anpassungsdynamik mit der Rate

$$g = \frac{\beta(1-\alpha)}{1+\beta} L^{\gamma} - 1\,. \quad (4)$$

Die Ersparnis in dieser Wirtschaft kann als eine private Altersvorsorge interpretiert werden, also als freiwillige Rentenversicherung[4] nach dem Kapitaldeckungsprinzip. Der Lohnsatz, das Einkommen und der Konsum in beiden Lebensabschnitten wachsen ebenfalls mit dieser Rate.

---

4 Das eigentliche Versicherungsmotiv als Vorsorge gegen eine ungewisse Zukunft kommt allerdings nicht zum Tragen, da vollkommene Voraussicht unterstellt wurde.

3. Umlagefinanzierte Rentenversicherung

Betrachtet man nun das Grundmodell mit einer lohnabhängigen umlagefinanzierten Rentenversicherung, wobei der Rentenbeitragssatz proportional ist und das Rentenaufkommen an die alten Wirtschaftssubjekte ausgeschüttet wird, dann sind lediglich die Budgetgleichungen zu modifizieren. Man beachte, daß es sich hierbei nicht um die Effekte einer Neueinführung einer Rentenversicherung, sondern nur um einen Vergleich der Wachstumsraten einer Wirtschaft mit und ohne Rentenversicherung handelt. Anders als im Beitrag von M. Heinemann, der von einem pauschalen, aber möglicherweise im Zeitablauf steigenden Rentenbeitrag ausgeht, wird hier der Lohn als Bemessungsgrundlage gewählt. Bei einem solchen umlagefinanzierten Rentenversicherungssystem ergeben sich die modifizierten Budgetgleichungen:

$$c_t + s_t = w_t(1-\tau) \quad \text{und}$$
$$z_t = r s_t + \tau w_{t+1}\,.$$

Analog zum vorigen Abschnitt, läßt sich nun die Wachstumsrate der Kapitalintensität herleiten:

$$\max_{c_t,\, z_t} \ln c_t + \beta \ln z_t - \lambda\left(c_t + \frac{z_t}{r} - w_t(1-\tau) - \frac{\tau}{r} w_{t+1}\right)\,.$$

Die Bedingungen erster Ordnung lauten

$$\frac{1}{c_t} - \lambda = 0 \leadsto c_t = \frac{1}{\lambda}$$
$$\frac{\beta}{z_t} - \frac{\lambda}{r} = 0 \leadsto z_t = \frac{r\beta}{\lambda}$$

mit den Lösungen

$$\frac{1}{\lambda} = \frac{1-\tau}{1+\beta} w_t + \frac{\tau}{r(1+\beta)} w_{t+1}\,, \qquad c_t = \frac{1-\tau}{1+\beta} w_t + \frac{\tau}{r(1+\beta)} w_{t+1}\,,$$
$$z_t = \frac{r\beta(1-\tau)}{1+\beta} w_t + \frac{\beta\tau}{1+\beta} w_{t+1}\,, \qquad s_t = \frac{\beta(1-\tau)}{1+\beta} w_t - \frac{\beta\tau}{1+\beta} w_{t+1}\,.$$

Einsetzen von Gleichung (1) und (3) ergibt die Differenzengleichung

$$k_{t+1} = \frac{1-\tau}{1+\tau\frac{\beta(1-\alpha)}{1+\beta}L^\gamma} \frac{\beta(1-\alpha)}{1+\beta} L^\gamma k_t\,.$$

Die Wirtschaft wächst in diesem Fall also mit der Rate

$$g_U = \frac{1-\tau}{1+\tau\frac{\beta(1-\alpha)}{1+\beta}L^\gamma} \frac{\beta(1-\alpha)}{1+\beta} L^\gamma - 1 \,. \tag{5}$$

Dabei bezeichnet g_U die Wachstumsrate des Einkommens in einem umlagefinanzierten Rentensystem. Der erste Bruch auf der rechten Seite ist für $\tau > 0$ immer kleiner als Eins. Es ist dieser Term, der die Wachstumsrate gegenüber dem Kapitaldeckungsverfahren verringert. Verglichen mit der Wachstumsrate aus Gleichung (4) ergibt sich eine niedrigere Wachstumsrate ($g_U < g$), die um so geringer ist, je höher der Beitragssatz τ zur Rentenversicherung ist.

Die geringere Wachstumsrate ist einer der Haupteinwände gegen das Umlageverfahren. Der, wegen der höheren Wachstumsrate, an sich wünschenswerte Umstieg von einer gegebenen umlagefinanzierten Rentenversicherung zu einem Kapitaldeckungsverfahren läßt sich nur über eine Schlechterstellung der „Alten" während der Übergangsphase erreichen.

In der Diskussion[5] um die Finanzierungsform der Rentenversicherung sind es gerade diese wohlfahrtstheoretischen Einwände, die die Beibehaltung des Umlageverfahrens begründen. Diese wohlfahrtstheoretischen Rechtfertigungen kommen indessen nicht mehr zum Tragen, wenn gezeigt werden kann, daß eine Umlagefinanzierungsform nicht wie hier wachstumsmindernd, sondern im Gegenteil, wachstumssteigernd wirken kann.

4. Umverteilung einer allgemeinen Verbrauchsteuer

Ein Haupteinwand gegen umlagefinanzierte Rentenversicherungen besteht in der geringeren Ersparnis, die mit diesem Umverteilungsschema verbunden ist. Wie im folgenden gezeigt wird, liegt die Ursache für die Verringerung der Ersparnis jedoch nicht in der Umverteilung als solcher, sondern in der Wahl der Löhne als Bemessungsgrundlage. Wird dagegen eine allgemeine Verbrauchsteuer erhoben und deren Aufkommen an die Alten ausgeschüttet, dann muß die Ersparnis nicht kleiner als ohne dieses Umverteilungsschema sein. Der Grundgedanke ist dabei sofort einsichtig: Bei der allgemeinen Verbrauchsteuer wird zunächst der Konsum bestraft und das Sparen belohnt; die Alten müssen zwar auch die Verbrauchsteuer zahlen, aber sie erhalten ihre Beiträge nicht nur in voller Höhe zurück, sondern auch noch anteilig das Steueraufkommen der Jungen, die gleichzeitig existieren.

---

5 Vgl. etwa die Darstellung in Breyer 1990 sowie die eingangs erwähnte Literatur.

Bei einer allgemeinen Verbrauchsteuer kommt eigentlich nur ein proportionaler Steuertarif $0 < \theta$ in Betracht. Die Budgetrestriktionen lauten:

$$c_t(1+\theta) + s_t = w_t \quad \text{und}$$
$$z_t(1+\theta) = rs_t + \frac{T_{t+1}}{L} \,.$$

Dabei ist T das gesamte Steueraufkommen und $1/L$ der Anteil der auf ein altes Wirtschaftssubjekt umverteilt wird.

Das gesamte Steueraufkommen beträgt

$$T_{t+1} = L\theta\,(c_{t+1} + z_t) \,.$$

Die neue intertemporale Budgetgleichung hängt nunmehr vom Konsum in zwei benachbarten Perioden ab.

$$c_t(1+\theta) + \frac{z_t}{r} = w_t + \frac{\theta}{r} c_{t+1} \tag{6}$$

Die neue Optimierungsaufgabe lautet nun:

$$\max_{c_t,\, z_t} \ln c_t + \beta \ln z_t - \lambda \left(c_t(1+\theta) + \frac{z_t}{r} - w_t - \frac{\theta}{r} c_{t+1} \right) . \tag{7}$$

Wie im Anhang gezeigt wird, besitzt dieses intergenerative Umverteilungsschema folgende Eigenschaften:

1. Vor Erreichen des steady state ist der Zeitpfad des Kapitalstocks (bzw. der Kapitalintensität) als Lösung einer Differenzengleichung zweiter Ordnung darstellbar als

$$k_t = b_1 \lambda_1^t + b_2 \lambda_2^t \,, \tag{8}$$

wobei λ_1 und λ_2 die Nullstellen des charakteristischen Polynoms sind und die beiden Gewichte b_1 und b_2 durch zwei Startwerte festzulegen sind.

2. Es gilt

$$\lambda_1 > 1 + g > \lambda_2 \,, \tag{9}$$

d.h. der Wachstumsfaktor einer Wirtschaft, die ein Rentensystem nach dem Kapitaldeckungsverfahren (= Grundmodell) besitzt, liegt zwischen den beiden Werten λ_1 und λ_2, welche den Wachstumsfaktor einer Wirtschaft mit einem verbrauchsteuer-finanzierten Rentensystem bestimmen.

3. Für $t \to \infty$ strebt die Wirtschaft gegen den steady state und ihr Wachstumsfaktor gegen λ_1.

4. Hat die Wirtschaft den steady state erreicht, dann ist die Wachstumsrate gleich λ_1 und damit höher als die im Grundmodell durch Gleichung (4) beschriebene. Damit ist sie a fortiori auch höher als bei einem Lohnbezogenen Umlageverfahren (siehe Gleichung (5)).
5. Wenn sich zwei Wirtschaften nur in der Art der Rentenfinanzierung unterscheiden, d.h. die eine besitzt, wie im Grundmodell beschrieben, eine kapitalgedeckte Rentenversicherung die andere ein umlagefinanziertes System, basierend auf einer allgemeinen Verbrauchsteuer, dann wächst die Wirtschaft mit der Verbrauchsteuer ab der ersten Periode schneller als die andere.

In der nachfolgenden Abbildung ist der Anpassungsprozeß an den steady state schematisch dargestellt. Es lassen sich Szenarien konstruieren, die zu einer Paretoverbesserung führen, wenn es anfangs eine lohnbezogene Umlagefinanzierung der Renten, bzw. eine rein private (kapitalgedeckte) Altersvorsorge gab. Im letzten Fall ist dabei die allgemeine Verbrauchsteuer so zu gestalten, daß der Nutzenentgang durch die Verbrauchsteuer und die (freiwillig) höhere Ersparnis mehr als aufgewogen wird durch den Nutzenzuwachs aus dem höheren Konsum im Alter. Im ersten Fall ist zunächst das Steueraufkommen gleich, aber aufgrund der höheren Wachstumsrate der Wirtschaft mit der Verbrauchsteuer stellt sich auch hier eine Verbesserung ein.

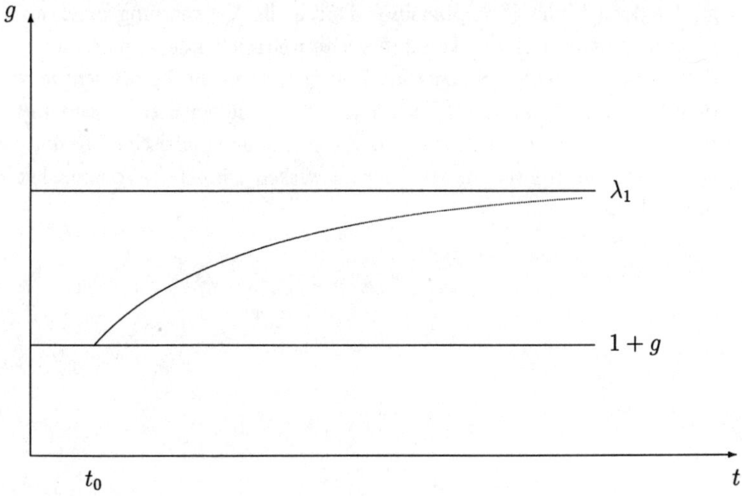

5. Zusammenfassung und Ausblick

Eine komparativ-dynamische Analyse anhand eines einfachen Modells endogenen Wachstums zeigt, daß nicht die Finanzierungsform, sondern die Bemessungsgrundlage der Rentenbeiträge von ausschlaggebender Bedeutung für die Höhe der Wachstumsrate des Kapitals und aller übrigen Aggregate Einkommen, Konsum, Ersparnis, etc. ist. Letztlich sind alle staatlichen Eingriffe, welche die Ersparnis erhöhen, in diesem Modellrahmen der privat dezentralen Lösung vorzuziehen.

Die vorstehende Analyse bedarf noch verschiedener Ergänzungen, die in dieser Arbeit nicht explizit ausgearbeitet wurden.

1. Nach welchen Kriterien ist der optimale Steuersatz der allgemeinen Verbrauchsteuer festzulegen?
2. Was geschieht in der Übergangsphase unmittelbar nach der Umstellung der Rentenversicherung und vor Erreichen des steady state? Hier sind insbesondere die Erwartungen rational handelnder Wirtschaftssubjekte explizit zu modellieren, was wegen des Grades Zwei der Differenzengleichung zu erheblichen Komplikationen (Sunspots etc.) führen kann.
3. Die wohlfahrtstheoretischen Implikationen wurden nur angedeutet, sind jedoch hinlänglich plausibel. Durch die Verwendung einer expliziten Nutzenfunktion konnten recht weitreichende Eigenschaften des verbrauchsteuer-finanzierten Rentensystems nachgewiesen werden. Inwieweit sich diese Resultate jedoch verallgemeinern lassen und sich damit auch befruchtend auf die aktuellen politischen Diskussionen um die Rentenfinanzierung auswirken können, muß zunächst offen bleiben.

A. Eigenschaften der verbrauchsteuer-finanzierten Alterssicherung

A.1 Herleitung der Wachstumsrate

Die Optimierungsaufgabe (7) führt auf die folgenden Bedingungen erster Ordnung:

$$c_t(1+\theta) = \frac{1}{\lambda}, \quad \frac{z_t}{r} = \frac{\beta}{\lambda}$$

sowie der intertemporalen Budgetgleichung (6). Als Lösungen erhält man

$$\begin{aligned} c_t(1+\theta) &= \frac{w_t}{1+\beta} + \frac{\theta c_{t+1}}{r(1+\beta)} \\ \frac{z_t}{r} &= \frac{\beta w_t}{1+\beta} + \frac{\theta \beta c_{t+1}}{r(1+\beta)} \,. \end{aligned}$$

Um eine Differenzengleichung für die Kapitalintensität zu konstruieren, muß der Konsum c_{t+1} über die Verwendungsgleichung des Einkommens eliminiert werden.

$$\begin{aligned} y_{t+1} &= c_{t+1} + s_{t+1} + z_t \\ k_{t+1}^{\alpha} \mathcal{K}_{t+1}^{\gamma} &= c_{t+1} + k_{t+2} + \frac{r\beta}{1+\beta} w_t + \frac{\beta\theta}{1+\beta} c_{t+1} \\ c_{t+1} &= \left[k_{t+1}^{\alpha} \mathcal{K}_{t+1}^{\gamma} - k_{t+2} - \frac{r\beta}{1+\beta} w_t \right] \frac{1+\beta}{1+\beta+\beta\theta} \end{aligned}$$

Als Fortschreibung für den Kapitalstock (die Kapitalintensität) gilt nun:

$$s_t = k_{t+1} \quad = w_t \tfrac{\beta}{1+\beta} \left[1 + \tfrac{\theta}{1+\beta+\beta\theta} \right] - \tfrac{\theta}{1+\beta+\beta\theta} \tfrac{1}{\alpha} k_{t+1} + \tfrac{\theta}{1+\beta+\beta\theta} \tfrac{1}{\alpha L^{\gamma}} k_{t+2}$$

oder als normierte Differenzengleichung für $\theta > 0$ geschrieben, wobei der Bruch $(1+\beta+\beta\theta)/\theta = A$ gesetzt wird

$$k_{t+2} - L^{\gamma} \left[\alpha A + 1 \right] k_{t+1} + \frac{\alpha(1-\alpha)\beta}{1+\beta} L^{2\gamma} \left[A + 1 \right] k_t = 0 \,. \qquad (10)$$

Die Kapitalintensität der Periode t läßt sich schreiben als

$$k_t = b_1 \lambda_1^t + b_2 \lambda_2^t \,,$$

wobei λ_1 und λ_2 die Nullstellen des charakteristischen Polynoms von (10) sind und die beiden Parameter b_1, b_2 durch zwei Startwerte festgelegt sind. Gemäß der Vorzeichenregel von Descartes sind die beiden λ positive reelle Zahlen oder aber komplexe Zahlen (aber mit positivem Realteil). Es ist nun die Wachstumsrate der Kapitalintensität bei diesem Umverteilungsschema mit der im Grundmodell zu vergleichen.

A.2 Beweis der Eigenschaften

Es wird unterstellt, daß die Wachstumsrate g des Grundmodells positiv ist, also

$$g = \frac{\beta(1-\alpha)}{1+\beta} L^{\gamma} - 1 > 0 \implies L^{\gamma} > \frac{1+\beta}{\beta(1-\alpha)}\,.$$

Das charakteristische Polynom der Differenzengleichung

$$h(\lambda) = \lambda^2 - \Big(L^{\gamma}\left[\alpha A + 1\right]\Big)\lambda + \frac{\alpha(1-\alpha)\beta}{1+\beta} L^{2\gamma}\left[A+1\right]$$

wird an der Stelle $1+g$ ausgewertet. Ist es dort negativ, dann liegt bereits die Abschätzung $\lambda_1 > 1+g > \lambda_2 > 0$ vor, wie anhand der Skizze direkt einsichtig ist.

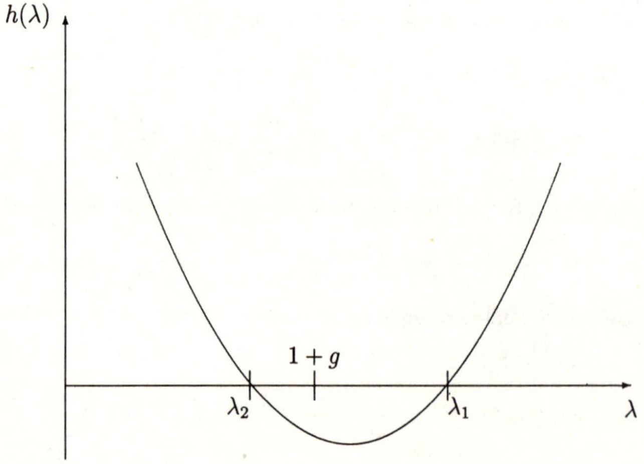

Es gilt

$$\begin{aligned} h(1+g) &= (1+g)^2 - \left(L^\gamma\,[\alpha A+1]\right)(1+g) + \frac{\alpha(1-\alpha)\beta}{1+\beta}L^{2\gamma}\,[A+1] \\ &= (1+g)\left\{(1+g) - \left(L^\gamma\,[\alpha A+1]\right) + \alpha L^\gamma\,[A+1]\right\} \\ &= (1-\alpha)L^\gamma(1+g)\left\{\frac{1+g}{(1-\alpha)L^\gamma} - 1\right\} \\ &= (1-\alpha)L^\gamma(1+g)\left\{\frac{\beta}{1+\beta} - 1\right\} < 0\,, \end{aligned}$$

also liegt die Wachstumsrate des Grundmodells zwischen den beiden Nullstellen des charakteristischen Polynoms, und die Ungleichungen (9) sind bewiesen; dies ist zugleich als die 2. Eigenschaft bezeichnet worden. Die übrigen Eigenschaften ergeben sich unmittelbar aus Gleichung (10), zusammen mit der voranstehenden Abschätzung.

A.3 Wachstumsraten der Anpassungsphase

Angenommen, zwischen den Perioden 0 und 1 wächst die Wirtschaft mit der Rate g, dann lassen sich die beiden Parameter b_1 und b_2 aus dem folgenden Gleichungssystem bestimmen:

$$\begin{aligned} k_0 &= b_1 + b_2 \\ k_1 &= (1+g)k_0 = b_1\lambda_1 + b_2\lambda_2 \end{aligned}$$

mit den Lösungen

$$\begin{aligned} k_0 > b_1 &= \frac{1+g-\lambda_2}{\lambda_1-\lambda_2}k_0 > 0 \\ b_2 &= \frac{\lambda_1-(1+g)}{\lambda_1-\lambda_2}k_0 > 0\,. \end{aligned}$$

Ab Periode 2 wächst die Wirtschaft aber mit einer höheren Rate als im Grundmodell, denn

$$\begin{aligned} k_2 &= b_1\lambda_1^2 + b_2\lambda_2^2 \\ &= \frac{1+g-\lambda_2}{\lambda_1-\lambda_2}k_0\lambda_1^2 + \frac{\lambda_1-(1+g)}{\lambda_1-\lambda_2}k_0\lambda_2^2 \\ &= \frac{k_0}{\lambda_1-\lambda_2}\left[(1+g)(\lambda_1^2-\lambda_2^2) + \lambda_1\lambda_2(\lambda_2-\lambda_1)\right] \\ &= k_0\left[(1+g)(\lambda_1+\lambda_2) - \lambda_1\lambda_2\right] \\ &= k_0\left[(1+g)(1+\alpha A) - (1+g)\alpha(1+A)\right]L^\gamma \\ &= k_0(1+g)\,[1-\alpha]\,L^\gamma \\ &= k_0(1+g)^2\frac{1+\beta}{\beta} > k_0(1+g)^2\,. \end{aligned}$$

Die Kapitalintensität des Grundmodells in Periode 2, $k_0(1+g)^2$, ist kleiner als die nach Einführung einer verbrauchsteuer-finanzierten Rentenversicherung. Da der Anpassungsprozeß an den steady state monoton steigend verläuft (beide λ_i und beide Parameter b_i sind positiv), ist die voranstehende Abschätzung für k_2 hinreichend.

Literatur

Breyer, Friedrich (1990): Ökonomische Theorie der Alterssicherung, München.

Breyer, Friedrich (1989): On the intergenerational pareto efficiency of pay-as-you-go financed pension systems, in: Zeitschrift für die gesamte Staatswissenschaft 145, S. 643-658.

Brunner, Johann K. (1993a): Redistribution and the efficiency of the pay-as-you-go pension system. Diskussionsbeiträge 265, Universität Konstanz, Fakultät für Wirtschaftswissenschaften, April 1993.

Brunner, Johann K. (1993b): Transition from a pay-as-you-go to a fully-funded pension system: The case of differing individuals and intragenerational fairness. Diskussionsbeiträge 266, Universität Konstanz, Fakultät für Wirtschaftswissenschaften, Mai 1993.

Brunner, Johann K. / Falkinger, Josef (1988): Umlageverfahren, Kapitaldeckungsverfahren und optimales Wachstum. Zu einer Arbeit von M. Neumann, in: Zeitschrift für Wirtschafts- und Sozialwissenschaft 108(4), S. 617-620.

Brunner, Johann K. / Falkinger, Josef (1989a): Umlageverfahren, Kapitaldeckungsverfahren und optimales Wachstum. Drei Anmerkungen zur Replik von M. Neumann, in: Zeitschrift für Wirtschafts- und Sozialwissenschaft 109(4), S. 625-626.

Brunner, Johann K. / Falkinger, Josef (1989b): Bemerkungen zur neuerlichen Erwiderung von Neumann, in: Zeitschrift für Wirtschafts- und Sozialwissenschaft 109(4), S. 630-631.

Felderer, Bernhard (1992): Does a public pension system reduce savings rates and birth rates?, in: Zeitschrift für die gesamte Staatswissenschaft 148(2), S. 314-325.

Neumann, Manfred (1986): Möglichkeiten zur Entlastung der gesetzlichen Rentenversicherung durch kapitalbildende Vorsorgemaßnahmen. Vorträge und Aufsätze, Nummer 107 / Walter Eucken Institut, Tübingen.

Neumann, Manfred (1988): Umlageverfahren, Kapitaldeckungsverfahren und optimales Wachstum. Replik, in: Zeitschrift für Wirtschafts- und Sozialwissenschaft 108(4), S. 621-625.

Neumann, Manfred (1989a): Erwiderung auf die Anmerkungen von Brunner/Falkinger, in: Zeitschrift für Wirtschafts- und Sozialwissenschaft 109(4), S. 627-629.

Neumann, Manfred (1989b): Eine weitere Erwiderung, in: Zeitschrift für Wirtschafts- und Sozialwissenschaft 109(4), S. 632.

Prinz, Aloys (1989): Finanzierungsverfahren der Alterssicherung und Kapitalakkumulation: Ist der Übergang zu einem Kapitaldeckungsverfahren zwingend? Zu einem Ergebnis von M. Neumann, in: Zeitschrift für Wirtschafts- und Sozialwissenschaft 109(4), S. 633-636.

Soll man „Surfern“ ein Garantieeinkommen bezahlen?

Franz Haslinger

1. Einleitung

Zu Anfang der 70er Jahre entspann sich in Hawaii eine Diskussion um die Frage, ob es denn moralisch vertretbar sei, Hippies, also jungen, arbeitsfähigen Menschen, soziale Unterstützungen zu gewähren und ihnen auf diese Weise die Möglichkeit eines relativ sorgenfreien Lebens zu ermöglichen, das ihnen zudem noch den Genuß diverser Vergnügungen erlaubt.

Der damalige Hawaii-Senator Wadsworth Yee verneinte die moralische Berechtigung mit den barschen Worten „Es darf keine Parasiten im Paradies geben“. Für John Rawls' (1988) Theorie hatte dieser Fall paradigmatische Bedeutung. Er sah sich genötigt, den Katalog seiner sozialen primären Güter um Freizeit zu erweitern und kam zu dem Ergebnis, eine Unterstützung von „Surfern“ sei moralisch nicht zu rechtfertigen. Das zusätzliche Freizeitvergnügen ist als Äquivalent zum Index der Primärgüter der am Schlechtestgestellten anzusehen. "... those who surf all day off Malibu must find a way to support themselves and would not be entitled to public funds.“ (p. 257, n.7.)

Der belgische Sozialphilosoph Phillippe van Parijs (1991) hält dagegen unter Anwendung der Kriterien von Rawls, eine Unterstützung für moralisch gerechtfertigt und die Ablehnung von Yee für unfair. Sie führe zu einer Verbesserung der Lebenssituation der am schlechtesten gestellten Gruppe in der Gesellschaft und genüge daher dem Differenzprinzip (auch in der durch Rawls 1988 modifizierten Form). Die meisten Philosophen verneinen dagegen die moralische Rechtfertigbarkeit einer Unterstützung. Die zentralen Argumente dabei sind:

a) Die grundsätzliche Nicht-Verallgemeinerbarkeit der Norm.

b) Die Tatsache, daß die Betroffenen aus der Gesellschaft quasi austreten.
c) Oder J. Elsters Diktum: „It is unfair for able bodied people to live off the labour of others“ (p. 709).

Das Problem wäre wahrscheinlich die Diskussion nicht wert, gäbe es nicht einen etwas breiteren und bedeutenderen Hintergrund. Sowohl in Großbritannien als auch in anderen Ländern gab es Befürworter des Planes, allen Menschen ein garantiertes Mindesteinkommen ohne jede Auflage zu gewähren. Zu den Befürwortern zählen immerhin so bedeutende Liberale wie der Nobelpreisträger für Ökonomie James Meade, wie Ralph Dahrendorf oder Anthony Atkinson, um nur einige zu nennen.

Da sich die Diskussion im wesentlichen moralisch-philosophischer Argumente bedient, erscheint es einigermaßen reizvoll zu fragen, ob ein derartiges Argument denn auch ökonomisch Sinn machen könnte. Im folgenden wird anhand eines einfachen Modells gezeigt, daß es nicht nur wirtschaftlich möglich ist, Garantieeinkommen zu bezahlen, sondern daß es ab einem hohen Entwicklungsniveau auch gesellschaftlich durchaus effizient sein kann, dies zu tun. Dazu wird im Abschnitt 2 eine Technologie beschrieben, wie sie z.B. Lucas (1988) diskutiert. In Abschnitt 3 wird das Gesamtmodell skizziert, dessen Ergebnisse dann ausführlicher erörtert werden. Das Modell bedient sich ansonsten auch der neueren Wachstumstheorie: Es ist teilweise „mikrofundiert“, weist gesamtgesellschaftlich zunehmende Skalenerträge auf und determiniert die Wachstumsrate partiell endogen.

2. Technologische Grundlagen der Wirtschaft

Eine der grundlegenden Überlegungen, auf der diese Arbeit beruht, ist in Gleichung (1) festgehalten. Es gibt zwei externe Effekte, die mit dem durchschnittlichen Produktivitätsniveau zu tun haben. Zum einen auf Unternehmensebene, zum anderen auf Branchenebene der Ökonomie. Die Rechtfertigung für diese Annahme liegt in der Beobachtung, daß Unternehmen häufig trotz hoher Kosten in Regionen ziehen, in denen sich bereits Spitzenunternehmen gleicher Art befinden. Die Produktivität der Arbeit erhöht sich, wenn man in einem Unternehmen mit hochqualifizierten Kollegen zusammenarbeitet bzw. wenn Spitzenleute aufgrund der räumlichen Nähe miteinander in Kontakt stehen. Das erklärt nach Lucas (1988) Ballungen wie z.B. Frankfurt als Finanzmetropole oder Düsseldorf als Modezentrum und innerhalb von Städten das Entstehen von Konzentration von Branchen in bestimmten Stadtteilen.

„Much of economic life is 'creative' much in the same way as 'art' and 'science'", schreibt Lucas und „why can people be paying Manhatten or downtown rents for, if not for being near people?" (pp. 38f.).

Die Produktionsfunktion eines Unternehmens ist daher gegeben durch

$$Y_t^j = A(K_t^j)^\beta (E_t^j)^{1-\beta} (\frac{E_t^j}{L_t^j})^{\gamma_j} (\frac{E_t}{L_t})^\gamma . \qquad (1)$$

Die einzelnen Größen sind wie folgt definiert:

Y_j	Output von Unternehmen j
A	(konstanter) Technologieparameter
K^j	Kapitalstock, der in Unternehmen j zum Einsatz gelangt
E^j	Effektiv eingesetzte Arbeit in Unternehmen j
L^j	Zahl der Beschäftigten in Unternehmen j
l^{ij}	Zahl der Beschäftigten mit der Fähigkeit i, wobei $L^j = \sum_i l^{ij}$
f^{ij}	Fähigkeits- bzw. Produktivitätsniveau eines Beschäftigten i
$\frac{E_t^j}{L_t^j}$	Produktivitätseffekt, der von den durchschnittlichen Fähigkeiten und der durchschnittlichen Arbeitskraft eines Arbeiters auf die anderen Arbeiter des Unternehmens ausstrahlt. Dadurch ist ein im Unternehmen wirkender externer Effekt beschrieben, der um so stärker wirkt, je höher dessen Produktionselastizität γ_j ist.
$\frac{E_t}{L_t}$	Externer Produktivitätseffekt des Durchschnittsniveaus an Humankapital in der Wirtschaft. Dieser Effekt wirkt ökonomieweit.

Aus (1) erkennt man unmittelbar: Je höher die durchschnittliche Produktivität der eingesetzten Arbeiter ist, desto höher sind die externen Effekte. Es wird angenommen, daß die Unternehmen den unternehmensspezifischen Produktivitätseffekt internalisieren, nicht jedoch den gesamtwirtschaftlichen. Letzterer wirkt gewissermaßen hinter dem Rücken der Beteiligten.

Unterstellt man, daß sämtliche Unternehmen vollkommen identisch sind, dann läßt sich die gesamtwirtschaftliche Produktionsfunktion beschreiben als:

$$Y_t = AK_t^\beta E_t^{1-\beta} \left(\frac{E_t}{L_t}\right)^{\gamma_j+\gamma} .$$

Diese Produktionsfunktion bildet die Grundlage für die weiteren Überlegungen.

3. Ein einfaches Modell mit Vollbeschäftigung

Für die folgenden Analysen sei eine geschlossene Volkswirtschaft mit identischen Unternehmen unterstellt, in der in jeder Periode jeweils zwei Generationen gleichzeitig leben. Da die Unternehmen identisch sind, existiert trotz zunehmender Skalenerträge ein NASH-Gleichgewicht, in dem jedes Unternehmen seinen Gewinn maximiert und seine Optimal-Entscheidung die beste Antwortstrategie auf die (identischen) Entscheidungen aller übrigen Unternehmen darstellt.

Ferner werden perfekte Märkte unterstellt. Die Produktionsfaktoren werden nach ihrem Grenzprodukt entlohnt. Zur weiteren Vereinfachung wollen wir annehmen, daß es in jeder Generation zwei Typen von Wirtschaftssubjekten gibt: „Fleißige"(mit F indiziert) und „Surfer" (mit S indiziert). „Fleißige" sind dadurch gekennzeichnet, daß sich ihre Fähigkeiten durch aktive Beteiligung am Arbeitsprozeß und technischen Fortschritt erhöhen. Für „Surfer" dagegen ist charakteristisch, daß sich, aufgrund der geringen Arbeitsmotivation, ihr Humankapital nicht weiter verbessert, sondern daß es stagniert.

Die Bevölkerung sei stationär: Die Zahl der Surfer und der Fleißigen jeder Periode sei konstant, und die Nachkommen von Surfern sind wiederum Surfer. Die Nachkommen der Fleißigen sind wiederum Fleißige und diese lernen von den Eltern, so daß ihr Humankapital gleich dem Niveau der Fleißigen im Alter ist. Es gibt keinerlei Informationsmängel: Unternehmen wissen, welchem Typ ein bestimmter Arbeiter angehört.

Sei κ die konstante Rate des technischen Fortschritts, dann gilt für „Fleißige":

$$f_{t+1}^{F} = (1+\kappa) f_{t}^{F} \tag{2}$$

bzw. für eine für beide Typen gleiche Basisfähigkeit in der Ausgangsperiode 0: $f_0^F = f_0^S \equiv f_0$ folglich:

$$f_{t+1}^{F} = (1+\kappa)^{t+1} f_0 \, .$$

Surfer verbleiben dagegen auf einem konstanten Fähigkeitsniveau f_0[1].

---

1 Anders als bei Lucas (1988), bei dem die Freizeit dazu genutzt wird, das Humankapital zu verbessern, postuliert dieses Modell die Bedeutung einer aktiven Beteiligung am Arbeitsprozeß für die individuelle Produktivitätsentwicklung. Wer sich den alltäglichen Anforderungen der Produktion nur widerwillig aussetzt, fällt relativ zurück.

Normiert man zusätzlich noch die Gesamtzahl der Beschäftigten in jeder Periode: $l^S + l^F = 1$, dann erhält man bei unelastischem Faktorangebot und Vollbeschäftigung aller Produktionsfaktoren, unter den genannten Annahmen, die folgenden Variablenwerte. Dabei ist zu beachten, daß die Marktlösung die externen Effekte nicht internalisiert.

$$\begin{aligned} Y_t^{Voll} &= AK_t^\beta (l_t^S f_t^S + l_t^F f_t^F)^{1-\beta} \left[\frac{(l_t^S f_t^S + l_t^F f_t^F)}{l_t^S + l_t^F}\right]^{\gamma_j} \left[\frac{(l_t^S f_t^S + l_t^F f_t^F)}{l_t^S + l_t^F}\right]^{\gamma} \\ &= AK_t^\beta (f_o[1 + l^F((1+\kappa)^t - 1)])^{1-\beta+\gamma_j+\gamma} \end{aligned} \quad (3)$$

$$\begin{aligned} w_t^{S,Voll} = \frac{\partial Y_t^{Voll}}{\partial l_t^S} &= (1-\beta)\frac{f_t^S Y_t^{Voll}}{(l_t^S f_t^S + l_t^F f_t^F)} \\ &+ \gamma_j Y_t^{Voll} \frac{l_t^F (f_t^S - f_t^F)}{(l_t^S + l_t^F)(l_t^S f_t^S + l_t^F f_t^F)} \\ &= (1-\beta)\frac{Y_t^{Voll}}{1 + l^F((1+\kappa)^t - 1)} \\ &+ \gamma_j Y_t^{Voll} \frac{l^F f_0 (1 - (1+\kappa)^t)}{1 + l^F((1+\kappa)^t - 1)} \end{aligned} \quad (4)$$

$$\begin{aligned} w_t^{F,Voll} = \frac{\partial Y_t^{Voll}}{\partial l_t^F} &= (1-\beta)\frac{f_t^F Y_t^{Voll}}{(l_t^S f_t^S + l_t^F f_t^F)} \\ &+ \gamma_j Y_t^{Voll} \frac{l_t^S (f_t^F - f_t^S)}{(l_t^S + l_t^F)(l_t^S f_t^S + l_t^F f_t^F)} \\ &= (1-\beta)\frac{(1+\kappa)^t Y_t^{Voll}}{1 + l^F((1+\kappa)^t - 1)} \\ &+ \gamma_j Y_t^{Voll} \frac{(1 - l^F) f_0 (1 - (1+\kappa)^t)}{1 + l^F((1+\kappa)^t - 1)} \end{aligned} \quad (5)$$

$$r_t^{Voll} = \frac{\partial Y_t^{Voll}}{\partial K_t} = \beta \frac{Y_t^{Voll}}{K_t} \quad (6)$$

Aus den Gleichungen (4) und (5) folgt $w^{F,Voll} > w^{S,Voll}$ für alle $t > 0$, d.h. der Lohn der Fleißigen liegt über dem der Surfer. Der Abstand der Löhne voneinander wird darüber hinaus im Zeitablauf immer größer.[2]

Aufgrund des externen Effektes ist das gesellschaftliche Grenzprodukt eines Surfers jedoch geringer als der Wettbewerbslohn $w_t^{S,Voll}$. Ein

2 Es gilt, wie sich leicht prüfen läßt: $Y_t^{Voll} = r_t^{Voll} K_t + w_t^{S,Voll} l_t^s + w_t^{F,Voll} l_t^F$ für alle t.

zusätzlich eingestellter Surfer senkt nämlich, ceteris paribus, das durchschnittliche Qualifikationsniveau der Wirtschaft und dadurch die Grenzproduktivität eines jeden Arbeiters:

$$\begin{aligned}
\left.\frac{\partial Y_t^{voll}}{\partial l_t^s}\right|_{Gesellschaft} &= (1-\beta)\frac{f^S Y^{Voll}}{(l_t^S f_t^S + l_t^F f_t^F)} \\
&+ (\gamma_j + \gamma) Y^{Voll} \frac{l^F (f^S - f^F)}{(l^S + l^F)(l^S f^S + l^F f^F)} \\
&= (1-\beta)\frac{Y_t^{voll}}{1 + l^F((1+\kappa)^t - 1)} \\
&+ (\gamma_j + \gamma)\frac{l^F f_0 (1 - (1+\kappa)^t)}{1 + l^f((1+\kappa)^t - 1)} \qquad (7)
\end{aligned}$$

Da der zweite Term des gesellschaftlichen Grenzprodukts eines Surfers negativ ist, muß der von den Unternehmen bezahlte Lohn, gemessen am Beitrag eines Surfers zur Produktion, zu hoch sein. Die Abweichung ist um so höher, je stärker der externe Effekt in der Produktion sich niederschlägt, also je größer γ.

Während Surfer ihr jeweiliges Einkommen zur Gänze konsumieren, maximieren Fleißige ihren intertemporalen Nutzen. Ihre Optimierungsaufgabe lautet (auf das Superskript „F“ wurde verzichtet):

$$\max U_t = \ln u(c_t) + (1+p)^{-1} \ln u(c_{t+1}) \qquad (8)$$

unter den Nebenbedingungen

$$c_t + s_t = w_t$$

$$c_{t+1} = w_{t+1} + s_t (1 + r_{t+1}) \ ,$$

wobei p den Diskontierungsfaktor und s_t die Ersparnis in der Jugend darstellt.

Die weiteren Überlegungen sind auch ohne die formale Analyse intuitiv einsichtig, weshalb hier auf die Ableitungen verzichtet werden soll.

4. Garantieeinkommen für Surfer

Aus den obenstehenden Lohngleichungen folgt, daß im Laufe des Wachstumsprozesses der (marginale) Beitrag der Surfer zur Produktion immer weiter abnimmt. Das gesellschaftliche Grenzprodukt liegt, wegen des negativen externen Effektes, unterhalb des Grenzprodukts der Unternehmen. Ist das technische Niveau hinlänglich hoch, dann ist es für die Gesellschaft besser, den Surfern ein Garantieeinkommen dafür zu zahlen, daß sie sich nicht mehr am Arbeitsprozeß beteiligen. Indem man die Surfer von der Produktion fernhält, kann das Pro-Kopf-Einkommen erhöht werden, da deren negative Auswirkungen auf die durchschnittliche Arbeitsproduktivität der Gesellschaft eliminiert werden. Die Produktionsfunktion für die Ökonomie mit Garantieeinkommen G läßt sich unter Ausschluß der Surfer nun folgendermaßen charakterisieren:

$$\begin{aligned} Y_t^G &= AK_t^\beta \left(l_t^F f_t^F\right)^{1-\beta} \left[\frac{l_t^F f_t^F}{l_t^F}\right]^{\gamma_j} \left[\frac{l_t^F f_t^F}{l_t^F}\right]^{\gamma} \\ &= AK_t^\beta \left(l^F (1+\kappa)^t f_0\right)^{1-\beta} \left[(1+\kappa)^t f_0\right]^{\gamma_j+\gamma} . \end{aligned}$$

Das Grenzprodukt der Arbeit bzw. der Reallohn vor Steuern der Fleißigen ist gegeben durch:

$$w_t^{F,G} = \frac{\partial Y_t^G}{\partial l^F} = (1-\beta)\frac{Y_t^G f_t^F}{l_t^f} = (1-\beta)\frac{Y_t^G (1+\kappa)^t f_0}{l^F} .$$

Für hinlänglich große Werte von t ist $Y_t^G > Y_t^{Voll}$. Analoges gilt für den Lohn.

Eine Besteuerung der Fleißigen und die Verteilung des Steueraufkommens auf die Surfer vermag alle Beteiligten, Fleißige wie Surfer, ab einem bestimmten Zeitpunkt besserzustellen.

Bezeichnet man mit τ den Steuersatz und mit g das Garantieeinkommen der Surfer, dann stellt sich die Optimierungsaufgabe eines fleißigen Wirtschaftssubjektes wie folgt dar:

$$\max U_t = \ln u(c_t) + (1-p)^{-1} \ln u\,(c_{t+1})$$

unter den Nebenbedingungen

$$c_t + s_z = (1-\tau) w_t$$

$$c_{t+1} = (1-\tau) w_{t+1} + s_t (1+r) .$$

Da das gesamte Steueraufkommen an die Surfer umverteilt wird, muß die (staatliche) Umverteilungsbedingung erfüllt sein:

$$l^s g = \tau w^F l^F .$$

Man beachte, daß die Gesellschaft sich nur dann pareto-verbessert, wenn die Surfer nicht mehr arbeiten. Nur dann nämlich können die gesellschaftlichen Erträge des Fernbleibens die negativen externen Effekte einer Beteiligung der Surfer am Produktionsprozeß überwiegen. Man beachte ferner, daß ein Übergang von einer Vollbeschäftigungswirtschaft zu einer

Wirtschaft mit Garantieeinkommen erst für die gesamte Gesellschaft lohnend ist, wenn die Produktivitätsdifferenz zwischen Surfern und Fleißigen hinlänglich groß geworden ist.

5. Schlußbemerkungen und Ausblicke

Unter der Voraussetzung, daß von „Surfern" ein negativer externer Effekt ausgeht, zeigt sich, daß es bei zunehmenden Skalenerträgen in der Produktion ab einem bestimmten Niveau des technischen Fortschritts besser ist, Surfer durch Zahlung eines Garantieeinkommens vom Arbeitsprozeß fernzuhalten. Eine reiche Gesellschaft kann es sich mithin nicht nur leisten, Surfern ein Garantieeinkommen zu bezahlen, sondern sie profitiert noch davon. Natürlich hängen die Ergebnisse ganz wesentlich von den Modellannahmen ab. Zentral für die Gültigkeit der Aussagen ist:

a) Die Zahl der Surfer darf nicht zu groß sein;
b) Surfer sind von Fleißigen kostenlos unterscheidbar, wodurch die praktisch so wichtigen Informations- und Kontrollprobleme ausgeschlossen wurden;
c) „Surfer" bleiben unter sich. Fleißige werden nicht angesteckt, selbst Surfer zu werden.

Durch diese Annahmen werden Probleme eliminiert, die vor allem im moralischen Diskurs von erheblicher Bedeutung sind. Die Befürchtung, auch Fleißige könnten angesichts „des Wohllebens" von mit Garantieeinkommen ausgestatteten Surfern selbst Surfer werden, wirft die Frage der Verallgemeinerbarkeit der Gewährung von Garantieeinkommen auf. Hinzu kommt auch, daß es in der Praxis unmöglich ist, zu kontrollieren, ob sich ein Surfer nicht doch in den Arbeitsprozeß einschaltet. Die Folge davon wären negative Effekte.

Ein schwieriges moralisches Problem wirft auch die grundlegende Einstellung zur Arbeit auf. Einkommensbezug, auch ohne am Arbeitsprozeß beteiligt zu sein, ist unter moralischen Gesichtspunkten fragwürdig, wenn die betreffenden Personen grundsätzlich arbeitsfähig sind. Diese Frage wurde ganz grundsätzlich und kontrovers von van Parijs (1991), Elster (1986) und Rawls (1988) erörtert.

Natürlich ist es notwendig zu untersuchen, wieweit der Ansatz unter zusätzlichen Annahmen tauglich ist, Arbeitslosigkeit zu erklären. Die Erfahrung zeigt, daß ungelernte Arbeitskräfte und solche, die aus gesundheitlichen Gründen längere Zeit vom learning by doing am Arbeitsplatz ausgeschlossen waren, in zunehmendem Maße schwerer reintegrierbar sind und der Langzeitarbeitslosigkeit anheimfallen. Das könnte auch mit den befürchteten negativen externen Effekten zu tun haben. Die Entwicklung testbarer Hypothesen für diesen praktisch relevanten Fragenkomplex setzt eine Erweiterung des Modells um die konjunkturelle Perspektive voraus. Vor diesem veränderten Hintergrund kann die Diskussion um die Arbeitslosenversicherung unter einem geänderten Blickwinkel erfolgen. Die explizite Behandlung dieser praktisch wichtigen Frage liegt jedoch jenseits des Zieles dieser Arbeit und muß künftigen Überlegungen vorbehalten bleiben.

Literatur

Elster, Jon (1986): Comment on van der Veen and van Parijs, in: Theory and Society, Vol. 15.

Lucas Jr., Robert E. (1988): On the Mechanics of Economic Development, in: Journal of Monetary Economics, Vol. 22.

Parijs, Phillipe van (1991): Why Surfers Should be Fed: The Liberal case for an Uncorditional Basic Income, in: Philosophy and Public Affairs, Vol. 20.

Rawls, John (1988): The Priority of Right and Ideas of the Good, in: Philosophy and Public Affairs, Vol. 17.

Sozialpartnerschaft – Aufgaben, Bedeutung, Probleme

Joachim Genosko

1. Einführung

1.1 Zum Begriff der Sozialpartnerschaft

Die »soziale Dimension« wirtschaftlichen Handelns in Marktwirtschaften zeigt sich u.a. im Grad der Sozialverträglichkeit ökonomischer Aktivitäten. Besondere Relevanz für die sozialen Beziehungen zwischen wirtschaftenden Menschen haben dabei die Unternehmens- und Betriebsverfassungen, die die Rechte und Pflichten von Kapitaleignern, Management und Arbeitnehmern in einer bestimmten Art und Weise verteilen. (Vgl. Lampert 1992, 4ff)

Damit haben wir uns in einem ersten Schritt dem Begriff »Sozialpartnerschaft« angenähert. In einem engeren Sinne definiert, heißt »Sozialpartnerschaft« Vertragspartnerschaft. »Die sozialen Beziehungen in der Arbeitswelt werden zur Verringerung möglicher Konflikte durch Verträge geregelt«. (Tuchtfeldt 1989, 389) Wie wir noch sehen werden, setzt eine so verstandene Sozialpartnerschaft Tarifautonomie, ein Kollektivarbeitsrecht und – als ultima ratio – ein Arbeitskampfrecht voraus. (Ebd., 390)

In einer erweiterten Definition beschreibt »Sozialpartnerschaft« die Ordnungsfunktion von Gewerkschaften und Arbeitgeberverbänden in Wirtschaft und Gesellschaft. (Vgl. Tuchtfeldt 1988, 97ff) Mit anderen Worten: Das soziale Partnerschaftsverhältnis beschränkt sich in seinem weiten Sinn nicht nur auf den innerbetrieblichen Bereich, sondern auf die außer- und überbetrieblichen Felder des gesellschaftlichen Beziehungsgeflechtes. (Vgl. Sanmann 1977, 52) Sozialpartnerschaft läßt sich also als eine Art institutionalisierter

»Klassenkonflikt« verstehen, der entstehende Probleme durch *Kooperation* und *Ausgleich* zu bewältigen versucht. (Vgl. Marko 1992, 435)

1.2 Zu den geistigen und konzeptionellen Grundlagen der Sozialpartnerschaft

Die stärksten Impulse hat die Idee der Sozialpartnerschaft aus dem kirchlichen Bereich erhalten. So gab bereits die Enzyklika Leo XIII. »Rerum Novarum« aus dem Jahre 1881 den Anstoß für viele spätere Versuche, einen »Dritten Weg« zu finden zwischen marktwirtschaftlich-liberalen und sozialistischen Modellen. In diesem päpstlichen Sendschreiben findet sich schon der Satz: »Sowenig das Kapital ohne die Arbeit, sowenig kann die Arbeit ohne das Kapital bestehen«. (Vgl. Tuchtfeldt 1989, 392) Wallraff schreibt: »Je deutlicher sich das 20. Jahrhundert in der katholischen Soziallehre spiegelt, desto häufiger ... wird auf modi der Gewinn- und Kapitalbeteiligung aufmerksam gemacht, deren Schubkraft auf einer Betriebsvereinbarung oder auf einem Tarifvertrag beruht ...« (Wallraff 1988, 445) Nicht nur aus der katholischen Soziallehre, sondern auch aus der protestantischen Sozialethik kamen Anstöße für partnerschaftliche Versuche. So wurden in Deutschland die »Gesellschaft für soziale Reform« und in England die »Industrial Co-Partnership Association« der Quäker gegründet, die beide die Förderung der Menschenwürde in der Arbeitswelt zum Ziel hatten. (Vgl. Tuchtfeldt 1989, 392)

Betriebswirtschaftlich basiert die Idee der Sozialpartnerschaft auf dem Treuhänder-Modell der Firma, das im Laufe der Zeit zu den heute gängigen Vorstellungen der »Corporate Identity« und der »Corporate Culture» weiterentwickelt worden ist. Die charakteristischen Merkmale des Treuhänder-Modells bestehen darin, daß es nicht nur eine unternehmerische Führungsgruppe (Entscheidungsinstanz) ergänzt durch ein Aufsichtsorgan gibt, sondern daß zusätzliche Gruppen wie Lieferanten, Kunden oder Mitarbeiter Berücksichtigung im unternehmerischen Kalkül zu finden haben. (Vgl. Tuchtfeldt 1988, 62-73)

Volkswirtschaftlich schließlich wird die Sozialpartnerschaft durch den Hinweis auf Effizienz und Verteilung, auf die »Sozialpolitik als Produktivkraft» gestützt. (Vgl. Rürup, Lenk, Schubert 1990) Die Sozialpartnerschaft senkt die Transaktions- und Konfliktkosten zwischen Arbeitnehmern und Arbeitgebern und erhöht per Saldo die Produktivität der Gesamtwirtschaft. (Vgl. Hirsch, Addison, Genosko, 1990, 241ff.)

Die Empirie scheint in Sonderheit die volkswirtschaftliche Sichtweise zu bestätigen, da die drei mit je unterschiedlichen Mitbestimmungsmodellen arbeitenden Länder Deutschland, Österreich und die Schweiz unter den westlichen Industrieländern mit die niedrigste Streikintensität ausweisen. (Vgl. Tuchtfeldt 1989a, 429) Abgesehen davon, daß die Indikatoren zur Messung der Streikintensität nicht unumstritten sind, (vgl. ebd., 433) könnte die niedrige Streikaktivität der o.g. Länder auch mit deren Gewerkschaftssystem zusammenhängen. Interessanterweise prägt nämlich diese Länder ein Einheitsgewerkschaftssystem (zentralisiertes Gewerkschaftssystem), während Länder wie Großbritannien, Frankreich oder Italien, die eine hohe Streikintensität aufweisen, ein System von Berufs- bzw. Richtungsgewerkschaften (dezentralisiertes Gewerkschaftssystem) haben. (Vgl. Hirsch, Addison, Genosko, 1990, 84)

Zieht man eine erste Zwischenbilanz, so hat die Sozialpartnerschaft die Aufgabe, im Gegensatz zur marxistisch-leninistischen Doktrin vom unauflöslichen Antagonismus zwischen Arbeit und Kapital, der des Klassenkampfes bedarf, Interessensgegensätze zwischen Arbeitgebern und Arbeitnehmern friedlich durch Kooperation auszugleichen.

1.3 Die Bedingungen der Sozialpartnerschaft

Um die eben erwähnte Aufgabe erfüllen zu können und um ihre Existenz zu sichern, müssen bestimmte Ausgangsvoraussetzungen für die Sozialpartnerschaft erfüllt sein. Die erste Voraussetzung bezieht sich auf das Vorhandensein von Arbeit und Kapital als zweier sozialer Gruppen. Diese Feststellung ist nicht so trivial, wie sie klingt, denn sie zeigt auf, daß eben in staatswirtschaftlichen Systemen eine solche Partnerschaft nicht möglich ist. Darüber hinaus müssen Arbeitgeber und Arbeitnehmer organisiert sein, sie müssen unabhängig voneinander sein und es muß ein autonomer, d.h. staatsfreier Raum vorhanden sein, in dem die Interessengegensätze ausgetragen werden können. Des weiteren müssen sich die Verbände der Arbeitgeber und der Arbeitnehmer als Partner akzeptieren; anders ausgedrückt, sie müssen der jeweiligen Gegenseite ihre

Existenzberechtigung und damit die Legitimität ihrer Interessen zubilligen. Außerdem darf der Arbeitskampf, wie erwähnt, nur die ultima ratio sein; wenn es allerdings zum Kampf kommt, dann muß jede Seite mächtig genug sein, um eine *einseitige* Interessendurchsetzung der Gegenseite zu verhindern. Es muß also »Waffengleichheit« herrschen. (Vgl. Sanmann 1977, 55; Tuchtfeldt 1989, 391)

2. Sozialpartnerschaft in der Arbeitswelt

Ist in der Zwischenbilanz die Aufgabe der Sozialpartnerschaft noch sehr abstrakt formuliert worden, so soll in diesem Abschnitt die Sozialpartnerschaft am Beispiel Deutschland konkretisiert werden. Ich bediene mich dabei der Unterscheidung zwischen immaterieller und materieller Sozialpartnerschaft, (vgl. ebd., 390f.) wobei von zentraler Bedeutung ist, dies sei nochmals betont, daß die Arbeitgeber-Arbeitnehmer-Beziehungen weder völlig dem Markt überlassen noch ausschließlich durch den Staat geregelt werden. (Vgl. ebd., 389)

2.1 Immaterielle Sozialpartnerschaft

2.1.1 Der überbetriebliche Bereich

Rechtlicher Angelpunkt der Sozialpartnerschaft in Deutschland ist der Artikel 9, Absatz 3 des Grundgesetzes, in dem die Koalitionsfreiheit und daraus abgeleitet die Tarifautonomie normiert wird. Konkretisiert wird die Tarifautonomie dann im Tarifvertragsgesetz von 1969 und im Gesetz über Mindestarbeitsbedingungen von 1952. (Vgl. Sanmann 1977, 54)

»Unter Tarifautonomie versteht man das Recht, unbeeinflußt von Dritten, insbesondere vom Staat, Arbeitsvertragsbedingungen zu vereinbaren.« (Franz 1991, 225) Wer solche Verträge schließen kann, legt das Tarifvertragsgesetz fest. Danach sind tariffähige Parteien Gewerkschaften, nicht aber einzelne Arbeitnehmer, und Arbeitgebervereinigungen oder einzelne Arbeitgeber. Tariffähig sind Vereinigungen u.a. nur dann, wenn sie freiwillig gebildet werden, von der Gegenseite unabhängig (»Gegnerfreiheit«) sowie parteipolitisch, kirchlich, staatlich unabhängig und demokratisch und überbetrieblich organisiert sind. (Ausnahmen von überbetrieblichen Organisationen sind die GdED und die DPG)

Juristisch gesehen, besteht ein Tarifvertrag aus einem normativen und aus einem schuldrechtlichen Teil. Im normativen Teil werden Dinge geregelt wie die Arbeitszeit oder die Entlohnung, im schuldrechtlichen Teil die arbeitsrechtlichen Rechte und Pflichten beider Parteien wie die Durchführungspflicht, die Friedenspflicht oder die Schlichtung. Grundsätzlich gilt ein Tarifvertrag zunächst nur für die Mitglieder der vertragsschließenden Parteien. In der Praxis sieht es allerdings so aus, daß sich auch nicht organisierte Arbeitgeber an den Tarifverträgen orientieren und daß auch nicht organisierte Arbeitnehmer in den Genuß der tarifvertraglichen Vereinbarungen kommen. Im übrigen kann nach Paragraph 5 TVG eine der vertragsschließenden Parteien beim Bundesminister für Arbeit und Sozialordnung (BMA) bzw. bei den zuständigen Länderministern die »Allgemeinverbindlichkeitserklärung« eines Tarifvertrages beantragen, wonach der Tarifvertrag dann, wenn sie gewährt wird, auch für Nichtorganisierte verbindlich wird. Diese Erklärung bedarf der Zustimmung des paritätisch von Arbeitgebern und Arbeitnehmern besetzten Tarifausschusses. Die Zustimmung kann dann gewährt werden, wenn die tarifgebundenen Arbeitgeber mindestens die Hälfte der in den Geltungsbereich des Tarifvertrages fallenden Arbeitnehmer beschäftigen und sofern ein »öffentliches« Interesse vorliegt.

Tarifverträge, die zwischen Gewerkschaften und Arbeitgeberverbänden geschlossen werden, bezeichnet man als »Verbandstarifverträge«, Verträge einer Gewerkschaft mit je einer Firma als »Firmen- oder Haustarifverträge«. Des weiteren ist zwischen »Entgelttarifverträgen« und »Manteltarifverträgen« zu unterscheiden. Im ersteren werden die Entlohnung, die Lohnarten und Lohngruppen geregelt, in zweiteren alle übrigen Arbeitsbedingungen wie Urlaub oder Arbeitszeit. Tarifverträge sind befristet und können auch regional unterschiedlich ausfallen. Befristet sind sie, damit sie an die sich aus der Wirtschaftsdynamik ergebenden Änderungen angepaßt werden können, regional differenziert sind sie, um räumlich unterschiedlichen Wirtschaftslagen Rechnung zu tragen.

Sowohl die Gewerkschaften wie die Arbeitgeberverbände sind in Deutschland nach Branchen (Industriezweigen) organisiert, wobei die einzelnen Vereinigungen regionale Untergliederungen haben, die eigentlich die Tarifverhandlungen führen. Auf Gewerkschaftsseite spielt bei den Tarifverhandlungen die Tarifkommission die zentrale Rolle, die über die Annahme bzw. Ablehnung eines Tarifvertrages zu entscheiden hat. Bei den Arbeitgebervereinigungen sind die Lohn- bzw. Gehaltsausschüsse das Pendant zu den gewerkschaftlichen Tarifkommissionen. Alle geschlossenen Tarifverträge müssen dem BMA zum Eintrag in das »Tarifregister« angezeigt werden.

In den Tarifverträgen werden Mindeststandards für die Arbeitsbedingungen festgesetzt, von denen allerdings mittels Betriebsvereinbarungen oder freiwilligen Leistungen der Arbeitgeber nach oben abgewichen werden darf.

Um einen Eindruck über die Größenordnung der überbetrieblichen Sozialpartnerschaft zu geben, sei darauf verwiesen, daß z.B. 1989 24.100 Verbandstarifverträge und 8300 Firmentarifverträge geschlossen worden sind. (Vgl. Franz, 226ff.)

Spitzt sich eine Tarifauseinandersetzung zu[1] und ist die vertraglich vereinbarte Friedenspflicht einschließlich eines möglicherweise ergebnislosen Schlichtungsverfahrens abgelaufen, dann kommt es zum Arbeiskampf, d.h. zu Streiks und/oder Aussperrungen. Streiks können in Deutschland von Gewerkschaften nur nach einer Urabstimmung ausgerufen werden[2], in der in aller Regel mindestens 75 v.H. der Gewerkschaftsmitglieder des betreffenden Tarifgebietes einem Streik zustimmen müssen.[3] Die »Waffe« der Arbeitgeber ist die »Aussperrung«, d.h., hier werden arbeitsbereite Arbeitnehmer von ihren Arbeitsplätzen ferngehalten. Die »Aussperrung« kann als Antwort auf einen Streik stattfinden, es gibt aber auch die »Angriffsaussperrung«. (Vgl. Tuchtfeldt 1989, 391) Die »Aussperrung« soll im *unmittelbaren* »Arbeitskampfgebiet« die Gewerkschaften schwächen, weil diese finanzielle Leistungen an ihre Mitglieder bezahlen müssen, bzw. unter den Druck der nicht organisierten Arbeitnehmer kommen lassen, weil letztere keine Lohn- bzw. Lohnersatzlei-

1 Manchmal werden Tarifauseinandersetzungen künstlich »angeheizt», weil man seinen Mitgliedern die eigene Kampfbereitschaft und -fähigkeit dokumentieren will. Vgl. Hirsch, Addison, Genosko 1990, 99.

2 Allerdings sind nach Auslaufen der Friedenspflicht auch »spontane« Warnstreiks möglich und zulässig.

3 Der Streik kann beendet werden, wenn üblicherweise mindestens 25 v.H. der Mitglieder zustimmen. Ein Gewerkschaftsvorstand kann aber den Streik auch von sich aus per Beschluß beenden.

stungen erhalten.[4] Trotz wiederholter Klagen der Gewerkschaften sieht das Bundesverfassungsgericht die Aussperrung als zulässig an, um die bereits erwähnte »Waffengleichheit« der Tarifparteien zu sichern.

Zum überbetrieblichen Bereich der Sozialpartnerschaft gehören schließlich auch die paritätische Mitwirkung der Arbeitgeber und Arbeitnehmer bei den Trägern der Sozialversicherung (Krankenkassen, Landesversicherungsanstalten, Bundesversicherungsanstalt für Angestellte, Bundesanstalt für Arbeit) in deren Selbstverwaltungsgremien sowie an der Sozial- und Arbeitsgerichtsbarkeit, aber auch die Mitwirkung in parlamentarischen Institutionen (Senat des Freistaates Bayern) wie in Internationalen Organisationen (ILO, EG) oder in den Beiräten der Landeszentralbanken[5], wobei die Arbeitsgerichtsbarkeit auch im Rahmen des Kollektivarbeitsrechts (in Sonderheit im Arbeitskampfrecht) bei Auseinandersetzungen zwischen Arbeitgebern und Gewerkschaften angerufen werden kann. Auf weitere Einzelheiten zu den eben genannten Tätigkeitsfeldern überbetrieblicher Sozialpartnerschaft möchte ich aus Zeitgründen nicht eingehen.[6]

2.1.2 Der betriebliche und unternehmerische Bereich

Die zentralen rechtlichen Grundlagen der Sozialpartnerschaft auf der betrieblichen und der unternehmerischen Ebene sind das »Gesetz über die Mitbestimmung im Bergbau und in der Eisen und Stahl erzeugenden Industrie« (Montanmitbestimmungsgesetz) von 1951, das Betriebsverfassungsgesetz von 1952 und dessen Novellierung von 1972 sowie das Mitbestimmungsgesetz von 1976. Was im privaten Sektor das Betriebsverfassungsgesetz ist, ist im öffentlichen Sektor das Personalvertretungsgesetz.[7] Grundsätzlich unterscheiden sich Betriebsverfassungs- und Personalvertretungsgesetz inhaltlich

---

4 Bei *mittelbaren* »Aussperrungen«, d.h., bei »Aussperrungen«, die aus Solidarität zu Unternehmen im umkämpften Tarifgebiet stattfinden, ist jedoch die Bundesanstalt für Arbeit unter bestimmten Voraussetzungen zu Lohnersatzleistungen an die von der mittelbaren »Aussperrung« Betroffenen verpflichtet.

5 Vgl. Sanmann 1977, 56f und Gift 1992, 195, 3f. und 8ff.

6 Zu weiteren Einzelheiten vgl. ebd. und Lampert 1991, 88 und 308.

7 Vgl. Tuchtfeldt 1989, 390 und Lampert 1991, 301f.

kaum, weswegen auf das Personalvertretungsgesetz nicht gesondert eingegangen werden soll.

Das Montanmitbestimmungsgesetz sieht bei Kapitalgesellschaften mit mehr als 1000 Arbeitnehmern eine paritätische Besetzung der Aufsichtsräte vor, wobei bei einem 11er-Aufsichtsrat, 2 der Arbeitnehmervertreter Betriebsangehörige (Arbeiter und Angestellte) sein müssen und 3 von den Gewerkschaften entsandt werden können (also nicht dem Unternehmen angehören müssen). Die Versammlung der Kapitaleigner wählt alle Aufsichtsratmitglieder einschließlich des elften Mitglieds, wobei sie nicht von den Vorschlägen der Arbeitnehmer abweichen darf. Das elfte Mitglied des Aufsichtsrates muß mit der Mehrheit der Stimmen des Aufsichtsrates (mindestens 3 Arbeitnehmer- und 3 Arbeitgebervertreterstimmen) der Eignerversammlung zur Wahl vorgeschlagen werden.

Das Mitbestimmungsgesetz von 1976 erstreckt sich auf Kapitalgesellschaften mit mehr als 2000 Beschäftigte, wobei die Zahl der Aufsichtsratmitglieder jetzt eine gerade Zahl ist. In solchen Aufsichtsräten müssen Arbeiter, Angestellte und leitende Angestellte mit mindestens je einem Sitz vertreten sein; den Arbeitnehmern (einschließlich der leitenden Angestellten) steht die Hälfte der Sitze zu. Bei Stimmengleichheit hat der Aufsichtsratsvorsitzende ein doppeltes Stimmrecht. Hinsichtlich der Wahl des Vorsitzenden ist die Versammlung der Kapitaleigner an keine Vorschriften gebunden. »Tendenzunternehmen« fallen nicht unter das Mitbestimmungsgesetz. Für Betriebe, die nicht Montanbetriebe sind und weniger als 2000 Beschäftigte haben, gilt die mit dem Betriebsverfassungsgesetz von 1952 eingeführte Ein-Drittel-Beteiligung der Arbeitnehmer in den Aufsichtsräten.[8]

Beide Mitbestimmungsgesetze sehen auch eine Vertretung der Arbeitnehmer im Vorstand durch den sogenannten »Arbeitsdirektor« vor, der üblicherweise das Sozial- und Personalressort leitet. Er kann rechtlich (nach der Montanmitbestimmung) oder faktisch nicht gegen die Stimmen der Arbeitnehmervertreter berufen bzw. abberufen werden. Der Arbeitsdirektor ist Vorstandsmitglied mit allen Rechten und Pflichten; er hat die Unternehmenspolitik nach

8 Für die Gewerkschaften sind die den Arbeitnehmern zugerechneten leitenden Angestellten eine »Provokation«, weil diese sich von ihrem Selbstverständnis her in der Regel der Arbeitgeberseite zurechnen.

außen zu vertreten. Dies bedeutet, daß der Arbeitsdirektor häufig in einem Dilemma steckt, weil er einerseits de facto der Vertreter der Arbeitnehmer im Vorstand ist, andererseits aber Vorstandsbeschlüsse mitzutragen hat, die gegen die Arbeitnehmer gerichtet sein können.

Die »duale« Struktur der Sozialpartnerschaft in Deutschland wird erst richtig im Betriebsverfassungsgesetz sichtbar. Paragraph 2 des Betriebsverfassungsgesetzes von 1972 enthält eine deutliche Aufforderung zur Kooperation: »Arbeitgeber und Betriebsrat arbeiten unter Beachtung geltender Tarifverträge vertrauensvoll ... zum Wohl der Arbeitnehmer und des Betriebes zusammen.« (Zitiert nach Tuchtfeldt 1988, 5) Nach dem Betriebsverfassungsgesetz muß in Betrieben mit mindestens fünf Beschäftigten über 18 Jahren in geheimer und unmittelbarer Wahl ein Betriebsrat gewählt werden. Betriebsräte unterliegen einem besonderen Kündigungsschutz und sind für ihre Tätigkeit während der betrieblichen Arbeitszeit ohne Minderung des Arbeitsentgeltes freizustellen.

Die Aufgaben des Betriebsrates umfassen folgende Bereiche:

(i) Arbeitsbedingungen (Arbeitszeitregelungen, Urlaubspläne, Arbeitsschutz)
(ii) Entlohnung (Lohngestaltung, Festsetzung von Akkord- und Prämiensätzen),
(iii) personelle Angelegenheiten (Einstellungen, Versetzungen, Umgruppierungen und Kündigungen).

Das eigentliche Mitbestimmungsrecht umfaßt vornehmlich die Bereiche (i) und (ii). Kündigungen kann der Betriebsrat widersprechen. In allen übrigen Bereichen hat der Betriebsrat Informations-, Beratungs- und Mitwirkungsrechte.

Betriebsrat und Arbeitgeber dürfen bei Streitigkeiten keine Arbeitskampfmaßnahmen gegeneinander führen. Sie haben allerdings das Recht die Arbeitsgerichtsbarkeit anzurufen.

Betriebsräte sind den Gewerkschaften gegenüber institutionell und rechtlich selbständig. In der Praxis gibt es jedoch ganz erhebliche personelle Verflechtungen.[9] Die Gewerkschaften unterstützen die Betriebsräte bei der Wahl, umgekehrt bekommen die Gewerk-

9 Zum Beispiel sind über 70 v.H. aller Mitglieder von Tarifkommissionen Betriebsräte.

schaften von den Betriebsräten für die Lohnverhandlungen wichtige Informationen über die wirtschaftliche Lage der Unternehmen. Darüber hinaus kontrollieren die Betriebsräte die Einhaltung der tarifvertraglichen Vereinbarungen und versuchen in wirtschaftlich starken Unternehmen außertarifliche Zuschläge und Nebenleistungen zu erreichen. Trotz der skizzierten Verflechtung kommt es durchaus zu Spannungen zwischen starken Betriebsräten (z.B. von Großunternehmen) und Gewerkschaften, die sich besonders in konjunkturell schwierigen Situationen häufen.[10]

2.2 Die materielle Sozialpartnerschaft

In aller gebotener Kürze sei noch auf die materielle Sozialpartnerschaft eingegangen, die sich auf die Ertragsbeteiligung erstreckt. Im Gegensatz zur immateriellen Sozialpartnerschaft beruht sie weitgehend auf freiwilligen Betriebsvereinbarungen.[11]

Die Ertragsbeteiligung läßt sich in die Erfolgsbeteiligung und die Kapitalbeteiligung untergliedern. Die Erfolgsbeteiligung umfaßt die Produktions-, die Produktivitäts- und die Kostenersparnisbeteiligung sowie die Ertragsbeteiligung im engeren Sinne (Beteiligung am Rohertrag, an der betrieblichen Wertschöpfung, am Nettoertrag) und die Gewinnbeteiligung (Beteiligung am Ausschüttungsgewinn, am Bilanzgewinn und am Substanzgewinn). Sie will die Leistungsbeiträge der Mitarbeiter verbessern, die betriebliche Partnerschaft fördern, die Entlohnung flexibilisieren (Entlohnung soll in gewissen Grenzen dem Unternehmenserfolg angepaßt werden) sowie die Akquisitionschancen für das Unternehmen am Arbeitsmarkt erhöhen und in gewisser Weise auch die Vermögensbildung fördern.

Die Kapitalbeteiligung hingegen stellt das sozialpolitische Ziel der »Vermögensbildung und -umverteilung« in den Mittelpunkt. Natürlich soll dadurch auch die Arbeitsmotivation und die Sozialpartnerschaft gefördert werden, aber dies sind bei der Kapitalbeteiligung eher nachrangige Ziele. Bei der Kapitalbeteiligung läßt sich die direkte und die indirekte Beteiligung unterscheiden. Eine besondere

10 Zu den Ausführungen über Mitbestimmung und Betriebsverfassung vgl. Franz 1991, 234-238 und Lampert 1991, 296-304.

11 Tuchtfeldt 1989, 390. Als gesetzliche Grundlagen sind allenfalls die diversen Vermögensbildungsgesetze erwähnenswert.

Rolle spielt momentan in der deutschen Diskussion der Investivlohn, bei dem die Mitarbeiter auf die Auszahlung eines gewissen Lohn-Bestandteiles verzichten, um ihn im eigenen oder in fremden Unternehmen anzulegen. (Zu Einzelheiten vgl. Genosko 1993)

Daß die materielle Sozialpartnerschaft – rund 1300 Unternehmen kennen eine Kapitalbeteiligung ihrer 1,1 Mio Mitarbeiter, was aber gesamtwirtschaftlich nicht ins Gewicht fällt, weil nur rund 5 v.H. der Haushalte Vermögen in Aktien halten – in Deutschland nicht recht vorankommt, liegt an der ablehnenden Haltung einiger, aber durchaus mächtiger Gewerkschaften (wie beispielsweise der IG Metall), ebenso jedoch auch an ungeklärten Rechtsfragen, die sich aus der Verknüpfung von Arbeitsverhältnis und Kapitalbeteiligung ergeben: Wie soll etwa der Anteil eines Arbeitnehmers bewertet werden, wenn er aus dem Unternehmen ausscheidet? Kann ein Mitarbeiteraktionär überhaupt gegen sein eigenes Unternehmen streiken usw.? Insgesamt ist festzuhalten, daß die deutsche Rechtsentwicklung vor allem auf die immaterielle Partnerschaft setzt; von kollektiven Arbeitsverträgen sind 1989 rund 20 Mio Arbeitnehmer und von der Mitbestimmung ca. 5 Mio Arbeitnehmer erfaßt worden. (Vgl. Tuchtfeldt 1989, 391 und Franz 1991, 227 und 235)

Damit läßt sich eine zweite Zwischenbilanz ziehen: Wie u.a. die zuletzt genannten Zahlen andeuten, ist die Sozialpartnerschaft rein quantitativ in Deutschland von erheblicher Bedeutung; rund 3/4 aller Erwerbstätigen sind *unmittelbar* in sie eingebunden. Kontrastiert man dies mit den Organisationsgraden von Gewerkschaften und Arbeitgebern, die, gemessen an den Beschäftigten, im zeitlichen Durchschnitt bei etwa 36 v.H. bzw. 80 v.H. liegen, (Vgl. ebd., 233 und 250) dann ist der Erfassungsgrad durch die Sozialpartnerschaft durchaus beeindruckend. Noch wichtiger ist allerdings m.E. die qualitative Bedeutung der Sozialpartnerschaft, denn sie ist zum einen ein zentrales Element der eingangs erwähnten unabdingbaren »sozialen Dimension« marktwirtschaftlicher Aktivitäten und damit zum anderen sicherlich eines der Geheimnisse des »Wirtschaftswunders«.[12]

12 Vgl. Tuchtfeldt 1989a; Hirsch, Addison, Genosko 1990, 85; Marko 1992, 430, Tabelle 1; Schnabel 1989, 89f.; Markovits 1986.

3. Probleme der Sozialpartnerschaft

Trotz des »Lobes der Sozialpartnerschaft« sind ihre Probleme unverkennbar. Sie lassen sich im mikro-, meso- und makroökonomischen wie auch im politischen Bereich finden.

So muß zunächst festgestellt werden, daß die empirischen Untersuchungen über die effizienz- und produktivitätssteigernde Wirkung der Sozialpartnerschaft zumindest nicht eindeutig ausfallen, ja tendenziell eher gegen einen solchen Effekt sprechen. (Vgl. Franz 1991, 236; Addison, Genosko, 114) Dies spricht noch nicht gegen die Sozialpartnerschaft, denn zum einen sind die Daten zum Test der Wohlfahrtseffekte der Sozialpartnerschaft unzureichend, (vgl. Mainusch 1991, 228f) zum anderen liefern empirische (ökonometrische) Untersuchungen aus methodologischer Sicht keinen »Beweis«. Man ist deshalb auf qualitative Einzelbetrachtungen angewiesen.

Ein Problem der Sozialpartnerschaft könnte im Prinzip darin liegen, daß sie die Sozialverträglichkeit in den Mittelpunkt stellt und so den wirtschaftlichen Strukturwandel und den technischen Fortschritt behindert. Außerdem könnten Entscheidungsprozesse durch die Einschaltung der Mitbestimmungsorgane verlangsamt werden. (Vgl. Franz 1991, 242) Gegen das »soziale« Argument läßt sich einwenden, daß es nur im Falle des engen »ökonomischen Effizienzbegriffes« richtig ist, während gegen das »Verlangsamungs-Argument« Befragungen ins Feld geführt werden können, die diesem Argument nicht generelle Gültigkeit zumessen. (Vgl. ebd. Lampert 1991, 305)

Eine weitere Problematik bildet das Verhältnis zwischen Mitbestimmung und Eigentumsgarantie. Gerade dieser Punkt war es, der die deutschen Arbeitgeber gegen das Mitbestimmungsgesetz von 1976 hat klagen lassen. Das Bundesverfassungsgericht hat aber die Klage mit dem Hinweis abgewiesen, daß damit die Grenzen der Sozialbindung des Eigentums nicht überschritten seien. (Vgl. ebd., 306)

Gewichtiger scheinen mir vier andere Probleme zu sein:

- Angesichts der aktuellen Erfahrungen ist die Aussage nicht ganz von der Hand zu weisen, daß die Sozialpartnerschaft möglicherweise nur eine »Schönwetter-Veranstaltung« ist, (vgl. Marko 1992, 432) dessen institutionelles Gefüge, das essentiell auf Freiwilligkeit basiert, im Falle einer fundamentalen wirtschaftlichen Krise auseinanderzubrechen droht. Wenn das Wirtschaftswachstum gegen Null tendiert und Umverteilung nicht mehr über Zuwächse erfolgen kann, dann können die anstehenden Verteilungskämpfe die Sozialpartnerschaft, die wesentlich auf Kooperation angewiesen ist, in »rauhe See« bringen. Denn gerade im Bereich der Verteilung liegt der zentrale Interessengegensatz zwischen den Sozialpartnern. (Vgl. Sanmann 1977, 52)

- Die Sozialpartnerschaft kann leicht zu einer »gegenseitigen Vorteilsmaximierung zu Lasten Dritter« (Marko 1992, 473) entgleiten. »Indem der Staat durch konkludentes Handeln oder gar durch explizite Erklärung seine Absicht bekundet, um des Vollbeschäftigungsziels willen Beschäftigungseinbrüche jedenfalls auf Dauer nicht hinzunehmen, schafft er auf den Arbeitsmärkten Lohnerhöhungsspielräume und auf den Gütermärkten Preiserhöhungsspielräume, deren Ausnutzung durch die Sozialpartner inflatorische Arbeitskosten- und Preissteigerungen hervorruft und doch zugleich für die Sozialpartner folgenlos bleibt. Tarifverträge werden so Verträge zu Lasten Dritter.« (Sanmann 1977, 58) Der eben beschriebene Sachverhalt wird noch verschärft, wenn einer der oder beide Sozialpartner »rent seeking« betreibt bzw. betreiben. (Vgl. Franz 1991, 241)
- In der Neokorporatismusdiskussion wird die Hypothese aufgestellt, daß es einen »säkularen Trend« liberal-demokratischer Industrienationen hin zum Korporatismus gäbe. (Lehmbruch 1985, 285, FN 4) Diese Aussage steht im engen Zusammenhang damit, daß eine gut funktionierende Sozialpartnerschaft ein Demokratiedefizit in den Verbänden braucht, die ihren Unterbau bilden, weil nur so Interessenaggregation und -transformation ermöglicht werden, die eine sozialpartnerschaftliche Problemlösung gestatten. Es kann dadurch zu einer oligarchischen Verflechtung der Verbände untereinander und mit dem staatlichen Bereich (Politik, Bürokratie) kommen, die letztlich die demokratischen Institutionen in Frage stellen.[13]
- Die Sozialpartnerschaft weist eine Repräsentationslücke auf. Damit ist gemeint, daß wichtige (politische) Fragen nicht auf ihrer Tagesordnung stehen. Zu denken ist hierbei in erster Linie an das Spannungsverhältnis »Ökonomie-Ökologie«, aber auch an die

13 Vgl. sinngemäß Sanmann 1977, 58; Marko 1992, insbesondere Abschnitte III und IV.

»consumerism«-Bewegung, wie wir sie besonders aus den USA kennen.[14]

Die bislang genannten Probleme beziehen sich ausnahmslos auf die immaterielle Sozialpartnerschaft. Jedoch auch die materielle Sozialpartnerschaft ist nicht ohne Probleme und Schwierigkeiten. So ist z.B. eine schwierige Frage in ihrem Kontext die geeignete Wahl der Bemessungsgrundlagen für die Ertragsbeteiligung, die Wahl der Beteiligungsquoten oder die Frage, wie die doppelte »Risikolast« für einen Arbeitnehmer – Arbeitsplatzrisiko, Vermögensrisiko – gemindert bzw. erträglich gemacht werden kann. Daneben gibt es aus betriebswirtschaftlicher Sicht steuerliche Probleme und Probleme der betrieblichen Substanzerhaltung, aus volkswirtschaftlicher Sicht kreislauftheoretische und -politische Probleme. Neben diesen Einzelproblemen existiert jedoch noch ein grundlegendes Problem, nämlich die naheliegende Versuchung, durch die materielle Sozialpartnerschaft die immaterielle Sozialpartnerschaft aushebeln zu wollen. Die »Ertragsbeteiligung in Arbeitnehmerhand« wird in Deutschland durchaus als Zuckerbrot eingesetzt, um die Belegschaft gegen »gewerkschaftliche Umtriebe« zu immunisieren. (Vgl. Genosko 1993, Abschnitte 3 und 4) Materielle und immaterielle Sozialpartnerschaft können aber nicht gegeneinander ausgespielt werden; nur zusammen garantieren sie den sozialpartnerschaftlichen Erfolg, sofern man ihn denn will.

4. Ein kurzes Fazit

Die Sozialpartnerschaft hat wichtige Aufgaben und eine große (soziale) Bedeutung im Rahmen kapitalistischer Marktwirtschaften. Sie kann diese humaner gestalten, insbesondere natürlich für die Arbeitnehmer. Zugleich ist sie nicht ohne Probleme, welche zu dem schnellen Schluß führen könnten, die Sozialpartnerschaft auf dem Altar der ökonomischen Effizienz und der Gruppenegoismen zu opfern. Meines Erachtens ist dies die falsche Alternative; Sozialpart-

14 Vgl. Marko 1992, 469ff. Marko spricht für Österreich sogar von einer doppelten Repräsentationslücke, weil die Sozialpartnerschaft weder neue gesellschaftliche Fragen aufnimmt noch alle »traditionellen« Interessen vertritt.

nerschaft sollte nicht mutwillig zerstört, sondern, dort, wo es notwendig erscheint, sinnvoll reformiert werden. Die bisherigen Erfahrungen in Deutschland lassen erwarten, daß die Sozialpartner zu solchen Reformen fähig und bereit sind. (Vgl. Genosko 1992)

Literatur

Addison, J., Genosko, J., Schnabel, C. (1989): Gewerkschaften, Produktivität und Rent Seeking, Jahrbücher für Nationalökonomie und Statistik 206.

Franz, W. (1991), Arbeitsmarktökonomik, Berlin u.a.

Genosko, J, (1993): Ertragsbeteiligung in Arbeitnehmerhand, Info-Broschüre des Sachausschusses »Berufs- und Arbeitswelt« des Diözesanrates der Katholiken im Bistum Eichstätt.

Genosko, J. (1991), Gewerkschaften im Übergang vom real existierenden Sozialismus zur Sozialen Marktwirtschaft. Eine gewerkschaftstheoretische Analyse, in: Kleinhenz, G. (Hrsg.), Sozialpolitik im vereinten Deutschland I, SVSP, Band 208/I.

Genosko, J. (1992): Zur »neuen« Gewerkschaftsdebatte. Ein Überblick, WiSt 21.

Gift, E. (1992): Die Arbeitsgerichtsbarkeit im Dienste des sozialen Friedens, in: Kirche und Gesellschaft, hrsg. von der Katholischen Sozialwissenschaftlichen Zentralstelle Mönchengladbach, Heft Nr. 195.

Hirsch, B.T., Addison, J., Genosko, J. (1990): Eine ökonomische Analyse der Gewerkschaften, Regensburg,

Lampert, H. (1991): Lehrbuch der Sozialpolitik, 2. Auflage, Berlin u.a.

Lampert, H. (1992): Die soziale Dimension gesellschaftlichen Wirtschaftens, in: Kirche und Gesellschaft, hrsg. von der Katholischen Sozialwissenschaftliche Zentralstelle Möchengladbach, Heft Nr. 188.

Lehmbruch, G. (1985): Sozialpartnerschaft in der vergleichenden Politikforschung, Jahrbuch für Sozialwissenschaftliche Forschung 25.

Mainusch, S. (1991): Die Gewerkschaften als Determinante von Produktivität und Profitabilität, Regensburger Dissertation.

Marko, J. (1992): Verbände und Sozialpartnerschaft, in: Mantl, W. (Hrsg.), Politik in Österreich. Die Zweite Republik: Bestand und Wandel, Wien u.a.

Rürup, B., Lenk, T., Schubert, R. (1990): Sozialpolitik als Produktivkraft. Zur gesamtwirtschaftlichen Effizienz staatlicher Sozialversicherungen, in: Gahlen, B., Hesse, H., Ramser, H.J. (Hrsg.), Theorie und Politik der Sozialversicherung, Tübingen.

Sanmann, H. (1977): Stichwort »Sozialpartner«, in: HdWW, Band 7.

Tuchtfeldt, E. (1988): Soziale Verantwortlichkeit: Neue Aufgaben des Unternehmens, in: Meyer-Dohm, P., Tuchtfeld, E., Wesner, E. (Hrsg.), Der Mensch im Unternehmen, Bern u.a.

Tuchtfeldt, E. (1989): Sozialpartnerschaft in der Arbeitswelt, WiSt 18.

Tuchtfeldt, E. (1989a): Arbeitskonflikte im internationalen Vergleich. Zur Messung der Auswirkungen von Sozialpartnerschaft, WiSt 18.

Wallraff, H.J. (1988): Mensch und Arbeit im Lichte der katholischen Soziallehre, in: Meyer-Dohm, P., Tuchtfeldt, E., Wesner, E. (Hrsg.), Der Mensch im Unternehmen, Bern.

Sozialpolitische Integration als zuwanderungspolitisches Steuerungsinstrument

Dita Vogel

1. Zur Fragestellung

Während es einerseits immer mehr Fremdenfeindlichkeit bis hin zu Angriffen auf Fremde in der Gesellschaft gibt, treten andererseits immer mehr Wissenschaftler und Politiker für eine Reform der Zuwanderungspolitik ein.[1] Inzwischen gibt es auch verschiedene Gesetzentwürfe, die konkret Zuwanderungsregelungen verändern oder erweitern wollen.[2] Im folgenden möchte ich weitere Anregungen für die Diskussion um eine ökonomisch und sozial tragbare Zuwanderungspolitik geben und dabei besonders auf die Rolle des Integrationspfades eingehen, der stark durch sozialpolitische Auflagen geprägt ist.

Dazu gebe ich zunächst einen Überblick über die Handlungsparameter der Zuwanderungspolitik. Es wird deutlich, daß eine Vielzahl von Fragen zu entscheiden ist. Eine davon wird hier beispielhaft aufgegriffen und analysiert: Mit der Bildung von drei Idealtypen nach dem Integrationspfad wird die Aufmerksamkeit von Kontingenten weg auf arbeitsmarkt- und sozialpolitische Auflagen gelenkt und die Zuwanderungspolitik der Bundesrepublik Deutschland nach diesen Pfaden charakterisiert. Nach einigen Anmerkungen dazu, wie die Zahl der Arbeitsmigranten festgelegt werden kann, steht am Schluß ein Reformansatz, der nicht als fertiges Konzept, sondern als Anregung zu transparenten, auch sozialpolitische Aspekte umfassenden Ansätzen begriffen werden soll.

---

1 Siehe Spiegel Nr.11/93 zu den Bestrebungen im politischen Bereich

2 Zum Beispiel der Gesetzentwurf von Däubler-Gmelin (1993), der jährlich festgelegte Kontingente für Herkunftsländer und Berufsgruppen anregt und Erleichterungen bei der Einbürgerung fordert

2. Zur Abgrenzung von Zuwanderern

Betrachtet man die Einwohner eines Staates zu irgendeinem gegebenen Zeitpunkt, so lassen sich zumindest drei teilweise überlappende Gruppen von »Fremden« identifizieren, deren Unterscheidung für den hier diskutierten Problemkomplex wichtig ist:

- Menschen, die im Ausland geboren sind und im Inland wohnen[3] (Zugewanderte oder Zuwanderer im Gegensatz zu Einheimischen),
- Menschen mit fremder Staatsangehörigkeit (Ausländer),
- Menschen mit fremder Volkszugehörigkeit (ethnische Minderheiten).

Abb. 1: Abgrenzungskriterien für »Fremde« in einer Wohnbevölkerung (mit Beispielen für Deutschland)

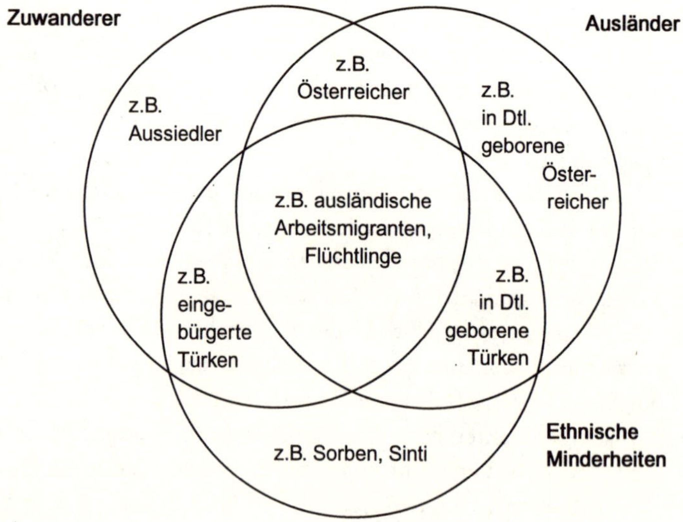

Abbildung 1 zeigt dies exemplarisch für die Bundesrepublik Deutschland.

3 Zu den Ansatzpunkten der Abgrenzung von Zuwanderung vgl. Narain 1987.

Wer neu in ein Land kommt, ist in der Regel nach allen drei Kriterien fremd. Wird eine solche Bevölkerungsgruppe zum Gegenstand wirtschafts- und sozialwissenschaftlicher Forschung, so spiegeln die Ergebnisse dieser Forschung Effekte wider, die aus der Migrationsgeschichte des einzelnen, aus der abweichenden Rechtslage für Ausländer und aus kulturellen Unterschieden resultieren. Wichtig ist daher, daß die Staatsangehörigkeit nicht als Kriterium in den Begriff des Zuwanderers eingeht, sondern eine differenzierte Behandlung nach der Staatsangehörigkeit als Teil der Zuwanderungspolitik begriffen wird.

3. Zuwanderungspolitische Steuerungsinstrumente im Überblick

Unter Zuwanderungspolitik werden hier alle staatlichen Maßnahmen verstanden, die Einreisemöglichkeit, Aufenthaltsdauer und rechtliche Stellung von Menschen regeln, die in ein Staatsgebiet kommen.[4] Dieser Begriff ist in zweierlei Hinsicht weit: Zum einen umfaßt er nicht nur die Einreiseregulierung, sondern auch die Behandlung der Hinzugekommenen durch staatliche Maßnahmen.[5] Zum anderen umfaßt er *alle* Maßnahmen, die die Einreise betreffen – die Visaerteilung für touristische oder geschäftliche Zwecke oder Saisonarbeit ebenso wie Regelungen zur auf Dauer angelegten Einwanderung. Die Visaerteilung für touristische Zwecke z.B. sollte auch als Maßnahme der Zuwanderungspolitik begriffen werden, weil sie nicht darauf abzielt und dazu geeignet ist, den Touristen-

---

4 Zu den Möglichkeiten der Abgrenzung und den in einzelnen Staaten verwendeten Konzepten vgl. Kritz 1987.

5 Häufig werden diese beiden Aspekte mit den Begriffen »Migrationspolitik« und »Integrationspolitik« bezeichnet (z.B. Winkler 1992). Dieser Problemausschnitt korrespondiert im wesentlichen mit dem, worüber die OECD unter den Stichworten »International Migration« und »Migration Policies« in jährlichem Abstand berichtet (vgl. Sopemi 1992), wobei Abwanderung und Abwanderungspolitik als Gegenstück zur Zuwanderungspolitik hier wegen der aktuell für die Bundesrepublik Deutschland geringen Bedeutung nicht behandelt werden.

strom zu regulieren oder zu beschränken, sondern längerfristige Aufenthalte mit anderen Intentionen zu verhindern.

Hier werden sechs Steuerungsinstrumente unterschieden, mit denen die Zuwanderungspolitik operiert (siehe Abbildung 2).[6]

Abbildung 2

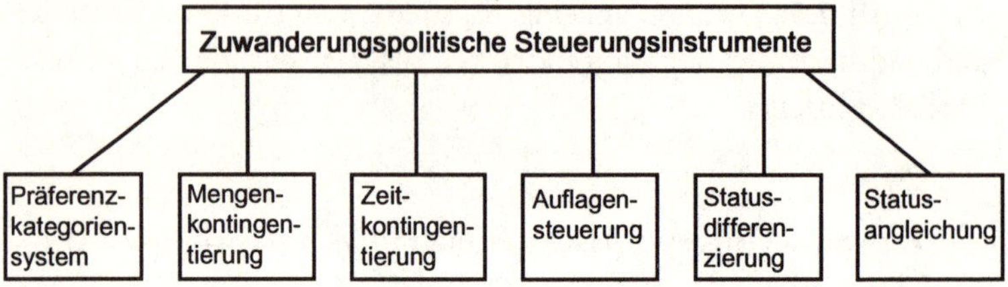

Das Präferenzkategoriensystem legt fest, welche Bedingungen erfüllt sein müssen, damit jemand als Zuwanderer überhaupt in Frage kommt. Damit sind, bildlich gesprochen, die Eingangstore beschrieben, durch die Zuwanderer in ein Land kommen können. Die Staatsangehörigkeit des Zuwanderungswilligen, Familienverbindungen im Aufnahmeland und Gründe für eine Flucht aus dem Herkunftsland sind fast überall angewendete personenbezogene Merkmale, nach denen die Zuwanderungspolitik differenziert. Die im Inland herrschende Sozial- und Rechtspolitik beeinflußt auch die staatlichen Möglichkeiten zur Formulierung dieser Eingangstore. Wenn im Inland z.B. die Familie unter dem Schutz der Verfassung steht und besonders gefördert wird, gerät eine Regelung, die Inländern den Nachzug von Familienangehörigen nicht erlaubt, in Konflikt mit der Rechtsordnung.

Ein Staat kann auch ökonomische Kategorien zur Auswahl von Zuwanderern anwenden, indem er Human-, Real- oder Finanzkapital verlangt und dadurch besonders gesuchten oder qualifizierten Arbeitskräften, Investoren und sonstigen Geldgebern die Zuwanderung ermöglicht. Besonders häufig sind arbeitsmarktorientierte Präferenzkategorien, z.B. daß der Zuwanderer einen Arbeitsplatz besetzen kann, für den kein geeigneter Einheimischer zur Verfügung

6 Die Differenzierung aus Vogel 1993 wurde hier weiter vereinfacht.

steht (Inländerprimat), oder daß er oder sie für einen Beschäftigungssektor Qualifikationen besitzt, in dem Engpässe bestehen.

Wenn die maximale Zahl der Zuwanderer einer Periode explizit festgelegt wird, kann man das als Mengenkontingentierung bezeichnen. Immer dann, wenn es bei der Mengenkontingentierung mehr Zuwanderungswillige gibt als vorgesehen – und dies ist ex ante zu erwarten, deshalb wird kontingentiert –, muß in einem zweiten Schritt entschieden werden, wer von den Interessenten zuwandern darf. Mengenkontingentierung kann global die Gesamtzuwanderungszahl einer Periode festlegen und anschließend die kontingentierten Zuwanderungsrechte zuteilen, z.B. nach Präferenzkategorien (Quotensystem).[7] Möglich ist auch eine Auswahl der Zuwanderungsberechtigten per Losverfahren, Warteliste oder Verkauf von Einwanderungszertifikaten sowie kombinierte Verfahren. Mengenkontingentierung kann auch nur innerhalb einzelner Präferenzkategorien die Zuwanderungszahl begrenzen, z.B. durch unkontigentierte Zuzugsmöglichkeiten für engere Familienangehörige bei kontingentierten Zuzugsmöglichkeiten für Arbeitsmigranten.

Als Zeitkontingentierung wird hier ein Steuerungsinstrument bezeichnet, das eine Rückreiseverpflichtung und Wiedereinreisesperre nach einer festgelegten Aufenthaltszeit beeinhaltet. Damit wird nicht die Zuwanderung einer Periode, wohl aber die Zahl der im Aufnahmestaat lebenden Zuwanderer gesteuert, die ja auch durch die Rückwanderung beeinflußt wird. Es werden also befristete Aufenthaltsgenehmigungen ohne Verlängerungsmöglichkeit ausgestellt.

Die Auflagensteuerung bestimmt die Bedingungen, unter denen Zuwanderern der Aufenthalt gestattet ist. Wer die Auflagen nicht oder nicht mehr erfüllt, kann ausgewiesen werden. Während Zeitkontingentierung eine unbedingte Rückreiseverpflichtung enthält, bedeuten Aufenthaltsauflagen eine bedingte Rückreiseverpflichtung. Häufig angewendete Auflagen sind das Fortbestehen eines Arbeits-

7 Manche bezeichnen die Gesamtzahl der jährlichen Einwanderung als Einwanderungsquote (z.B. Rittstieg/Rowe 1992, 45). Vom Wortsinn her erscheint mir das unlogisch, weil eine Quote eine Bezugszahl erfordert (z.B. Frauenquote als Anteil der Frauen an den Beschäftigten einer Statusgruppe).

vertrages, eine fortbestehende Ehe mit einem Staatsangehörigen oder ein existenzsichernder Mindestunterhalt.

Die Statusdifferenzierung legt für Zuwanderer andere Rechte und Pflichten fest als für Einheimische. Rechte und Pflichten können positiv oder negativ abweichen – z.B. ein Anspruch auf Fördermaßnahmen oder Sprachkurse einerseits, ein Ausschluß von bestimmten Sozialleistungen andererseits.

Als Statusangleichung wird hier der staatliche Regelungsbereich bezeichnet, der die Modalitäten der Veränderung des rechtlichen Status festlegt, insbesondere ob, unter welchen Bedingungen und nach welcher Zeit Zuwanderer den gleichen Status wie Einheimische erreichen (können).

Auch die letzten beiden Aspekte werden hier als Steuerungsinstrumente begriffen, denn sie beeinflussen, wer zuwandern will und mit welcher zeitlichen Perspektive und welchem Integrationswillen Zuwanderer kommen. Sie steuern aber nicht nur die Zuwanderung, sondern auch die Möglichkeiten und Grenzen der Integration in das Aufnahmeland, insbesondere in den Arbeitsmarkt und das soziale Sicherungssystem.

4. Idealtypen von Integrationspfaden

Die meisten Staaten lassen Zuwanderung zu, versuchen sie aber zu regulieren. Teilbereiche der Zuwanderungspolitik können z.B. danach unterschieden werden, für welche Präferenzkategorien sie Regelungen treffen: Tourismuspolitik, Aussiedlerpolitik, Familienzusammenführungspolitik, Ausländerbeschäftigungspolitik. Hier werden dagegen drei Idealtypen der Zuwanderungspolitik danach unterschieden, ob sie eine Rückreiseverpflichtung durch Zeitkontingentierung und Auflagen beeinhalten:

- Einwanderungspolitik: weder Zeitkontingentierung noch Auflagensteuerung,
- Rotationspolitik: Zeitkontingentierung und Auflagensteuerung,
- Phasenpolitik: Auflagensteuerung und Statusangleichung

Als Einwanderungspolitik wird also eine Politik definiert, bei der der Staat seine Aufnahmeentscheidung nicht mehr revidieren kann. Sie ist dafür geeignet, auf Dauer angelegte Zuwanderung zu steuern.

Wenn von vorneherein klar ist, daß jemand auf Dauer bleiben soll und will, ist eine unmittelbare oder rasche rechtliche Gleichstellung naheliegend. Wenn ein Staat jemanden auf Dauer aufnehmen will, muß er auch bereit sein, enge Familienangehörige aufzunehmen, wenn er den Zusammenhalt der Familie im Inland schützt.

Rotationspolitik beeinhaltet dagegen eine strikte Zeitkontingentierung und eine Rückreiseverpflichtung, wenn der aufenthaltsbegründende Tatbestand wegfällt, insbesondere der Arbeits-, Ausbildungs- oder Studienplatz. Diese Politik ist geeignet, wenn eine Integration in jedem Fall vermieden werden soll, und ist damit nur für relativ kurze Fristen praktikabel. Sie ist mit einem weitgehenden Ausschluß von Sozialleistungen und Abgaben und einem Verbot des Familiennachzugs kompatibel, denn die Migranten sollen Teil der Gesellschaft und des sozialen Sicherungssystems ihres Herkunftslandes bleiben.

Bei einer Phasenpolitik müssen in den ersten Jahren nach der Einreise bestimmte Auflagen erfüllt sein. Bei längerfristigem Aufenthalt kommt es jedoch zu einer Statusangleichung an die Einheimischen. Eine solche Politik ist für kurzfristige Arbeits- und Studienaufenthalte offen, ermöglicht jedoch nach staatlich festgesetzten Bewährungsfristen, daß der Staat keine Rückkehr mehr durchsetzen kann, so daß die zunächst befristet Aufgenommenen einen Einwandererstatus erhalten. Eine volle rechtliche Gleichstellung nach einer festgelegten Aufenthaltsdauer ist nötig, wenn sich der Staat keine dauerhaft unterprivilegierte Bevölkerungsgruppe schaffen will. Dazu gehört auch ein Recht auf Familiennachzug.

Damit sind drei mögliche Integrationspfade beschrieben, die ein Aufnahmestaat wählen könnte und die für die Stellung der Migranten im sozialen Sicherungssystem wichtig sind: Zur Einwanderung gehört Integration und ggf. Förderung, zur Phasenpolitik schrittweise Integration, und zur Rotationspolitik Ausschluß von Rechten und Pflichten, die einen Sozialstaat auszeichnen. Eine unmittelbare Eingliederung in die Pflichten bei Ausschluß von den Rechten eines Sozialstaates wäre natürlich auch bei allen drei Typen denkbar und wird in der Realität in unterschiedlichem Ausmaß praktiziert, aber hier nicht weiter als Option diskutiert. Abgesehen davon schränken rechtsstaatliche Prinzipien und internationales Recht die Möglichkeiten zu sachlich nicht begründeter Ungleichbehandlung von Migranten ein.

5. Charakterisierung der Zuwanderungspolitik der Bundesrepublik Deutschland nach den Integrationspfaden

Staaten bedienen sich in der Regel aller drei Formen der Zuwanderungspolitik in unterschiedlichen Mischungsverhältnissen für unterschiedliche Personengruppen. Im folgenden wird das Mischungsverhältnis der Bundesrepublik Deutschland charakterisiert.[8]

Die Anwerbung und Beschäftigung von Ausländern in den 60er und frühen 70er Jahren war ursprünglich als Rotationspolitik gedacht, wurde aber nie so durchgeführt. Wer nach Ablauf der Aufenthaltsgenehmigungszeit seinen Arbeitsvertrag noch hatte, konnte seinen Aufenthalt immer wieder verlängern und schließlich auch seine Familie nachholen. Der sozialrechtliche Status dieser Ausländer ist heute weitgehend mit dem der Einheimischen identisch, während sie politisch praktisch rechtlos sind. Das geltende Ausländergesetz beläßt es allerdings immer noch im Ermessen der Behörden, auch langfristig in Deutschland lebende Ausländer auszuweisen. Nach der Rechtsauslegung müßte dieses Ermessen allerdings immer zu ihren Gunsten ausgelegt werden (Huber 1991), über die Behördenpraxis ist wenig bekannt. Die Einbürgerung als Bekenntnis zum Daueraufenthalt ist durch mangelnde Förderung (z.B. durch sprachliche und politische Weiterbildung) und restriktive Voraussetzungen unattraktiv bis unerreichbar gestaltet, auch wenn die Hürden mit dem Ausländergesetz von 1990 gesenkt wurden. Nach den oben genannten Definitionen handelte es sich im wesentlichen um eine Phasenpolitik. Als solche ist sie jedoch nicht konsequent: Die Statusangleichung erfolgt nicht automatisch nach bestimmten Fristen und ist an eine Reihe von Bedingungen und Ermessensentscheidungen geknüpft. Heute ist eine Zuwanderung mit Option auf Daueraufenthalt im wesentlichen nur noch EG-Bürgern möglich, die durch das EG-Recht einen besonderen Schutz genießen.

Die Ausländerbeschäftigung der DDR entsprach im wesentlichen dem Rotationsprinzip. Aufenthalt und Beschäftigung waren für eine begrenzte Vertragsdauer (in der Regel drei, aber bis zu 7 Jahren) möglich. Zusätzlich konnte der Staat jederzeit die Rückkehr erzwingen, wenn disziplinarische oder persönliche Auflagen verletzt

8 Einen knappen juristischen Überblick gibt Rein 1990.

waren. Die Beschäftigten waren abgabepflichtig; ein Teil der Abgaben wurde in den Herkunftstaat exportiert, im Zugang zu Sozialleistungen waren sie Einheimischen im wesentlichen gleichgestellt (Jasper 1991: 173f.) Ihr Aufenthalt diente – zumindest offiziell – auch der Aus- und Weiterbildung. Die Politik gegenüber ausländischen Arbeitnehmern war durch ihre Separierung und starke Kontrolle sowie das Verdrängen sozialer Konflikte bzw. ihre »Lösung« durch Ausweisung gekennzeichnet.

Eine echte Rotationspolitik gibt es in der Bundesrepublik Deutschland erst in jüngerer Zeit.[9] Die Regelungen für Werkvertragsarbeitnehmer und Gastarbeitnehmer aus Osteuropa entsprechen diesem Prinzip. Sie beinhalten eine Rückreiseverpflichtung und Sperrfristen bis zur erneuten Beschäftigungsmöglichkeit sowie den Ausschluß aus dem sozialen Sicherungssystem. Bei Saisonbeschäftigungen von bis zu drei Monaten, die für osteuropäische Arbeitnehmer bei Vermittlung über die Arbeitsämter relativ problemlos möglich sind, wird das Rotationsprinzip mit begrenzter Sozialversicherungspflicht verbunden, woraus natürlich auch Ansprüche erwachsen.

Eine Einwanderungspolitik betreibt die Bundesrepublik Deutschland nur gegenüber Aussiedlern aus Osteuropa und den Staaten, die ehemals der Sowjetunion zugehörten. Werden sie nach historischen und kulturellen Auswahlkriterien als Deutsche definiert, so erhalten sie unmittelbar alle Rechte deutscher Staatsbürger. Zusätzlich wird ihre Eingliederung durch Unterbringungshilfen, Unterhaltsgeld, Sprachkurse, Umschulungen und eine Integration in die Rentenversicherung ohne eigene Beitragsleistung gefördert. Allerdings ist ihre Aufnahme de facto kontingentiert, da sie erst nach Bearbeitung ihrer Anträge einwandern dürfen und die Bearbeitungskapazität bei ca. 220.000 Anträgen pro Jahr liegt.

Die Durchsetzung der Zuwanderungspolitik ist relativ strikt, was m.W. noch nie näher untersuchte Kosten verursacht. Während die externe Kontrolle an den Landesgrenzen lückenhaft ist, so daß die Einreise aus einem Nachbarstaat (noch) mit relativ großer Wahrscheinlichkeit unkontrolliert möglich ist, umfaßt die interne Kontrolle viele Lebensbereiche und erschwert den längerfristigen illega-

9 Abgesehen von den z.T. auch dem Rotationsprinzip unterliegenden ausländischen Studenten.

len Aufenthalt. Für Einheimische bestehende Kontrollgesetze (z.B. Pflicht zur Meldung von Beschäftigungsverhältnissen, Datenabgleichsmöglichkeiten der Sozialversicherungsträger) mindern die Zusatzkosten zur Kontrolle von Zuwanderung, anders als zum Beispiel in den USA (Röseler/Vogel 1993).

Deutlich wird dies bei Werkvertragsarbeitnehmern, die im Inland nicht sozialversicherungspflichtig sind. De facto arbeiten viele nicht für eine ausländische Firma, sondern werden von deutschen Firmen an beliebigen Aufenthaltsorten z.T. nicht nur sozialabgabenfrei, sondern auch unter Tarif beschäftigt. Die Abführung von Beiträgen an die Sozialversicherung würde die Manipulation von Lohn und Beschäftigungsort erschweren. Die vielfältigen Probleme mit dieser Politik zeigen, daß das soziale Sicherungssystem nicht nur eine Sicherungsfunktion, sondern auch eine Kontrollfunktion ausübt.

Flüchtlinge treffen auf eine zunehmende Asymetrie: Einerseits wird ihnen die Einreisemöglichkeit zunehmend verstellt, andererseits haben sie nach der Einreise immer noch im Vergleich zu anderen Staaten relativ weitgehende, aber durch die im Juli 1993 inkraftgetretenen Veränderungen des Asylrechts erheblich verschlechterte Möglichkeiten zur Durchsetzung eines Bleiberechts, wenn es ihnen gelingt, relativ schnell rechtlichen Beistand zu erhalten. Ob sich ihr Status angleicht, hängt von der Einordnung der Fluchtgründe und dem Verfahrensverlauf ab. Während eine Asylberechtigung eine weitgehende Gleichstellung bedeutet, müssen alle anderen Flüchtlinge auch nach vielen Jahren noch mit einer Ausweisung und ggf. Abschiebung rechnen.[10]

6. Hypothesen zum Einfluß des Integrationspfades

Im folgenden sei angenommen, daß alternative Möglichkeiten zur Steuerung der Arbeitsmigration zur Diskussion stehen. Für die drei Integrationspfade werden Hypothesen zu ausgewählten ökonomischen Wirkungen aufgestellt. Um Vergleichbarkeit herzustellen, wird als Präferenzkategorie jeweils ein unter Berücksichtigung des

---

10 Eine detaillierte Darstellung des sozialrechtlichen Status von Flüchtlingen liefert Sieveking 1993.

Inländerprimats geschlossener Arbeitsvertrag und eine Mengenkontingentierung auf maximal 100.000 Arbeitskräfte angenommen.

Es sei angenommen, daß eine Einwanderungspolitik unmittelbare Gleichstellung bedeutet, eine Rotationspolitik zur Rückkehr nach 3 Jahren verpflichtet, kein Recht auf Familiennachzug bietet und Erwerbstätigkeit und Unterhaltssicherung zur Auflage macht. Bei der Phasenpolitik muß in den ersten drei Jahren Unterhalt und Erwerbstätigkeit für den Arbeitnehmer und seine Familie gesichert sein, danach erfolgt eine Gleichstellung wie bei der Einwanderungspolitik.

6.1 Einfluß auf die demographische Entwicklung

Die Regelungen zum Familiennachzug wirken sich auf Bevölkerungsanstieg und Erwerbsquote aus. Bei gleichem Anstieg der Erwerbstätigkeit durch Zuwanderung bedeutet Einwanderungspolitik den höchsten Bevölkerungsanstieg und die geringste Erwerbsquote, während bei der Rotationspolitik Bevölkerungs- und Beschäftigungsanstieg identisch sind. Bei der Phasenpolitik wirken sich die Anforderungen an die jeweils jüngsten Zuwandererjahrgänge erwerbsquotensteigernd aus.

Einwanderungspolitik setzt Anreize für einen dauerhaften Aufenthalt, Rotationspolitik erzwingt einen kurzfristigen Aufenthalt, die Phasenpolitik erzwingt in den ersten Jahren die Rückkehr, wenn der Lebensunterhalt nicht mehr gesichert ist oder kein Arbeitsverhältnis mehr besteht. Damit setzt die Phasenpolitik Anreize für die Migranten, sich in den ersten Jahren die Rückkehroption offenzuhalten, während die Einwanderungspolitik eine irreversible Auswanderungsentscheidung fördert. Insgesamt kann man unterschiedliche Rückwandererquoten unterstellen. Gleiche Neuzulassungszahlen führen dann bei der Einwanderungspolitik zum stärksten Bevölkerungsanstieg, gefolgt von der Phasen- und der Rotationspolitik. Als Ausgleich für einen dauerhaften, kontinuierlichen Rückgang der Bevölkerung würde die Rotationspolitik stetig wachsende Neuzulassungszahlen erfordern.

Bei allen drei Optionen fehlt zunächst die Rentnergeneration, aber nur bei der Rotationspolitik bleibt diese Alterstruktur konstant, während sie sich bei den anderen beiden Politiken allmählich normalisiert.

6.2 Auswirkungen auf den Arbeitsmarkt

Sicherlich hat die Ausgestaltung der Präferenzkategorien den größten Einfluß auf die Arbeitsmarktintegration, aber auch bei gleicher Präferenzkategorie sind differentielle Wirkungen des Integrationspfades zu erwarten.

Bei schlechter Arbeitsmarktlage kann man annehmen, daß Zuwanderer als Neuzugänge zum Arbeitsmarkt am leichtesten arbeitslos werden. Bei der Einwanderungspolitik liegt es an den Migranten, ob sie sich zur Rückkehr entschließen oder im Inland arbeitslos bleiben. Das gleiche gilt bei der Phasenpolitik für diejenigen Migranten, die bereits seit mehr als drei Jahren im Land sind. Für Migranten, die seit weniger als drei Jahren im Land sind, verpflichten Rotationspolitik und Phasenpolitik bei Arbeitslosigkeit zur Rückreise. Damit üben die Phasen- und Rotationspolitik eine stärker arbeitmarktstabilisierende Wirkung aus, die auch als »Export von Arbeitslosigkeit« bezeichnet worden ist.

Daß motivierte, innovative und leistungswillige Menschen eher die Anstrengungen einer Umsiedlung in Kauf nehmen, wird oft als Argument für die wachstumsfördernde Wirkung der Migration angeführt (Simon 1989). Eine Einwanderungspolitik und eine Phasenpolitik fördern die Motivation zu einem langfristig erfolgversprechenden Einsatz der eigenen Arbeitskraft, während eine Rotationspolitik kurzfristige Einkommens- und Ausbildungsziele der Migranten stärkt (vgl. Dustmann 1993). Daher läßt sich vermuten, daß die Rotationspolitik den positiven Selbst-Selektionsprozeß der Migration weniger unterstützt.

Weil eine Rotationspolitik auch dort zu einem Wechsel von Arbeitskräften verpflichtet, wo er betriebswirtschaftlich nicht sinnvoll ist, kommt es auch zu einer Selektion von der Arbeitsnachfrageseite her. Einzelbetrieblich müssen die erwarteten Gewinne aus dem Einsatz von zugewanderten Arbeitnehmern mindestens die Fluktuationskosten amortisieren. Daher ist eine Rotationspolitik bei Arbeitsplätzen mit geringen Fluktuationskosten oder arbeitsbedingter Fluktuation (Saisonarbeit) besonders vorteilhaft. Niedrige Fluktuationskosten liegen m.E. im besonders niedrig qualifizierten Bereich vor, denn dort sind die Anlernkosten gering, allerdings auch in hoch internationalisierten Bereichen wie zum Beispiel der Wissenschaft.

6.3 Auswirkungen auf öffentliche Haushalte

Rotationspolitik kostet nicht viel, da die Migranten weitgehend von Leistungen ausgeschlossen sind, sie bringt aber auch nicht viel ein. Selbstverständlich tragen alle Migranten über ihren Konsum zum Verbrauchssteueraufkommen bei, nutzen aber auch öffentlich bereitgestellte Güter (z.B. Verkehrsinfrastruktur).

Einwanderungspolitik und Phasenpolitik bedeuten zunächst einmal zusätzliches Steuer- und Sozialabgabenaufkommen. Da es durch das Auswahlverfahren in jedem Zuwandererhaushalt mindestens einen Erwerbstätigen gibt, ist eine höhere Erwerbsquote und Abgabenbelastung bei Zuwanderern zu erwarten als im Durchschnitt der Bevölkerung. Das gilt besonders für eine Bevölkerung mit einem hohen Anteil alter Menschen, die von einem rein öffentlich finanzierten Einkommen leben.

Die Phasenpolitik begrenzt die Ausgabenentwicklung zusätzlich dadurch, daß ein Verlust der Arbeitsstelle in den ersten Jahren nicht zu einem öffentlich finanzierten Einkommen, sondern zu einer Rückkehrpflicht führt.

Die Durchführung und Durchsetzung einer Zuwanderungspolitik erfordert Kontrollkosten – Grenzüberwachung und Durchführung des Auswahlverfahrens als externe Kontrollkosten, Bekämpfung illegaler Beschäftigung und Abschiebung als interne Kontrollkosten. Meines Erachtens sind sie bei der Rotationspolitik am größten, weil wegen der Fluktuation eine größere Zahl von Menschen kontrolliert werden muß. Andererseits können legale Einwanderer die nötigen sozialen Netze bieten, die illegale Zuwanderung erleichtern. (Siehe auch Vogel/Röseler 1993)

6.4 Beurteilung

Wenn die oben diskutierten Hypothesen zur Wirkungsweise unterschiedlicher Integrationspfade im wesentlichen stimmen, ist die Phasenpolitik insgesamt aus den oben diskutierten ökonomischen Gründen die vorteilhafteste Variante zur Steuerung der Arbeitsmigration, weil sie die Vorteile der Einwanderungs- und der Rotationspolitik verbindet. Auch aus humanitären Gründen erscheint mir eine Phasenpolitik eine akzeptable Perspektive zur Steuerung der Arbeitsmigration zu bieten. Sie wirkt als »Testphase« nicht nur für den Aufnahmestaat, sondern auch für die Migranten. Weil sie nicht unbedingt mit einem Daueraufenthalt rechnen können, halten sie sich Rückkehroptionen offen und überprüfen, ob ihre Vorstellungen vom Aufnahmeland mit der Realität übereinstimmen, während eine Aufnahmepolitik eine irreversible Auswanderungsentscheidung fördert. Eine Härte besteht darin, daß eine Familie bei Arbeitslosigkeit auch nach z.B. zweieinhalb Jahren noch ausgewiesen wird, selbst wenn sie sich ansonsten gut integriert hat. Die Vorhersehbarkeit dieser Möglichkeit und die Chance zur Wiedereinreise bei verbesserten Beschäftigungsaussichten macht eine solche Regelung m.E. akzeptabel.

Außerdem bietet sie auch Anknüpfungspunkte für eine umfassende Reform der Zuwanderungspolitik mit einer ebenfalls stufenweise Integration von Flüchtlingen und Familienangehörigen.

7. Zahl und Auswahl von Arbeitsmigranten – Anmerkungen zu Kontingenten und Inländerprimat

Häufig wird von der Notwendigkeit von Mengenkontingenten zur Steuerung der Arbeitsmigration ausgegangen, während bei der Familien- und Flüchtlingsmigration weiterhin die Zahl von der Menge der Interessenten und den Auswahlkriterien abhängen soll (z.B. Rittstieg/Rowe 1992). Im Unterschied dazu sieht Böhning (1992) auch eine Notwendigkeit zur Kontingentierung von Flüchtlingen und gering qualifizierten Zuwanderern, aber nicht zur Kontingentierung von Qualifizierten. Straubhaar und Zimmermann (1992, 21) halten nur eine Kontingentierung der Flüchtlingsmigration für notwendig. Schumacher (1992, 142) denkt an eine Größenordnung von 300.000 bis 400.000 Einwanderern pro Jahr[11] plus Flüchtlinge sowie an eine Auswahl nach Alter und Qualifikation. Winkler (1992, 100) stellt sich ein mit Vertretern gesellschaftlicher Gruppen besetztes Gremium vor, daß Auswahlkriterien formuliert.

Aus ökonomischen Gründen ist mir die Präferenz für Mengenkontingente bei Arbeitsmigranten nicht einsichtig. Bei einem niedrigen Kontingent könnten Stellen unbesetzt bleiben, obwohl sie

11 Entspricht der Größenordnung des prognostizierten Bevölkerungsrückgangs.

durch Zuwanderer gefüllt werden könnten. Bei einem hohen Kontingent würden Leute ins Land gelockt, die keine Beschäftigung finden oder Einheimische verdrängen müßten. Wieso sollte irgendeine staatliche Kommission eine angemessene Kontingenthöhe abschätzen können?

Nimmt man die Erfahrungen aus klassischen Einwandererländern, so zeigt sich, daß es durchaus möglich ist, durch eine qualifikationsgesteuerte Auswahl eine erfolgreiche Neubürgergruppe ins Land zu holen, die auch per saldo positive Auswirkungen auf die Wirtschaft des Landes hat (z.B. Simon 1989, Borjas 1990). Damit kann man keine Anreize zur Verminderung der Zuwanderung niedrig qualifizierter illegal Beschäftigter oder Asylsuchender bieten. Eine Aufnahme von neuen Zuwanderern, die eine Beschäftigung trotz Inländerprimat gefunden haben und ihren Unterhalt sichern können, ist dagegen marktnäher und räumt nicht nur hoch Qualifizierten, sondern auch niedrig Qualifizierten eine Chance ein, wenn sie sich den Anforderungen des Arbeitsmarktes anpassen. Zudem wäre es in Deutschland nicht nötig, eine neue zentrale Kontroll- und Auswahlbehörde zu schaffen wie bei der Mengenkontingentierung.

Mir erscheint eine Mengenkontingentierung auch aus psychologischen Gründen nicht vorteilhaft. Zum einen sehe ich nicht die beruhigende Wirkung überschaubarer Mengenkontingente, wenn sich die Gesamtzahl der Zuwanderer trotzdem maßgeblich durch die autonome Familienzusammenführung, Aussiedlerzuwanderung oder Flüchtlingszuwanderung ergibt – und zwar unabhängig davon, ob diese Wanderungsströme antizipiert werden und sich in hohen Kontingenten widerspiegeln oder ob die Gesamtzuwanderung ein festgelegtes Kontingent weit überschreitet. Ob Zuwanderer als Belastung empfunden werden, hängt m.E. stärker von ihrer Wahrnehmung als Konkurrenten um Wohnungen, Arbeitsplätze und Sozialleistungen ab als von ihrer absoluten Zahl. Außerdem halte ich im Gegensatz zu z.B. Rittstieg und Rowe (1992, 45) eine (jährliche) politische und gesellschaftliche Diskussion darüber, wer und wieviele einwandern dürfen, nicht für erstrebenswert, weil sich diese Diskussion hervorragend für rassistische und nationalistische Agitation eignet.

8. Ein Reformansatz

Abbildung 3 zeigt schematisch, wie ein Integrationspfad für Arbeitsmigranten nach einem phasenpolitischen Konzept aussehen könnte.

Abb. 3: Integrationspfad einer Phasenpolitik

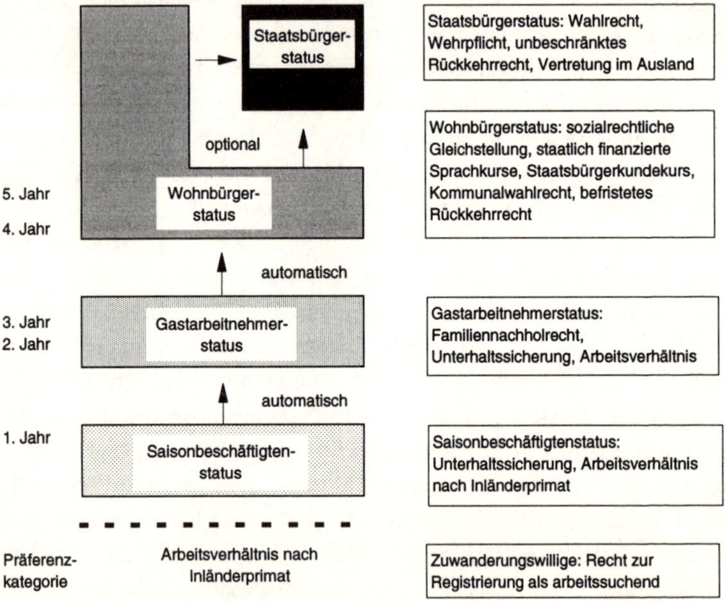

Arbeitsmigranten können danach in drei Phasen zu Staatsbürgern werden. Zunächst einmal dürfen sie nur zuwandern, wenn sie eine Arbeitsstelle vorweisen können, für die kein Inländer zur Verfügung eingestellt werden kann. Die Prüfung und Vermittlung übernehmen dezentral die Arbeitsämter – wie ist eine andere Frage, auf die ich hier nicht näher eingehen möchte.

Alle Zuwanderer werden unmittelbar sozialversicherungs- und steuerpflichtig. Im ersten Aufenthaltsjahr hat der Zuwanderer einen Saisonbeschäftigtenstatus. Er oder sie darf nur ohne Familie einreisen und muß unmittelbar bei Beendigung des Arbeitsverhältnisses wieder ausreisen. Wenn das Arbeitsverhältnis fortbesteht, erhält die Person automatisch einen Gastarbeitnehmerstatus.

Dieser Status gibt das Recht, Ehepartner und Kinder nachzuholen, wenn der Unterhalt für die gesamte Familie gesichert ist, und innerhalb einer Frist ein neues Arbeitsverhältnis zu suchen, wenn das alte aufgelöst werden sollte. Nach zwei Jahren im Gastarbeitnehmerstatus erhält der Zuwanderer automatisch den Wohnbürgerstatus[12]. Zum Wohnbürgerstatus gehört eine sozialrechtliche Gleichstellung, d.h. auch ein Anrecht auf Sozialhilfe nach den gleichen Regeln, die bei Einheimischen angewendet werden. Außerdem würde ich ein Recht zum Besuch staatlich finanzierter, berufsbegleitender Sprachkurse, das Kommunalwahlrecht und befristete Rückkehrrechte für sinnvoll halten. Während ein Staatsbürger immer in sein Herkunftsland zurückkehren kann, erhält ein Wohnbürger ein befristetes Rückkehrrecht, z.B. wenn seine Abwesenheit nicht länger währt als sein Aufenthalt.[13]

Nach fünf Jahren besteht ein Anspruch auf Einbürgerung, dem ein Vertrautmachen mit den politischen Institutionen der Bundesrepublik Deutschland vorausgehen sollte (Staatsbürgerkundekurse) – eine Vertrautheit, die Einheimische durch den Schulbesuch gewonnen haben sollten.

Der Integrationspfad für Menschen, die nach anderen Präferenzkategorien zuwandern können, läßt sich an diesen Pfad anpassen. So wie für Arbeitsmigranten kann auch für Flüchtlinge und enge Familienangehörige ein dreijähriger bedingter Aufnahmestatus geschaffen werden. Wenn während der ersten drei Jahre ein Fluchtgrund verneint wird oder wegfällt oder der Familienverbund nicht mehr im Inland fortbesteht, besteht eine Rückreisepflicht. Danach erfolgt ein automatischer Übergang in den Wohnbürgerstatus. Im Inland geborene Kinder sind im Status ihren Eltern zugeordnet und

---

12 Einen eigenständigen Wohnbürgerstatus (denizen) hat m.W. zuerst der schwedische Migrationswissenschaftler Tomas Hammar (1990) vorgeschlagen.

13 Eine derartige Regelung gab es mit dem Unterstützungswohnsitzprinzip in der preußischen Armengesetzgebung. Danach reichte ein zweijähriger Aufenthalt aus, um an einem Ort das Recht auf Armenunterstützung bei Bedürftigkeit zu erhalten. Dieses Recht ging erst nach mehr als zweijähriger Abwesenheit verloren (Sachße/Tennstedt 1980, 203ff.).

haben so spätestens nach dreijährigem Aufenthalt einen Wohnbürgerstatus erreicht.

Aussiedler können weiterhin auf die Anerkennung ihrer Anträge warten oder den gleichen Weg wie andere Arbeitsmigranten beschreiten. Wenn ein Teil der Aussiedler bereits durch Arbeitsmigration in der Bundesrepublik Deutschland Fuß gefaßt hätte, würde sich die Zahl der Familien mindern, die in öffentlich finanzierten Einrichtungen untergebracht werden müssen. Außerdem würde sich die Zahl derjenigen mindern, die ihre Entscheidung zur Aussiedlung als nicht mehr revidierbare Fehlentscheidung empfinden – wie viele dies auch immer sein mögen. Anerkannte Aussiedler könnten nach zweijährigem Wohnbürgerstatus die deutsche Staatsbürgerschaft erwerben. Während eine Aufnahme der Aussiedler aufgrund der historischen Gegebenheiten m.E. geboten ist, besteht kein Grund, sie unmittelbar ohne Kenntnisse des Staates wählen zu lassen.

EG-Bürger müssen natürlich nach EG-Recht behandelt werden. Dies entspricht aber zunächst im wesentlichen einem Gastarbeitnehmerstatus und sieht den Übergang in einen Wohnbürgerstatus vor. Nur der Saisonbeschäftigtenstatus muß also bei EG-Bürgern wegfallen, ansonsten bedeutet die Regularisierung der Statusangleichung auch für sie noch tendenziell eine Besserstellung.

Für die Mehrheit der heute in der Bundesrepublik lebenden Ausländer würde eine solche Reform eine rechtliche Besserstellung bedeuten, denn wenn Neuzuwanderer einen klare Phasenpolitik vorfinden, sollten Alt-Zuwanderer ihnen insofern gleichgestellt werden, als sie unmittelbar einen Wohnbürgerstatus erhalten. Ein erheblicher Teil der Verbesserung bestünde für diese allerdings darin, daß sie von bürokratischen Ermessensspielräumen, die gegen sie ausgelegt werden können, befreit werden.

Abbildung 4 zeigt für das Jahr 1990, daß rechnerisch mindestens ein Viertel aller Ausländer besser gestellt würde, nämlich diejenigen, die seit mehr als vier Jahren in der Bundesrepublik Deutschland wohnen und noch keinen verfestigten Aufenthaltsstatus haben.

Neue Arbeitsmigranten aus Drittstaaten würden erstmals durch fortgesetzte Erwerbstätigkeit und Unterhaltssicherung in einen gesicherten Aufenthaltsstatus schrittweise hineinwachsen. Der Vorschlag lehnt sich an bestehende rechtliche Regelungen an, gibt aber Migranten größere Rechtssicherheit und damit auch größere Anreize, sich mit dem Aufnahmestaat zu identifizieren und einen langfristig sinnvollen Einsatz ihrer Arbeitskraft zu planen. Die sozialabgabenfreie Beschäftigung von Werkvertragsarbeitnehmern nach dem Rotationsprinzip wäre mit diesem System aber nicht vereinbar.

Abb. 4: Ausländer nach Aufenthaltsdauer und -status Dezember 1990

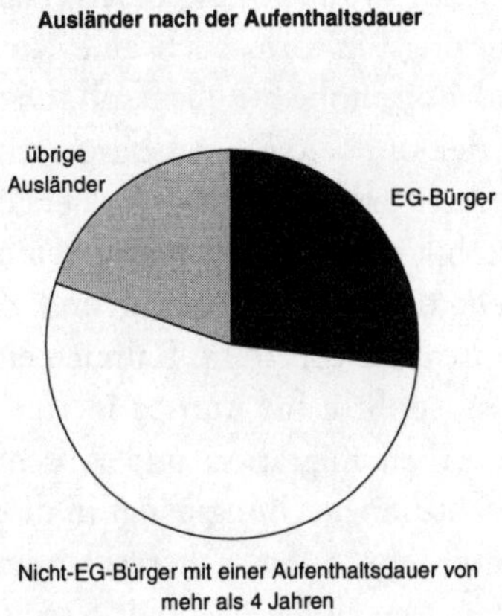

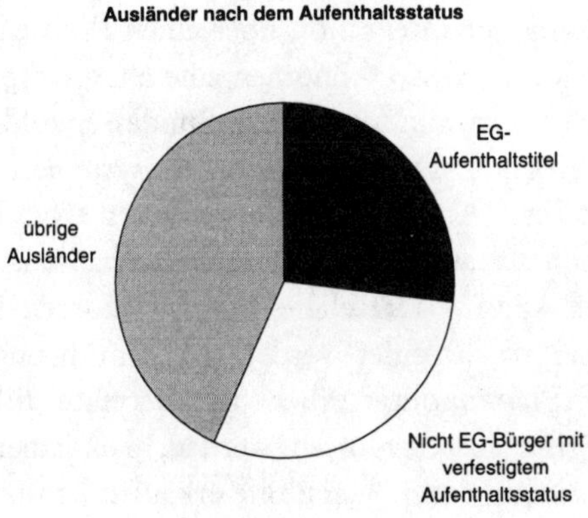

Quelle: Der Bundesminister für Arbeit und Sozialordnung, Ausländerdaten. Stand Januar 1993, S. 7 und 9, eigene Berechnungen.

Der Vorschlag bleibt insofern hinter Vorschlägen zur Auswahl von Einwanderern nach einem Quotensystem zurück, als daß kein unmittelbarer Zugang in einen Staatsbürger- oder zumindest Wohnbürgerstatus ermöglicht wird, sondern während der ersten drei Jahre eine rückkehrorientierte Politik betrieben wird, die dem Aufnahmestaat wie dem Migranten als Testphase dienen soll. Er geht insofern sehr weit, als er vorsieht, daß für Arbeitsmigranten unter Berücksichtigung bestimmter Auflagen die Grenzen weitgehend offen sein sollen und eine Statusangleichung regelmäßig erfolgt. Zu diesen Auflagen gehört eine Integration in das Sozialversicherungssystem, das neben seiner Sicherungsfunktion auch eine Kontrollfunktion über Aufenthaltsort und Lohnhöhe ausüben soll. Die generelle Möglichkeit zum Erwerb der doppelten Staatsbürgerschaft wird hier nicht vorgeschlagen, weil sie eine pauschale Besserstellung von mobilen gegenüber nicht mobilen Bevölkerungsgruppen bedeutet.

Tendenziell geht der von Straubhaar und Zimmermann (1992, 20f.) angedeutete Integrationspfad im Rahmen eines Konzeptes einer effizienten Migrationspolitik für Europa in eine ähnliche Richtung. Sie schlagen freie Arbeitsmigration und Abschiebung bei Arbeitslosigkeit vor. Die Statusangleichung hängt in diesem Konzept davon ab, ob die Migranten ein Aufenthaltsrecht oder eine Staatsbürgerschaft gekauft haben, was ihnen auch auf Kredit oder gegen höhere Steuern ermöglicht werden sollte.

Die Steuerung der Integration über einen Preis ist natürlich auf den ersten Blick für jeden Ökonomen eine charmante Lösung, allerdings halte ich sie zumindest in der Bundesrepublik Deutschland nicht für praktikabel. Dadurch entstehen systematisch Härtefälle, wenn ein relevanter Anteil der Zugewanderten trotz langer Aufenthaltszeiten keine Staatsbürgerschaft gekauft hat und weiter ausgewiesen werden kann – Härtefälle, die mit anderen Rechtsnormen kollidieren und so zu einer verdeckten Einführung einer wenig transparenten Phasenpolitik über die Gerichte führen würden. Außerdem müßte ausgeschlossen werden, daß jemand die lebenslange Unterstützung durch Sozialhilfe erkaufen kann, was eine reine Preissteuerung unmöglich machen würde.

Abschließend möchte ich noch einmal darauf hinweisen, daß der Reformansatz viele Fragen offen läßt und auch z.T. auf empirisch nicht überprüften Annahmen beruht. Das hat er mit anderen Ansätzen zur Reform der Zuwanderungspolitik gemeinsam. Er ist hauptsächlich als Plädoyer für konsistente Integrationspfade gemeint, die für Einheimische und Zuwanderungswillige gleichermaßen transparent sind.

Literatur

Böhning, Wolf-Rüdiger (1992): Ansätze einer integrierten Zuwanderungs- und Flüchtlingspolitik, in: Sozialer Fortschritt Jg. 41, Nr. 11, S. 274-277.

Borjas, George (1990): Friends or Strangers. The Impact of Immigrants on the U.S-Economy.

Däubler-Gmelin, Herta (1993): Entwurf eines Gesetzes zur Erleichterung der Einbürgerung und zur Regelung der Zuwanderung, Bonn, 2.2.93.

Dustmann, C. (1993): Earnings Adjustment of Temporary Migrants, in: Journal of Population Economics, 6, 153-168.

Hammar, Tomas (1990): Democracy and the Nation State. Aliens, Denizens, and Citizens in a World of International Migration, Aldershot.

Huber, Bertold (1991): Auswirkungen des Empfangs von Sozialhilfe auf den Aufenthaltsstatus von EG- und Nicht-EG-Ausländern nach dem Gesetz zur Neuregelung des Ausländerrechts, in: NDV Nr. 1, 1991, 30-33.

Jasper, Dirk (1991): Ausländerbeschäftigung in der DDR, in: Krüger-Potratz, Marianne, Ausländer und Minderheiten in der DDR, Münster, New York, 151-190.

Kritz, Mary M. (1987): International Migration Policies: Conceptual Problems, in: International Migration Review 21/4, 947-964.

Narain, V. (1987): Forms of Migration and Measurement in Social Demography, in: International Migration Bd. 25/2, 179-194.

Rein, Detlev B. (1990): Rechtliche Rahmenbedingungen in der Bundesrepublik Deutschland für die grenzüberschreitende Migration, in: Charlotte Höhn/ders. (Hrsg.), Ausländer in der Bundesrepublik Deutschland, Boppard, 83-98.

Rittstieg, Helmut/Rowe, Gerard C. (1992): Einwanderung als gesellschaftliche Herausforderung. Inhalt und rechtliche Grundlagen einer neuen Politik, Baden-Baden.

Röseler, Sibylle/Vogel, Dita (1993): Illegale Zuwanderer – ein Problem für die Sozialpolitik? Zentrum für Sozialpolitik, Universität Bremen, ZeS-Arbeitspapier Nr.1/93.

Sachße, Christoph/Tennstedt, Florian (1980): Geschichte der Armenfürsorge in Deutschland. vom Spätmittelalter bis zum 1. Weltkrieg, Stuttgart u.a..

Schumacher, Harald (1992): Einwanderungsland BRD, Düsseldorf.

Simon, Julian L. (1989): The Economic Consequences of Immigration, Oxford/Cambridge, Ma.

Sieveking, Klaus (1993): Die sozialrechtliche Stellung von Flüchtlingen in der Bundesrepublik Deutschland, Zentrum für Sozialpolitik, Universität Bremen, ZeS-Arbeitspapier Nr. /93.

Sopemi (1992): Trends in International Migration. Continious Reporting System on Migration, Paris: OECD.

Straubhaar, Thomas/Zimmermann, Klaus (1992): Towards a European Migration Policy, Centre for Economic Policy Research, London, Discussion Paper No. 641, March 1992.

Vogel, Dita (1993): Zuwanderungspolitische Steuerungsinstrumente und ihr Einfluß auf das Sozialbudget. Ein systematischer Problemaufriß, erscheint in: Zeitschrift für Sozialreform 1/93, 1-19.

Winkler, Beate (1992): Ganzheitliche Migrations-, Integrations- und Minderheitenpolitik, in: dies. (Hrsg.), Zukunftsangst Einwanderung, München.

Zur Ausprägung der Wohnfunktion in den Dörfern der neuen Bundesländer

Siegfried Feldmann

Im Rahmen einer breiteren Untersuchung zum Thema »Sozialprobleme kleiner Dörfer und deren Lösung im Prozeß der Dorferneuerung ...«, wurde u.a. die Wohnfunktion in Landgemeinden mit weniger als 600 Einwohnern examplarisch erfaßt. Wesentlicher Ausgangspunkt für diese Schwerpunktsetzung war dabei die Überlegung, daß in solchen Gemeinden die angestauten Rückstände der Siedlungsentwicklung in 4 Jahrzehnten DDR in besonders nachhaltiger Weise gewirkt haben dürften und gleichzeitig im Prozeß des tiefgreifenden Strukturwandels seit der Wende erhebliche Entwicklungsprobleme der Land- und Siedlungsentwicklung zu erwarten sind, die eine spezifische sozialwissenschaftliche Untersuchung rechtfertigen. Im Mittelpunkt der Eigenuntersuchungen der Themengruppe stehen 5 Landgemeinden mit insgesamt 11 Dörfern im Kreis Bernburg. Rückbezüge werden jedoch auch aus einer Reihe weiterer Landgemeinden der neuen Bundesländer abgeleitet, die im Rahmen von Diplomarbeiten untersucht wurden.

Wenn u.a. bei der diesjährigen Bewilligung von Dorferneuerungsverfahren in Sachsen-Anhalt durch das Ministerium für Ernährung, Landwirtschaft und Forsten ausdrücklich auf die Berücksichtigung kleinerer Dörfer der Schwerpunkt gelegt wurde, dann unterstreicht das ebenso die Relevanz des gewählten Untersuchungsansatzes, wie die zwischenzeitlich vorgelegten Untersuchungsresultate und Lösungsvorschläge u.a. zur kommunalen Gewerbeförderung in den Dörfern, (Preibisch u.a. 1992, S. 24-26) zur Integration der Landwirtschaftsentwicklung im anlaufenden Prozeß der Dorferneuerung, (Feldmann/Hunger 1992, S. 673-678) bzw. zur Gebiets- und Verwaltungsreform unterhalb der Kreisebene (Planck/Feldmann 1992, S. 12-14).

Als ein wesentlicher Lösungsansatz zur erfolgreichen Kompensierung der Wirkungen des anstehenden Strukturwandels der Landwirtschaft und anderer zu DDR-Zeiten gegebener ländlicher Erwerbsfelder ist die Ausprägung der Wohnfunktion hervorzuheben. Dabei geht es natürlich nicht um eine einseitige Ausgestaltung dieser Siedlungsfunktion, weil das die Gefahr einschließt, daß die Orte zu reinen »Schlafdörfern« verkommen.

Die Ausprägung der Wohnfunktion vollzieht sich jedoch keinesfalls im Selbstlauf. Unerläßlich ist zunächst die Analyse der Ausgangssituation im gewählten Untersuchungsgebiet, mit der zugleich die maßgeblichen Ansatzpunkte zur sinnvollen Integration des ländlichen Wohnungswesens in das Gesamtgefüge der Sozialpolitik markiert werden sollten.

Ausgangsbedingungen des Wohnungswesens in kleinen Landgemeinden

Die einseitige Konzentration der Wohnungspolitik der DDR im städtischen Raum führte dazu, daß in den Dörfern kleiner Landgemeinden nur in minimalem Umfang neue Wohngebäude entstanden. Das reflektierte unsere Untersuchung in den Beispielsgemeinden in nachhaltiger Weise, auch wenn damit nicht der Anspruch einer hinreichenden Repräsentativität der Stichprobe zu erfüllen ist.

Die folgende Übersicht verdeutlicht zunächst, daß im Jahrzehnt der eskalierenden gesellschaftlichen Krise der DDR eine erhebliche Dezimierung des Wohnungsbestandes in den Dörfern eintrat, wobei allerdings teilweise auch zwei vorhandene kleinere Wohnungen zu einer geräumigeren Wohnung zusammengelegt worden sind.

Gleichzeitig zeichnet sich aus der Übersicht insofern ein sehr wesentlicher Vorteil ab, als sich in den Untersuchungsdörfern immerhin 80% des zur Wende noch vorhandenen Wohnungsbestandes in Privathand befanden. Nach der Volks-, Berufs-, Gebäude- und Wohnraumzählung 1981 befanden sich im Durchschnitt der DDR nur 47,9% aller Wohnungen in Privathand, wobei dieser Anteil bis 1990 sehr wahrscheinlich noch zurückgegangen ist.

Der hohe Anteil an privaten Wohngebäuden, vornehmlich von 1- und 2-Familienhäusern, wirkte schon zu DDR-Zeiten als beachtenswerter dörflicher Bindungsfaktor. Trotz permanenter Mangelwirtschaft haben viele Hausbesitzer mit beachtlichem Improvisationsvermögen die persönlichen Wohnverhältnisse verbessert. Infolge der extrem niedrigen Mieten lohnte sich solcher Aufwand für private Miet- bzw. Mehrfamilienhäuser nicht. Hier ergeben sich deshalb teilweise fast unzumutbare Wohnbedingungen und ein erheblicher, bis heute ungedeckter Nachholbedarf. Mit der »Wende« setzte bei den privaten Wohngrundstücken sehr bald eine rege Bautätigkeit ein. Das mit den sehr schnell etablierten Baumärkten verknüpfte umfangreiche Baustoffangebot ist dabei jedoch teilweise mit Erscheinungen verknüpft, daß eine Reihe ortsbildprägender dorftypischer Gebäude nach Leitvorstellungen der Vorstadtidylle verfremdet werden und so das Ortsbild beeinträchtigen. Dem ist durch gezieltere Beratung entgegenzuwirken. Ein Beleg für die Breite der in kurzer Frist angelaufenen Aktivitäten von Wohnhausbesitzern im ländlichen Raum liefert die Haushaltsuntersuchung des Institutes für Strukturforschung der Bundesforschungsanstalt Braunschweig-Völkenrode.

Tab. 1: Entwicklung des Wohnungsbestandes 1981-1990 sowie Anteil des privaten Wohneigentums 1990 in ausgewählten kleinen Landgemeinden des Kreises Bernburg/Sachsen-Anhalt

Jahr/Wohneigentum	Cörmigk	Edlau	Gerlebogk	Schackstedt	Wiendorf	Untersuchungsgemeinden insg.
1981	249	238	184	244	164	1079
1990	209	219	171	226	147	972
	Wohnungsbestand 90 zu 81 in %:					
	83,9	92,0	92,9	92,6	89,6	90,1
	dar. priv. Wohneigentum 1990:					
Anzahl WE	170	169	146	180	117	782
in % der Wohnungen	81,3	77,2	85,4	79,6	79,6	80,5

Die außerordentlich erfreuliche Entwicklung der privaten Aktivitäten zur Verbesserung des Wohnstandards trägt zweifelsfrei dazu bei, daß sich die Migration der Wohnbevölkerung aus den sachsenanhaltinischen Dörfern in Grenzen hält und gute Voraussetzungen für die künftige Entwicklung der Wohnbedingungen auch in kleineren Dörfern gegeben sind.

Tab. 2: Verbesserung der Wohnungsausstattung seit der »Wende« Nov. 1989 bis Ende '91 in Landhaushalten. n = 1018 (in %)*

Wohnverhältnis	neues Heizsystem installiert	Bad oder Innen-WC eingebaut
Miete	4,9	2,1
Eigentum	18,3	5,0
insgesamt	14,4	4,2

* Fink u.a. 1992, S. 20.

Für die Beurteilung des Wohnstandards in den Dörfern ist auch die differenzierte infrastrukturelle Erschließung sowie die gegebene durchschnittliche Wohnungsgröße von Bedeutung, die mit der schon einmal herangezogenen Volks-, Berufs-, Gebäude- und Wohnraumzählung 1981 präzise ausgewiesen wurde.

Es wird zunächst nachgewiesen, daß gerade die kleineren Landgemeinden der Ex-DDR eindeutig über die geräumigeren Wohnungen verfügten und verfügen und daß gleichzeitig wesentlich günstigere Bedingungen hinsichtlich des Nebengelasses gegeben sind. Das führte schon zu DDR-Zeiten dazu, daß sich erste Reurbanisierungstendenzen abzeichneten und einige Bewohner der »Wohnblockeinöde« dadurch zu entfliehen suchten, daß sie wieder zurück ins ländliche Umfeld der Städte zogen. Die Tendenz hat sich seit der Wende eher noch verstärkt. Ein, wenn auch noch nicht hinreichend statistisch gesicherter Beleg, ist die Einwohnerentwicklung der von uns untersuchten kleineren Landgemeinden Sachsen-Anhalts. Dabei möchte ich jedoch anmerken, daß sich diese Entwicklungstendenzen in erster Linie für ballungsraumnahe Gebiete abzeichnen, während sich in den periphären agrarischen Räumen Ostdeutschlands seit der Wende, die schon zu DDR-Zeiten wirkende Tendenz des permanenten Einwohnerrückganges eher noch verstärkte. Die infrastrukturellen Rückstände beeinträchtigen die Wohnqualität nachhaltig. Es sind erhebliche Anstrengungen erforderlich, um schrittweise die Rückstände zu mindern bzw. zu beseitigen.

Tab. 3: Wohnungsgröße und durchschnittliche infrastrukturelle Erschließung der Wohnungen der DDR unter besonderer Berücksichtigung kleiner Landgemeinden 1981*

Einwohnerzahl Gemeinde	Wohnfläche Haushalt m²	Wasserversorgung der öffentlichen Anlagen in %	Abwasserentsorgung der öffentl. Anlagen in %	Anschlußgrad an Gasversorgung in %
DDR insges.	63	83	51	37
dar. unter				
200 EW	84,0	64	27	.
200-500 EW	76,3	65	23	1
500-1000 EW	71,4	67	27	3
1000-1500 EW	68,2	71	33	7
1500-2000 EW	65,5	79	40	14
2000-3000 EW	63,8	80	44	21

* Ausgewählte Ergebnisse der Wohnraum- und Gebäudezählung, Berlin 1993, S. 24, 126.

Tab. 4: Entwicklung der Bevölkerungszahl ausgewählter Landgemeinden Sachsen-Anhalts

Kenn	Cörmigk	Edlau	Gerlebogk	Schackstedt	Wiendorf	Gemeind. gesamt
Wohnbevölk. 1981	663	629	526	669	428	2915
Wohnbevölk. 1.1.1990	565	525	436	538	324	2388
in % zu 1981	85,2	83,5	82,9	40,4	75,7	81,9
Wohnbevölk. Okt. 1992	575	541	449	545	335	2445
in % zu 1990	101,8	103,0	103,0	101,3	103,4	102,4

Obwohl in allen Untersuchungsdörfern erhebliche Einbrüche der Erwerbssituationen der Bewohner eintraten, zeichnet sich doch die Tendenz ab, daß der Trend des permanenten Einwohnerverlustes der Dörfer vor der Wende gestoppt werden konnte und ein geringer Einwohnerzuwachs, vornehmlich durch Zuzug aus dem städtischen Raum Ostdeutschlands einsetzte. In Einheit mit der zunehmenden Nachfrage nach Eigenheimbaugrundstücken in den näher untersuchten Landgemeinden wird damit unterstrichen, daß auch aus der Sicht der Bedarfsentwicklung an ländlichen Wohnobjekten durchaus hoffnungsvolle Signale zu verzeichnen sind. Sie nach Kräften zu nutzen ist natürlich ein Gebot der ökonomischen und siedlungspolitischen Vernunft.

Für die Beurteilung der Wohnfunktion in den verschiedenen Siedlungstypen ist die Ausprägung der Wohnortzufriedenheit von wesentlicher Bedeutung.

Krambach/Lötsch ermittelten in einer 1987 in drei der früheren DDR-Bezirke durchgeführten Untersuchung das folgende Meinungsbild.

Tab. 5: Zufriedenheit mit den persönlichen Wohnverhältnissen und der Wohnortsituation (in %). n = 3932*

	mit persönl. Wohnverhältnissen mehr zufrieden als unzufrieden	mit der Wohnortsituation mehr zufrieden als unzufrieden
Bezirksstadt (Großstädte)	80,2	64,0
Kreisstadt (Mittelstädte)	80,8	55,0
andere Städte (Kleinstädte)	79,2	40,7
Industriedörfer	85,6	44,0
agr. gepr. Dörfer (Hauptorte)	86,6	62,2
agr. gepr. Dörfer (Ortsteile)	85,5	73,9
Untersuchung gesamt	83,0	58,2

* Krambach/Lötsch 1989, S. 92f.

Auch im Lichte der grundlegenden Veränderung der gesellschaftlichen Verhältnisse läßt sich aus diesem soziologischen Befund die

Erkenntnis ableiten, daß sowohl in der persönlichen Bewertung der Wohnortsituation, als auch hinsichtlich der Einschätzung der Wohnsituation im jeweiligen Haushalt in den agrarisch geprägten Dörfern zum Zeitpunkt der Wende eine relativ günstigere Ausgangssituation gegeben war, als im städtischen Siedlungsbereich und in den Industriedörfern.

Tab. 6: Zufriedenheit mit den Bedingungen im ländlichen Wohnort (1 = sehr zufrieden, 5 = überhaupt nicht zufrieden). n = 1018

Lebensbereich	Zufriedenheitsskala		
	insges.	dar. männl.	dar. weibl.
Versorgung mit Freizeiteinrichtungen	3,94	3,85	4,02
Arbeits- bzw. Verdienstmöglichkeiten	3,57	3,59	3,55
Zustand des örtlichen Straßennetzes	3,37	3,38	3,36
örtliche Einkaufsmöglichkeiten	3,19	3,16	3,21
gastronomisches Angebot	3,01	3,00	3,02
Versorgung mit örtlichem Linienverkehr(Bus/Bahn)	2,89	2,87	2,91
gesunde Umwelt/Sauberkeit der Luft	2,63	2,54	2,71
Versorgung mit Ärzten/durch Krankenhäuser	2,18	2,25	2,11
Versorgung mit Schulen	2,17	2,27	2,08
Versorgung mit Kinderbetreuungseinrichtungen	1,97	2,04	1,91

Die schon einmal herangezogene Braunschweiger Untersuchung von 1018 Landhaushalten gestattet einige vertiefende Rückschlüsse.

Es kann davon ausgegangen werden, daß durch die Schließung bzw. Zusammenlegung von Einrichtungen vor allem der sozialen Infrastruktur, wie Konsumläden, Poststellen, Kindereinrichtungen und z.T. auch schon die Büros der Gemeindeverwaltungen eher eine zusätzliche negative Belastung der Wohnortsituation eingetreten ist, die nur teilweise durch verbesserte Angebote privater Existenzgründer bzw. mobile Versorgungsleistungen kompensiert werden kann. Die von Krambach/Lötsch nachgewiesene relativ günstige Zufriedenheitsquote mit den persönlichen Wohnverhältnissen in den Dörfern dürfte sich nach der Wende eher verstärkt haben, weil der überwiegende Anteil des privaten Wohneigentums im ländlichen Raum alle Bedingungen dafür bietet, daß flexibel die Wohnverhältnisse verbessert werden können und zugleich die Turbulenzen einer schwer kalkulierbaren Entwicklung des Mietpreisniveaus weitestgehend umgangen werden kann.

Zusammenfassend wird deutlich: Abgesehen von den periphären agraren Räumen mit längerfristig absehbaren Defiziten an annehmbaren Arbeits- bzw. Erwerbsmöglichkeiten verfügen die Dörfer insgesamt über günstige Voraussetzungen zur Ausprägung der Wohnfunktion. Sie im Interesse einer ausgewogenen Siedlungsentwicklung zu nutzen, ist eine Chance und zugleich eine bedeutungsvolle Herausforderung.

Ergebnisse, Probleme sowie Handlungsbedarf zur Entwicklung des Wohnungswesens in den Dörfern

Wenn aus der Sicht der Entwicklung des Wohnungswesens in den Dörfern seit der Wende auf erste Resultate und auf den bestehenden Handlungsbedarf eingegangen werden soll, dann ergibt sich zunächst ein äußerst differenziertes Bild.

Wie schon im vorangegangenen Abschnitt angemerkt, gibt es bei der Werterhaltung und Bewirtschaftung des vorhandenen Bestandes privater Wohnobjekte äußerst ermutigende Resultate.

Sie sind Ausdruck dafür, daß sich Privatinitiative auch in diesem Bereich lohnt.

Dabei ergeben sich jedoch aus der existenziellen Situation erhebliche Einflußbedingungen, die gebührend zu beachten sind.

Aus ausgewählten Befragungen zur Dorferneuerung in unserem Untersuchungsgebiet ergibt sich u.a. folgendes Meinungsbild.

13,9% aller Befragten bzw. bezogen auf die Besitzer eines Wohngrundstückes ca. 20% sehen sich infolge der Lebenssituation nicht in der Lage, auf dem Grundstück größere Vorhaben in die Wege zu leiten, obwohl vielfach dringender Handlungsbedarf besteht. Zunächst sind hier ältere Wohngrundstücksbesitzer zu nennen, die kinderlos sind bzw. deren Kinder das Dorf längst verlassen haben.

Unsere Auswertung nach Altersgruppen erhärtet aber gleichzeitig, daß es auch zu einem beachtlichen Anteil Personen im Erwerbsalter sind, die infolge Arbeitslosigkeit bzw. unsicherer Erwerbsbedingungen derartige Maßnahmen scheuen, selbst wenn die Chance bestünde, bis zu 50% der Kosten über staatliche Förderprogramme zugeschossen zu bekommen. Dabei gibt es vor allem seitens der finanziell schwächer gestellten Wohnobjektbesitzer erhebliche Befürchtungen, daß sie die absehbaren Kommunalumlagen, vor allem für Straßenausbau und Abwasserentsorgung, nicht mehr aufbringen können und so die Verschuldung ihres Privatbesitzes zunimmt.

Tab. 7: Bereitschaft der Bürger im Rahmen der Dorferneuerung das Privatgrundstück zu sanieren (in % der Befragten) n = 468

Standpunkt	Befragte der 3 Gemeinden insgesamt	darunter: Edlau	Gerlebogk	Wiendorf
Entspricht den persönl. Interessen. Würde die Maßnahme auch ohne Dorferneuerungsförderung in die Wege leiten	7,7	8,3	3,9	12,3
Bin zur Sanierung bereit, wenn staatl. Zuschüsse gewährt werden	20,8	16,7	27,5	24,6
Will das Grundstück nach meinen eigenen Vorstellungen gestalten. Lehne eine Reglementierung durch die Dorferneuerung ab	13,7	10,5	16,5	21,6
Sehe mich in meiner Lebenssituation derzeit nicht in der Lage, am Grundstück größere Vorhaben in die Wege zu leiten	13,9	10,1	16,5	14,6
Darüber habe ich mir noch keine Gedanken gemacht	5,3	5,8	4,7	4,6
Trifft nicht zu, da kein Grundstücksbesitzer	31,4	39,9	25,2	7,7
Keine Antwort	7,2	8,7	5,5	4,6

Wichtige Erkenntnisse sind jedoch hinsichtlich des Wohnungsneubaus abzuleiten. In den neuen Bundesländern sind die Wohnungsneubauten von ca. 100.000 Wohnungen/Jahr in den 80er Jahren auf etwa 20.000 WE im Jahre 1992 zurückgegangen. Noch drastischer ist dabei die Situation in kleineren Landgemeinden. Aus unseren Untersuchungen ergibt sich für den Zeitraum 1990 bis 1992, also für drei Jahre, folgende Entwicklung:

Tab. 8: Schaffung von Wohnungen in ausgewählten Landgemeinden des Kreises Bernburg von 1990 bis 1992

Kennziffer	Cörmigk	Edlau	Gerle-bogk	Schack-stedt	Wien-dorf	Gemein. insges.
seit 1990 neugeschaffene Wohnungen	3	8	6	1	2	20
dar. vor der Wende Baubeginn	1	8	6	–	2	17
dar. Wohnungsneubau	1	8	6	–	2	17
dar. Ausbau von Wohnungen	2	–	–	1	–	3

Bei einem Bestand von etwa 1000 Wohnungen und den bereits dargestellten Rückgang der Anzahl der Wohnungen seit 1981 konnten über Neu- bzw. Umbau pro Jahr noch nicht einmal 0,7% der Wohnungen ersetzt werden.

Besonders problematisch ist, daß lediglich 3 Wohnobjekte nach der Wende begonnen und vollendet wurden und in den 11 Dörfern dieses Untersuchungsgebietes in den drei Jahren ganze 3 Umbauten im Rahmen vorhandener Bausubstanz realisiert worden sind.

Es beweist, daß bisherige Anstrengungen zur Behebung der akuten Wohnungsnot und auch der Befriedigung der erheblichen Nachfrage auf dem Wohnungsmarkt weitestgehend an den kleineren Landgemeinden vorbeigehen und nicht durch hinreichende Aktivitäten im Gesamtprozeß der Dorferneuerung gestützt werden. Dabei gibt es einige Ansätze, daß sich professionelle Bau- bzw. Siedlungsgesellschaften für Wohnbebauungsgebiete in günstiger Lage des ländlichen Raumes interessieren und den Bau von ganzen Siedlungseinheiten übernehmen. Das ist zunächst eine unbedingt zu begrüßende Entwicklung. Aber es sind auch die Risiken und Grenzen zu beachten. Derartige, zumeist nicht sonderlich gut ins Dorfbild zu integrierende Siedlungen sind in der Regel mit einem Baupreis von 350.000-400.000 DM/Eigenheim veranschlagt. Das kann sich die Mehrzahl der in den Dörfern bereits ansässigen Familien kaum leisten. Es besteht also zunächst die Gefahr einer sozialen Entmischung. Wichtig ist aber, daß in den Kommunen für die tatsächlichen Eigenheimbauer, die mit viel Eigenleistung oft unter Aktivierung der ganzen Verwandtschaft den Bau realisieren, geeignete Bauplätze reserviert werden. In manchen kommunalen Konzepten wird derzeit dieser Aspekt erheblich unterschätzt bzw. vernachlässigt.

Die dritte Säule ist der soziale Wohnungsbau.

An sich gibt es auch dafür in vielen Dörfern eine günstige Ausgangslage, weil mit dem Strukturwandel der Landwirtschaft zahlreiche, nunmehr funktionslos gewordene Gehöfte in bester Ortslage zur Verfügung stehen, die mit vertretbarem Aufwand zum Wohnhof umgewandelt werden können.

Die Richtlinien zum sozialen Wohnungsbau, u.a. in Sachsen-Anhalt, sind eine günstige Basis für solche Vorhaben.

Trotz intensiver Bemühungen zahlreicher Kommunen, u.a. von Wiendorf und Edlau, ist es dennoch bisher noch kein einziges Mal gelungen, auch nur ein einziges der angedachten Objekte in die unmittelbare Vorbereitungsphase überzuleiten. Haupthemmnis ist die zögerliche Verhandlungsführung der Treuhand, die sich selbst bei Nichtvorliegen von Restriktionsansprüchen mehr als 2 Jahre nach Antragstellung nicht dazu bereitfand, die zunächst erforderlichen Eigentumsübertragungen in die Wege zu leiten. Dabei ist der Bedarf nach solchen auch künftig noch bezahlbaren Miet- und Sozialwohnungen in den Dörfern und in den Städten ungeheuer groß. Heute aus baulicher Sicht noch bequem umnutzbare Objekte verfallen immer mehr, da die Treuhand keine DM in die Werterhaltung solcher derzeit funktionsloser Objekte steckt und andererseits die Überlassung an potentielle künftige Nutzer zumindest erheblich verzögert.

Zusammenfassend ergibt sich:

Es ist erforderlich, in den Dörfern zielstrebig alle drei Säulen

– die Erhaltung der vorhandenen Wohnsubstanz,

- den entschieden zu verbreiternden Eigenheimbau, nicht nur über einschlägige Siedlungsgesellschaften, sondern vor allem über heimische Eigenheimbauer und
- den sozialen Wohnungsbau in Trägerschaft der Kommunen bzw. gemeinnütziger Wohnungsgesellschaften

zu forcieren, um so in komplexer Weise die realen Chancen der Ausprägung der Wohnfunktion in den Dörfern auch tatsächlich zu bewerkstelligen und zur Vollendung der inneren Einheit Deutschlands und zur Schaffung gleichwertiger Lebensverhältnisse in Stadt und Land beizutragen.

Literatur

Feldmann, S./Hunger, M. u.a.: Sozialprobleme kleiner Dörfer und deren Lösung im Prozeß der Dorferneuerung, dargestellt an ausgewählten Dörfern Sachsen-Anhalts. Bernburg 1993. Hochschule »Thomas Müntzer«. Studie.

Preibisch, J./Feldmann, S./Zimmermann, S.: Gewerbeförderung im Dorf. In: Verwaltungsorganisation, 1992, H. 10.

Feldmann, S./Hunger, M.: Lösungsansätze zur Gestaltung des Landwirtschaftskonzeptes für die Dorferneuerung in den neuen Bundesländern. In: Zeitschrift für Vermessungswesen, 1992, H. 10.

Planck, U./Feldmann, S.: Widerspruch zum Beitrag »Verwaltungsgemeinschaft als kommunale Organisationsform«. In: Verwaltungsorganisation, 1992, H. 11/12.

Fink, M./Langendorf, U./Feldmann, S. u.a.: Auswirkungen der Wirtschafts- und Währungsreform auf die Beschäftigungssituation, Lebenshaltung und Versorgungslage ländlicher Haushalte in den neuen Bundesländern, Braunschweig 1992. Bundesforschungsanstalt für Landwirtschaft.

Ausgewählte Ergebnisse der Wohnraum- und Gebäudezählung, Berlin 1983, Staatliche Zentralverwaltung für Statistik.

Krambach, K./Lötsch, M. u.a.: Forschungsbericht zur Sozialstruktur und Lebensweise in Städten und Dörfern, Berlin 1989, Akademie für Gesellschaftswissenschaften.

Zentralisierung in der Europäischen Sozialpolitik: die Rolle des Europäischen Gerichtshofes

Britta Kuhn

1. Gibt es eine Zentralisierungsdynamik in der europäischen Sozialpolitik?

Die Frage, ob die EG-Länder eine gemeinsame Sozialpolitik betreiben sollten und, wenn ja, wie diese aussehen könnte, begleitet die Europäische Gemeinschaft seit ihrer Gründung. (Vgl. z.B. Henningsen 1992. Schon während der Vertragsverhandlungen Mitte der fünfziger Jahre strebte die französische Regierung eine weitreichende Vereinheitlichung des nationalen Arbeits- und Sozialrechts an. Die französische Regierung befürchtete internationale Wettbewerbsnachteile angesichts der relativ weitreichenden französischen Sozialvorschriften. Das Argument, daß relativ strenge nationale Regulierungen zu »künstlichen« Wettbewerbsverzerrungen in der EG führen, konnte sich aber bei den Partnern nicht durchsetzen. (Vgl. ausführlich z.B. Holloway 1981)

Anfang der siebziger Jahre löste der deutsche Bundeskanzler Brandt unter dem Stichwort »europäische Sozialunion« eine neue Dynamik aus. Sie führte zu einem sozialpolitischen Aktionsprogramm und ersten (rechtsverbindlichen) europäischen Regulierungen im Arbeitsrecht.[1] Der Versuch, das nationale Sozialrechts zu vereinheitlichen, wurde jedoch unterlassen. Brandts Impuls verebbte Mitte der siebziger Jahre.

---

1 Birk 1990 enthält die verabschiedeten Maßnahmen und auch Vorschläge der Kommission, die vom Ministerrat abgelehnt wurden.

Eine Wiederbelebung der Europäischen Sozialpolitik folgte der Verabschiedung des Binnenmarktprojekts. Ein funktionierender Binnenmarkt, so die Europäische Kommission ab 1987, müsse »sozial flankiert« werden. (Vgl. z.B. Venturini 1988) Zur Diskussion stand von nun an die Verabschiedung europäischer Mindeststandards im Arbeits- und Sozialrecht, die im Zeitablauf angehoben werden sollen.

Welche Maßnahmen die EG-Kommission anstrebt, ergibt sich vor allem aus ihrem sozialpolitischen Aktionsprogramm vom 29.11.1989. Es sieht rechtsverbindliche und -unverbindliche, finanzwirksame und -unwirksame Gemeinschaftsinitiativen in folgenden Bereichen vor: (1) »Arbeitsmarkt«, (2) »Beschäftigung und Arbeitsentgelt«, (3) »Lebens- und Arbeitsbedingungen«, (4) »Freizügigkeit«, (5) »Sozialer Schutz«, (6) »Koalitionsfreiheit und Tarifverhandlungen«, (7) »Unterrichtung, Anhörung und Mitwirkung der Arbeitnehmer«, (8) »Gleichbehandlung von Männern und Frauen«, (9) »Berufsbildung«, (10) »Gesundheitsschutz und Sicherheit am Arbeitsplatz«, (11) »Kinder- und Jugendschutz«, (12) »Ältere Menschen« und (13) »Behinderte«. (Der Wortlaut des Aktionsprogramms findet sich z.B. in Birk 1990.) Alle Initiativen wurden bis Ende 1992 von der Europäischen Kommission vorgelegt, viele jedoch noch nicht vom Ministerrat verabschiedet. Ihre Zukunft hängt entscheidend davon ab, ob das sozialpolitische Protokoll und Abkommen von Maastricht wirksam wird. Im Gegensatz zum EWG-Vertrag und der Einheitlichen Europäischen Akte gilt das Abkommen nicht für das Vereinigte Königreich. Einstimmige Beschlüsse können daher ohne britische Zustimmung getroffen werden, binden allerdings auch nur die anderen elf EG-Länder. Einstimmigkeit sieht Artikel 118aIII n.F. insbesondere vor für die »soziale Sicherheit und Fürsorge der Arbeitnehmer«, den »Schutz von Arbeitnehmern mit befristeten Arbeitsverträgen«, die »Vertretung und kollektive Verteidigung der Arbeitnehmer- und Arbeitgeberinteressen«, die »Bedingungen über den Zugang von Staatsangehörigen aus Drittländern zu einer Beschäftigung« und für finanzielle Zuschüsse zu »beschäftigungspolitischen Maßnahmen«. Eine entsprechende Gemeinschaftskompetenz gab es bisher nicht. Schließlich erweitert das sozialpolitische Abkommen die Bandbreite der arbeitsrechtlichen Mindeststandards, die durch qualifizierte Mehrheiten eingeführt werden dürfen. Während Artikel 118a der Einheitlichen

Europäischen Akte nur Mindeststandards zum Schutze der »Sicherheit und Gesundheit der Arbeitnehmer« vorsah, sollen in Zukunft auch die Bereiche »Arbeitsbedingungen«, »Unterrichtung und Anhörung der Arbeitnehmer«, »Chancengleichheit auf dem Arbeitsmarkt und Gleichbehandlung am Arbeitsplatz« und »berufliche Eingliederung aus dem Arbeitsmarkt ausgegrenzter Personen« von einer qualifizierten Mehrheit der elf Unterzeichner auf Gemeinschaftsebene geregelt werden dürfen (Art. 118I u. II n.F.). Die jüngste Zentralisierung der europäischen Sozialpolitik liegt also in einer sachlich erweiterten Regelungsbefugnis der Gemeinschaftsebene und in den geringeren Zustimmungsanforderungen.

2. Welche Rolle spielt der Europäische Gerichtshof bei der sozialpolitischen Zentralisierung?

Der EuGH ist nur ein politischer Akteur unter anderen. In der Regel wird aber sein besonderer Einfluß auf die europäische Sozialpolitik verkannt. Im folgenden steht daher (1) die Bedeutung seiner Rechtssprechung für die sozialpolitische Zentralisierung und (2) sein sozialpolitisches Zentralisierungsinteresse aus politisch-ökonomischer Sicht im Mittelpunkt.

2.1 Die sozialpolitische Rechtsfortbildung des Europäischen Gerichtshofes

Die Rolle des Europäischen Gerichtshofes als »Motor der europäischen Integration« (Walter Hallstein) zeigt sich vor allem im Recht der Freizügigkeit europäischer Arbeitnehmer. Dafür, daß dieses Recht nicht nur formell, sondern auch materiell gewährleistet ist, sorgen die Freizügigkeitsverordnung 1612/68 und die Verordnung 1408/71 zur Koordinierung der nationalen Sozialversicherungssysteme für Wandererarbeitnehmer. Der EuGH legt diese Vorschriften in ständiger Rechtsprechung so aus, daß mobile Arbeitnehmer gegenüber immobilen Arbeitnehmern finanziell bevorzugt werden.[2] Die Richter scheinen in der Rechtsfortbildung ein Mittel

2 Vgl. hierzu einhellig die juristische Literatur, z.B. Klang 1986, Pompe 1986, Willms 1990, Pflüger-Demann 1991; häufig wird diese Besser-

zu sehen, mit dessen Hilfe der zwischenstaatliche Charakter des europäischen Sozialrechts längerfristig zugunsten eines supranationalen Systems überwunden werden könnte. Dies legt jedenfalls das folgende Zitat nahe: »Etwaige Unterschiede zugunsten der Wanderarbeitnehmer sind nicht Folge der Auslegung des Gemeinschaftsrechts, sondern des Fehlens eines gemeinschaftlichen Sozialversicherungssystems oder der mangelnden Vereinheitlichung der bestehenden nationalen Systeme; beides kann durch die derzeit in Kraft befindliche schlichte Koordinierung nicht behoben werden.« (RS 22/77 (Mura I) vom 13.10.1977, EuGHE 1977, 1699ff., 1707)

Wie der »Ersatzgesetzgeber« EuGH seinem Anliegen nachkommt, verdeutlichen die folgenden Beispiele.

2.1.1 Ausweitung des Arbeitnehmerbegriffs

Nach der europäischen Freizügigkeitsverordnung 1612/68 genießen ausländische Arbeitnehmer im Wohnland die gleichen »sozialen ... Vergünstigungen« wie inländische Arbeitnehmer (Art. 7 II VO). Darunter versteht der Europäischen Gerichtshof auch reine Fürsorgeleistungen der öffentlichen Hand (Schulte 1991, 12). Da der wohnörtliche Sozialhilfeanspruch aber nach wie vor an die vormalige Arbeitnehmereigenschaft des ausländischen Bedürftigen anknüpft, erweiterte der Gerichtshof einfach den »Arbeitnehmer«-Begriff. So erhielt eine italienische Studentin von den Niederlanden Studienbeihilfe für ein Architekturstudium in Italien, weil sie zuvor zehn Wochen lang ein bezahltes Praktikum in einer Harlemer Möbelfabrik absolviert hatte. Der EuGH argumentierte, »daß ein Wanderarbeitnehmer, der seine Beschäftigung freiwillig aufgibt, um einige Zeit später in dem Land, dessen Staatsangehöriger er ist, ein Studium auf Vollzeitbasis aufzunehmen, seine Rechtsstellung als Arbeitnehmer behält, sofern zwischen seiner früheren Berufstätigkeit und dem betreffenden Studium ein Zusammenhang besteht.«[3] Bemerkenswert ist an diesem Urteil auch, daß es ein EG-Land zum Ex-

stellung allerdings mit Nachteilen auf anderer Ebene, wie etwa Sprachbarrieren und kultureller Entwurzelung, gerechtfertigt. So auch Streil 1986, 109f.

3 RS C-3/90 (Bernini) vom 26.2.1992. In: Tätigkeiten des Gerichtshofes und des Gerichts erster Instanz der Europäischen Gemeinschaften Nr. 7/92, 8ff., insbesondere Nr. 21 der Urteilsbegründung.

port »sozialer Vergünstigungen« zwingt, obwohl diese in Artikel 7 der Freizügigkeitsverordnung ausdrücklich auf das Hoheitsgebiet des (ehemaligen) Beschäftigungslandes (im Beispielsfall also auf die Niederlande) beschränkt wurden.

2.1.2 »Export« von versicherungsfremden Sozialleistungen gegen den Wortlaut des europäischen Sozialrechts

Ebenfalls gegen den Wortlaut der europäischen Freizügigkeitsverordnung urteilte der EuGH in einer Rechtssache, die die Bundesrepublik Deutschland verpflichtete, deutsche Ausbildungsförderung (BAföG) an ein Kind italienischer Wanderarbeiter zu gewähren, das nicht in Deutschland, sondern in Italien sein Studium aufgenommen hatte. Artikel 12 der Verordnung sei dahin auszulegen, daß die Beihilfe nicht nur im Aufnahmestaat (hier: Deutschland), sondern auch im Ursprungsland (hier: Italien) zu zahlen sei. (RS C-308/89) (Di Leo) vom 13.11.1990, EuGHE 1990, I-4185ff) Tatsächlich beschränkt aber Artikel 12 das Diskriminierungsverbot zwischen den Ausbildungsbedingungen für inländische Kinder und Kinder von gebietsansässigen Wanderarbeitnehmern auf das Hoheitsgebiet des zahlenden EG-Landes.

Die Tendenz des Europäischen Gerichtshofes, nationale Sozialleistungen ohne Versicherungsäquivalent vom nationalen Hoheitsgebiet auf die gesamte EG auszudehnen, ist nicht nur als gesetzeswidrige Zentralisierung zu kritisieren. Sie begünstigt darüber hinaus ökonomische Fehlanreize, wie die Rechtssprechung zur Kindergeldvergabe veranschaulicht. Seit 1980 läßt beispielsweise der Kindergeldanspruch eines Rentners in seinem Wohnland einen entsprechenden Anspruch aus einem anderen ehemaligen Beschäftigungsland nicht mehr völlig untergehen, wenn dieser höher gewesen wäre. Vielmehr hat der Rentner Anspruch auf die positive Differenz. (RS 733/79 (Laterza) vom 12.6.1980, EuGHE 1980, 1915ff.) Der in diesem Zusammenhang einschlägige Artikel 77 IIbi der Koordinierungsverordnung sieht diese Kumulierung von in- und ausländischem Kindergeld nicht vor. Die ökonomischen Folgen der Kumulierung können im Extremfall soweit gehen, daß die Kinder des Rentners in einem EG-Land mit relativ niedrigen Lebenshaltungskosten wegen der Transfers aus einem Mitgliedstaat mit relativ hohen Lebenshaltungskosten kaum noch einen Arbeitsanreiz verspüren.

Bisher kann gegen diese und ähnliche Beispiele noch eingewandt werden, daß ihre empirische Relevanz außerordentlich begrenzt sei. Mit steigendem Informationsgrad der Bürger über die unterschiedlichen Sozialleistungen in den EG-Mitgliedsstaaten wird das Thema »Sozialexport« jedoch an Bedeutung gewinnen.[4]

2.1.3 Nichtigkeitserklärung europäischer und nationaler Normen des Sozialrechts

Versuche des europäischen Sozialministerrats und der nationalen Gesetzgeber, die systematische Besserstellung von Wanderarbeitnehmern gegenüber immobilen Beschäftigten abzubauen, wurden vom EuGH vielfach als Verstoß gegen den EWG-Vertrag gewertet und für nichtig erklärt. Insbesondere in der Kürzung innerstaatlicher Rentenansprüche sahen die Richter einen Verstoß gegen Artikel 51 EWGV. (Siehe im einzelnen Kuhn 1993, Kapitel VIII.1.a. und VIII.2.a) Diese Vorschrift ermächtigt den Rat, einstimmig »die auf dem Gebiet der sozialen Sicherheit für die Herstellung der Freizügigkeit der Arbeitnehmer notwendigen Maßnahmen« zu erlassen und insbesondere »die Zusammenrechnung aller nach den verschiedenen innerstaatlichen Rechtsvorschriften berücksichtigten Zeiten für den Erwerb und die Aufrechterhaltung des Leistungsanspruchs sowie für die Berechnung der Leistungen« zu sichern. Der EuGH argumentierte, daß eine gemeinschaftliche oder einzelstaatliche Kürzung nationaler Rentenansprüche hiermit nicht vereinbar sei. (Siehe im einzelnen Kuhn 1993, Kapitel VIII.1.a. und VIII.2.a) Diese Sichtweise ist bereits aus juristischer Sicht bedenklich. Aus Artikel 51 EWGV geht keineswegs hervor, daß Kürzungsregeln, die lediglich die auffälligsten Besserstellungen mobiler gegenüber immobilen Arbeitnehmern abbauen, der »Herstellung der Freizügigkeit der Arbeitnehmer« zuwiderlaufen. Selbst unter Anwendung der beim

4 So beraten bereits heute italienische Stellen mobile Arbeitnehmer ausführlich über die Kindergeldleistungen in Italien und Deutschland im Rahmen der Koordinierungsverordnung 1408/71. (Zum Beispiel das »Patronat A.C.L.I.«, Italienisches Sozialsekretariat Landeshauptstadt Bayern, Pettenkofer Str. 8, 8000 München 2.)

EuGH besonders beliebten »teleologischen« Auslegung (womit der humanistisch gebildete Jurist nicht Theologie, sondern Sinn und Zweck einer Vorschrift meint), beabsichtigen die Artikel zur Freizügigkeit nicht, daß alle europäischen Arbeitnehmer wandern. Vielmehr sollen nur Wanderungen stattfinden, die die Allokation der Arbeitnehmer verbessern. Aus ökonomischer Sicht vernachlässigt der EuGH darüber hinaus die Finanzierungsseite der nationalen Sozialversicherungssysteme. Wenn er – wie seit dem »Petroni-Fall« aus dem Jahre 1975 (RS 24/75 (Petroni) vom 21.10.1975, EuGHE 1975, 1149ff.) – verbietet, daß mobilen Arbeitnehmern nationale Vergünstigungen der sozialen Sicherheit entzogen werden, die ihnen bei Immobilität zugestanden hätte, so müßte er auch verbieten, daß ihnen nationale Steuer- und Abgabenbelastungen erlassen werden, die ihnen bei Immobilität auferlegt worden wären.

Angesichts dieser Einwände ist es um so bemerkenswerter, daß der Sozialministerrat in aller Regel die Rechtssprechung des EuGH zur Koordinierungsverordnung gebilligt und nachträglich durch entsprechende Gesetzesänderungen legalisiert hat. Das Rentenkapitel beispielsweise wurde zuletzt 1992 der jahrelangen Rechtsfortbildung angepaßt. (VO 1248/92 vom 30.4.1992, ABl. Nr. L 136 vom 19.5.1992, 7ff.)

2.1.4 Ausweitung des Anwendungsbereichs der sozialrechtlichen Koordinierungsverordnung

Ein traditioneller Streitpunkt bei der Anwendung der Koordinierungsverordnung liegt in der Abgrenzung zwischen (i.d.R.) beitragsabhängigen Sozialversicherungsleistungen von beitragsunabhängigen Sozialleistungen. Der Europäische Gerichtshof bemühte sich, den Begriff »Leistungen der sozialen Sicherheit« (Art. 4 VO) so weit wie möglich zu verstehen. Nur die entsprechend definierten Leistungsarten unterliegen europäischem Recht und damit der Rechtssprechung des EuGH. Seit 1992 fallen nun auch auf Beschluß des Sozialministerrats zahlreiche sogenannte »beitragsunabhängige Sonderleistungen« in den Anwendungsbereich der Koordinierungsverordnung, die die Systeme der sozialen Sicherheit lediglich ergänzen oder (im Bedürftigkeitsfall) ersetzen. (VO 1247/92 vom 30.4.1992, ABl. Nr. L 136 vom 19.5.1992, 1ff.) Hierzu gehören z.B. Behindertenbeihilfen, Zusatzrenten für ältere Menschen, deren Versicherungsanspruch besonders niedrig ist und Leistungen für Alleinerziehende. Allerdings sollen diese Sonderleistungen ausdrücklich nur nach dem Territorialitätsprinzip vergeben werden.

2.2 Erklärungen für die sozialpolitische Zentralisierung durch den Europäischen Gerichtshof

Der europäische Gerichtshof könnte das Ziel verfolgen, seine Autorität mit Hilfe der sozialpolitischen Zentralisierung zu steigern. Dies würde voraussetzen, daß seine Politik (1) mangelhaften Handlungsrestriktionen unterworfen ist, daß er (2) möglicherweise von anderen politischen Akteuren bei seiner Zentralisierungspolitik unterstützt wird, und daß die Richter (3) tatsächlich das Ziel verfolgen, neben der »Wahrung des Rechts« gemäß Artikel 164 EWGV vor allem die Erweiterung ihrer Autorität zu sichern.

2.2.1 Mangelhafte Restriktionen für das richterliche Handeln

Die Stärke des EuGH erklärt sich vor allem aus der Schwäche der europäischen Legislative. Der Gedanke der Gewaltenteilung ist im EWG-Vertrag nicht entwickelt. Dem EuGH fallen bereits per Vertrag zahlreiche Kontroll- und Gestaltungsaufgaben zu, die im Rahmen des staatlichen Gewaltenteilungsmodells bei der Legislative liegen (Schweitzer/Hummer 1990, 133). Demgegenüber entscheidet der Sozialministerrat, anders als die nationale Legislative, in aller Regel einstimmig, was Gesetzesänderungen als Reaktion auf die richterliche Rechtsfortbildung erschwert.[5]

Könnte sich das Verhalten des Gerichtshofes auch damit erklären lassen, daß die Wiederernennungsrestriktion, der EuGH-Richter gemäß Artikel 167 EWGV unterliegen, in der Realität nicht wirksam wird? Tatsächlich wurden bis 1992 immerhin 50 Prozent der Luxemburger Richter wiederernannt. Die nicht wiederernannten Richter schieden zum Teil freiwillig aus, beispielsweise aus Alters-

5 Nun könnte man meinen, daß das Prinzip der Einzelermächtigung, das den EWG-Vertrag von den meisten nationalen Verfassungen unterscheidet, auch den Rahmen beschränkt, innerhalb dessen der EuGH Recht sprechen darf. Tatsächlich beachtet der Gerichtshof aber, wie unter (1) veranschaulicht wurde, diesen Rahmen nicht notwendigerweise.

gründen (Kuhn 1993, 191f.). Jacobs/Karst (1986, 192) meinen, daß die Richter immer dann wiederernannt wurden, wenn sie dies wünschten. Jedenfalls dürfte es ihnen eine Hilfe sein, bei Entscheidungen, die im Entsendestaat unpopulär sind, ihr Votum nicht offenlegen zu müssen. Die Beratungen des Europäischen Gerichtshofes finden nämlich in nicht-öffentlichen Sitzungen statt, und die Urteile werden mit einfacher Mehrheit – ohne Minderheitsvoten wie beim deutschen Bundesverfassungsgericht – getroffen.

Eine Grenze der Rechtsfortbildung könnte aber auch im Urteil der Berufsgenossen, der Rechtswissenschaften und der öffentlichen Meinung liegen. Dies würde zumindest voraussetzen, daß die Richter im Anschluß an ihre Luxemburger Tätigkeit ihre berufliche Laufbahn fortsetzen wollen. Hiergegen aber spricht tendenziell das relativ hohe Alter der Richter bei Amtsaufgabe. Es liegt bei durchschnittlich 65,3 Jahren (Kuhn 1993, 194). Andererseits gingen mindestens 37,5 Prozent der Richter *nicht* in den reinen Ruhestand (ebenda). Die empirische Evidenz ist also nicht eindeutig.

Die Wahrnehmung des EuGH durch die Medien scheint in jüngster Zeit zuzunehmen. So führte z.B. die »Financial Times« im Mai 1992 eine wöchentliche Rubrik über die EuGH-Rechtssprechung ein. Auch der »Barber-Fall« zur Gleichbehandlung von Männern und Frauen im Rahmen der Betriebsrente erfuhr viel Resonanz. (RS 262/88 (Barber) vom 17.5.1990, EuGHE 1990, I-1889ff.) In diesem zuweilen scharf kritisierten Urteil (z.B. Clever 1992) sprach der Gerichtshof einem englischen Kläger eine Betriebsrente bereits mit 60 Jahren zu, wie dies für Frauen gilt, anstatt erst mit 65. Er stützte sein Urteil auf das Lohndiskriminierungsverbot des Artikels 119 EWGV, betrachtete also Betriebsrenten als »Entgelte«. Interessanterweise nahm der EuGH in einem späteren Urteil den Tenor dieser Entscheidung, die sogar zu einem Zusatzprotokoll im Maastrichter Vertrag geführt hat, wieder zurück.[6] Hier stellte der Gerichtshof fest, daß unterschiedliche Rentenregeln für Männer und Frauen nicht per se diskriminierend wirken, sondern objektiv gerechtfertigt sein können. Insbesondere würdigte er, daß ein EG-Mitgliedsland bei der Ausgestaltung seiner Sozialvorschriften einen gewissen Spielraum habe.

6 Vgl. RS C-226/91 (Molenbroek) vom 19.11.1992, Zusammenfassung in Financial Times vom 24.11.1992, 14.

Im Falle unpopulärer Urteile könnte also die erhöhte Aufmerksamkeit der Öffentlichkeit in Zukunft die Rechtsfortbildung des EuGH zumindest teilweise einschränken.

2.2.2 Interessenharmonie mit anderen sozialpolitischen Akteuren

Die EG-Kommission war schon in den ersten zwanzig Jahren der Gemeinschaft an einer zügigen Vereinheitlichung der nationalen Sozialversicherungen interessiert, obwohl der EWG-Vertrag keine entsprechende Kompetenz vorsieht. Aber bis heute verhinderte der Sozialministerrat die Vereinheitlichung. Kann die Kommission ihre Interessen nicht über die europäische Legislative durchsetzen, so handelt sie (im Rahmen einer »zweitbesten Strategie«) rational, indem sie den europäischen »Ersatz-Gesetzgeber« EuGH unterstützt. Der Gerichtshof verändert durch seine sozialpolitische Rechtsfortbildung die Rahmenbedingungen, so daß die Kommission anschließend neue (Gesetzes-) Initiativen einbringen kann, die diesen Veränderungen Rechnung tragen. Als Beispiele seien genannt

- die Ausdehnung der Koordinierungsverordnung 1408/71 auf Personengruppen wie öffentliche Bedienstete, Studenten und Sozialhilfeempfänger als Reaktion auf die extensive gemeinschaftsrechtliche Auslegung des »Arbeitnehmer«-Begriffs (s.o. 2.1.1);
- die (bereits beschlossene) Ausdehnung der VO 1408/71 auf sozialhilfeähnliche Leistungen (s.o. 2.1.4) und
- die Mitteilung der Kommission über die Rolle der betrieblichen Altersversorgung als Reaktion auf den »Barber-Fall«.[7]

Darüber hinaus verschärft der EuGH ganz allgemein durch seine zentralisierende Rechtssprechung die Bindungswirkung von »Rechtsakten« der Kommission, die die Mitgliedstaaten nach dem EWG-Vertrag gar nicht binden. So verpflichtete der Gerichtshof beispielsweise im Jahre 1989 die innerstaatlichen Gerichte, auch

7 Mitteilung der Kommission an den Rat vom 22.7.1991: Ergänzende Systeme der sozialen Sicherheit: die Rolle der betrieblichen Altersversorgungssysteme für den Sozialschutz der Arbeitnehmer und ihre Auswirkungen für die Freizügigkeit. Englisch abgedruckt in Commission of the European Communities, European Social Policy, monthly document September 1991.

rechtlich unverbindliche Empfehlungen bei ihrer Auslegung zu berücksichtigen. (RS C-322/88 (Grimaldi) vom 13.12.1989, EuGHE 1989, 4407ff., v.a. 4422) Schließlich profitiert die Europäische Kommission von der dogmatischen Grundhaltung des Gerichtshofes. Nach der von ihm verfolgten Lehre der »implied powers« stehen der EG nicht nur die Kompetenzen zu, die in den Gründungsverträgen vorgesehen sind, sondern auch alle Kompetenzen, die sie (nach Ansicht des Gerichtshofs!) zur Erfüllung ihrer Aufgaben benötigt (Schweitzer/Hummer 1990, 108). Diese Lehre ermöglichte beispielsweise die Einrichtung zusätzlicher, im Vertrag nicht vorgesehener »Hilfsorgane«, die der Europäischen Kommission zuarbeiten.

Als Ersatz für den Grundsatz der Gewaltenteilung entwickelte der EuGH faktisch ein System des sogenannten »institutionellen Gleichgewichts«. In diesem »Gleichgewicht« hemmen sich aber weniger die Gemeinschaftsorgane EuGH, Ministerrat und Kommission gegenseitig, als vielmehr der Gerichtshof einseitig die Vertreter der Mitgliedstaaten zugunsten der Europäischen Kommission: Jacobs/Karst (1986, 177) weisen darauf hin, daß der EuGH noch nie eine Gemeinschaftsmaßnahme mit der Begründung für rechtswidrig erklärte, daß sie die Befugnisse der Mitgliedstaaten ungerechtfertigt beschränke. Gerade umgekehrt verpflichtet er die Mitgliedstaaten zuweilen, ihre Macht zugunsten der Europäischen Kommission einzuschränken. So urteilte der EuGH beispielsweise in vier wichtigen verbundenen Rechtssachen im Jahre 1987, daß die Kommission aufgrund von Artikel 118 EWG-Vertrag befugt sei, die EG-Staaten zur Einführung eines sozialpolitischen Mitteilungs- und Abstimmungsverfahrens (im Ausgangsfall: über ihre Wanderungspolitiken gegenüber Drittländern) zu zwingen, und daß diese Konsultationen von der Europäischen Kommission zu organisieren seien, d.h. nicht bi- oder multilateral ohne Einschaltung der Gemeinschaftsebene stattfinden dürften.[8]

Warum aber lassen es die *EG-Länder* zu, daß anstelle des Sozialministerrats der EuGH Gesetze erläßt? Die wohl wichtigste Erklärung wurde bereits erwähnt. Sie liegt in den unterschiedlichen Mehrheitserfordernissen der europäischen Legislative (Sozialmini-

8 Verbundene RS 281,283 bis 285 und 287/85 (Bundesrepublik Deutschland u.a.) vom 9.7.1987, EuGHE 1987, 3203ff., v.a. 3251 und 3254.

sterrat) und der gemeinschaftlichen Judikative. Während der Gerichtshof mit einfacher Mehrheit als sozialpolitischer »Ersatz-Gesetzgeber« in Erscheinung treten kann,[9] müßte der Ministerrat diese Entwicklung in der Regel mit einem einstimmigen Votum aufhalten. (Vgl. auch Mäder 1992, v.a. 106) Staaten, deren politischen Interessen im Einzelfall vom EuGH gut vertreten werden, dürften keinen Anlaß sehen, sich im Sozialministerrat auf einen Kompromiß mit den anderen nationalen Vertretern einzulassen (Clever 1992, 6). Etwas anderes würde gelten, wenn unsicher wäre, welche EG-Länder typischerweise von der europäischen Sozialrechtssprechung begünstigt und benachteiligt werden. Diese Bedingung ist aber nicht erfüllt. Erstens ist der Anteil der EG-Ausländer an allen Arbeitnehmern in den reichen Gemeinschaftsländern wesentlich höher als in den armen,[10] so daß sich Rechtsstreitigkeiten vor allem um Sozialleistungen der reichen (Zuwanderungs-)Länder drehen. Zweitens ist der Anteil der Sozialausgaben am Bruttosozialprodukt in den reicheren EG-Ländern wesentlich höher als in den ärmeren.[11] Tendenziell profitieren daher die ärmeren Mitgliedstaaten von der Sozialrechtssprechung des EuGH.[12]

9 Im Minimum müssen sogar nur zwei von 13 Richtern (also 15,4 Prozent!) eine Entscheidung befürworten, da sozialrechtliche Fälle häufig in Kammern von drei Richtern entschieden werden. Das maximale Mehrheitserfordernis (einer Plenarentscheidung) liegt bei sieben Richtern.

10 Vgl. z.B. Kuhn 1993, (zitiert nach: Europäische Gemeinschaften/Eurostat 1991, 56f.), Tabelle 1: zwischen 0,1% in Portugal und 31,0% in Luxemburg bzw. 4,8% in Belgien (1988).

11 Vgl. z.B. Kuhn 1993 (zitiert nach: Eurostat 1991, S. 6), Tabelle 27, Spalte 3: zwischen 16,5% in Griechenland und 30,2% in den Niederlanden (1989).

12 Insofern erstaunt die Reaktion des Sozialministerrates auf ein Urteil, das den italienischen Staat finanziell begünstigte. Nach diesem Urteil erhielten die Kinder eines italienischen Wanderarbeitnehmers mit deutschem Beschäftigungsland und seiner in Italien berufstätigen Ehefrau entgegen dem Wortlaut des einschlägigen Artikels 76 der sozialen Koordinierungsverordnung deutsches Kindergeld anstelle des (wesentlich niedrigeren) italienischen Kindergeldes. Die Kinder lebten bei der Mutter, die es versäumt hatte, einen Kindergeldantrag in Italien zu stellen. Vgl. RS 191/83 (Salzano) vom 13.11.1984, EuGHE 1984, 3741ff. Diese Rechtsprechung wurde durch (einstim-

Eine zweite Erklärung könnte sich aus der Intransparenz des richterlichen Entscheidungsprozesses ergeben. Wird »unpopuläre Arbeit« (Vaubel 1986, 48) an einen einstimmig entscheidenden Sozialministerrat übergeben, so ist eine Rechtfertigung mit »europäischen Sachzwängen« gegenüber dem nationalen Wähler wesentlich schwieriger, als wenn häufig nur drei oder fünf Richter mit einfacher Mehrheit in geheimen Sitzungen entscheiden. Ein Beispiel für den Transfer unpopulärer, aber notwendiger nationaler Politik an den Europäischen Gerichtshof könnte in der Stärkung des Versicherungsprinzips liegen. Angesichts wachsender Finanzierungsprobleme der meisten nationalen gesetzlichen Sozialversicherungen erscheint der Abbau zumindest einiger sozialer Nebenleistungen unausweichlich. Als Auslöser dieser Politik würde die Rechtssprechung des EuGH dienen, Sozialleistungen in das EG-Ausland zu exportieren (s.o. 2.1.1 und 2.1.2). Es würde vermutlich den nationalen Wählern leichter fallen, selber auf Sozialleistungen zu verzichten, damit nicht auch andere EG-Länder davon profitieren, als ohne den Hinweis auf das Ausland.[13]

Drittens schützt die Rechtssprechung des EuGH doch – bei aller sozialpolitischen Zentralisierungstendenz – die sozialrechtlichen und arbeitsrechtlichen Monopole der Mitgliedstaaten vor privatem Wettbewerb. Beispielsweise wurde Anfang 1993 zwei EG-Bürgern das Recht verwehrt, ihre Krankenversicherungsbeiträge an eine Versicherung ihrer Wahl abzuführen: der EWG-Vertrag verbiete es den Mitgliedstaaten nämlich nicht, ihre gesetzlichen Sozialversicherungssysteme aufrecht zu erhalten, weil es sich dabei nicht um Unternehmen mit Erwerbsabsicht, sondern um Einrichtungen mit

mige!) Erweiterung des Artikels 76 vom Sozialministerrat fünf Jahre später korrigiert, vgl. VO 3427/89 vom 30.10.1989, ABl. Nr. L 331 vom 16.11.1989, 1ff.

13 Eine ähnliche Strategie verfolgt beispielsweise die deutsche Bundesregierung bei der Rechtfertigung einer Autobahngebühr. Da die Einführung einer solchen Gebühr nur für Ausländer dem EG-Recht widerspreche, müsse sie notgedrungen auch für deutsche Benutzer eingeführt werden. In der Presse findet diese Argumentation mehr Verständnis als jede rein nationalstaatliche Rechtfertigung von Autobahngebühren.

ausschließlich sozialem Charakter handele.[14] Auch der Versuch, das deutsche Arbeitsvermittlungsmonopol über Artikel 86 EWGV (Mißbrauch einer den Markt beherrschenden Stellung), Artikel 90I (Verbot für öffentliche Monopole, den Wettbewerbsvorschriften des Vertrags zuwiderzuhandeln), oder über Artikel 59 (Dienstleistungsfreiheit) zu brechen, blieb bislang erfolglos. (Vgl. z.B. RS C-41/90 (Höfner und Elser) vom 23.4.1991, EuGHE 1991, I-1979ff)

2.2.3 Autoritätssteigerung durch sozialpolitische Zentralisierung

Erstmals im Jahre 1964 erklärte der EuGH, daß das Gemeinschaftsrecht jeder innerstaatlichen Rechtsvorschrift vorgehe, also offensichtlich auch nationales Verfassungsrecht bricht.[15] n einem Urteil aus dem Jahre 1978 betonte der Gerichtshof darüber hinaus, daß der Vorrang des Gemeinschaftsrechts sowohl für zeitlich nach-, als auch vorgelagertes nationales Recht gelte.[16] Diese Urteile sind interessant, weil der EuGH im EWG-Vertrag gar nicht die Kompetenz erhalten hat, Fragen der Normenkollision zwischen gemeinschaftlichem und nationalem Recht (mit etwaigen Nichtigkeitsfolgen für letzteres) verbindlich zu entscheiden. (So auch Jacobs/Karst 1986, 233) Die Luxemburger Richter scheinen daher das (übergeordnete) Ziel zu verfolgen, die Autorität des EuGH zu stärken. Dies ergibt sich auch aus der sehr weitreichenden Interpretation des allgemeinen »Loyalitätsgebots« gemäß Artikel 5 EWGV. Es verpflichtet die Mitglied-

14 Vgl. verbundene Rechtssachen C-159/91 (Poucet) und 160/91 (Pistre) vom 17.2.1993, in: Tätigkeiten des Gerichtshofes und des Gerichts erster Instanz der Europäischen Gemeinschaften Nr. 6/93 vom 15.-19.2.1993, 4f.

15 RS 6/64 (Costa) vom 15.7.1964, EuGHE 1964, 1251ff., v.a. 1270: »Aus alledem folgt, daß dem vom Vertrag geschaffenen, somit aus einer autonomen Rechtsquelle fließenden Recht ... keine wie immer gearteten innerstaatlichen Rechtsvorschriften vorgehen können ...«

16 RS 106/77 (Staatliche Finanzverwaltung) vom 9.3.1978, EuGHE 1978, 629ff., v.a. 644: »Aus alledem folgt, daß jeder ... staatliche Richter verpflichtet ist, das Gemeinschaftsrecht uneingeschränkt anzuwenden ... indem er jede möglicherweise entgegenstehende Bestimmung des nationalen Rechts, gleichgültig, ob sie früher oder später als die Gemeinschaftsnorm ergangen ist, unangewendet läßt.«

staaten, alle Maßnahmen zu treffen, die sich aus dem Vertrag ergeben. Der EuGH hat dieses Gebot auf das durch ihn gesetzte Recht ausgedehnt: der konkrete Inhalt des Loyalitätsgebots ergebe sich »im Einzelfall nach den jeweiligen Vorschriften des Vertrages oder den *aus dessen Gesamtdynamik ableitbaren Regeln*«.[17] Darüber hinaus leitet der Gerichtshof aus Artikel 5 EWGV eine allgemeine Kompetenzvermutung zugunsten der Gemeinschaft ab. In einem Urteil aus dem Jahre 1971 zur konkurrierenden oder ausschließlichen Zuständigkeit der Gemeinschaft für den Abschluß internationaler Straßenverkehrsabkommen räumte der Gerichtshof zwar ein, daß die einschlägigen Artikel 74f. EWGV keine ausdrückliche Gemeinschaftszuständigkeit vorsähen. Jedoch habe die VO 543/69 zur Harmonisierung bestimmter Sozialvorschriften im Straßenverkehr »zwangsläufig die Zuständigkeit der Gemeinschaft für alle Abkommen mit dritten Staaten nach sich gezogen, welche das in der Verordnung geregelte Sachgebiet betreffen.« (RS 22/70 (Kommission der Europäischen Gemeinschaften) vom 31.3.1971, EuGHE 1971, 263ff., 176) ... »Neben dieser Gemeinschaftszuständigkeit kann es keine konkurrierende Zuständigkeit der Mitgliedstaaten geben, da alles, was außerhalb der Gemeinschaftsorgane geschieht, mit der Einheit des Gemeinsamen Marktes und der einheitlichen Anwendung des Gemeinschaftsrechts unvereinbar ist.« (So auch Jacobs/Karst 1986, 233)

Je mehr der EuGH in einem ersten Schritt die (Sozial-) Gesetzgebung von der nationalen oder zwischenstaatlichen Ebene auf die supranationale Ebene verlagert, desto ausschließlicher ist in einem zweiten Schritt seine (Sozial-) Gerichtsbarkeit. Mit der wachsenden europäischen Dimension der Gerichtsbarkeit geht einher, daß der EuGH eine Arbeitsentlastung durch nachgelagerte Gerichte fordern kann, denen er als Rechtsmittelinstanz dient.[18] Die Präzedenzent-

---

17 Hervorhebung durch die Verfasserin: RS 2/73 (Geddo) vom 12.7.1973, EuGHE 1973, 865ff., 878.

18 Vgl. die Abschiedsrede des französischen Richters Galmot in: Europäische Gemeinschaften / Amt für Amtliche Veröffentlichungen (Hrsg.), Überblick über die Tätigkeit des Gerichtshofes und des Gerichts erster Instanz der Europäischen Gemeinschaften im Jahr 1988 und 1989 und Feierliche Sitzungen 1988 und 1989, Luxemburg 1990, 195. Richter Galmot hofft auf einen Gerichtshof, der »eines Tages

scheidungen des Gerichtshofes würden den Rahmen für Folgeentscheidungen abgeben, die vom untergeordneten Gerichtshof zu fällen wären. Durch eine Konzentration auf sozialpolitische Grundsatzurteile und Delegation der Folgeentscheidungen könnten die EuGH-Richter ihre Autorität sogar bei konstantem Arbeitseinsatz stärken. Mit der Einrichtung des erstinstanzlichen Gerichts im Jahre 1989 wurde ein erster Schritt in diese Richtung unternommen. Dieses Gericht ist eine dem EuGH untergeordnete Tatsacheninstanz und für zeitaufwendige Bagatellentscheidungen zuständig. (Vgl. ausführlich Kuhn 1993, 202) Nach Ablauf einer Probezeit soll die Ausweitung seines Tätigkeitsfeldes überprüft werden (Art. 3 III des Ratsbeschlusses vom 24.10.1988).

Die Einrichtung beigeordneter (anstelle untergeordneter) Gerichte lehnen die EuGH-Richter hingegen ab. Sie erklärten Ende 1991 den EWR-Vertrag über die Schaffung eines europäischen Wirtschaftsraums für europarechtswidrig, da dieser ein aus EFTA- und EuGH-Richtern zusammengesetztes »EWR-Gericht« vorsah. Die EuGH-Richter argumentierten, daß sie allein für die Auslegung des Rechts in der Gemeinschaft zuständig seien. Das Gutachten des EuGH führte zu einer Revision des EWR-Vertrags, der dem Europäischen Gerichtshof das geforderte Auslegungsmonopol übertrug. Auf diese Weise erreichten die Luxemburger Richter eine teilweise Erweiterung ihres Einflusses auf die EFTA-Länder. (Vgl. ausführlich Kuhn 1993, 203f.)

Schließlich könnte der EuGH seine Autorität beim Bürger steigern, indem er mit Hilfe seiner sozialpolitischen Rechtsfortbildung einzelne Bürger zu Lasten großer Gruppen direkt begünstigt. Während nämlich die Wanderarbeitnehmer von der systematischen Besserstellung mobiler Arbeitskräfte direkt profitieren, verteilen sich die Kosten eines entsprechenden EuGH-Urteils bei den nationalen Versicherungsanstalten auf eine oft millionengroße Versichertengruppe. Die Kosten sind dementsprechend breit gestreut und dürf-

von mehreren – darunter einigen spezialisierten – Gerichten erster Instanz umgeben sein wird, für die er als Rechtsmittelinstanz wirkt.«

ten vom einzelnen Versicherungsmitglied kaum wahrgenommen werden.[19]

3. Wie könnte die sozialpolitische Zentralisierung aufgehalten werden?

Um die sozialpolitische Zentralisierung des EuGH zu bremsen, müßte sein Handeln wirksamen Restriktionen unterworfen werden.

3.1 Konstitutionelle Schwächung des Europäischen Gerichtshofes

Ein neuer EWG-Vertrag oder eine europäische Verfassung müßte die Aufgaben des EuGH klar definieren. Die aktuelle Definition in Artikel 164 EWGV (»Der Gerichtshof sichert die Wahrung des Rechts bei der Auslegung und Anwendung dieses Vertrags«) ist zu pauschal und wurde auch im Maastrichter Vertrag nicht verbessert. Es wäre möglich, das Prinzip der Einzelermächtigung auf den Tätigkeitsbereich des EuGH anzuwenden. Insbesondere dürfte der Gerichtshof nicht mehr entscheiden, ob nationales oder Gemeinschaftsrecht anzuwenden ist, da er in dieser Frage nicht unabhängig ist. Seine Rolle könnte z.B. ein Schiedsgericht aus den Präsidenten der nationalen Verfassungsgerichte oder ein bereits bestehender Gerichtshof aus einem Nicht-EG-Land (gegen entsprechende Aufwandsentschädigung) übernehmen. Die Rolle des EuGH würde auf die Auslegung des E(W)G-Vertrages beschränkt.

3.2 Rekrutierung der EuGH-Richter »entpolitisieren«

Die Wiederwahl von EuGH-Richtern könnte verboten und ihre Amtszeit stattdessen auf zwölf Jahre verdoppelt werden. Es wäre vorauszusetzen, daß sie zumindest während der letzten zehn Jahre als Richter gearbeitet hätten und fundierte Kenntnisse des Europarechts nachweisen könnten. Beides ist heute keineswegs notwendig.

---

19 Man könnte daher die Besserstellung von Wanderarbeitnehmern als eine Form der »Ausbeutung der großen Gruppenmitglieder durch die kleinen« (Olson 1965, v.a. 28ff.) bezeichnen.

Die meisten EuGH-Richter waren vor ihrer Luxemburger Tätigkeit vor allem in der Politik oder Verwaltung (ohne Gerichtshöfe!) ihrer Entsendeländer tätig (Kuhn 1993, 195, 215). Anstelle der Entsenderegierung könnte eine Gruppe (unabhängiger) Hochschullehrer mit der Berufung betraut werden.

3.3 Stärkung der Publizitätspflicht

Jede Regierung könnte einen »EuGH-Beauftragten« ernennen. Seine Aufgabe läge darin, über die Luxemburger Urteilsfindung Bericht zu erstatten. Um die Bürgernähe seiner Berichte, also ihre Lesbarkeit, zu sichern, dürfte der Berichterstatter keine juristischen Vorkenntnisse mitbringen, insbesondere kein Jurastudium. Die Urteile des Gerichtshofes müßten die Voten der abstimmenden Richter enthalten. Minderheitsvoten wie beim deutschen Bundesverfassungsgericht wären zulässig. Die Urteile müßten spätestens nach einem Monat in jeder Universitätsbibliothek der Mitgliedsländer in englischer Sprache einzusehen sein.

3.4 Stärkung des Sozialministerrats gegenüber dem Europäischen Gerichtshof

Gesetzesänderungen, die eine Reaktion auf die sozialpolitische Rechtsfortbildung darstellen, könnten mit qualifizierter Mehrheit anstatt mit Einstimmigkeit vom Sozialministerrat erlassen werden dürfen.

Literatur

Birk, Rolf (1990): Europäisches Arbeitsrecht, München.

Clever, Peter (1992): Rechtsprechung des EuGH im Sozialbereich auf dem Prüfstand. In: Sozialer Fortschritt 41, S. 1-6.

Europäische Gemeinschaften/Eurostat (1991): Sozialporträt Europas, Luxemburg.

Eurostat (1991): Schnellberichte Bevölkerung und soziale Bedingungen 4/1991.

Henningsen, Bernd (1992): Die schönste Nebensache Europas – Zur Geschichte der EG-Sozialpolitik. In: Sozialer Fortschritt 41, S. 203-212.

Holloway, John (1981): Social Policy Harmonization in the European Community, Westmead.

Jacobs, Francis G./Karst, Kenneth L. (1986): The »Federal« Legal order: The U.S.A. and Europe Compared. A Juridical Perspective. In: Cappelletti, Mauro/Seccombe, Monica/Weiler, Joseph: Integration through Law. Europe and the American Federal Experience. Vol. 1, Book 1, Berlin/New York, S. 169-243.

Klang, Klaus-A. (1986): Soziale Sicherheit und Freizügigkeit im EWG-Vertrag, Baden-Baden.

Kuhn, Britta (1993): Sozialraum Europa: Zentralisierung oder Dezentralisierung der Sozialpolitik? Dissertation, Universität Mannheim. Erscheint im Schulz-Kirchner-Verlag, Idstein.

Mäder, Werner (1992): Sozialrecht und Sozialpolitik in der Europäischen Gemeinschaft. Entwicklungen auf dem Weg zur Sozialunion, Bonn.

Olson, Mancur (1965): The Logic of Collective Action, Cambridge/Mass.

Pflüger-Demann Angelika (1991): Soziale Sicherung bei Invalidität in rechtsvergleichender und europarechtlicher Sicht. Eine auf die Bundesrepublik Deutschland und Frankreich bezogenen Darstellung, Baden-Baden.

Pompe, Peter (1986): Leistungen der sozialen Sicherheit bei Alter und Invalidität für Wanderarbeitnehmer nach Europäischem Gemeinschaftsrecht, Köln/Berlin/Bonn/München.

Schulte, Bernd (1991): Das Recht auf ein Mindesteinkommen in der Europäischen Gemeinschaft. Nationaler Status quo und supranationale Initiativen. In: Sozialer Fortschritt 40, S. 7-23.

Schweitzer, Michael/Hummer, Waldemar (1990): Europarecht, Frankfurt/Main, 3. Aufl.

Streil, Jochen (1986): Der Beitrag des Gerichtshofs der Europäischen Gemeinschaften zur Entwicklung des Sozialrechts in der Gemeinschaft. In: Lichtenberg, Hagen (Hrsg.), Sozialpolitik in der EG, Baden-Baden.

Vaubel, Roland (1986): A public choice approach to international organization. In: Public Choice 51, S. 39-57.

Venturini, Patrick (1988): Ein Europäischer Sozialraum für 1992, Brüssel/Luxemburg.

Willms, Benno (1990): Soziale Sicherung durch Europäische Integration: Auswirkungen des Gemeinschaftsrechts auf Ansprüche gegen deutsche Sozialleistungsträger, Baden Baden.

Soziale Kosten und Sozialpolitik im Transformationsprozeß Zentral- und Osteuropas

Ulrich Busch

1.

Der Transformationsprozeß, der sich gegenwärtig in den ehemals sozialistischen Ländern Zentral- und Osteuropas vollzieht, ist ein sehr komplexer und vielschichtiger sozialökonomischer Umgestaltungsprozeß, ein *System*wandel. Er erfaßt nicht nur die Herrschaftsverhältnisse und die politische Struktur, die Rechtsordnung, die Wirtschaftsordnung und das Kohärenzprinzip (vgl. Riese 1990, 56), sondern ebenso die geistige Sphäre, die Kultur, die Wertehierarchie, die Sozialordnung, die Lebensweise der Menschen u.a.m. Die gesellschaftliche *Totalität* wird umgewälzt und damit, je nachdem welche Transformationsstrategie praktiziert wird, schlagartig oder sukzessive auch die Lebensumstände eines jeden einzelnen.

Der Transformationsprozeß ist ein sozialökonomischer Umbruchprozeß. Er beinhaltet den Übergang von einem gegebenen zu einem qualitativ *neuen* »sozialen Gesamtzustand« (Wagner 1992). Dies impliziert, daß auch für jedes Individuum die Lebensbedingungen, -inhalte und -perspektiven neu definiert werden müssen: Bisher Erreichtes wird in Frage gestellt, nicht selten entwertet. Lebensläufe werden »geknickt«, Karrieren abgebrochen, vermeintlich sichere Existenzen werden erschüttert. Die radikal veränderten Umstände bewirken eine radikale Umbewertung *alles* Bisherigen. Vorzüge von einst verkehren sich in Nachteile und umgekehrt. Aber auch neue Chancen und Perspektiven tun sich auf. Früher Unerreichbares wie zum Beispiel die Reisefreiheit oder der Luxuskonsum rücken in den Bereich des Möglichen. Das Leben erhält eine größere Vielfalt und Buntheit.

Für die von der Transformation erfaßten Individuen stellen sich diese Veränderungen einerseits als *Negativnutzen* oder *Transformationskosten* dar, andererseits als *Nutzen* bzw. *Transformationsgewinne*.

Als Negativnutzen der Transformation sind vor allem zu nennen

- die Entwertung von beruflicher Erfahrung, Qualifikation und Stellung, das heißt von human capital im weitesten Sinne;
- die Entwertung des Sachvermögens in der Produktions- wie in der Konsumtionssphäre;
- Erwerbslosigkeit in verschiedener Form, vor allem aber als Langzeit- und Dauerarbeitslosigkeit infolge des wirtschaftlichen Umbruchs und Niedergangs;
- der Verlust der sozialen Einbindung und Position auf Grund der Neustrukturierung der Gesellschaft und ihrer sozialen Umschichtung;
- der Verlust der sozialen Sicherheit und des gesellschaftlichen Schutzes vor Verarmung und existentieller Not;
- psychische und physische Schäden durch transformationsbedingte Schock- und Streßsituationen;
- Verlust oder weitestgehende Entwertung des nominalen Geldvermögens infolge einer Währungsreform oder einer Anpassungsinflation;
- Einkommensverluste infolge eines Arbeitsplatzverlustes oder -wechsels infolge des strukturellen Umbaus der Wirtschaft oder auf Grund von Dequalifikation oder politischer Diskriminierung;
- Einkommens- und Vermögensverluste infolge einer wirtschaftspolitisch motivierten Unterbewertung der Währung.

Diesen Negativnutzen resp. Kosten der Transformation stehen positive Nutzen bzw. Gewinne der Individuen gegenüber, so insbesondere

- die Erlangung politischer Freiheit und demokratischer Grundrechte;
- die Möglichkeit, als Unternehmer tätig zu werden oder anderweitig durch Eigeninitiative und -aktivität Einkommensverbesserungen zu erzielen;

- die größere Angebotsvielfalt auf den Märkten und die gegenüber der chronisch defizitären Situation in sozialistischen Planwirtschaften verbesserte Versorgungslage;
- die gewachsenen Möglichkeiten einer Lebensgestaltung entsprechend individueller Präferenzen;
- die Chance eines beruflichen und gesellschaftlichen Neubeginns;
- Reise-, Presse-, Meinungs- und andere bürgerliche Freiheiten.

Saldiert man nun die Negativnutzen mit den Nutzengewinnen, so erhält man die individuellen *Nettokosten* bzw. *Nettogewinne* der Transformation. Diese lassen sich, sofern die methodischen Probleme, die sich aus der intersubjektiven Inkommensurabilität der individuellen Nutzen ergeben, »außer Betracht« (Lösch 1992, 39) bleiben, zum Begriff der sozialen Kosten bzw. Gewinne des Transformationsprozesses aggregieren. Die *sozialen Kosten* sind dann definiert als die *Summe der aus dem Transformationsprozeß resultierenden Negativnutzen* aller Wirtschaftssubjekte bzw. Individuen, saldiert mit den Nutzengewinnen derselben.

Als problematisch bei dieser Begriffsbestimmung erweist sich u.a., daß die individuellen Negativnutzen der Transformation größtenteils bereits real vorliegen, empirisch also erfaßt werden können, die Nutzengewinne hingegen zu einem beträchtlichen Teil Erwartungswerte darstellen, deren Realisierungszeit unbestimmt ist. Für die Ermittlung der aggregierten Nettogrößen, daß heißt, der sozialen Transformationskosten bzw. -gewinne, ergibt sich hieraus das Problem einer asynchronen Diskontierung von Erwartungswerten und ihrer Saldierung. Dies scheint – im exakten ökonomischen Sinne – nicht lösbar, so daß auf Schätzungen zurückgegriffen werden muß. So wird in aller Regel davon ausgegangen, daß zumindest in den ersten Etappen des Transformationsprozesses, also kurz- und mittelfristig, in allen Transformationsökonomien die Transformationskosten der Individuen deren Transformationsgewinne deutlich übersteigen. Das heißt, die Zahl derer, die während des sozialökonomischen Umbruchs zunächst Nettokosten zu tragen haben, ist größer als die Zahl der Transformationsgewinner. Daraus folgt dann für die gesamtgesellschaftliche Analyse, daß der Transformationsprozeß in seinem bisherigen Verlauf durch erhebliche soziale *Kosten*, nicht aber durch soziale Gewinne charakterisiert ist. Bezeichnend ist dabei, daß in allen Transformationsländern zwar mit

»gewaltigen sozialen Kosten« gerechnet wurde, aber nicht damit, daß diese Kosten »einen derartigen Umfang« annehmen würden, ein so »großes Ausmaß« (Ferge 1992, 13f.), daß dadurch möglicherweise der Transformationsprozeß als Ganzes, zumindest aber die Art und Weise seiner Durchführung, in Frage gestellt wird.

2.

Der Transformationsprozeß ist wesentlich ein politikgeführter und damit *bewußt* gestalteter gesellschaftlicher Wandlungsprozeß. Das bedeutet, daß durch die jeweiligen Akteure im Rahmen und auf der Grundlage einer historisch, ethnisch und durch andere Faktoren bestimmten Prädisposition eine Transformationsstrategie *gewählt* werden kann, die radikale Crash-Strategie einer Schocktherapie oder die moderatere Strategie eines gradualistischen Vorgehens. Beide Strategien unterscheiden sich hinsichtlich des sequencings und des timings der einzelnen, notwendig durchzuführenden Transformationsmaßnahmen (vgl. Lösch 1992; Svindland 1992; Krakowski 1991; Herr/Westphal 1990) sowie hinsichtlich der Transformationskosten.

In bezug auf die sozialen Kosten der Transformation unterscheiden sich die beiden Strategiekonzepte zunächst vor allem hinsichtlich der temporalen Verteilung und Bemessung dieser Kosten. So treten bei der Schocktherapie alle Negativnutzen gleichzeitig und sehr massiert auf, während die gradualistische Strategie eine Verteilung der Transformationskosten über einen längeren Zeitraum und auf mehrere Generationen sowie auf verschiedene soziale Gruppen erlaubt.

Die *Höhe* der sozialen Kosten dagegen, so unsere vorläufige Annahme, resultiert aus der Differenz zwischen den beiden Gesellschaftssystemen, aus dem objektiven Anpassungsbedarf also, und ist gegenüber der Transformationsstrategie vorerst neutral. Dies ändert sich allerdings sofort, wenn die gewählte Strategie ihr Ziel verfehlt, wenn im theoretischen Modell nicht vorgesehene zeitliche Verzögerungen eintreten, der Transformationsprozeß stagniert oder zu gesellschaftlichen Fehlentwicklungen führt, etwa zu einer ökonomischen und sozialen Krise, worin Minuswachstum, Massenarbeitslosigkeit, Inflation und sinkender Lebensstandard nicht nur kurz-, sondern auch längerfristig das Bild bestimmen.

Dies ist praktisch der Fall. Und zwar – mehr oder weniger – in allen Transformationsländern.

Indem sie den vorherrschenden theoretischen Auffassungen und den Empfehlungen der Politikberater folgten, strebten eine Reihe von Regierungen in Transformationsländern (Polen, CSFR, Rußland, Ukraine, Ostdeutschland u.a.) den radikalen Umbau ihrer Wirtschaft und Gesellschaft in kürzester Frist nach dem Muster einer »Schocktherapie« an. Sie nahmen dabei bewußt in Kauf, daß die sozialen Kosten des Systemwandels hoch sind und gleich zu Beginn massiert auftreten. »Die Regierungen erkannten, daß das Ausmaß und die Art solcher strukureller Veränderungen in Verbindung mit fiskalischen und monetären Restriktionen kurzfristig beträchtliche negative Auswirkungen auf Einkommen und Beschäftigung« (Kopits 1993, 22) haben werden. Dies bedeutet, daß für sehr viele Menschen bisher die individuellen Negativnutzen des Transformationsprozesses die spärlichen Transformationsgewinne bei weitem überstiegen. Große Teile der Bevölkerung erleben den Transformationsprozeß deshalb zunächt vor allem »als einen Prozeß der persönlichen Verarmung und des Hoffnungsverlustes« (Crome/ Frantzke 1991, 33).

Die Rechtfertigung für diese Strategie leitet sich aus der Überlegung her, daß, je rascher und radikaler der institutionelle Umbau erfolgt, sich die Marktkräfte um so schneller entfalten könnten, was zur Folge hätte, daß die positiven Effekte der Transformation, die Transformationsgewinne, die Transformationskosten schon sehr bald übersteigen würden.

In der ökonomischen Theorie hat sich diese Vorstellung als J-Kurven-Modell (Siebert 1992, 31f.) inzwischen einen Namen gemacht. Bei diesem Modell wird davon ausgegangen, daß »beim Übergang von der Zentralplanung zur Marktwirtschaft gesamtwirtschaftlich ein Einbruch in der Produktion« eintritt, diesem dann aber bald ein Aufschwung folgt, wodurch ein höheres Produktionsniveau als in der Ausgangslage erreicht wird. »Die Produktion folgt also einem J, mit einem Einbruch und einem späteren Anstieg, und zwar auf ein höheres Niveau als in der Ausgangslage« (ebd.).

Leider blieb die J-Kurve bis jetzt ein theoretisches Wunschbild. Das heißt keines der Länder, welche den Crash-Kurs gewagt haben, hat bisher das »Tief« durchschritten. Überall ist die Produktion um 20, 30 oder wie im Falle Ostdeutschlands sogar um 50% gesunken, aber der im Modell prognostizierte steile Anstieg blieb bisher aus. Es scheint deshalb eher gerechtfertigt zu sein, von einer L-Kurve statt von einer J-Kurve zu sprechen. (Vgl. Busch 1993, 167) Denn selbst da, wo inzwischen ein Wachstum eingesetzt hat (Tschechische Republik, Polen, neue Bundesländer), ist die Situation weit davon entfernt, daß das Ausgangsniveau übertroffen wird. Für die Problematik der sozialen Transformationskosten aber bedeutet diese Entwicklung eine Katastrophe. Die Schocktherapie hat die Zerstörung der alten ökonomischen und sozialen Strukturen bewirkt, das Wirtschaftspotential entwertet und den ökonomischen Kreislauf (Reproduktionsprozeß) unterbrochen. Es ist bisher aber nicht gelungen, eine effizientere Ökonomie zu schaffen, die eine Basis für soziale Transformationsgewinne darstellen würde. Die Folge davon ist, daß die sozialen Kosten der Transformation nicht wie geplant ihr Maximum in der Anfangsphase des Systemwechsels erreichen und dann sukzessive reduziert werden, bis sie schließlich in soziale Gewinne umschlagen, sondern daß sie während des Transformationsprozesses weiter anwachsen, kumulieren. Damit verliert der Transformationsprozeß insgesamt erheblich an Akzeptanz. Resignation und Verzweiflung treten an die Stelle der Euphorie und des Optimismus von einst. Nostalgie bestimmt die Vergangenheitsbewältigung. Nationale und ethnische Widersprüche brechen auf, Staaten zerfallen, Konflikte eskalieren zu Bürgerkriegen. Soziales Elend und gesellschaftlicher Niedergang bestimmen auf längere Sicht das Bild ... . Als vorläufige Bilanz ergibt sich, daß die Crash-Variante der Systemtransformation, weil sie ihr Ziel, die rasche Etablierung einer funktionierenden Marktwirtschaft, bisher verfehlt hat, mit *extrem hohen* und im Verlauf der Transformation eskalierenden sozialen Kosten verbunden ist.

Andere Länder, namentlich Ungarn, möglicherweise aber auch Rumänien, die Slowakei, die baltischen Republiken u.a., wählten einen gradualistischen Transformationskurs. Damit ist verbunden, daß die sozialen Kosten der Transformation gestreckt werden, nicht massiert, sondern piecemeal anfallen, der ganze Prozeß der Umgestaltung entsprechend länger dauert und folglich auch Transformationsgewinne erst nach einer länger dauernden Frist verbucht werden können. Die sozialen Kosten der Transformation verteilen sich hier auf Jahre und Jahrzehnte, möglicherweise sogar auf mehrere Generationen. Sie können sozial differenziert dosiert und in be-

Tab. 1: Entwicklung des Bruttoinlandsprodukts 1989/92
(kumulierte Rückgänge gegenüber 1988 in %)

Ostdeutschland[1]	– 49,5
Rumänien	– 33,5
Bulgarien	– 33,4
frühere Sowjetunion	– 33,1
CSFR	– 21,4
Polen	– 21,2
Ungarn	– 16,6

[1] 1989/91 (geschätzter Wert nach Siebert 1992, 32).
Quelle: iw-trends 1993/1, 17.

stimmtem Maße gesamtgesellschaftlich reguliert werden. Der Vorteil dieser Strategie ist darin zu sehen, daß sie den Systemwechsel für die Menschen erträglicher gestaltet. Dies impliziert aber zugleich auch erhebliche Nachteile und Gefahren. So die Möglichkeit einer Selbstblockierung der Transformation und einer Eskalation der sozialen Kosten infolge fehlender gesellschaftlicher und ökonomischer Dynamik. Die Rücksichtnahme der Akteure auf die »soziale Verträglichkeit« notwendiger ökonomischer Maßnahmen führt zu Verzögerungen bei der Stabilisierung des Geldes und bei der Umstrukturierung der Produktion. Ferner blockiert u.U. eine populistische Politik den Fortgang der Reformen, teilweise wie in Polen oder gänzlich, wie in Rußland. Für die sozialen Kosten bedeutet dies, daß diese zwar in den ersten Monaten und Jahren bei weitem nicht so hoch sind wie bei der Schocktherapie, aber über einen längeren Zeitraum hinweg die Bevölkerung belasten, wodurch »Ermüdungserscheinungen« auftreten, der Transformationsprozeß erlahmt, an Glaubwürdigkeit verliert, sich möglicherweise festfährt. Die Transformationsgewinne fallen nur »tröpfchenweise« an und für viele zu spät, so daß die soziale Bilanz auch bei diesem Konzept erhebliche Defizite aufweist. Insgesamt dürften jedoch die Vorteile dieses Vorgehens größer sein als die Nachteile. Von besonderer

Bedeutung ist, daß der gradualistische Transformationskurs weniger politische, ökonomische und soziale Risiken impliziert. Er ist mithin auch unter demokratischen Verhältnisse praktizierbar, was sich bei der Crashvariante als außerordentlich schwierig, wenn nicht gar als unmöglich erweist, wie die Ereignisse in Polen und Rußland zeigen.

3.

Unverzichtbares Moment der Systemtransformation – als komplexer, langwieriger und politisch gestalteter Prozeß – ist die Etablierung der Bedingungen und Instrumente für eine der Marktwirtschaft adäquate Prozeßpolitik. Dies gilt auch für den *Sozialbereich*. Hierbei zeichnen sich drei Besonderheiten, die zugleich Schwierigkeiten sind, ab:

Erstens soll die Sozialpolitik den Anforderungen der mit der Transformation anvisierten Gesellschaft, der »sozialen Marktwirtschaft«, entsprechen.

Zweitens soll die Sozialpolitik mindestens den sozialen Standard gewährleisten, der bereits unter den früheren, sozialistischen Bedingungen galt.

Drittens soll die Sozialpolitik die Auswirkungen der Transformation für die Bevölkerung mildern, das heißt, die sozialen Kosten des Transformationsprozesses verringern helfen.

Wie sich zeigt, ist die Sozialpolitik in den Transformationsökonomien mit diesen Aufgaben überfordert, sowohl prinzipiell als auch unter den spezifischen Bedingungen einer Transformationskrise.

Dies soll im einzelnen gezeigt werden:

Erstens: Mit dem Transformationsprozeß wird das Ziel verfolgt, in historisch kürzester Frist eine moderne Industriegesellschaft mit demokratischer Verfassung und hohem Lebensstandard zu schaffen. Als Vorbild fungieren die westeuropäischen Industrieländer. Angesichts der Resultate, die der Transformationsprozeß bis jetzt hervorgebracht hat – von Ostdeutschland bis Rußland und von Estland bis Bulgarien – erweist sich diese Zielstellung allerdings zunehmend als illusionär. (Vgl. Busch 1992) Die Transformationsländer verfügen weder über die historisch gewachsenen Voraussetzungen noch über die aktuellen Produktionsbedingungen, die Infrastruktur, das Know-how usw., um in absehbarer Zeit eine »soziale Marktwirtschaft« realisieren zu können. Am wenigsten vermögen sie dies auf sozialem Gebiet.

Hier stehen sie vor dem schwerwiegenden *Dilemma*, daß mit der Transformation einerseits der Bedarf an Sozialleistungen sprunghaft angestiegen ist, ganz besonders da, wo die Schocktherapie praktiziert wurde, andererseits jedoch, infolge des ausbleibenden Transformationserfolges in der Wirtschaft, die überwiegend über den Staatshaushalt alimentierten Sozialsysteme nicht über genügend Mittel verfügen, um diesen Bedarf abzusichern. »Nirgendwo ist die Krise des Sozialen Systems größer als in den post-sozialistschen Volkswirtschaften Osteuropas und der früheren Sowjetunion«. (Kopits 1993, 22) Der Anstieg der Arbeitslosigkeit von faktisch 0 auf durchweg zweistellige Quoten, sinkende Realeinkommen und das Abdriften bestimmter sozialer Gruppen (Altersrentner, kinderreiche Familien, ethnische Minderheiten usw.) bedeutet für die noch im Aufbau befindlichen Sozialsysteme der Transformationsländer eine Herausforderung, der sie nicht gewachsen sind, schon gar nicht unter den gegenwärtigen Bedingungen sinkender Staatseinnahmen, hoher Budgetdefizite und notwendiger Ausgabenkürzungen im Sozialbereich.

Mithin erwiesen sich die ursprünglich formulierten sozialpolitischen Zielsetzungen inzwischen durchweg als obsolet. Die anhaltende Rezession in der Wirtschaft, verbunden mit einer Inflation, wofür die Begriffe »Incession« bzw. »Rezflation« geprägt wurden, bietet nicht einmal die Gewähr dafür, daß die jetzt praktizierten sozialpolitischen Minimalprogramme fortgeführt werden können. Möglicherweise sind weitere Kürzungen unvermeidlich (vgl. iw-trends 1993, 89ff.; Chu, Ke-Young/Gupta, S. 1993, 24f.).

Was den *zweiten* Punkt anbetrifft, so ist das Problem hier ein doppeltes. Es betrifft zum einen das *Niveau* der sozialen Absicherung und zum anderen deren systembedingte *Form*.

Es ist eine Tatsache, daß die sozialistischen Staaten, teilweise weit über ihre ökonomischen Möglichkeiten hinaus, sozialpolitische Ziele verfolgten und diese auch realisierten. Die soziale Zielsetzung der wirtschaftlichen Tätigkeit galt in den sozialistisch verfaßten Gesellschaften als Staatsdoktrin (»Einheit von Wirtschafts- und Sozialpolitik«). Grundsätzliche soziale Probleme wie die Befriedigung von Grundbedürfnissen, die Sicherung von Vollbeschäftigung und die Vermeidung von Armut und sozialer Verelendung wurden über die Wirtschaft gelöst, mittels Preissubventionen, Beschäftigungspolitik, nivellierter Löhne und dgl. mehr. Eine »Sozialpolitik« im engeren Sinne gab es, so paradox dies auch klingt, im Sozialismus nicht. Dies macht eine Bewertung der sozialen Leistungen der sozialistischen Staaten aus heutiger Perspektive schwierig (vgl. Ferge 1992, 24f.). Unstrittig ist jedoch, daß das relative Niveau der sozialen Versorgung hier deutlich höher lag als in kapitalistischen Marktwirtschaften mit einem vergleichbaren Produktivitätsstand. Da mit dem Systemwechsel nicht sofort eine höhere Produktivität erreicht wird, vielmehr die wirtschaftliche Leistungskraft noch zurückgeht, sinkt der soziale Standard erst einmal ab. Dies aber erweist sich als äußerst problematisch für das Image der »neuen Gesellschaft« und gefährdet die Akzeptanz der Transformation. Folglich ist man bemüht, das unter sozialistischen Verhältnissen erreichte Niveau wenigstens auf einigen Gebieten (z.B. Gesundheitsfürsorge) annähernd aufrechtzuerhalten, sei es auch um den Preis eines wachsenden Budgetdefizits und, infolgedessen, einer anhaltenden Inflation (wie zum Beispiel in Polen und Ungarn). Auf Dauer kann dies aber nicht erfolgreich sein.

Charakteristisch für die Transformationsländer ist gegenwärtig deshalb der rapide *Abbau* von Sozialleistungen parallel zur Zunahme der sozialen Probleme und eine »selektive Sozialpolitik«,welche den Prozeß der sozialen Differenzierung erheblich verstärkt (Ferge 1992, 27).

So haben sich z.B. in der CSFR und in Ungarn die Zahlungsbedingungen für Arbeitslosengeld von 1990 zu 1992 dahingehend verändert, daß sowohl die Bezugsdauer als auch die Höhe des Arbeitslosengeldes drastisch verkürzt bzw. verringert wurden, während gleichzeitig die Zahl der Arbeitslosen stark anwuchs, insbesondere die der Langzeitarbeitslosen. Dadurch wurde die soziale Verelendung, die Pauperisierung, bestimmter Teile der Bevölkerung forciert.

Gegenwärtig liegt die Bezugsdauer für Arbeitslosengeld zwischen 6 Monaten (CR) und 12 Monaten (Polen, GUS). Die Höhe beträgt 50 bis 70% des vorherigen Einkommens bzw. orientiert sich am Mindestlohn. (Vgl. Klös 1992, 48f.) Ein Problem ist dabei die geringe Differenz zwischen den verschiedenen Einkommen.

Zum Beispiel betrugen in Ungarn Ende 1992 der Minimallohn und die minimale Arbeitslosenunterstützung jeweils 8.000 Ft. Das Existenzminimum wurde mit 10.000 Ft. angegeben und der Durchschnittslohn mit 15.587 Ft.(Pahl 1992, Figyelö 1993/4). Für 1993 gelten als minimales Arbeitslosengeld 8.600 Ft., als Minimallohn 9.000 Ft. und als Existenzminimum aber 15.000 Ft. (Stadt) bzw. 13.800 Ft. (Land). (Figyelö 1993/4) 35 bis 40 Prozent der Bevölkerung leben in Ungarn unter dem Existenzminimum. (Pahl 1992) In Rumänien, Polen, Rußland, der Ukraine, Moldawien usw. liegt der Prozentsatz noch höher (vgl. Chu, Ke-Young/Gupta 1993). Diese Relationen bieten keinen Spielraum für differenzierende arbeitsmarkt- und sozialpolitische Maßnahmen. Im Gegenteil: Die angespannte Finanzsituation zwingt den Staat bei steigender Arbeitslosigkeit, die Unterstützungszahlungen weiter einzuschränken. Die Sozialpolitik tendiert damit mehr und mehr zu einer »Armenhilfe«, die eine Existenzsicherung annähernd in Höhe des Existenzminimums oder sogar darunter zum Ziel hat, aber nicht mehr. Selbst das bisher übliche Konzept des Existenzminimums als Orientierungsmaßstab für die Sozialpolitik wird dabei zunehmend in Frage gestellt. So plädieren Ke-Young Chu und Sanjeev Gupta vom IWF für einen »eng definierten Korb, der ein Mindestmaß an Grundbedürfnissen sichert« und der alles unberücksichtigt läßt, was nicht unbedingt zur physischen Existenzsicherung notwendig ist, als Maßstab für Sozialleistungen. (Ebd., S. 27) Die hierin zum Ausdruck kommende wachsende Differenz der Sozialleistungen zum Existenzminimum markiert zugleich den sich vollziehenden sozialen Polarisierungsprozeß in allen Transformationsländern.

Dabei ist eine Bedeutungsverschiebung in Richtung des *Niveaus* zu konstatieren.

Mit der Transformation verlieren bisherige soziale Differenzierungen und Ungleichheitsrelationen an Relevanz und *neue*, weitaus stärker ausgeprägte, bilden sich heraus. Letzterer Aspekt wird momentan jedoch überlagert von einer *Niveauveränderung*. Das heißt, die in der gegenwärtigen Krise (Incession) stattfindende Verschiebung des Lebensniveaus, wie sie sich insbesondere in der Realeinkommensentwicklung dokumentiert (vgl. Tabelle 2), löst Veränderungen und Entwicklungen aus, die viel bedeutsamer sind, als die sich auf diesem Niveau dann herausbildenden Differenzierungen und Relationen. Diese Bedeutungsverschiebung, die hier in

Richtung des Niveaus zu konstatieren ist, ist ein allgemeingültiges Phänomen (vgl. Beck 1983, 37). In den Transformationsländern betrifft dies zum Beispiel den ökonomischen Ruin der Altersgruppe jenseits der 50 und die Pauperisierung der Rentner sowie der Kranken und Leistungsschwachen. Während bei einem allgemeinen, zum Beispiel inflationsbedingten Rückgang des Realeinkommensniveaus um einen bestimmten Prozentsatz einige Bevölkerungsschichten (nur) einen Verlust ihres Lebensstandards in eben dieser Größenordnung erleiden, verzeichnen andere, am Rande des Existenzminimums lebende Gruppen, dadurch ein soziales crowding out. Sie gleiten in die Armutszone ab. So führte zum Beispiel in Ungarn die inflationsverursachte allgemeine Absenkung des realen Einkommens- und Lebensniveaus dazu, daß die minimale Altersrente heute (1993) nur noch 42% des Existenzminimums beträgt. 1992 waren es noch 60%. Die unausbleibliche Folge dessen ist die Verarmung der Altersrentner und ihre Asozialiserung, sofern nicht solidarische Familienbindungen existieren, die dem engegenwirken.

Tab. 2: Veränderungen der Reallöhne (gegenüber Vorjahr)

	1990	1991	1992
CSFR	– 5,7	– 26,1	– 3,0
Ungarn	– 6,5	– 8,0	– 4,0
Polen	– 32,2	– 6,2	– 14,0
Bulgarien	+ 8,3	– 42,0	– 14,0
Rumänien	+ 5,6	– 15,5	– 17,5

Quellen: ECE 1992, iw-trends 1993, Bossone/Papadia 1993.

Ferner gehört hierzu auch die regionale Differenzierung in den Lebensbedingungen, die es bisher nicht oder kaum gab. Und von ganz besonderer Bedeutung ist die soziale Deklassierung gegenüber dem »Westen«, die jetzt eine nationale-ökonomische und nicht mehr eine politisch-ideologisch begründete ist.

Während die Regierungen in den Transformationsländern bemüht sind, unter den sich verschlechternden ökonomischen Bedingungen und in einem sich verändernden sozialökonomischen Umfeld wenigstens einen bestimmten, minimalen Sozialstandard aufrechtzuerhalten, stehen sie gleichzeitig vor der Aufgabe, die *Formen* der Sozialpolitik grundlegend umzugestalten. Und das wirft nicht weniger Probleme auf.

Im Sozialismus oblag die Sozialpolitik mehr oder weniger vollständig der Fürsorgefunktion des *Staates*. Sie war Ausdruck seiner vormundschaftlichen Rolle (vgl. Henrich 1990). Jetzt dagegen tritt das Subsidiaritätsprinzip in den Vordergrund, welches der Eigenverantwortung der Individuen, der »individuellen Kompetenz« (Teichmann 1989, 304), den Vorrang einräumt. Damit verschiebt sich die Verantwortung für die soziale Sicherstellung in erheblichem Umfange. Zum einen erfolgt eine Trennung zwischen Sozialversicherungssystem und Staatshaushalt. Die staatliche Alimentierung wird schrittweise durch eine Beitragsfinanzierung ersetzt. Zweitens werden die Unternehmen (Arbeitgeber) vepflichtet, einen Teil der Finanzierung der Sozialversicherung zu tragen. Momentan ist es so, daß die Unternehmen den Hauptteil der Beiträge zahlen und die Arbeitnehmer nur einen geringen Beitrag leisten. Zum Beispiel beträgt der Beitrag zur Renten- und Krankenversicherung in Ungarn 54% der Lohnsumme. Davon hat der Arbeitgeber 44% und der Arbeitnehmer 10% zu tragen. Die Arbeitslosenversicherung beträgt 9%. Auf den Arbeitgeber entfallen 7%, auf den Arbeitnehmer 2%. In der CR beträgt der Sozialversicherungsbeitrag ab 1.1.1993 49,5% der Bruttolohnsumme. Davon trägt der Arbeitgeber 36%. Die Arbeitslosenversicherung wird zu 2% vom Arbeitgeber und zu 1% vom Arbeitnehmer finanziert. In Rußland müssen die Arbeitgeber 43,6% der Bruttolohnsumme für die Finanzierung der Sozialversicherung aufbringen. Die Arbeitnehmer nur 1%.

In den anderen Ländern gelten ähnliche Regelungen (vgl. Klös 1992, 48f.; iw-trends 1993, 92ff.).

Hieraus ist ersichtlich, daß sich der Übergang von einem System der staatlichen Verantwortung und budgetfinanzierten sozialen Sicherung zu einem marktwirtschaftlichen, die individuelle Verantwortung betonenden System in den Transformationsländern über eine *Zwischenlösung* vollzieht. Diese besteht in einer überwiegend unternehmensfinanzierten Sicherung. In Anbetracht des immer noch beachtlichen Staatsanteils an den Unternehmen kann dies auch als eine Form von *dezentralisierter Staatsfinanzierung* aufgefaßt werden. Mit der weiteren Privatisierung der Unternehmen wird es nicht ausbleiben, daß sich auch die Finanzierung der Sozialversicherung den Modalitäten privatkapitalistischer Marktwirtschaften weiter annähert. Insofern ist die jetzige Form wirklich nur als eine Zwischenlösung anzusehen. Außerdem treten neue *Träger* der Sozialpolitik auf, die im Sozialismus keine oder nur eine untergeordnete bzw. vom Staat reglementierte Rolle spielten. So die Kirche, private Versicherungen, Vereine, Privatpersonen usw.

Es ergibt sich somit die Aufgabe, die sozialpolitische Verantwortung auf eine Vielzahl von Institutionen aufzuteilen und den Staat allmählich aus seiner bisherigen Alleinverantwortung zu entlassen. Dies kann jedoch nur eine allmählich und schrittweise erreichbare Zielstellung sein, denn trotz aller Veränderungen agiert heute in den Reformländern der Staat immer noch als der weitaus bedeutendste Träger der Sozialpolitik.

Das größte Problem ergibt sich jedoch aus der *Dimension* der sozialpolitischen Aufgabenstellung unter den Bedingungen der Systemtransformation.

So ist zum Beispiel der in Ostdeutschland infolge des Zusammenbruchs der Produktion sowie der Deindustrialisierung und des juristischen Boykotts herbeigeführte Beschäftigungsabbau seit der Währungsunion um mehr als 40% (iw-trends 1992/4) nur durch Transferzahlungen in Höhe von 150 bis 180 Mrd. DM jährlich sozial erträglich zu gestalten. Die ökonomischen und sozialen Probleme in den anderen Tansformationsländern sind durchaus ähnlich, vergleichbare Zahlungen aber sind hier nicht möglich. Dies markiert die Problemlage und die ungeheure Dimension der sozialpolitischen Aufgabenstellung, aber zugleich auch ihre Nichtlösbarkeit. Die Folge ist, daß sich der Osten Europas »künftig als das Armenhaus und der Krisenherd des Kontinents (definiert)«. (Bender 1990)

Die politischen Mauern von einst werden durch ökonomische Schranken ersetzt. An die Stelle der bisherigen ideolgischen und politischen Abgrenzung tritt nun die ökonomische und *soziale* Abstufung.

Literatur

Beck, U. (1983): Jenseits von Stand und Klasse?, in: Kreckel, R. (Hrsg.), Soziale Ungleichheiten, Göttingen.

Bender, P. (1990): Wenn auf die Freiheit nichts als Armut folgt, in: Die Zeit 36.

Bossone, B./Papadia, F. (1993): Stability and Credibility in the Transition Process of the Previously Centrally Planned Economies, Manuskr. WZB.

Busch, U. (1992), Widersprüche im Transformationsprozeß – gescheiterte Programme und geplatzte Illusionen, in: Theorie und Praxis von Transformation in der Gegenwart, Wissenschaftliche Zeitschrift der Humboldt-Universität zu Berlin, Reihe Geistes- und Sozialwissenschaft 41 (1992) 10, S. 105ff.

Busch, U. (1993): Rezension zu H. Siebert, Das Wagnis der Einheit, in: Utopie kreativ, 29/30, S. 167ff.

Busch, U. (1993a): Der marktwirtschaftliche Transformationsprozeß in Ungarn, in: Utopie kreativ, 33/34, S. 34-52.

Crome, E./Frantzke, J. (1991): Osteuropa im Jahre Zwei – Eine kritische Zwischenbilanz der Transformation, in: iPW-Bericht 11/12, S. 30-35.

Chu, Ke-Young/Gupta, S. (1993): Der Schutz der Armen: Soziale Sicherungsnetze in der Übergangsperiode, in: Finanzierung und Entwicklung, Nr. 6, S. 24ff.

ECE (1992): Economic Survey of Europe, Genf.

Ferge, Z. (1992): Der soziale Wandel in Osteuropa: Soziale Bürgerrechte in den neuen Demokratien, in: Utopie kreativ 23/24, S. 13ff.

Figyelö 1993/4 und 5, Budapest.

Henrich, R. (1990): Der vormundschaftliche Staat, Leipzig/Weimar.

Herr, H./Westphal, A. (1990): Die Transformation von Planwirtschaften in Geldwirtschaften, discussion papers, Wissenschaftszentrum Berlin.

Institut der Deutschen Wirtschaft, iw-trends 1992/4, Köln.

Institut der Deutschen Wirtschaft, iw-trends 1993/1, Köln.

Klös, H.-P. (1992): Osteuropas Arbeitsmärkte im Umbruch, div. Köln.

Kopits, G. (1993): Die Reform sozialer Sicherungssysteme, in: Finanzierung und Entwicklung, Nr. 6, S. 21ff.

Krakowski, M. (1991): Der Faktor der Zeit beim Übergang von der Plan- zur Marktwirtschaft, in: Hamburger Jahrbuch für Wirtschafts- und Gesellschaftspolitik, 36. Jahr, Tübingen, S. 9-19.

Kregel, J./Matzner, E./Grabher, G. (1992): The Market Shock, Wien.

Lösch, D. (1992): Das »timing« als zentrales Problem der Systemtransformation, HWWA-Report Nr. 99, Hamburg.

Pahl, A. (1992): Ungarn auf dem Weg zur Marktwirtschaft, Arbeitsmarktprobleme, Berlin.

Riese, H. (1992): Geld im Sozialismus, Regensburg

Siebert, H. (1992): Das Wagnis der Einheit, Stuttgart.

Svindland, E. (1992): Das Sequencing-Problem der Systemtransformation in Mittel- und Osteuropa, in: Kredit und Kapital, 25. Jg., 1, S. 65-93.

Teichmann, U. (1989): Wirtschaftspolitik, München.

Wagner, H. (1992): Transformation und historischer Suchprozeß, in: Theorie und Praxis von Transformation in der Gegenwart, Wissenschaftliche Zeitschrift der Humboldt-Universität zu Berlin, Reihe Geistes- und Sozialwissenschaft, 41 (1992), 10, S. 8ff.

Soziale Sicherung in Ländern der Dritten Welt

Das Beispiel Indien

Michael von Hauff

1. Einführung

Seit einigen Jahren erfährt das Thema der Sozialpolitik bzw. sozialen Sicherung in der entwicklungspolitischen Diskussion eine zunehmende Bedeutung. Teilweise entsteht sogar der Eindruck, daß sich die Entwicklungsprobleme in den Südländern primär über einen Auf- oder Ausbau des Systems sozialer Sicherung bewältigen lassen. Die Weltbank hat das Thema Sozialpolitik im Rahmen von Social Dimension Adjustment ebenso entdeckt (vgl. Monbart 1992), wie einige UN-Sonderorganisationen. Aber auch nationale Organisationen der Entwicklungszusammenarbeit wie beispielsweise die Deutsche Gesellschaft für Technische Zusammenarbeit (GTZ) wenden sich diesem Bereich verstärkt zu und messen ihm im Rahmen von bilateraler Entwicklungszusammenarbeit eine zunehmende Bedeutung bei. (Vgl. Getubig, Schmidt 1992) Dabei gibt es jedoch inhaltlich teilweise beachtliche Unterschiede hinsichtlich der Einordnung und Abgrenzung von Sozialpolitik.

Unter Berücksichtigung, daß die International Labour Organization (ILO) sich seit Jahrzehnten auch in Südländern um einen Aus- bzw. Aufbau von sozialer Sicherung bemüht, ist es jedoch auffällig, welche Aufmerksamkeit dieses Thema seit Ende der 80er Jahre plötzlich erfährt. Die zentrale Grundlage der ILO ist der Art. 22 Satz 1 der Allgemeinen Erklärung der Menschenrechte der Vereinten Nationen vom 10.12.1948: »Jeder Mensch hat als Mitglied der Gesellschaft Recht auf soziale Sicherheit.« Daraus leitet sich eine universelle Geltung des Anspruches auf soziale Sicherheit auch für die Menschen in den Ländern der Dritten Welt ab.

In der Mehrzahl der Südländer gibt es oft nur fragmentarische Elemente eines formalen Systems sozialer Sicherung. Eine konkrete Ausgestaltung der Systeme sozialer Sicherung ist nicht selten von den Vorstellungen des Übereinkommens Nr. 102 über die Mindestnormen der Sozialen Sicherheit vom 28. Juni 1957 beeinflußt worden. (Vgl. Fuchs 1984) Elemente sozialer Sicherungssysteme sind besonders im formellen Sektor in Form von Sozialversicherungen, aber auch von arbeitsmarktpolitischen Maßnahmen zu finden. Dagegen gibt es im informellen Sektor bzw. in der Subsistenzwirtschaft in der Regel keine Maßnahmen, wie sie in modernen Systemen sozialer Sicherung üblich sind. Es sollte jedoch nicht übersehen werden, daß es besonders in der Subsistenzwirtschaft, aber auch im informellen Sektor traditionelle bzw. informelle Formen sozialer Sicherung gibt, die für die existentielle Sicherung der betroffenen Menschen oft eine sehr wichtige Rolle spielen. Das gilt auch für Indien, wobei sich die Frage stellt, wie stabil diese Formen sozialer Sicherung insbesondere unter Berücksichtigung von strukturellem Wandel und z.B. Strukturanpassungsprogrammen der Weltbank sind.

2. Die entwicklungspolitische Bedeutung sozialer Sicherung

Burgess und Stern charakterisieren die sozialpolitische Problemstellung in Südländern sehr treffend: »Deprivation and vulnerability are integral to the lives of many in poor countries. In developed countries unfavourable outcomes in economic activity frequently mean real hardship but in poor countries they often lead to death or destitution. For many, severe deprivation is not a matter of an unfortunate fall from a previously more comfortable position but is a chronic state arising, for example, from the absence of any asset or resource that can ensure adequate livelihood. A crucial policy issue is therefore how lives and livelihoods can be made more secure against adversity and deprivation.« (Burgess, Stern 1991 S. 43)

Soziale Sicherung wird im entwicklungspolitischen Kontext somit weitgehend identisch abgegrenzt bzw. definiert, wie dies bei sozialer Sicherung in modernen Industriegesellschaften vorzufinden ist. Es geht um die Vorbeugung und/oder Verringerung von wirtschaftlichen und sozialen Risiken der Bevölkerung in Südländern. Im Gegensatz zu modernen Industrieländern sollte es jedoch in Südländern nicht nur um die Berücksichtigung formaler Sicherungssysteme gehen. Damit würden insbesondere die in absoluter Armut lebenden Menschen in Südländern weitgehend ausgeschlossen, die in existenzieller Unsicherheit und ohne ein Minimum an sozialem Schutz leben. Für sie müssen »angepaßte Konzepte bzw. Maßnahmen sozialer Sicherung« entwickelt werden. Häufig bedeutet jedoch auch die Existenz formaler Systeme sozialer Sicherung nicht eine ausreichende Risikovermeidung bzw. -minderung. So erhalten heute beispielsweise in Argentinien über 3,5 Mio. Rentner eine Monatsrente, die weniger als ein Viertel des Existenzminimums deckt. (Vgl. Klemp 1992)

In Südländern kann es somit nicht *das* System sozialer Sicherung geben. Es lassen sich grundsätzlich drei Formen sozialer Sicherung gegeneinander abgrenzen:

– *Formale Systeme sozialer Sicherung:* Die Ausdifferenzierung privatwirtschaftlich marktwirtschaftlicher Wirtschaftssysteme führt vielfach zu dem Entstehen bzw. einer Weiterentwicklung von formalen Sicherungssystemen. Dabei spielt die Geldwirtschaft, durch die sich soziale Risiken quantifizieren lassen, eine wichtige Rolle. Ganz entscheidend sind jedoch auch die Existenz und Macht von Interessenorganisationen der Arbeitnehmer. Sie sind es in der Regel, die soziale Sicherungssysteme einfordern und ihre Realisierung kontrollieren. Ein Problem vieler Südländer ist, daß es bisher keine gewachsenen Strukturen eines Gewerkschaftswesens gibt oder Gewerkschaften nicht homogen bzw. stark genug auftreten, um soziale Sicherungssysteme zumindest im modernen Sektor einzufordern und zu erhalten.

– *Informelle Sicherungsformen:* Die Auflösung traditioneller Wirtschaftsformen einerseits und das Entstehen moderner Wirtschaftssektoren andererseits führt in vielen Südländern dazu, daß sich ein mehr oder weniger großer informeller Sektor bildet. Er wird vielfach auch als Überlebensökonomie charakterisiert. Die Mehrzahl der Menschen die im informellen Sektor arbeiten, sind ohne Recht und sozialen Sicherungsschutz. Informelle Sicherung basiert teilweise auf Verwandtschaftsbeziehungen bzw. ethnischer oder konfessioneller Zusammengehörigkeit. (Vgl. Queisser, Schmidt 1993, S. 77) Weiterhin sind Formen von Selbsthilfeaktivitäten bzw. genossenschaftlichen Zusammenschlüssen zu nennen. Die soziale Sicherung findet jedoch nur partiell statt und es gibt viele Menschen im informellen Sektor, die keine soziale Sicherung erfahren.

– *Traditionelle Sicherungsformen:* Sie leiten sich aus gewachsenen Traditionen gesellschaftlicher Gruppierungen ab. So gibt es beispielsweise spezielle Dorf- oder Stammestraditionen, die für die Betroffenen eine Rechtsverbindlichkeit haben. Da vielfach die Subsistenzwirtschaft dominierte, waren die Formen sozialer Sicherung häufig an die Produktion bzw. auch an den Konsum gebunden. Gemeinschaftsnormen dominierten vor dem Individualprinzip und insofern basierten traditionelle Sicherungsformen auf gewachsenen Solidaritätsgemeinschaften.

Die klassischen Formen sozialer Sicherung in Südländern zeigen, daß in der Mehrzahl dieser Länder alle drei Formen sozialer Sicherung nebeneinander bestehen. Ein wesentliches Problem ergibt sich jedoch daraus, daß traditionell gewachsene Sicherungssysteme zunehmend ihre Bedeutung verlieren, ohne daß neue Formen sie ersetzen. Für die ländliche und städtische Armutsbevölkerung haben sozialpolitische Maßnahmen einen besonders großen Stellenwert. Moderne Sozialversicherungssysteme zur materiellen Daseinsvorsorge in Notlagen sind für sie jedoch nicht relevant. Sie haben keine rechtlich abgesicherten Arbeitsbeziehungen, die eine wichtige Voraussetzung für formale Systeme sozialer Sicherung sind. Diesen ungleichen Zugang zu sozialer Sicherung hat Mesa-Lago mit dem Begriff »stratification of social security« charakterisiert. (Vgl. Mesa-Lago 1986)

Aus diesen kurzen Ausführungen zur Problemstellung sozialer Sicherung in Südländern wird deutlich, daß eine sehr wesentliche Voraussetzung ist, die sozialen und wirtschaftlichen Strukturveränderungen laufend zu erfassen. Nur so ist es möglich, die Quantität und Qualität von Lebensrisiken der verschiedenen Zielgruppen durch Maßnahmen sozialer Sicherung angemessen zu verringern. Abschließend kann festgehalten werden, daß formale Systeme sozialer Sicherung dort ihre Berechtigung und Relevanz haben, wo es darum geht, die Risiken von Arbeitnehmern abzusichern, die im formalen Wirtschaftssektor einen Arbeitsplatz haben. Dabei treten jedoch in zunehmendem Maße Finanzierungsprobleme auf. So führt beispielsweise die steigende Lebenserwartung der Bevölkerung in Südländern zu einer Ausgabensteigerung von Pensionskassen bzw. -fonds.

Unbestritten ist ferner, daß formale Sicherungssysteme für den informellen Sektor und die Subsistenzwirtschaft, in denen die Armutsbevölkerung dominiert, kein geeignetes Instrumentarium anbieten. Es ist jedoch auch festzustellen, daß es für diese Wirtschaftssektoren bisher kein überzeugendes sozialpolitisches Instrumentarium gibt. Es gibt im Rahmen armutsorientierter Entwicklungspolitik Ansätze wie informelle Kredit- und Spargemeinschaften, die einen wichtigen Beitrag für die Lebensvorsorge leisten können. Ein anderes Modell, das beispielsweise im Benin, Costa Rica und Ecuador angewandt wird, ist das »social forrestry«. Es werden Bäume gepflanzt, die nach einigen Jahren einen entsprechenden Verkaufswert einbringen, der als Alterssicherung dienen kann. (Vgl. Chameers, Leach 1987)

Erfahrungen aus der armutsorientierten Entwicklungspolitik zeigen, daß sich die Regierungen selten dafür eignen, wirksame Programme zu planen und zu implementieren. Daher ist zu überlegen, ob sich auch in diesem Kontext bei der Einführung sozialer Sicherungsformen im informellen Sektor bzw. der Subsistenzwirtschaft die Non-Governmental-Organizations (NGOs) als Initiator oder Träger sozialer Sicherungsprogramme nicht besser eignen würden als die Regierungen. Die Begründung hierfür ist, daß NGOs mit den Problemen der Zielgruppen besser vertraut sind und den direkteren und wirkungsvolleren Zugang zu ihnen haben.

3. Soziale Sicherung in Indien

Die indische Wirtschaftsstruktur, aber auch der wirtschaftliche Entwicklungsstand unterscheidet sich grundsätzlich von den Rahmenbedingungen westlicher Industrieländer. Für eine Charakterisierung sind zumindest vier wesentliche Merkmale bzw. Bedingungen von Bedeutung, welche die indische Wirtschaft bzw. das Wirtschaftssystems auszeichnen:

- Indien gehört zu der Ländergruppe »most seriously affected countries (MSAC)« die besondere Risikopotentiale aufweisen. Auch wenn die Kategorisierung in Ländergruppen eine Reihe von Problemen impliziert und die Ländergruppe MSAC offiziell von der UNO nicht mehr ausgewiesen wird, gibt es doch eine Reihe von Risikopotentialen wie niedriges Pro-Kopf-Einkommen, starker Preisanstieg bei wichtigen Importen im Vergleich zu den Exporten und hoher Schuldendienst, die im Kontext sozialer Sicherung von großer Bedeutung sind.
- Die indische Wirtschaft zeichnet sich durch eine extreme Heterogenität aus. Neben modernen marktwirtschaftlich orientierten Wirtschaftssektoren gibt es vielfältige traditionelle Formen des Wirtschaftens, die im Zusammenhang von Systemen sozialer Sicherung anders einzuordnen sind. In Verbindung mit dieser Differenzierung ist ferner zwischen dem formellen Sektor einerseits und dem informellen Sektor und der Subsistenzwirtschaft andererseits zu unterscheiden.

  Der informelle Sektor und die Subsistenzwirtschaft weisen besondere Lebensrisiken auf. Entsprechend dem indischen Zensus von 1991 gab es insgesamt 314,9 Mill. arbeitende Menschen, von denen 249,44 Mill. im Landwirtschaftssektor tätig waren. Der organisierte bzw. formale Wirtschaftssektor ist mit etwa 10% relativ klein. (Vgl. Ganapaty 1993, S. 2ff.) Unter Berücksichtigung der Tatsache, daß nicht alle Arbeitnehmer im organisierten Sektor oder nur teilweise durch das formale Sicherungssystem geschützt sind, bleibt nur ein ganz geringer Anteil der arbeitenden Bevölkerung, der in einem umfassenderen Sinne durch ein soziales Sicherungssystem geschützt wird.
- Die indische Wirtschaft bzw. das indische Wirtschaftssystem befinden sich zur Zeit in einem Transformationsprozeß von einer eher planwirtschaftlichen zu einer marktwirtschaftlich orientierten Wirtschaft. Der Transformationsprozeß wirft ebenfalls eine Reihe von wichtigen Fragen zur sozialen Sicherung auf. (Vgl. v. Hauff 1993)
- Die dramatisch gestiegene Außenverschuldung Indiens in den 80er Jahren führte dazu, daß auch Indien Kredite bei dem IWF und der Weltbank in größerem Umfang nachfragen mußte. (Vgl. v. Hauff 1992) Die geforderten Strukturanpassungsmaßnahmen haben ebenfalls sozialpolitische Konsequenzen: Die Armutspro-

blematik hat sich noch verschärft. Das wird die Weltbank mit ihrem »Social Safety Net Sector Adjustment Program« kaum auffangen. (Vgl. World Bank 1993) Hierbei handelt es sich um einen Kredit (IDA 500 Mill. US-$, bilaterale Kredite von Deutschland, Holland und USA von 121,81 Mill. US-$ und multilaterale Kredite der Asia Development Bank und der EG von insgesamt 284,5 Mill. US-$), mit dem eine Vielzahl von bestehenden Programmen zur »Abfederung sich verschärfender Notlagen« gefördert werden. Eine langfristige Strukturveränderung (nachhaltige Verringerung sozialer Notlagen) ist kaum zu erwarten.

Tab. 1: Ländliche und städtische Armut in den achziger Jahren

Region und Land	Landbevölkerung in % der Gesamtbevölkerung	Arme Landbevölkerung in % aller Armen	Säuglingssterblichkeit (je tausend Lebendgeburten)		Zugang zu sauberem Wasser (in % der Bevölkerung)	
			Ländlich	Städtisch	Ländlich	Städtisch
Afrika südlich der Sahara						
Cote d'Ivoire	57	86	121	70	10	30
Ghana	65	80	87	67	39	93
Kenia	80	96	59	57	21	61
Asien						
Indien	77	79	105	57	50	76
Indonesien	73	91	74	57	36	43
Malaysia	62	80	..	..	76	96
Philippinen	60	67	55	42	54	49
Thailand	70	80	43	28	66	56
Lateinamerika						
Guatemala	59	66	85	65	26	89
Mexiko	31	37	79	29	51	79
Panama	50	59	28	22	63	100
Peru	44	52	101	54	17	73
Venezuela	15	20	..	..	80	80

Quelle: Worldbank: Poverty – World Development Report 1990, S. 37.

Diese unterschiedlichen Merkmale bzw. Bedingungen zeigen die Vielfalt der Probleme, die sich in Indien an ein System sozialer Sicherung stellen. Da in zunehmendem Maße soziale Sicherung in Südländern, wie am Anfang schon erwähnt, unter entwicklungspolitischem Aspekt, d.h. im Kontext nachhaltiger Verringerung von Armut, diskutiert wird, sollen im folgenden Abschnitt einige Anmerkungen zur Armutsproblematik in Indien gemacht werden. Daran anschließend soll das soziale Sicherungssystem in Indien aufgezeigt werden.

Unter Berücksichtigung der extremen Landverteilung und anderer Faktoren (z.B. Schuldknechtschaft), weist der ländliche Raum in Indien ein überdurchschnittlich hohes Armutspotential auf: Bei einer Landbevölkerung von 77% leben 79% der Armutsbevölkerung auf dem Land. Entsprechend weisen armutsrelevante Indikatoren wie die Säuglingssterblichkeit und der Zugang zu sauberem Wasser für die Landbevölkerung deutlich schlechtere Werte aus.

Schaubild 1a: Dynamik der ländlichen Armut in ausgewählten Dörfern Indiens

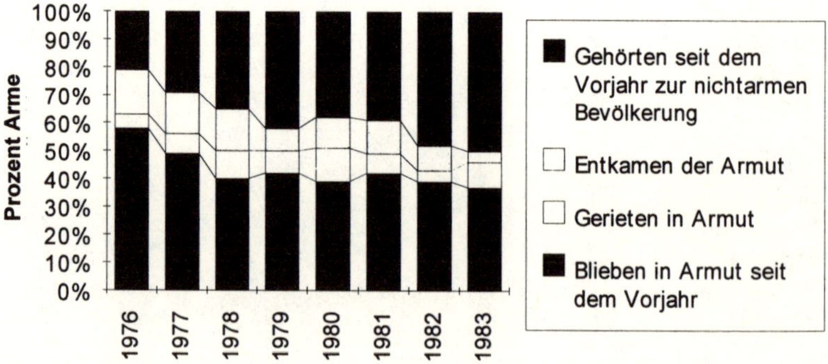

Die Armutsbevölkerung in ländlichen Regionen läßt sich weiter differenzieren. Frauen und Kinder sind qualitativ und quantitativ von Armut in besonderem Maße betroffen bzw. haben besonders zu leiden. Ferner ist für die Armutsbevölkerung von großer Bedeutung, ob sie dauerhaft oder temporär in Armut leben. Das »Internationale Pflanzenforschungsinstitut für die halbtrockenen Tropengebiete

(ICRISAT)« in Hyderabad hat in verschiedenen Dörfern Zentralindiens für den Zeitraum von 1975-1983 Untersuchungen hierzu durchgeführt.

Insgesamt ergab sich für den Zeitraum ein durchschnittlicher Anteil der Armutsbevölkerung von 50%, wobei sich im Zeitablauf eine Verringerung von 64% im Jahr 1976 auf einen Tiefpunkt von 41% im Jahr 1982 beobachten läßt.

Eine weitere Differenzierung ergibt, daß sich in dem Zeitraum von 1976 bis 1983 nur 12% der Haushalte niemals in Armut befanden. Dagegen waren 44% sechs oder mehr Jahre arm und 19% lebten in dauernder Armut, wie aus dem folgenden Schaubild zu entnehmen ist.

Schaubild 1b: Armutsdauer in ausgewählten Dörfern Indiens

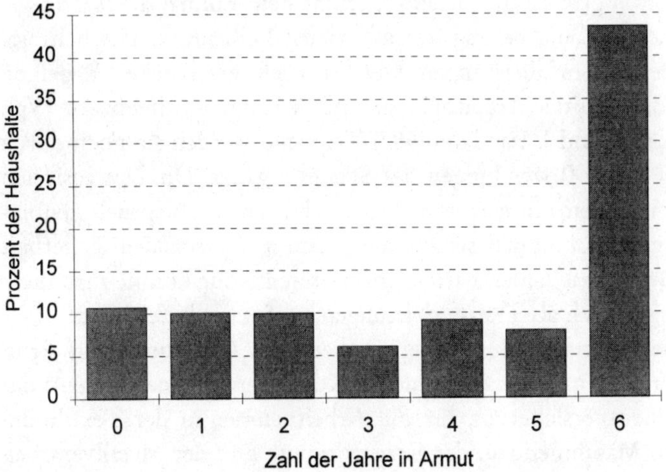

Daraus ergeben sich zwei Tendenzen: Die vorübergehende Armut (Armutsanfälligkeit) ist für viele Haushalte eine typische Erscheinungsform, während von längerfristiger bzw. chronischer Armut über 60% der Haushalte betroffen waren. Die Schlußfolgerung ist, daß die Armutsbekämpfung sowohl Verringerung von Armut als auch »Armutsprävention« beinhalten muß.

4. Formen sozialer Sicherung in Indien

Indien wurde nach seiner Unabhängigkeit 1947 durch seine Gründungsväter im Prinzip als Wohlfahrtsstaat angelegt. Sowohl die Strategie der mixed-economy als auch die Strategie der Importsubstitution söllten zu sozialer Sicherung auf breiter Ebene führen. So kam es auch in der formalen Wirtschaft, d.h. in dem modernen Industrie- und Dienstleistungssektor, zu einem relativ ausdifferenzierten System sozialer Sicherung. Im formalen Sektor umfaßt sie gegenwärtig Sach- und Geldleistungen bei Krankheit, Leistungen bei Arbeitsunfällen und Berufskrankheiten sowie Alters- und Hinterbliebenenleistungen in Form von Vorsorgekassen und Familienrenten. Dagegen gibt es in dem indischen System sozialer Sicherung weder Invalidenrenten noch Arbeitslosengeld oder Familienzulagen.

Bei den gesetzlichen Systemen sozialer Sicherheit lassen sich in Indien zwei große Kategorien unterscheiden: Einmal die beitragsgebundenen und die beitragsfreien sozialen Leistungen. Die beitragsgebundenen Sozialleistungen werden nach gesetzlicher Regelung durch Beiträge der Arbeitnehmer und Arbeitgeber finanziert. (Vgl. Rawat 1988 und Vasandani 1987) Teilweise werden sie noch durch Beiträge oder Zuwendungen des Staates ergänzt. Die beitragsfreien Sozialleistungen können von Arbeitnehmern in Anspruch genommen werden ohne daß sie für die Leistung der sozialen Sicherheit einen Beitrag zu zahlen hätten. Im weiteren Sinne könnte man diese Leistungen auch als Transferleistungen des Staates bezeichnen.

Eine besondere Beachtung verdient das Gutachten von Prof. Adarkar, der im März 1943 mit der Konzipierung eines Systems der Gesundheitsversicherung für die Arbeitnehmer in der Textilindustrie, im Maschinenbau, der Erzgewinnung und der Metallverarbeitung beauftragt wurde. In seinem Bericht, den er im August 1944 vorlegte hat er ein umfassendes Sozialversicherungssystem entwickelt. Seine Begründung war, daß die Gesundheitsversicherung nicht mit anderen sozialversicherungsrelevanten Bereichen überladen werden sollte. Daher umfaßte sein Sozialversicherungssystem sowohl die Arbeitslosenversicherung, die Altersrenten, Maßnahmen wie Lohnregelungen, nachhaltige Durchsetzung der Fabrikgesetze, Gesundheitsaufklärung und Verbesserung der Umwelthygiene. Ferner empfahl, er die Mutterschafts- und Unfallversicherung mit der Krankenversicherung zusammenzuführen.

Auf der Grundlage dieses Berichtes kam es schließlich zur Gesetzesvorlage von 1946 über die staatliche Arbeitnehmerversicherung, die im April 1948 als »Employees State Insurance Act 1948« verabschiedet wurde. Dieses Gesetz beinhaltet eine Vielzahl von Leistungen, die teilweise auch für die Familienangehörigen Gültigkeit haben. Das System wird weitgehend durch Arbeitgeber- und Arbeitnehmerbeiträge finanziert. Es ist hier jedoch nicht möglich, die Effektivität bzw. Effizienz dieses Systems näher zu diskutieren. Ferner werden hier die verschiedenen welfare funds, die oft zwischen dem formalen und dem informellen Sektor angesiedelt sind, nicht berücksichtigt. (Vgl. hierzu Wadhawan 1989)

So bleibt auch für Indien die wichtige Frage, wie sich das Problem der sozialen Sicherung für die Menschen im informellen Sektor und in der Subsistenzwirtschaft lösen läßt. (Vgl. Getubig 1992, S. 106) Dieses Problem wurde von verschiedenen Regierungskommissionen immer wieder behandelt. Dabei wurde die Auffassung vertreten, daß auch die Gewährung geringer Leistungen sozialer Sicherung für die große Bevölkerungsmehrheit im informellen Sektor bzw. in der ländlichen Subsistenzwirtschaft sich finanziell nicht bewältigen lasse. Das Mittelaufkommen wäre zu groß.

1984 wurde dieses Problem erneut durch eine Arbeitsgruppe für soziale Sicherung behandelt, die von der Kommission für Verwaltungsreformen in der Wirtschaft eingesetzt war. Sie empfahl der Regierung die Einführung eines geeigneten Versicherungssystems für die Ärmsten der Armen im unorganisierten Sektor. Im August 1985 führte das Finanzministerium in etwa 200 Bezirken des Landes im Rahmen der sozialen Sicherung eine persönliche Unfallversicherung ein, die 1988 auf alle Bezirke des Landes ausgeweitet wurde. »Bei Tod oder dauernder vollständiger Arbeitsunfähigkeit infolge eines Unfalls hat der unterhaltsberechtigte Angehörige des Versicherten im Rahmen dieses Systems Anspruch auf eine Leistung von R. 3000, sofern sein Jahreseinkommen R. 5000 nicht übersteigt. Bei Teilinvalidität ist eine Leistung von R.1500 vorgesehen.«

Träger des Systems ist die allgemeine Versicherungsanstalt Indiens; die Ausgaben werden ausschließlich von der Zentralregierung gedeckt. (Vgl. Bhattarai 1989, S. 539) Im eigentlichen Sinne kann hier nicht von einer Versicherung gesprochen werden, sondern es handelt sich im Prinzip um einmalige Transferleistungen, wenn es zu einem Unfall mit entsprechenden Folgen kommt. Diese »Unfallversicherung« gilt im weiteren Sinne als Pilotprojekt. Nach entsprechenden Erfahrungen sollen der Geltungsbereich und die Leistungen gegebenenfalls ausgedehnt werden. Ferner wurde von der Regierung eine nationale Kommission für ländliche Arbeit eingesetzt, die sich mit den spezifischen Problemen der in der Landwirtschaft tätigen Arbeitnehmer beschäftigen soll. Die Kommission soll Empfehlungen über Möglichkeiten der sozialen Sicherheit ausarbeiten. Als Fazit läßt sich festhalten, daß es sowohl im informellen Sektor als auch in dem ländlichen Raum bisher kein System sozialer Sicherung gibt. Erste Ansätze in Form der »Unfallversicherung« sind bisher die Ausnahme.

Die große Mehrzahl der indischen Bevölkerung lebt außerhalb jeder Form sozialer Sicherung. Da traditionelle Formen sozialer Sicherung auch in Indien zurückgedrängt werden, nimmt dieser Entwicklungstrend weiter zu. Daher stellt sich die Frage, welche Alternativen zu den klassischen Systemen sozialer Sicherung bestehen. Osmani benennt vier Formen alternativer sozialer Sicherung, die in Indien teilweise auch umgesetzt wurden: (vgl. Osmani 1988)

- Sicherung durch die Kontrolle über Land, das auch eine Umverteilung von landwirtschaftlicher Nutzfläche mit einschließen kann,
- Sicherung durch self-employment, vor allem in dem Bereich der nicht landwirtschaftlichen Tätigkeiten, wie zum Beispiel handwerkliche Aktivitäten,
- Sicherung durch wage-employment, da sich die weitverbreitete Armut in ländlichen Regionen primär aus einem Mangel aus gesichertem Lohneinkommen erklärt,
- Sicherung durch die öffentliche Bereitstellung bedürfnisorientierter Güter, wie Kleidung, Nahrung, Wohnraum, Gesundheitsvorsorge und Ausbildung.

Osmani analysiert diese verschiedenen Ebenen sehr differenziert und zeigt auf, welche Aktivitäten bzw. Leistungen auf diesen verschiedenen Ebenen schon angeboten wurden. Obwohl es eine Vielzahl von staatlichen Programmen auf allen vier genannten Ebenen gab, wie das Integrated Rural Development Program (IRDP), kam es bei der Umsetzung zu einer Vielzahl von Problemen bzw.

Hemmnissen. (Vgl. v. Hauff 1993a) Während in einigen Staaten, wie beispielsweise Kerala, Armutsprogramme durch die dortige Regierung recht erfolgreich umgesetzt wurden, haben die Mehrzahl der anderen Staaten weit geringere Erfolge aufzuweisen. (Vgl. Bauer 1990) Dagegen gibt es eine Reihe von voluntary agencies, die auch bei der Implementierung von staatlichen Programmen oft sehr erfolgreich waren. Daher ist zu prüfen, ob diese Organisationen in die Umsetzung von Programmen sozialer Sicherung stärker als bisher einbezogen werden können.

Eine sehr viel stärker sozialpolitisch orientierte Konzeption für soziale Sicherung in ländlichen Regionen Indiens hat Gupta entwickelt. »Our rural sector faces certain additional social risks, apart from normal ones (normal risks being sickness, death, old age, maternity and accident etc.) such as rehabilitation of released bonded labour and income interruptions caused by crop failure and involuntary unemployment or idleness. Though the Government could not protcet them against the social risks, yet in the name of rural development and alleviation of rural poverty some social security was provided to them in the indirect and incidental manner.« (Gupta 1988, S. 334)

Im weiteren entwickelt er einen 8-Stufen Plan. Am Anfang geht es um »Determination of the Minimum Social Security Needs and Tentative Decisions on Initial Benefits«. In den folgenden Schritten berücksichtigt er sowohl die Probleme der Umsetzung, der Kosten bzw. Finanzierung als auch die Trägerschaft. Auffällig ist, daß auch er den voluntary agencies im Rahmen dieses Stufenprogrammes, eine wichtige Rolle zuweist. Es handelt sich jedoch nur um ein grobes Raster, das in vielen einzelnen Frage- und Problemstellungen noch sehr viel stärker ausdifferenziert werden muß.

Es kann jedoch festgehalten werden, daß die Relevanz sozialer Sicherung sowohl im informellen Sektor der Städte Indiens als auch im ländlichen Raum heute unbestritten ist und es eine fundierte Diskussion darum gibt. Auch die internationalen und nationalen development agencies haben die Relevanz erkannt und sind um die Entwicklung entsprechender Konzepte und deren Implementierung bemüht. Entscheidend bleibt jedoch auch für Indien, ob soziale Sicherung nur in dem Sinne einer temporären Notabwendung verstanden wird (Position der Weltbank), oder im Sinne einer ordnungspolitisch gestaltenden Sozialpolitik zur langfristigen Verringerung von Lebensrisiken, insbesondere auch der Armutsbevölkerung.

5. Resümee

- Soziale Sicherheit ist weltweit in der Allgemeinen Erklärung der Menschenrechte der Vereinten Nationen vom 10.12.1948 eines der fundamentalen Menschenrechte. Das gilt somit auch für Länder der Dritten Welt.
- Die International Labour Organisation (ILO) bemüht sich seit Jahrzehnten auch in Südländern um eine erfolgreiche Einführung bzw. Umsetzung sozialer Sicherungssysteme. Auffällig ist daher, welche Bedeutung das Thema soziale Sicherheit seit Ende der 80er Jahre in der entwicklungspolitischen Diskussion bekommen hat.
- Soziale Sicherung kann im entwicklungspolitischen Kontext weitgehend identisch abgegrenzt werden, wie dies bei sozialer Sicherung in modernen Industriegesellschaften vorgenommen wird: Es geht um Vorbeugung und/oder Verringerung von wirtschaftlichen und sozialen Lebensrisiken. Dabei ist jedoch zu bedenken, daß jede Form sozialer Sicherung in Südländern eine andere quantitative und qualitative Dimension hat. Der Grund ist die existentielle Not und Verelendung breiter Bevölkerungsteile in diesen Ländern.
- In Südländern lassen sich 3 Formen sozialer Sicherung voneinander abgrenzen: Formale Systeme sozialer Sicherung, informelle Sicherungsformen und traditionelle Sicherungsformen. Ausgangspunkt jeder sozialpolitischen Analyse und sozialpolitischer Aktivitäten sollten traditionelle Sicherungsformen sein. Sie sollten erhalten bzw. gefördert werden, soweit sie noch bestehen, bevor alternative Sicherungsformen eingeführt werden.
- Die sozioökonomischen Rahmenbedingungen sozialer Sicherung in Indien weisen einige Besonderheiten auf (hohe Stabilitätsanfälligkeit der Wirtschaft, ausgeprägte Heterogenität und transitorische Prozesse), wobei die Dimension und die strukturellen Probleme existenzieller Armut in Indien besonders auffällig sind. Daran hat sich die sozialpolitische Diskussion in Indien zu orientieren, wenn es um Vorbeugung und/oder Verringerung sozialer

Risiken geht. Somit muß in Indien Sozialpolitik immer auch sehr stark als Armutspolitik verstanden werden.

- Während in Deutschland gegenwärtig etwa 90% der gesamten Bevölkerung durch das System sozialer Sicherung geschützt wird, sind es in Indien bei einer Gesamtbevölkerung von etwa 850 Mill. Menschen deutlich weniger als 10%. Dennoch gibt es im formalen bzw. modernen Sektor auch ein relativ differenziertes, gesetzlich verankertes System sozialer Sicherheit. Die zentrale sozialpolitische Frage ist jedoch, wie sich das Problem der sozialen Sicherung für Menschen im informellen Sektor und in der Subsistenzwirtschaft lösen läßt. Hierzu gibt es in Indien eine Reihe von Versuchen, die jedoch bisher nicht sehr erfolgreich waren.
- In Südländern stellt sich in zunehmendem Maße die Frage, ob der Auf- bzw. Ausbau sozialer Sicherungssysteme im formalen bzw. modernen Sektor die Verschärfung der Ungleichverteilung erhöht. Das gilt besonders für Länder wie Indien, in denen eine große Armutsbevölkerung vorherrscht. Um dies zu vermeiden bzw. zu verringern ist es notwendig, daß Sozialpolitik ganz primär auf die strukturelle Verringerung existentieller Armut ausgerichtet ist. Damit bekommt Sozialpolitik einen eindeutig ordnungspolitischen Stellenwert in Südländern.

Literatur

Bauer, A. (1990): Armutsbekämpfung als Fortschreibung der Unterentwicklung, Diss. Konstanz.

Bhattarai, A.K. (1989): Systeme der sozialen Sicherheit in Indien, in: Internationale Revue für soziale Sicherheit, 4/89, S. 530.

Burgess, R., Stern, N. (1991): Social Security in Developing Countries: What, Why, and How?, in: Ahmad, E. (ed.): Social Security in Developing Countries, Oxford, S. 43.

Chameers, R., Leach, M. (1987): Twice to Meet Contingencies: Savings and Security for the Rural Poor, Brighton.

Deutsche Gesellschaft für Technische Zusammenarbeit (Hrsg.) (1993): Sozialpolitische Beratung in der Technischen Entwicklungszusammenarbeit, Eschborn.

Fuchs, M. (1984): Soziale Sicherheit in der Dritten Welt - Bestandsaufnahme und Perspektiven, in: v. Hauff, M., Pfister-Gaspary, B. (Hrsg.): Entwicklungspolitik, Saarbrücken, S. 91

Ganapaty, A.L. (1993): Social Security in India - Some Suggestions, unveröffentliches Paper (präsentiert bei dem Seminar on Development of Social Security Programmes in Developing Countries, New Delhi 21.-23. April 1993, S.2ff).

Getubig, I.P., Schmidt, S. (ed.) (1992): Rethinking Social Security – Reaching Out to the Poor, Malaysia.

Gupta, N.S.H. (1988): Rural Social Security in India - A Holistic View, in: Indian Labour Journal, March 1988, S. 334.

Hauff, M.v. (1993a): Die entwicklungspolitische Bedeutung der Selbsthilfeförderung im ländlichen Raum - Das Beispiel Indien, Forschungsbericht Stuttgart.

Hauff, M.v. (1993): The Transformation Process and the Strucural Adjustment Program in India - A few Ecological Consequences, Paper presented at the Seminar of Max Mueller Bhavan and Institute for Social and Economic Change in Bangalore/India from September 12th-14th.

Hauff, M.v. (1992): Die Verschuldung Indiens, in: Internationales Asienforum.

Klemp, L. (1992): Soziale Sicherheit in Entwicklungsländern, in: Aus Politik und Zeitgeschichte 50/1992.

Mesa-Lago, C. (1986): Social Security and Extreme Poverty in Latin America, in: CEPAL Review, Nr. 28, Santiago de Chile.

Monbart, C.v. (1992): Die Strategie der Weltbank zur Bekämpfung der Armut und die soziale Diskriminierung der Anpassung, in: v. Hauff, M., Werner, H. (Hrsg.): Strukturanpassungspolitik der Weltbank, Berlin, S. 53ff.

Osmani, S.R. (1988): Social Security in South Asia, World Institute of Development Economics Research, Helsinki.

Queisser, M., Schmidt, S. (1993): Soziale Sicherung in Entwicklungsländern, in: Jahrbuch Dritte Welt 1993, München, S. 77.

Rawat, B.D. (1987): Labour Welfarism in India, Jaipur 1988 und Vasandani, G.: Social Security for Industrial Workers in India, New Delhi.

Wadhawan, S.K. (1989): Social Security for Workers in the Informal Sector in India, Publication of the International Labour Office, New Delhi.

World Bank (1993): India - Social Safety Net Sector Adjustment Program, Washington.

* Der Verfasser ist Professor an der Universität Kaiserslautern für Volkswirtschaftslehre mit den Schwerpunkten Wirtschaftspolitik und Entwicklungsökonomie

Sammelbände von Tagungen des Arbeitskreises für Politische Ökonomie

1 Harald Hagemann, Peter Kalmbach (Hrsg.): Technischer Fortschritt und Arbeitslosigkeit, Frankfurt, New York 1983.

2 Peter de Gijsel, Hans-Georg Seifert-Vogt (Hrsg.): Schattenwirtschaft und alternative Ökonomie. Eine Herausforderung für die Politische Ökonomie?, Regensburg 1984.

3 Reiner Künzel, Dirk Ipsen (Hrsg.): Die gegenwärtige Wachstumskrise. Theoretische und empirische Beiträge zu ihrer Erklärung, Regensburg 1985.

4 Bernd Rahmann, Otto Roloff (Hrsg.): Beschäftigungspolitik zwischen Abgabenwiderstand und Ausgabenwachstum, Regensburg 1987.

5 Harald Hagemann, Otto Steiger (Hrsg.): Keynes' General Theory nach fünfzig Jahren, Berlin 1988.

6 Winfried Vogt (Hrsg.): Politische Ökonomie heute, Regensburg 1988.

7 Sylvia Brandner, Otto Roloff (Hrsg.): Beiträge zur Theorie der Umweltökonomie, Regensburg 1990.

8 Peter Spahn (Hrsg.): Wirtschaftspolitische Strategien. Probleme der Struktur und Entwicklung in Industrieländern und der Europäischen Gemeinschaft, Regensburg 1990.

9 Jürgen Wahl (Hrsg.): Steuerpolitik vor neuen Aufgaben, Regensburg 1991.

10 Jürgen Backhaus (Hrsg.): Systemwandel und Reform in östlichen Wirtschaften, Marburg 1991..

11 Hans-Joachim Stadermann, Otto Steiger (Hrsg.): Der Stand und die nächste Zukunft der Geldforschung. Festschrift für Hajo Riese zum 60. Geburtstag, Berlin 1993.

12 Jürgen Wahl (Hrsg.): Sozialpolitik in der ökonomischen Diskussion, Marburg 1994.